SUMMA PUBLICATIONS, INC.

Thomas M. Hines
Publisher and Editor in chief

William C. Carter
Associate Editor
Director of the Marcel Proust Series

Editorial Board

William Berg
University of Wisconsin

Michael Cartwright
McGill University

Hugh M. Davidson
University of Virginia

Elyane Dezon-Jones
Washington University

John D. Erickson
University of Kentucky

James Hamilton
University of Cincinnati

Freeman G. Henry
University of South Carolina

Norris J. Lacy
Pennsylvania State University

Jerry C. Nash
University of North Texas

Allan Pasco
University of Kansas

Albert Sonnenfeld
University of Southern California

Editorial Address and Orders:
P.O. Box 660725
Birmingham, AL 35266-0725
Fax: 205-822-0463

Enfance ...
inspiration littéraire et cinématographique

Enfance ...
inspiration littéraire et cinématographique

par

Carol S. Altman

SUMMA PUBLICATIONS, INC.
Birmingham, Alabama
2006

Copyright, Revised edition, 2005
© Carol S. Altman
ISBN 1-883479-50-9
(ISBN 978-1-883479-50-3)

Library of Congress Control Number : 2005937246

Printed in the United States of America

All rights reserved.

Crédit photographique :
L'Avant-Scène Cinéma : pages 38, 43, 44, 45, 46, 47, 244, 245, 246.
Les Films du Carrosse, MK2 S.A. : pages 55, 57, 58.
Le Film Français, collection J-P Busca : page 57.
Mme Morgenstern, collection F. Truffaut : page 58.

Cover design by Susan Dendy.
Cover photo by A. Dino pour
Les Films du Carrosse, MK2 S.A.
Author photo by Jon M. Stacks

From deep in my heart I dedicate this work
to my beloved family members :
to Michael, Rachel, Sundance and Zeus Altman,
and Jon, Olivia, Chloe, and Jody (Altman) Stacks
who are always there for me with
love, patience, caring support, and help,
and to Martha and Irwin Strosberg
who instilled in me a passion for literature and cinema.

I
can no other answer make
but thanks,
and thanks.
William Shakespeare
Twelfth Night

Table des Matières

ACKNOWLEDGEMENTS		ix
LISTE DE FIGURES		xi
CHAPITRE I	Introduction	1
CHAPITRE II	Le Schéma temporel - aspects divers	11
CHAPITRE III	La Subjectivité de la narration et de la focalisation	27
CHAPITRE IV	L'Enfant-héros défini par son entourage	65
CHAPITRE V	Les Lieux imprégnés de sens	95
CHAPITRE VI	*Le Bildungsroman* - le parcours initiatique de l'enfant	111
CHAPITRE VII	Un Regard critique sur une société	147
CHAPITRE VIII	La Condition humaine	177
CHAPITRE IX	L'Enfance comme source de variations littéraires et cinématographiques	203
CHAPITRE X	La Rencontre de l'enfance et du mythe	261
CHAPITRE XI	Conclusion	285
NOTES		291

FILMOGRAPHIE	307
BIBLIOGRAPHIE	309
INDEX	319

Acknowledgements

« What wisdom can you find that is greater than kindness ? »
(Rousseau)

My heartfelt thanks to respected teachers and mentors Francine Dugast-Portes and Roberto Véguez, to cherished and faithful friends, Anna Norris and Colette Guiberteau, who spent so many hours proof-reading this work, and to Linda Marchica for her support.

Special thanks also to Betsy Rubner, Jon Stacks, Ian Martin, Barbara Muriungi, Dennis Rozinski, and Jerry Walker for their patience and help guiding me through the labyrinth of the technological aspects required in the creation of this book.

In a lifelong pursuit of wisdom I am forever reminded that in its purest form it reveals itself as kindness.

Liste de figures

Fig. 1 Gros plan de Paulette qui, de la main, palpe la joue de sa mère	38
Fig. 2 Plan, en contre plongée, d'une vieille guimbarde	38
Fig. 3 Julien fait ses adieux à la Gare de Lyon	43
Fig. 4 Un triste Julien dans le train qui l'emmène au pensionnat	44
Fig. 5 Julien qui semble profondément triste	45
Fig. 6 Plan rapproché du Père Jean, très ému, à côté des trois	45
Fig. 7 Très gros plan de Julien qui pleure	46
Fig. 8 Négus fixe l'écran, d'un regard intense	46
Fig. 9 « Charlot » les émigrants découvrent la Statue de la Liberté	47
Fig. 10 Bonnet et Julien, fascinés	47
Fig. 11 Antoine dans le Rotor	55
Fig. 12 Antoine mime la toilette de sa mère en regardant dans le miroir	57
Fig. 13 Antoine sur la plage...on voit «l'ombre du personnage».	57
Fig. 14 Gros plan d'Antoine à la portière fermée du car de police.	58
Fig. 15 François Truffaut en enfer (prison militaire).	58
Fig. 16 Paulette et Michel sur la rive d'un îlot boisé	244
Fig. 17 Paulette et son chien mort	245
Fig. 18 La ferme des Dollé	245
Fig. 19 Paulette et Michel font des trous	246
Fig. 20 Paulette et le curé	246

CHAPITRE I
INTRODUCTION

Un certain nombre de films français, tournés par de grands réalisateurs et sortis au cours de la dernière moitié du vingtième siècle (1952-1991, une période relativement restreinte), ont remporté un vif succès auprès du public et de la critique, en France comme à l'étranger. Les sept films en question ont un dénominateur commun : ils traitent tous de l'enfance. Comme le prouve la longue liste de prix et de distinctions, on peut vraiment parler à leur sujet d'énorme succès :

Jeux interdits, René Clément, France, 1952 :
- *Grand Prix Indépendant* (Cannes, 1952, par la critique unanime)
- *Le Lion d'Or de Saint-Marc.* Premier Prix du Festival de Venise 1952.
- *Grand Prix Féminin du Cinéma*
- *Meilleur film* du semestre (Association Française de la Critique, 1952)
- *Meilleur film étranger* de l'année (Critique américaine, 1952)
- *Oscar* du meilleur film étranger (Académie des Arts et des Sciences cinématographiques de Hollywood, mars 1953)

Les Quatre cents coups, François Truffaut, France, 1959 :
- *Grand prix de la mise-en-scène* (Cannes, 1959)
- *Grand prix de l' O.C.I.C.* (Cannes, 1959)
- *Prix de l'Association de la Presse* (Cannes, 1959)
- *Prix Meliès* (avec *Hiroshima, mon amour*) (France, 1959)
- *Prix Fémina belge du cinéma (Olivier d'or)* 1959
- *Prix du Festival mondial d'Acapulco* 1959
- *Prix Joseph-Burstyn—Meilleur film étranger* Etats-Unis 1959
- *Prix de la critique new-yorkaise—Meilleur film étranger* 1959
- *Grand prix des valeurs humaines de Valladolid (Epi d'or)* 1959
- *Prix des journalistes autrichiens (Plume d'or)* 1959
- *Laurier d'argent de David O'Selznick* 1959
- *L'Oscar : meilleur scénario écrit directement pour l'écran* 1959

Rue Cases-Nègres, Euzhan Palcy, Martinique, 1983 :
- Film antillais sélectionné pour représenter la France à Venise dans la compétition du jeune cinéma.
- *Lion d'Argent* Festival de Venise 1983
- *Meilleur premier film* Festival de Venise 1983
- *Meilleure actrice* (Darling Legitimus) Festival de Venise 1983

- *Prix* de L'UNESCO et de l'UNICEF Festival de Venise 1983
- *Prix de l' Office Catholique du Cinéma* Festival de Venise 1983
- *César du meilleur premier film* Paris 1984
- *La Palme d'or* de la ligue contre le racisme, Paris 1984

Le Grand-Chemin, Jean-Loup Hubert, France, 1987 :
- *César de la meilleure actrice* : Anémone
- *César du meilleur acteur :* Richard Bohringer
- *Grand Prix* de l'Académie nationale du cinéma 1987
- *Prix Paul-Vaillant-Couturier* 1987
- *Grand Prix* du kinder Festival de Francfort 1987
- *Grand Prix* de la jeunesse I.S.C. 1988
- *Grand Prix* de l'UNICEF 1988
- *Prix Georges-de-Beauregard—Meilleur réalisateur* 1987

Au Revoir les enfants, Louis Malle, France, 1987 :
- *Le Lion d'Or de Saint-Marc.* Premier Prix du Festival de Venise 1987
- 7 *Césars*, 1988.

La Gloire de mon père et Le Château de ma mère Yves Robert, France, 1991.

(Même ceux qui n'ont pas gagné de prix ont obtenu un énorme succès auprès du public.)

Pourquoi un tel succès? Pourquoi cette image de l'enfant a-t-elle tellement plu à cette société? Comme le démontrera ce travail, il apparaît clairement que pour la France de l'époque ce sont des films dans lesquels la société française s'est retrouvée. Parmi la multitude d'attraits des œuvres littéraires et cinématographiques s'inspirant de l'enfance, nous pouvons en délimiter un qui est particulièrement intéressant pour le lecteur et pour le spectateur... sa qualité affective.

Du côté littéraire, dans « La légitimation du genre » (21-37), Jacques Lecarme parle de la valorisation des récits rétrospectifs dans la littérature française et francophone pendant la seconde partie du vingtième siècle :

> Depuis 1945 peut-être, depuis 1968 à coup sûr, le genre est entré dans un processus de valorisation. L'expérience de lectures hétéroclites poursuivies... nous a convaincu d'un trait curieux : les récits rétrospectifs, par leur qualité et leur quantité, s'imposent dans la production littéraire, française ou francophone. On perçoit des évolutions à l'intérieur du genre : après l'époque des ro-

> mans pseudo-autobiographiques, voici venir les autobiographies pseudo-romanesques; le para-texte médiatique fait lire comme un récit de vie le texte baptisé roman par commodité; les autofictions et les récits indécidables sont désormais acceptés par la plupart des lecteurs. (33)

Il mentionne le succès de Pagnol (*Le Château de ma mère*) et d'autres écrivains qui ont écrit un « type d'adresse à la mère qui n'a connu que de grands succès » (34). En traitant des récits d'enfance, des écrivains du Nouveau Roman : Roland Barthes, Alain Robbe-Grillet et Nathalie Sarraute, Jacques Lecarme nous informe qu'« un même succès public les a couronnés », que ces trois textes : « ... ont eu un sort commun assez euphorisant : l'audience de l'auteur s'est trouvée brusquement élargie, un public a été créé... La consécration de l'auteur et la légitimation du genre s'accomplissent simultanément » (33). Il nous offre aussi d'autres exemples convaincants pour légitimer le genre :

> ... on voit de grands écrivains de l'entre-deux-guerres se reconvertir dans le récit d'enfance avec un succès inégal : (...) Le récit d'enfance va devenir le lieu de la consécration de l'écrivain, un rite d'initiation au Panthéon littéraire. Jean-Paul Sartre avant *Les Mots*, est un écrivain controversé, scandaleux, durement attaqué sur la scène. Dès la publication de cet écrit, il n'y a que des louanges. De même les critiques, qui avaient grondé devant le *Deuxième sexe*, avaient applaudi les *Mémoires d'une jeune fille rangée*.
> La réception par le public de *L'Amant* de Marguerite Duras (1984) ... qui présente les éléments identifiables du récit d'enfance et de jeunesse... témoigne jusqu'à l'absurde de cette efficacité nouvelle du récit d'enfance : un tirage colossal, un prix Goncourt saugrenu, une diffusion mondiale. (35)

Le critique admet que même « A un niveau moins élevé de la hiérarchie littéraire, on voit souvent un écrivain encensé pour ce qui a paru être un récit d'enfance, connaître une chute sans merci pour son livre suivant. » Il confirme pour nous qu'en ce qui concerne « Le récit d'enfance ... il a fallu longtemps chercher pour en trouver un qui n'émeuve pas » (35).

Francine Dugast dans *L'image de l'enfant dans la prose littéraire* écrit que « L'enfant servait, et sert encore, à inspirer l'attendrissement et la pitié ».

(569). Ce pouvoir d'émouvoir n'est pas limité au domaine de la littérature. Ce même phénomène d'« une telle vedettarisation » (Jacques Lecarme) se retrouve également dans le 7e art. Les récits d'enfance cinématographiques, même ceux tirés d'œuvres littéraires à un niveau moins élevé de la hiérarchie littéraire, comme les sept choisis pour ce corpus, ont connu beaucoup de succès non seulement en France et dans les pays francophones mais dans le monde. Il en cite deux en particulier, *Au Revoir les enfants* et *Les Quatre cents coups*, et il en dit qu'ils se sont établis comme formes normatives qui rivalisent avec le récit littéraire. C'est ce que souligne Lecarme :

> Cependant la forme dramatique est devenue presque canonique, quand un cinéaste projette sur l'écran ses souvenirs d'enfance. La manière dont Louis Malle introduit un pacte dans la dernière phrase, prononcée en voix "off", dans *Au Revoir les enfants* est si persuasive qu'elle efface les disparates d'identité entre l'auteur (Malle), le protagoniste (Quentin) et l'acteur (Manesse). Le film de Truffaut, *Les Quatre cents coups*, quand on en relit le script dans le livre *Les Aventures d'Antoine Doinel*, apparaît bien comme la seule formule concevable pour raconter une enfance intolérable. Le récit d'enfance cinématographique, chez Fellini ou chez Eustache entre autres, a pris un tel éclat qu'il offusque un peu le récit littéraire. (Lecarme 23)

Cette importance de la forme dramatique avait été déjà soulignée par Jean Renoir et François Truffaut. Le premier parle de la connivence entre metteur en scène et spectateur : « … je crois mieux comprendre la nature des relations de l'auteur et du public. Ce dernier est reconnaissant au premier de lui avoir dévoilé que l'escalier de son immeuble peut parfois le mener au château de la Belle au Bois Dormant » (Renoir 49). De même, déjà à l'âge de 7 ans Truffaut reconnaît l'influence que cette complicité avec le spectateur peut avoir sur celui-ci. (« Mon premier souvenir de cinéma remonte à 1939… »). En regardant *Paradis perdu* il ressent la solidarité entre l'artiste et son public :

> La coïncidence entre la situation des personnages du film et celle des spectateurs était telle que la salle entière pleurait, des centaines de mouchoirs trouaient de points blancs l'obscurité du

cinéma. Je ne devais plus jamais par la suite ressentir une telle unanimité émotionnelle devant la projection d'un film. (...) le cinéma un refuge pour tous et pas seulement au sens figuré. (Dalmais 18)

Il paraît évident que le personnage de l'enfant a un grand impact sur le lecteur et le spectateur et est souvent employé pour établir « cette unanimité émotionnelle » chère à Truffaut. Victor Hugo dans "L'Art d'être grand-père" dit que « Les enfants ont le don de me rendre insensé. Je les adore et je suis un idiot. » Marcel Pagnol dans l'Avant-propos de ses *Souvenirs d'enfance* explique au lecteur que : « ce n'est pas de moi que je parle, mais de l'enfant que je ne suis plus. C'est un petit personnage que j'ai connu... (...) ... ce n'est pas la langue d'un écrivain, c'est celle du personnage ». Truffaut dans l'Introduction de *L'Argent de poche* écrit que « Depuis des années je m'intéresse aux histoires vraies qui concernent l'enfance ». Au sujet de *Jeux interdits*, René Clément estime que ce film a suscité l'intérêt de tous, inconnus et célébrités, parce qu'il traite du problème de l'enfance : « Mon film m'a valu un courrier exceptionnel. Lettres d'inconnus ou de gens aussi célèbres que Jean-Louis Barrault ou Roger Martin du Gard, et prouvant l'intérêt qu'on soulève partout aujourd'hui en posant au cinéma le problème de l'enfance » (*L'Avant-Scène Cinéma*, mai 62 : 6). L'image séduisante de la petite héroïne a lancé la carrière de Brigitte Fossey, et l'air joué au début du film fait toujours partie du répertoire de tout futur guitariste français. Louis Malle, à propos d'*Au Revoir les enfants* dit : « J'ai mis environ quatre mois pour trouver les enfants. Ils ont donné une énorme dimension au film. Je savais qu'il n'y avait pas de film possible si je ne trouvais pas, pour Julien et Bonnet, deux enfants exceptionnels et, pour les entourer, une bande de garçons qui fonctionne » (*CNC Dossier*). Au sujet du même film, Bernard Genin dans son article « Bonjour la Haine » nous rappelle : « *Au Revoir les enfants* a obtenu *Le Lion d'or* au dernier Festival de Venise. Si l'œuvre émeut à ce point c'est également grâce à deux jeunes comédiens, étonnants de finesse. Gaspard Manesse est Julien. Il a la mèche blonde et longue, des allures et un parler de dandy encore enfant » (17).

Peut-on attribuer le succès de ces films au fait qu'ils soient tirés de grandes œuvres littéraires? A vrai dire, non. On se demande d'abord si c'est vraiment une condition préalablement nécessaire pour un film de très grande qualité et ensuite si une adaptation à l'écran d'une œuvre de ce statut, comme *Les Mots* de Sartre par exemple, aurait connu la même réussite que ces sept films? (Certainement *L'Amant* de Duras prouve le contraire.) Ainsi, Sartre écrit lui-même en 1948 : « Il faut apprendre à parler en images, à transposer les idées de nos livres dans ces nouveaux langages. Il ne s'agit pas du tout de laisser adapter nos œuvres à l'écran ou pour les émissions de Radio-France : IL FAUT ÉCRIRE DIRECTEMENT POUR LE CINÉMA, POUR LES ONDES... »[1].

La « littérature » dont se sont inspirés ces sept films va des ouvrages qui sont de simples esquisses ou transcriptions de film (en langage sartrien des œuvres « écrites directement pour le cinéma »), qui n'ont pas de véritable intérêt littéraire dans le détail du style, comme *Les Quatre cents coups* de Truffaut, à des romans préalables aux films qui sont des œuvres appréciées pour leur valeur littéraire, comme les deux premiers volumes des *Souvenirs d'enfance* de Pagnol. Les œuvres écrites directement pour l'écran font partie du cinéma d'auteur qui se crée dans le processus du tournage, un canevas comme dans la *Commedia dell'arte,* méthode utilisée autrefois par Jean Renoir et plus récemment par François Truffaut et d'autres de « la Nouvelle Vague ». Les films d'Yves Robert tirés des œuvres de Pagnol représentent un autre genre : « le cinéma de qualité française », un cinéma qui puise dans les eaux de la littérature et qui a comme but d'adapter à l'écran des textes littéraires. Dans ce groupe de textes se trouvent, donc, des scénarios, des romans préalables aux films, des découpages après montage, et des cinéromans postérieurs aux films. Comme Richard Coe en sélectionnant les textes qui feraient partie de son corpus de *When the Grass was Taller*, nous n'avons pas insisté pour qu'ils soient des chefs-d'œuvre littéraires. En effet, « the majority of them lie well outside the canons of recognized "literary classics," but not, for that reason, without literary merit » (Coe xiii). Ni, dans le cas de notre corpus, sans mérite cinématographique!

En trouvant un tel éventail de formes parmi les ouvrages de notre groupe, nous nous sommes rendu compte de l'impossibilité d'attribuer à tous le même statut et de les étudier tous de la même façon. Nous comptons donc faire une étude thématique narrative de ces ouvrages, en nous servant des méthodes de l'analyse du récit en général et aussi en respectant la spécificité du cinéma. Dans ses recherches au sujet de la littérature et du cinéma Marie-Claire Ropars Wuilleumier tout en identifiant les grosses différences entre les deux arts reconnaît aussi les grands rapprochements :

> Certes le cinéma, pour exister, n'a pas besoin de la littérature, ... Mais, la référence à l'expression littéraire peut constituer un utile repère, que les ... cinéastes, par rapprochement ou confrontation avec elle aussi bien que par opposition, ne se sont pas fait faute d'emprunter. (...) Paradoxalement, cette différence de nature entre le cinéma et les autres formes d'expression appelle une perspective comparative.(...) un point commun rend la comparaison (littérature et cinéma) possible : un même objet relie la littérature et le cinéma, les opposant à tout autre langage; car si la peinture et la musique sont, pour reprendre le langage sartrien, du côté des choses, et la littérature du côté des signes, il semble bien que le cinéma ait penché ... vers les signes. (Ropars Wuilleumier 3-4)

Elle cite aussi Nathalie Sarraute : « Le cinéma recueille et ce que lui perfectionne abandonne le roman » (Ropars Wuilleumier 5).

Ce sera, donc, l'un des buts de ce travail d'étudier d'abord les romans du corpus : *La Gloire de mon père*, *Le Château de ma mère* (Marcel Pagnol), *La Rue Cases-Nègres* (Joseph Zobel), *Jeux interdits* (François Boyer) et ensuite de rapprocher ces ouvrages littéraires qui fonctionnent comme germes des œuvres cinématographiques correspondantes en faisant très attention aux "signes" des textes et des films. Dans notre analyse des autres films : *Les Quatre cents coups*, *Au Revoir les enfants*, *Le Grand-Chemin* nous examinerons et le film et son scénario ou cinéroman.

Un deuxième but essentiel de cette étude sera d'examiner les sept ouvrages du corpus sous l'angle de leur "intertextualité" (Gérard Genette, *Palimpsestes*, ed. Seuil). Nous ne croyons pas qu'on puisse parler d'intertextualité lorsqu'on parle des films. Il n'existe pas de mot dans le vocabulaire du ciméma pour désigner l'intertexualité, mais le fonctionnement est le même. Nous allons appuyer sur la définition d'intertextualité offerte par Allan Pasco dans son introduction à *Allusion, A Literary Graft* : « I see intertextuality as any textual exploitation of another text. It would include satire, parody, pastiche, *imitatio*, *refacimento*, reference, allusion, modeling, borrowing, even plagiarism ». En examinant ces termes-là, Pasco discerne trois catégories très nettes : *imitation*, *opposition*, *allusion* (Pasco 5). Pour la clarté de cette étude, on va, donc, se servir du terme "intertextualité filmique" par analogie. Ces sept films à peu près contemporains ont de remarquables similitudes. On peut en mentionner plusieurs et travailler au-delà sur des films précis.

Dans notre groupe d'ouvrages, l'intrigue de chaque récit est centrée sur un enfant âgé de 9 à 13 ans (sauf la petite héroïne de la version cinématographique de *Jeux interdits*). Pour notre définition de « personnage principal » nous nous appuyons sur le travail de Philippe Hamon (*Pour un statut sémiologique du personnage*) et pour notre sélection de textes nous allons suivre la logique de Francine Dugast (*L'Image de l'enfant dans la prose littéraire*) :

> Nous n'avons retenu d'autre part que les ouvrages dans lesquels l'enfant remplit une fonction déterminante : il doit être le sujet, ou l'objet, des actions narrées dans les épisodes principaux, et dans le plus grand nombre d'épisodes—ou du moins dans les épisodes déterminants. Ainsi se trouve englobé dans notre étude un groupe de textes (films) ayant pour héros un ou plusieurs enfants, et d'autres qui évoquent un adulte dont l'enfance, longuement narrée, est présentée comme explicative du reste de l'histoire. (VI)

Nous voyons le héros pendant un moment important de sa vie où il bascule entre le monde de l'enfant et celui de l'adulte (même la petite héroïne de *Jeux interdits*). Nous le trouvons au moment de son rite de passage, sa rencontre avec des personnes et des événements qui vont changer sa vie. Les films ont des ressemblances entre eux et en plus, d'une période à l'autre, les cinéastes se citent les uns les autres, particulièrement Truffaut, qui a eu une très grande culture cinématographique et qui a beaucoup utilisé tout ce qui était déjà filmé.

Puisque nous nous penchons sur une thématique, le but de cette étude sera d'en étudier également les réalisations par la littérature et par l'image. Il ne s'agit pas de faire une étude exhaustive ni du récit et de la description dans les œuvres littéraires de l'ensemble ni du langage et des techniques cinématographiques des films. Le but de ce travail est plutôt d'examiner l'aspect esthétique et créateur de ces œuvres sous leur angle littéraire et cinématographique et d'établir les rapports entre la littérature et le cinéma du point de vue affectif. Nous ne sommes pas parties sur « d'insaisissables terrains psychologiques » (Ropars Wuilleumier 5) mais nous nous sommes appuyées sur les travaux de ceux (Bachelard, Winnicott, Mélanie Klein, Anna Freud, etc.) qui pouvaient nous être utiles pour mieux interpréter les enfants fictifs des œuvres en question. Le but est, donc, à travers le regard de ces enfants, d'arriver à une meilleure compréhension des images de la représentation de la société française et de la condition humaine de l'époque.

Au cours des dix chapitres de cette étude nous analyserons successivement : le *temps* de chaque enfance en question, le temps référentiel aussi bien que le temps symbolique, y compris les moments clefs où cette enfance change radicalement et définitivement, le jeu sur le temps, l'écart entre les dates de l'enfance et celles de l'écriture ; les *narration, énonciation*, et *focalisation* de chaque récit où nous montrerons, dans la plupart des œuvres, la voix du narrateur comme la voix de l'autobiographe ; l'enfant comme *personnage*, et les rapports qu'il entretient avec ceux de son entourage immédiat, et ceux de son environnement moins immédiat ; les *lieux* (comme le temps) référentiels et symboliques, et la tonalité qui les imprègne ; les types d'événements, itératifs et singulatifs, qui s'entrelacent dans ces récits d'apprentissage, du genre *bildungsroman*, pour produire *l'intrigue* ; *le regard sur le monde* de chacun de nos enfants-héros, localement sur sa société particulière avec toute sa diversité de milieux, et plus globalement sa vision favorable ou défavorable du monde ; *la condition humaine* (la vie, l'amour, la mort), telle qu'elle est perçue par l'enfant, et bien sûr par l'auteur, caché derrière son personnage d'enfant ; *l'enfance comme source de variations littéraires et cinématographiques*, ce qui comprend la poésie, l'humour, l'ironie, le cliché; et l'emploi du *mythe* de manière traditionaliste ou révolutionnaire.

En étudiant tous ces aspects des œuvres en question, nous découvrirons que ces romans et ces films ne sont pas de simples histoires nostalgiques ; au contraire, ils représentent non seulement un regard sur le monde mais aussi la manifestation d'une esthétique. Ces auteurs et cinéastes ont le don d'émouvoir et de séduire le public, et le lecteur/spectateur est captivé par les textes et les films, sans qu'il sache souvent pourquoi. Cette séduction peut certainement être attribuée aux techniques novatrices et aux stratégies de ces auteurs littéraires et cinématographiques, mais c'est surtout leur esprit créateur et poétique qui leur permet d'évoquer chez nous (à travers le temps et l'espace) le souvenir du paysage intérieur et de l'état de notre enfance. Comme l'affirme Gaston Bachelard : « bien simplement, le poète nous met en présence d'un *souvenir d'état*. Dans un poème sans couleur, sans événements, nous reconnaissons des *états* que nous avons connus » (*La Poétique de la rêverie* 112).

CHAPITRE II
LE SCHEMA TEMPOREL—ASPECTS DIVERS

Pour des raisons de durée, d'intérêt, et d'autres plus ou moins évidentes, un auteur ou réalisateur ne nous racontera pas toute l'histoire d'une enfance. Chaque romancier et chaque cinéaste doit donc confronter la problématique du temps dans son œuvre : « comment se délimite, implicitement ou explicitement, le temps même de l'enfance » (Dugast 4). Il voudra tenir compte du temps référentiel, c'est-à-dire du temps de l'Histoire, aussi bien que du temps symbolique.

Pour les œuvres de notre étude la durée de l'enfance racontée varie de quelques jours dans *Jeux interdits* à une quinzaine d'années dans les deux volumes des *Souvenirs d'enfance*. Dans *Au Revoir les enfants*, *Les 400 coups* et *Le Grand-Chemin*, les cinéastes ont décidé de limiter le temps fictionnel à quelques semaines. Bien que le romancier François Boyer et le cinéaste René Clément aient tous les deux choisi un temps fictionnel de quelques jours pour les *Jeux interdits*, ils ont différé sur le choix de l'âge de la petite héroïne. La Paulette de l'œuvre littéraire de François Boyer a neuf ans et son Michel en a dix. Dans la version cinématographique, Paulette est plus jeune ; elle n'a que cinq ans et Michel est plus âgé ; il a onze ans. Cet écart d'âge entre les deux enfants change considérablement le dynamisme entre les deux personnages principaux dans la version cinématographique. (Il en sera question aux chapitres IV et X.)

La durée de l'enfance fictionnelle varie notamment dans les deux versions de *La Rue Cases-Nègres*. Celle de Joseph Zobel s'étend sur une période de douze ans (José de l'âge de sept ans à l'âge de dix-huit ans) alors que la représentation de cette enfance par Euzhan Palcy est l'histoire de José à treize ans. Le temps fictionnel du roman est divisé plutôt en trois parties : la première partie—de la page 9 à la page 102 (93 pages) raconte l'histoire de José jusqu'à l'âge de sept ans, la deuxième partie—de la page 105 à la page 212 (107 pages) continue jusqu'à l'âge de seize ans où il reçoit son Certificat d'Études Primaires et la troisième partie—de la page 215 à la page 311 (96 pages) nous montre ce qui se passe jusqu'à l'âge de 18 ans. Le temps fictionnel du film est plusieurs mois dans la vie de José à treize ans.

Si parfois la durée du temps fictionnel et l'âge de l'enfant diffèrent, nous constatons que nous rencontrons nos héros entre l'âge de neuf et treize ans, que pour chaque récit la narration commence à un moment important dans leur vie, et que « La narration s'arrête avec la fin [au moins symbolique] de l'enfance... [et va ainsi] délimiter l'enfance fictive. » (Dugast 4). Dans *Au Revoir les enfants* et dans le roman *Jeux interdits* l'histoire « s'achève sur la mort d'un ami » (Dugast 5). Mais dans ces œuvres-là aussi bien que dans d'autres œuvres de notre corpus où l'enfance s'achève sur un ton moins grave, la fin du récit est simplement thématique et la terminaison du récit ne coïncide pas obligatoirement avec la détermination du sort de l'enfant. Ainsi *Les Quatre cents coups* de Truffaut, et les deux versions de *Jeux interdits* s'achèvent sur l'ambiguïté du sort de l'enfant.

Les auteurs en question ont choisi tous un moment influent dans la vie de l'enfant pour représenter dans leurs ouvrages. C'est la fin de l'âge de l'innocence de l'enfant, le moment de son passage à l'adolescence et à l'âge adulte, un moment où il bascule entre deux mondes, le moment de sa rencontre avec des personnes et des événements qui vont changer le cours de son destin. Pour José de *La Rue Cases-Nègres,* c'est l'entrée au Collège, pour Louis du *Grand Chemin,* c'est le moment où l'on s'initie à l'amour. Enfin, pour Marcel dans les *Souvenirs d'enfance,* comme pour tous les enfants des œuvres étudiées, c'est le moment où « on prend conscience des compromissions attachées à la vie des adultes » (Dugast 5).

Ces moments significatifs qu'il expérimente et qui font partie de son rite de passage sont fortement liés au vouloir, au savoir et au pouvoir que l'enfant va acquérir... surtout à un certain savoir sur sa société et sur son héritage culturel, acquis délibérément ou par hasard. En analysant le récit d'enfance de chacun de ces enfants-héros, il faut donc considérer non seulement la fonction temporelle référentielle mais aussi la fonction temporelle symbolique.

La fonction temporelle référentielle—le décalage de temps—la présence du temps contemporain dans l'œuvre

Dans notre analyse du temps référentiel, nous devons considérer une observation faite par Gaudreault et Jost dans *Le Récit cinématographique*, que par nature :

> le récit est une séquence doublement temporelle. Tout récit met en jeu deux temporalités : d'une part, celle de la chose racontée, d'autre part celle qui tient à l'acte

> narratif lui-même. Pour Metz, il convient donc de distinguer la « suite plus ou moins chronologique des événements » et « la séquence de signifiants que l'usager met un certain temps à parcourir : temps de la lecture, pour un récit littéraire; temps du visionnement, pour un récit cinématographique »[1]. (19)

Dans certaines des œuvres en question nous observons un décalage de temps, un écart entre les dates de l'enfance et celle de l'écriture du roman ou du tournage du film. Voilà donc Marcel Pagnol qui en 1957 nous présente les deux premiers tomes des *Souvenirs d'enfance : La Gloire de mon père* et *Le Château de ma mère* qui traitent de son enfance du début du XXe siècle (du 28 février 1895, la date de sa naissance, à la fin d'août 1910). Les films d'Yves Robert qui racontent cette même enfance ne sortiront pas avant 1990. Parallèlement dans *La Rue Cases-Nègres* Joseph Zobel, qui a maintenant 82 ans, nous raconte quelque chose de très ancien dans son roman d'enfance des années 30 rédigé en 1950. C'était une époque où la Martinique elle-même venait d'accéder politiquement à sa maturité. En 1946, comme la Guadeloupe, elle a demandé son rattachement à la République, la départementalisation, et elle a été érigée en département français d'outre-mer. Dans la version cinématographique, tournée dans les années 80, la cinéaste Euzhan Palcy raconte l'enfance de Joseph Zobel passée dans les années 30, mais c'est surtout avec sa perception de la troisième génération. Nous constatons donc que pour représenter le temps de l'Histoire et de l'histoire il y a le jeu sur le temps... le décalage entre le temps de l'enfance (années 30) et l'époque où Joseph Zobel écrit (l'époque de l'enfance de la Martinique comme département français d'outre-mer. Il va bien montrer la difficulté de la naissance de cette culture créole.) Puis plus de trente ans plus tard Euzhan Palcy va tourner sa version cinématographique. Dans leurs œuvres, l'auteur et la réalisatrice nous présentent l'Histoire sous deux angles différents.

C'est une question donc de trois générations non seulement séparées par le temps mais aussi par leurs points de vue, et c'est la technique de l'expansion ou de la compression du temps dans ces deux œuvres qui va montrer ces divers points de vue. Prenons comme exemple l'Histoire dans l'histoire racontée par M. Médouze, qui évoque précisément cette Histoire, la mémoire, puisqu'il *est* la mémoire, de cette société depuis le temps de l'esclavage c'est-à-dire le temps de l'enfance de son père africain[2] :

> Enfin, certains soirs, soit dans ses contes, soit dans ses propos, M. Médouze évoque un autre pays plus lointain, plus profond que la France, et qui est celui de son père : la Guinée. Là, les gens sont comme lui et moi; mais ils ne meurent pas de fatigue ni de faim. On n'y voit pas la misère comme ici. (Zobel 57)

Zobel, en présentant la séquence de Médouze qui évoque l'histoire de son père n'utilise qu'une page et demie sur les 311 pages du roman. C'est court mais chargé de sens, le sens de l'Afrique comme une sorte d'utopie, la terre-mère qu'il faut retrouver. Avec le Médouze de Zobel nous sommes dans la mémoire africaine de la première génération antillaise. Ensuite, à travers le regard de José qui fait partie de la deuxième génération, cette nouvelle génération avec son éducation de l'école française, nous assistons à la naissance de la créolité.

Enfin dans le film de Palcy, qui consacre à cette séquence onze des 107 minutes de son film (c'est la séquence la plus longue du film) nous constatons une perspective beaucoup plus révolutionnaire :

> nous nous trouvons face-à-face à la nuit de la révolte, le nègre marron qui descend dans les rues pour revendiquer sa dignité. Il y a donc dans le film de Palcy toute cette évocation trouble de la prise de liberté que l'on n'a pas vue dans le livre. Cela n'est pas du tout martiniquais. Là on est sorti du contexte martiniquais pour arriver à partir de la situation haïtienne, à quelque chose de beaucoup plus choquant. Médouze lui-même faisait la relation entre l'Afrique et les Caraïbes mais aussi dans le film on trouve la Martinique, un département français de l'époque où le livre a été écrit, mais qui rapporte à d'autres pays des Caraïbes et à d'autres époques. Cela c'est la mémoire, c'est la créolisation, c'est la globalité. (Notes de cours, J-C. Redonnet, août 1996)

Il suffit pour s'en apercevoir d'examiner, aussi bien dans le roman que dans le film, la représentation de cette séquence où Médouze raconte l'histoire de son père. Dans le film de 1983, on remarque qu'il y a plus de drame et de violence concernant l'Histoire racontée par Médouze. (Nous considérerons cet aspect plus en détail au chapitre IX.)

On reconnaît, donc, l'importance d'un autre aspect du temps : la présence du temps contemporain de la publication, dans la mesure où cet aspect du temps, cette Histoire contemporaine, va influencer l'histoire, va changer le récit. Il n'est pas inefficace de regarder ces deux versions de *La Rue Cases-Nègres* dans le contexte du climat socio-politique de leurs époques respectives ni de constater qu'ils naissent aux moments difficiles dans l'Histoire de la Martinique où le caractère déterminé de l'esprit créole a dû dominer, tant essentiel qu'il était d'abord à la sortie de l'œuvre et ensuite à son sort. Le climat politique et social de l'époque 1950 autour du livre se révèle dans ces quelques mots tirés des revues de cinéma : « Publié en 1950, la Rue Cases Nègres a obtenu à Paris le Prix des lecteurs, ce qui ne l'a pas empêché d'être frappé d'interdiction et complètement occulté aux Antilles pendant vingt ans » (Micciollo 33) et :

> Il est intéressant de constater que Joseph Zobel avait fait paraître *La Rue Cases Nègres* en 1950, mais que ce livre avait été interdit dans son pays d'origine pendant plus de vingt ans. Aujourd'hui le livre est considéré comme un « classique de la littérature martiniquaise pour faire connaître au monde cette tranche d'histoire sous le colonialisme français » (sous la Troisième République). (Martineau 33)

Autour du film, sa réalisatrice a eu des problèmes semblables au cours des années 80. Euzhan Palcy parle de ces problèmes dans un entretien avec June Givanni :

> When I received the grant (to film *Rue Cases-Nègres*), Channel 3 in France, which had the television monopoly in the French Caribbean, (was to) produce the film, but ... they really did not want to go through with the project because of political reasons. They were worried that it would be the kind of film that would

reaffirm the cultural identity of Martinique, and don't forget that at that very moment there was a lot of popular agitation in Guadeloupe and in Martinique[3]. (Givanni 292)

[Ma traduction :
Quand j'ai reçu la bourse (pour tourner *Rue Cases-Nègres*), la chaîne n°3 en France, qui avait le monopole de la télévision aux Antilles françaises, (devait) produire le film, mais... ils (les producteurs) ne voulaient pas réaliser le projet à cause des raisons politiques. Ils avaient peur qu'il ne soit le genre de film qui réaffirmerait l'identité culturelle de la Martinique, et n'oubliez pas qu'à ce moment-là il y avait beaucoup d'agitation populaire en Guadeloupe et en Martinique.]

Ce sont donc, les courants politique, économique et social de la Caraïbe des années 70 et 80 qui fournissent le fond des œuvres comme *La Rue Cases-Nègres* de Palcy dont le thème et l'esprit dominants sont la recherche d'une identité culturelle[4], pas une identité fondée sur l'archéologie mais sur les traditions du peuple racontées de génération en génération : "Not an identity grounded in the archeology but in the *re-telling* of the past"[5]. (Hall 222)

Le jeu sur le temps

D'autres écrivains et cinéastes étudiés, racontant leur enfance ou évoquant celles d'autres enfants, se servent aussi d'un jeu sur le temps. En regardant *Le Grand-Chemin* de Jean-Loup Hubert et *Au Revoir les enfants* de Louis Malle, on voit le jeu sur le temps. Les deux films, tournés dans les années 80, racontent une enfance qui se passe au cours des années 40 ou 50. Il y a même certaines séquences du film où le spectateur a le sens de ce décalage de temps, où il remarque que le ton est sans doute plus libre qu'il ne l'eût été à l'époque. On observe des actions, des comportements qui auraient sans doute été considérés comme des infractions à la norme au moment où historiquement ces choses sont censées se passer mais qui n'en sont plus au moment où le film est fait. Par exemple, dans ces deux films des années 80 on voit qu'on accepte que l'enfant soit brutal avec sa mère quand elle s'en va ou quand elle l'envoie au pensionnat. Pour Louis, son entourage accepte qu'il ne soit pas content d'avoir un petit frère. Dans les deux films ce sont des enfances dans lesquelles la représentation de la norme a évolué, et en particulier la norme familiale. Elle n'est plus représentée avec la même sévérité. Là il s'agit de l'Histoire et de l'évolution des mœurs dans la société moderne.

Le jeu sur le temps est à la fois intéressant et utile pour François Truffaut dans *Les Quatre cents coups* où le temps est déterminé par la perspective du narrateur de Truffaut. On trouve un double arrière-plan : l'enfance de Truffaut des années 40 et celle d'Antoine Doinel de 1958. L'enfance qu'il évoque n'est pas une enfance de l'après-guerre. Le réalisateur transpose dans les années 50 une enfance qui est bien antérieure —son enfance de l'Occupation (Dalmais 17). Les événements qu'il raconte s'étaient déroulés dans sa propre vie ou dans la vie de ses amis d'il y a treize ans. Les impressions d'enfance conservées par Truffaut sont placées avec subtilité dans la décennie suivante[6].

Le jeu sur le temps dans *Les Quatre cents coups* renvoie à deux états différents de la société française : l'Occupation pendant l'enfance de Truffaut et l'après-guerre des années 50 qui est celle de l'enfance d'Antoine Doinel. Quel est le climat politique et social de l'époque 1958? et pourquoi le film de Truffaut, et les films de certains autres metteurs en scène, ont-ils déclenché une « Nouvelle Vague » dans le cinéma de cette époque-là?

Ce sont les années de l'après-guerre, après le « Baby boom », où la France traverse une période d'industrialisation et de croissance économique et démographique. Sous le gouvernement et l'idéologie de Charles de Gaulle la société française semble prête à accepter un certain type de gouvernement : autoritaire, traditionnel et patriarcal. Cela va rendre encore plus marquant le poids d'une certaine morale dans les années qui suivent. Parallèlement, on peut parler dans le pays d'un esprit, d'une volonté, d'un désir et d'un élan vers l'autodétermination, l'indépendance, l'individu, comme cela est représenté dans le film de Truffaut. En fait une bonne part du monde intellectuel et des artistes se trouve alors dans l'opposition.

Le rôle de l'Histoire dans la vie de l'enfant

Dans deux des ouvrages que nous avons sélectionnés « l'irréversibilité du temps joue le rôle de la fatalité supérieure... [on y rencontre le] mythe du Paradis perdu » (Dugast 136). Ce sont les deux films qui ont pour fond l'époque tragique de la Deuxième Guerre Mondiale. Dans ces deux films le temps, autrement dit l'Histoire, joue le rôle clef dans l'histoire de l'enfant qui devient sa victime. Regardons d'abord ce petit résumé écrit par Jacqueline Grenez-Brovender au sujet de *Jeux interdits* :

> Ce film de René Clément [et le roman de François Boyer sur lequel il est basé] débute[nt] sur des images de l'exode. Après la grande offensive allemande du 10 mai 1940 et alors que l'armée française en déroute opère une retraite dans le plus grand désordre, des millions de Français fuient l'invasion allemande en emportant avec eux, comme ils le peuvent, leurs possessions les plus précieuses, et ceci sous les bombardements de l'aviation ennemie. Beaucoup de familles sont séparées, le chaos est total. Les troupes allemandes réalisent une avance foudroyante : Paris est occupé le 14 juin. En quelques jours la moitié de la France est envahie. (Grenez- Brovender 1)

Le narrateur implicite de François Boyer nous plonge dans la vie d'une enfant sans nous fournir la date exacte du récit avant la page 18: « en cette journée de juin 1940 » (18). C'est au moyen d'une série d'inférences que le lecteur reconstruit son passé (au moins le passé immédiat de Paulette). Dès la première page, le lecteur a déjà déduit qu'il s'agit du moment de l'exode des populations de l'Est et du Nord pendant la Deuxième Guerre Mondiale : « La colonne se remit en marche péniblement... » (9) et un peu plus loin :

> « ... la mêlée confuse... » (...) « ... l'immense cortège » (...) « l'avion qui... mitraillait la route... (...). Il avait lâché quelques bombes, et tous les animaux s'étaient précipités dans les fossés, laissant les hommes en beau milieu de la route, stupides, courant de tous côtés, ne comprenant rien à rien à ce qui leur arrivait. (Boyer 11)

D'après une marque linguistique du discours à l'intérieur du récit (*hier*) et quelques signes analeptiques de texte ou explicitement ou implicitement exprimés qui nous amènent au présent du récit, on apprend les événements tragiques qui ont laissé Paulette toute seule dans le monde : « Sa mère, elle était morte hier, de la faute du grand loup » (Boyer 12) et :

> « Paulette vit à deux pas de son nez un fruit noir écrasé sur un talon rugueux, une longue traînée rouge sang, sur la chemise sale, et puis une tache de cerise sur le front. —Papa! Papa n'eut pas un geste. ... papa ne bougeait pas. » (Boyer 13)

Beaucoup plus loin dans l'histoire d'autres références aident le lecteur à préciser le moment exact de l'Histoire. Au sujet de Francis Ganard, le narrateur raconte: « ... dès le troisième jour de guerre il avait dû rejoindre un régiment de cavalerie motorisée... (...) des officiers dans l'armée française ... n'allaient pas au front. Francis avait vu aussi des Anglais, par centaines de camions, des fantassins, des artilleurs, des aviateurs... » (Boyer 96). Du point de vue du père Ganard : « de son temps les cavaliers montaient à cheval, maintenant y avait plus que des cavaliers à moteur qui restaient en panne. Et puis en 18 on avait tenu, avec les chevaux, on avait gagné la guerre » (Boyer 97). Le père Ganard fait encore référence à la Première Guerre Mondiale, celle de 18, la comparant à la guerre courante (Boyer 135). En pensant aux Dollé, il les compare aux 'Boches' et aux communistes. (Boyer 138)

Si le moment exact nous échappe dans le roman, dans le scénario du film c'est tout le contraire. Dès la première page du scénario (dans les premiers moments du film), on annonce que c'est l'exode de 1940 pendant la Deuxième Guerre Mondiale : « *Nous sommes, en fait, sur une route de France, en juin 1940, en plein 'exode'* ("Jeux interdits", *L'Avant-Scène Cinéma*, n°15 mai 1962 : 7). Et à la deuxième page on nous rend témoins de la fatalité de l'irréversibilité du temps :

> Plan sur l'enfilade du pont. Au bruit saccadé (off) des coups de mitrailleuse venant de l'avion, correspond la marque des balles frappant la route en une traînée de poussière. Cette traînée passe sur le corps du père et de la mère couchés près de Paulette. La mère, en un sursaut douleureux, se retourne sur elle-même. Son visage tombe mort près de celui de sa fille qui assiste, inconsciente, au drame.

Au Revoir les enfants—un schéma temporel très complexe

Le schéma temporel d'*Au Revoir les enfants* est peut-être le plus développé de notre groupe quant à sa complexité. Nous nous demandons si ce n'est pas grâce à la précision de Louis Malle pour maîtriser chaque détail du film. On y trouve, comme nous l'avons déjà montré, le jeu sur le temps, des analepses. Il y a aussi la fatalité de l'irréversibilité du temps, une enfance manquée—un paradis perdu. Ce n'est pas seulement l'époque de la Deuxième Guerre Mondiale et une année particulière qu'il a choisie de représenter mais aussi le moment de l'année, l'hiver avec ses conditions atmosphériques sévères qui vont influencer profondément les conditions de la vie des personnages et qui contribuent à la tension et à l'intrigue de l'histoire.

A partir de l'incipit de l'œuvre nous savons que c'est l'hiver, janvier 1944 (*Au Revoir les enfants*, cinéroman 9) que le Mardi-Gras est projeté dans un proche avenir (9) et que c'est la rentrée des classes au Collège Saint-Jean-de-la-Croix après les vacances de Noël. (cinéroman 13) On nous le rappelle à la page 72 en nous disant que c'est le « 17 janvier 44. Jeudi. » Tout à la fin du cinéroman (et du film), aux pages 132 et 133, l'analepse du récit se dévoile quand la voix *off* annonce que « Le collège a rouvert ses portes en octobre 1944 » et que « Plus de quarante ans ont passé… ».

Dès le moment de la rentrée de Julien, la guerre et l'Occupation se révèlent. La situation politique est bien expliquée dans le *CNC Dossier n°23*. Ainsi, on nous montre le quadrillage du pays :

> a) par l'occupant
> —présence permanente des soldats allemands dans toutes les scènes à l'extérieur du collège (gare, rues, bains-douches, restaurant, forêt)
> —instauration du couvre-feu
> —irruption de la Gestapo au Collège (persécution antisémite et répression)
> b) par les collaborateurs
> —action de la Milice (perquisition au collège, contrôle d'identité au restaurant
> —dénonciateurs

> La présence de la guerre
> —la situation des fronts expliquée par le professeur Guiborg
> —les alertes aux bombardements (*CNC Dossier* n°23 : 3)

On nous renseigne également sur les conditions de vie dans la France de cette époque-là et précisément au collège:

> Le froid
> —dans les salles de classe (professeurs et élèves emmitouflés) et dans la cour
> —les stalactites de glace sur les lavabos
> —les engelures
> Les privations
> —mauvaise qualité de la nourriture (pain bluté, saucisson de cheval, margarine
> —insuffisance de nourriture (inanition avant la communion), biscuits vitaminés, huile de foie de morue
> —rationnement (tickets)
> —ersatz (cigarettes de feuilles de maïs)
> Le marché noir (*CNC Dossier* n°23 : 3)

Dans ce film on voit l'importance d'« une thématique imposée par un référent historique précis » (Préface *Boule de suif* 9). Louis Malle l'affirme dans un entretien au sujet du tournage : « Mais moi, je savais qu'il me fallait l'hiver. Pas par fidélité à la réalité, mais parce que cet hiver très rude, au chauffage réduit, exprimait déjà la dureté de l'époque » (*CNC Dossier* n°23 : 4). Ce qu'il ne faut pas oublier de l'enfance de Julien Quentin, c'est que c'est une enfance normale, en dehors de la guerre. Julien est un enfant qui adore sa mère et qui est favorisé par les circonstances de sa vie. Son grand drame, par exemple, c'est de faire « pipi au lit », et son problème d'incontinence nocturne revient plusieurs fois dans le scénario du film. A part le drame de la guerre et de cet hiver singulièrement dur, cela aurait pu être l'histoire d'un enfant tout à fait comme les autres.

Mais la dimension essentielle de l'hiver et de la guerre va intervenir pour changer foncièrement cette enfance. Les deux se renforcent obligatoirement. Il se trouve que les hivers de guerre ont été exceptionnellement froids en France. Bien que ce ne soit pas la même guerre, les conditions dures de cet hiver de guerre de Malle rappellent celles des contes de Maupassant. (Voir les chapitres sur la tonalité des lieux, chapitre V, et sur l'intertextualité, chapitre VI.) On n'avait pas eu froid de cette manière-là depuis des années, des années. Or justement il a fait très froid au moment où personne n'avait plus de quoi se chauffer si bien que la vie a été extraordinairement difficile. Les collégiens souffrent de la faim et du froid et des maladies et des souffrances sont apparues que personne ne connaissait, comme par exemple les engelures de Julien.

La fonction temporelle symbolique

Le maniement du temps dans les ouvrages est à la fois sémiotique et symbolique. Par exemple, l'histoire d'*Au Revoir les enfants*, comme l'expérience vécue, ne dure que trois semaines au total. C'est relativement rapide mais dans le film c'est chargé de sens parce que le réalisateur montre une amitié qui se développe entre deux garçons, une amitié qui, en réalité, n'a jamais existé. Dans son entretien avec Schidlow, Louis Malle nous dit que :

> Nous n'avons, hélas, guère eu le temps de nouer des liens d'amitié. Arrivé à la rentrée de Noël 1943, Bonnet —c'était le nom sous lequel on nous l'a présenté—a été arrêté avec deux autres gosses juifs fin janvier 1944. Pour les besoins du film, j'ai étalé le temps de notre rencontre. En fait l'histoire réelle est celle d'une amitié manquée qui n'a cessé de me hanter. (18)

Nous pouvons confirmer donc que « Pour les besoins du film » un metteur en scène, comme l'auteur pour les besoins du roman, va créer des distorsions de temps et va souvent inventer un jeu sur le temps. On se servira des prolepses ou des analepses. On va surtout représenter le temps de manière à le rendre symbolique.

Symboliquement le temps joue un rôle principal aussi dans l'autre histoire de guerre *Jeux interdits*. C'est le moment de la première partie de la Deuxième Guerre Mondiale (commencée le 1er septembre 1939). D'une manière frappante, Boyer (et Clément dans le film) juxtapose la situation de la population urbaine moderne en exode (dont certains dans leurs voitures tels que les parents de Paulette), les gens qui fuient les bombardements allemands, très conscients de la guerre qui ravage la France, et la situation de la société rurale, où les campagnards, plus ou moins isolés, vivent dans l'ignorance de ce qui se passe même à cinq kilomètres du hameau. Ils n'ont pas d'électricité, pas de moyen de transport moderne, pas d'école, et surtout pas beaucoup de communication avec le monde extérieur[7] :

> Saint-Faix négligeait l'Histoire. Et, en cette journée de juin 1940, il apparut clairement que l'Histoire rendait à Saint-Faix un égal mépris.
>
> Sur la grande route voisine, des heures durant, le lent cortège des réfugiés avait troublé la plaine de ses cris, de ses crimes, de ses courses effrénés, de ses plaintes inutiles, de ses rires ineptes et féroces ; des heures durant il y avait eu le bruit des pas qui marchent, des véhicules qui roulent, des roues qui écrasent, qui s'écrasent, qui bousculent, qui renversent et meurtrissent, les colères des hommes, les pleurs des enfants, les rires des enfants, les chants des enfants, les gifles qui corrigeaient les pleurs, les rires, et les chants tout ensemble.
>
> Mais Saint-Faix s'étalait à cinq longs kilomètres de la grande route, et l'Histoire, sous forme d'enfants qui chantent et de parents qui giflent avant d'en mourir, l'Histoire ne s'était pas détournée de la grande route, poursuivant sa procession rectiligne. Saint-Faix n'avait rien su, rien vu. (Boyer 18-19)

Et si Saint-Faix négligeait l'Histoire, le monde extérieur se désintéressait également des habitants de Saint-Faix. Au moment de la chute fatale de Michel: « Sur la route, deux motocyclistes passèrent à toute allure sans rien voir ». Bien que dans l'espace physique le hameau de Saint-Faix ne se trouve pas loin de la guerre (c'est-à-dire de la grande route où se passe la guerre), dans l'espace mental et dans le temps il s'en situe très, très loin. (On regardera plus longuement l'opposition entre la ville et la campagne au chapitre V, Les Lieux). Anne Gillain trouve que dans le cinéma de Truffaut les photographies ont une fonction temporelle symbolique. Elles indiquent un secret inaccessible, elles marquent le passage du temps vers la mort : d'abord c'est l'image de la pin-up qui déclenche les problèmes à l'école pour Antoine, ensuite c'est la photo de Balzac qui est à la base de l'incendie dans l'appartement, enfin ce sont les photos d'identité judiciaire qui vont provoquer chez le spectateur un ressentiment d'horreur. (*The Script of Delinquency* 145).

Nous venons de constater l'importance des manières de vivre le temps dans *Au Revoir les enfants* et dans *Jeux interdits*. Chez Pagnol, Zobel, Truffaut, Clément et Hubert nous remarquons une « coupure entre le temps de travail et le temps de loisir, entre enfants et adultes » (Dugast 784). Le contraste entre ces deux temps est peut-être le plus prononcé dans *La Rue Cases-Nègres* où (au commencement de l'histoire au moins) nous voyons sa valeur symbolique... le temps d'esclavage passé dans les champs de canne à sucre en opposition au temps libre (en toute liberté et en contact avec la Nature) des enfants. En un certain sens le monde de la plantation et des esclaves-travailleurs est « un monde placé hors de la temporalité et, donc, sans espoir. En témoigne la montre » (Micciollo : 31-32) de José que d'abord il refuse de donner à Tortilla après le pari concernant le combat des animaux, mais qu'il lui offre après le concours des bourses au moment où ils apprennent qu'elle va rester dans la plantation et que lui va la quitter pour aller à Fort-de-France. Même le jeune José se rend compte de la monotonie du temps passé au travail et de la vie sans espoir de la plantation :
« Le temps était simplement une alternance de jours et de nuits ponctuées par trois jours particuliers dont je connaissais les noms : samedi, dimanche, lundi » (Zobel, *La Rue Cases-Nègres* 59).

Dans notre étude du schéma temporel des œuvres en question, nous voyons donc les différents aspects de l'analyse du temps : l'âge de l'enfant fictionnel et le moment de sa vie où nous le rencontrons; la durée de l'enfance racontée; le rôle du temps référentiel et du temps symbolique; le jeu sur le temps, le décalage de temps, l'écart entre les dates de l'enfance fictionnelle et celles de l'écriture ou le tournage; la présence dans l'œuvre du temps contemporain de la publication ou de la production; et les différentes manières de vivre le temps. Ayant examiné le temps référentiel et le temps symbolique dans le récit des œuvres de notre groupe, nous pouvons conclure que chacun de nos enfants-héros vit un moment à la fois historiquement très précis (... le début du XXème siècle en France, la période de la colonisation, l'époque de la Deuxième Guerre Mondiale ou les années d'après guerre en France...) et symboliquement très significatif dans sa vie personnelle.

CHAPITRE III
LA SUBJECTIVITE DE LA NARRATION ET DE LA FOCALISATION

Comme l'affirme David Lodge, on peut soutenir que le choix de la narration et surtout de la focalisation de l'histoire est la décision la plus importante que doive prendre l'auteur, parce que cela va fondamentalement influencer la façon dont le lecteur/spectateur répondra, émotionnellement et moralement, aux personnages et à leurs actions (26).

Une analyse de la narration des quatre œuvres littéraires de notre étude : *La Gloire de mon père* et *Le Château de ma mère* de Marcel Pagnol, *Jeux interdits* de François Boyer, et *La Rue Cases-Nègres* de Joseph Zobel, nous montre que dans leurs romans, d'après les théories et définitions d'Émile Benveniste (241) et de Wayne C. Booth (92), *l'histoire* est racontée au passé par un *narrateur implicite*. Dans son roman, Boyer utilise principalement le passé simple, l'imparfait, et le plus-que-parfait de l'indicatif qui indiquent qu'il y a « une antériorité de l'histoire sur la narration ». (Genette 225). Les *énonciations* du *discours* (que nous examinerons plus loin dans ce chapitre en parlant des œuvres de Pagnol en particulier) qui interrompent le récit sont pour la plupart écrites au présent, ou, là où il s'agit d'un rêve ou d'un souhait, au conditionnel. Ainsi dans le roman de Boyer : « Si j'étais lézard, j'habiterais là, dit Paulette comme pour elle-même. (...) Je dormirais entre les pierres, et, des fois, je monterais tout en haut, pour voir la mer... » (144).

Chez cet auteur la narration est interrompue par des conversations entre les deux enfants ou entre les enfants et d'autres personnages, des conversations entre certains personnages secondaires, des pensées. Souvent au cours de la narration, au moyen du style indirect libre, Boyer nous fait pénétrer dans les pensées de Paulette ou d'autres personnages de l'histoire. Il nous donne accès (plein d'imagination) à leur vie intérieure, y compris leur raisonnement, leurs émotions, leurs sensations, leurs souvenirs et leurs fantaisies :

> Michel voulait parler, mais Paulette n'écoutait pas. Michel, tout à coup, l'incommodait, sans qu'elle eût su dire pourquoi. Elle l'avait senti peureux, craintif, quand Joseph avait parlé des gendarmes. Elle aussi, bien sûr, avait eu peur, surtout quand Joseph avait pointé son doigt sur Michel, mais vite elle s'était raidie,

contractée, prête à la révolte. Michel ne se révoltait jamais, il disait : « Oh alors », et se mettait à pleurnicher. On avait le droit de pleurer quand on avait de la peine, quand son Toutou mourait, ou son chat, ou un veau avec des grands yeux tristes, ou un poussin tout jaune, une souris, un lapin, une fourmi rouge ou noire avec toutes ses amies qui la traînaient en jouant à l'enterrement; mais quand on vous grondait, quand on avait peur, à moins d'une gifle qui fasse saigner du nez, on n'avait pas le droit. On serrait les poings, les dents, on disait : non, non, non, non, non...
Brusquement Paulette lâcha la main de Michel.
—Donne-moi la main.
— Crrrrr... (143)

En nous faisant entrer dans les pensées de Paulette, François Boyer se sert d'un vocabulaire qui semble approprié à son personnage et à son caractère, mais en fait, certains temps et modes de verbes (l'imparfait du subjonctif), certains mots (peureux, craintif), et certaines expressions reflètent la présence et la participation au discours du narrateur et de l'auteur. Prenons comme exemple la première phrase de cette citation: « Michel voulait parler, mais Paulette n'écoutait pas ». Il s'agit d'une énonciation/exposition/formulation d'un narrateur omniscient, mais aussi impersonnel et impénétrable, insondable qui n'explique pas pourquoi. La phrase suivante : « Michel, tout à coup, l'incommodait, sans qu'elle eût su dire pourquoi. » effectue le changement de focalisation et nous fait glisser dans la tête de Paulette. François Boyer accomplit ce changement de focalisation en laissant de côté des commentaires intrus du genre : « Paulette réfléchit ». Il adopte plutôt le style indirect libre, utilisant la locution « tout à coup » et des mots et des idées enfantins de Paulette comme « son Toutou » ou « en jouant à l'enterrement ». Il montre sa tendance à l'énumération d'animaux et de couleurs : « ou son chat, ou un veau... ou un poussin tout jaune, une souris, un lapin, une fourmi rouge ou noire ». Pour ses opinions proprement inflexibles au sujet du « droit de pleurer », et son attitude typiquement tenace : « On serrait les poings, les dents, on disait : non, non, non, non, non... » , le changement de focalisation s'appuie sur l'emploi du mot « on » *inclusif* (« **On** avait le droit de pleurer quand **on** avait de la peine) et du « on » *non-inclusif* (« mais quand **on** vous grondait... »).

Pour nous faire sortir de la vie intérieure de Paulette, l'auteur fait resurgir le narrateur qui nous dit que « Brusquement Paulette lâcha la main de Michel ». L'adverbe « Brusquement » va porter la même force « choc » de la locution « tout à coup » et va être suivi des énonciations : « — Donne-moi la main » et « — Crrrrr » qui nous ramèneront au présent de la narration. Dans ce petit extrait du récit, François Boyer a tissé de longues phrases qui coulent et qui font des méandres où chaque pensée déclenche la suivante. Mais, les phrases sont bien construites; et sans que cela soit trop évident, François Boyer y a introduit sa maîtrise de la langue et son éloquence lyrique.

Un autre excellent exemple du style indirect libre se trouve au moment où Boyer nous fait entrer dans les fantaisies de Joseph, le curé (140). (Nous reverrons ce petit morceau de texte au chapitre IX.)

Nous trouvons dans les œuvres de Pagnol et de Zobel beaucoup des mêmes techniques de narration : le style indirect libre, les mêmes temps du passé avec aussi le passé composé qui évoquent tous « une antériorité de l'histoire sur la narration », et un emploi plus extensif du mode subjonctif. Chacune des deux est une narration classique soignée; il n'y a pas d'audace linguistique. Au moyen de son narrateur, l'auteur raconte une histoire très personnelle ; un adulte qui essaye de recréer le monde de son enfance.

Dans l'avant-propos de *La Gloire de mon père* c'est l'auteur Marcel Pagnol dont le nom apparaît sur la couverture du livre qui raconte: « Dans ces *Souvenirs*... ce n'est pas de moi que je parle, mais de l'enfant que je ne suis plus. C'est un petit personnage que j'ai connu et qui s'est fondu dans l'air du temps, il n'est pas le sujet de ce livre, mais le témoin de très petits événements » (7). A la page 11 c'est le narrateur, Marcel Pagnol adulte, la voix de l'autobiographe, première personne: « **Je** suis né dans la ville d'Aubagne, ... **Mon** père était le cinquième enfant... »

Pareillement à l'incipit du roman autobiographique de Zobel, c'est l'enfant narrateur qui nous raconte, et c'est aussi la voix de l'autobiographe, première personne : « D'aussi loin que **je** voyais venir m'man Tine, **ma** grand-mère » (*La Rue Cases-Nègres*, 9). A la fin du livre, c'est l'adulte narrateur : « C'est aux aveugles et à ceux qui se bouchent les oreilles qu'il me faudrait la (l'histoire) crier. *Fontainebleau, le 17 juin 1950* » (311).

José est le personnage; Joseph Zobel, caché derrière son personnage, est le narrateur. Zobel lui-même affirme l'autobiographie de son récit (Zobel, *Black Shack Alley*. 1979). Il se sert du « je » pour écrire ce roman autobiographique mais c'est un « je » qui fonctionne comme un « il » (Michel Butor). Il parle comme lui enfant mais avec la distance d'une troisième personne. Zobel invite le lecteur à passer un « pacte autobiographique » (terme inventé par Philippe Lejeune, *Le Pacte autobiographique* 26) où débute l'enfance. On a le sens que l'adulte Joseph Zobel essaye de récréer le monde de l'enfant, que c'est un narrateur qui parle à la troisième personne. Le lecteur est frappé par l'ambiguïté qui s'établit par le contraste entre une syntaxe simple, un lexique simple dans une phrase comme « Tout cela est beau » (au haut de la page 20) et un lexique recherché, une langue soignée dans la phrase qui la précède « des huppes de cocotiers, des allées de palmiers, une rivière musant dans l'herbe d'une savane ». Là on a la simplicité de l'enfant exprimée dans les émotions et le soin de l'adulte qui se manifestent dans l'écriture. L'ambiguïté apparaît quand l'auteur bascule entre deux désirs qui s'opposent : celui de garder objectif le récit et celui d'intervenir avec le point de vue subjectif de l'enfant.

Dans les œuvres de Pagnol et de Zobel l'enfant est capital dans la narration parce qu'« il permet aussi au narrateur de nombreux types d'intervention qui traduisent son omniscience. L'auteur interprète les attitudes du personnage, les particularise et les généralise alternativement... » (Dugast 597). Le lecteur découvre très tôt dans l'histoire que ce personnage, Marcel chez Pagnol, José chez Zobel, n'est pas un enfant ordinaire, mais plutôt un « narrateur digne de confiance » dans la terminologie de Wayne C. Booth : « Les qualités morales et intellectuelles du narrateur nous importent davantage que le fait qu'on le désigne à la première ou à la troisième personne, ou que l'on privilégie ou non sa vision. (...) [Chez Pagnol et chez Zobel on a] un narrateur digne de confiance » (Booth 105). Francine Dugast souligne l'importance de ce concept d'un jeune *narrateur omniscient* pour qu'un rapport s'établisse entre narrateur et lecteur : « Cette conscience d'être un élu apparaît constamment chez le personnage, justifie sa fonction de témoin, car il a accès à des expériences que ne peuvent connaître les autres enfants. » (Dugast 268-69) Cela donne aussi à la narration un aspect affectif : « Tout cela est vu et ressenti par un spectateur participant à la croyance évoquée, et doit susciter un surcroît d'intérêt dans le public » (Dugast 271).

Outre le narrateur digne de confiance et l'aspect affectif, se trouve dans la narration de Pagnol la dimension cinématographique de l'œuvre. La narration du récit aussi bien que le décor de son enfance sont construits par Pagnol d'une manière très cinématographique. Le cinéma, l'écriture et la

Provence se mêlent chez Pagnol. Prenons comme exemples les énonciations à la page 12 du *Château de ma mère*, le moment où Lili surprend Marcel : « Il s'approcha: » (c'est un mouvement de caméra, il s'approcha et donc je pouvais mieux le voir, d'où les deux points (:). La logique de ces deux points, c'est que puisqu' il s'approche je peux le voir). C'est du cinéma dans le récit comme dans le film, parce que nous l'avons vu s'approcher du piège, le petit Marcel, se croyant tout seul et, tout d'un coup, dans son dos on appelle. (Voix *off*) « Hé! l'ami » (ponctuation (!) Lili surprend Marcel.) Il y a toute une ellipse de ce qui n'est pas dit. Et nous, nous imaginons le petit Marcel qui se retourne et qui découvre cet autre enfant. C'est un aspect de l'art de Marcel Pagnol de nous faire imaginer ce qui n'est pas dit. L'art cinématographique c'est de savoir resserrer le cadre de l'image quand on veut mettre en relief quelque chose.

Le talent de Pagnol pour le dialogue a aussi une autre fonction, celle d'introduire dans le récit un élément de surprise. Au moyen de l'interjection tout à fait imprévue, le plus souvent faite par un enfant, Marcel Pagnol s'efface. Un exemple frappant de cette espèce d'énonciation est la protestation du tout petit Marcel dont la mère, comme d'habitude, l'avait déposé dans la classe de son père : « Non! ce n'est pas vrai! ... Maman ne m'a pas puni! Tu n'as pas bien écrit »! (*La Gloire de mon père* 31). Ces interventions sont soulignées par la ponctuation de surprise (!) dont quatre dans ces deux lignes! Ce sont des énonciations qui nous renvoient au présent de la narration. L'intervention du dialogue dans la narration est très fréquente dans les deux livres et les deux films de Pagnol (*La Gloire de mon père* et *Le Château de ma mère*) et pour cause. Pagnol savait que le discours direct traduit en sentiment plus fort la présence du locuteur (« je ») que le discours rapporté. En effet, c'est la base des films. C'est un exemple de l'art de Pagnol, qui était surtout un grand écrivain de théâtre.

Puisque fondamentalement, c'est un homme de théâtre, il s'est servi de son talent pour transposer les scènes à l'écran. Les scènes qu'il écrit sont comme une série de tableaux théâtraux. Est-ce peut-être la raison pour laquelle les cinéastes d'aujourd'hui, Yves Robert y compris, ont voulu refaire les films qu'il avait déjà faits, comme *Jean de Florette* et *Manon des sources* et en adapter d'autres, comme *La Gloire de mon père* et *Le Château de ma mère*? Ils voulaient les refaire en couleur sur le grand écran, et les rendre ainsi plus cinématographiques. C'est son don de dramaturge et de cinéaste (les dialogues de Pagnol sont célèbres; c'est toujours la focalisation par lui, mais lui qui cite les propos) un don qui lui a permis de donner la parole au personnage à travers la présentation du récit. Peut-être parce qu'il revoit les choses ou qu'il entend de nouveau ce qui s'est passé, peut-être parce qu'il veut nous renvoyer au présent de narration, au présent de la mémoire (Voir le chapitre IX sur la remémoration).

Est-ce que les films de Pagnol étaient « géniaux » ? Pagnol était-il un « grand » cinéaste, un « très grand » écrivain? A vrai dire, on ne sait pas, mais tout ce qu'il a écrit est un travail de qualité, intéressant, et surtout couronné d'un énorme succès. Est-ce à cause de cette qualité théâtrale? l'art de faire du spectateur un témoin de premier plan? C'est l'art de focaliser aussi bien que l'art de narrer qui est si fort chez Pagnol. Prenons comme exemple l'intervention de Lili mentionnée ci-dessus : « Je me baissais pour le ramasser, lorsqu'une voix fraîche cria derrière moi : « Hé l'ami! » (*Le Château de ma mère* 12). Tout ce passage de la découverte du piège par Marcel est écrit à l'imparfait interrompu par l'action au passé simple suivi du dia-logue hostile et direct qui nous renvoie au présent.

A certains moments donc le narrateur s'efface et c'est du point de vue de l'enfant que l'histoire est racontée: « Comme de plus, il lisait un journal sans images, je le classai aussitôt parmi les vieillards... » (*La Gloire de mon père* 39). A ces moments-là l'emploi subtil du style indirect libre ou du monologue intérieur nous entraîne tout à fait dans le présent de narration de l'enfant Marcel (situation pareille à celle que l'on a analysée chez Boyer) : « Ma tante voulut m'entraîner vers un autre campement; je protestai : (importance de la ponctuation [:] « c'était *notre* banc, et ce monsieur n'avait qu'à partir » (*La Gloire de mon père* 39). Même la métaphore dont il se sert pour décrire une pierre n'est-elle pas celle qui aurait probablement été choisie par l'enfant de cinq ou six ans? : « J'ai choisi d'abord une très belle pierre, grande comme une pièce de cinq francs » (*La Goire de mon père* 39).

On peut également citer le petit Marcel, caché dans le buffet, qui surprend ses parents, sa tante Rose et « le propriétaire du parc Borély » : «— Oui! Il est beau! Il est superbe! » (On remarque de nouveau l'importance de la ponctuation [!]) (*La Gloire de mon père* 43) On constate la différence de perspective sur le monde entre l'enfant et l'adulte au moment où les membres de la famille Pagnol fixent tous leur attention sur la nouvelle maison. Le lecteur a l'occasion d'observer la maison de plusieurs points de vue; père, mère, enfant (*La Gloire de mon père* 47). On trouve d'autres exemples dans d'autres ouvrages de notre étude de ce que Francine Dugast désigne « cette réduction au point de vue de l'enfant » (Dugast 534). Dans *Jeux interdits* on rencontre une prépondérance de répétitions et d'énumérations très typique de la façon de penser et de parler des enfants de neuf et de dix ans. (Clément a gardé cet aspect du récit mais il est moins net dans le film.)

Pour l'analyse des récits les théories de Jean-Michel Adam et André Petitjean sont essentielles, notamment leurs idées sur la subjectivité vs. l'objectivité du récit: « Toute description est, ... à la fois une activité *sélective* et une activité *constructive* qui dépend du descripteur et des intentions qui sont les siennes en décrivant » (196). Comme nous l'avons déjà mentionné, dans la narration du récit d'enfance, la focalisation choisie par l'auteur bascule souvent entre une histoire objective et une intervention subjective. Cette idée est soulignée par Dugast : « La tension est constante entre le désir de témoigner objectivement et le goût de l'intervention subjective » (206).

Certainement Pagnol, comme un grand nombre d'auteurs de récits d'enfance, évoque avec humour des circonstances que l'adulte considérerait comme tragiques ou chargées de cruauté ou d'émotion. Puisque le lecteur ne les observe pas directement mais les reçoit plutôt filtrées par la focalisation de l'enfant, le caractère de ces circonstances change. Pour l'enfant ce sont des événements insignifiants[1]. On pense immédiatement aux incidents de la torture des fourmis et de la mante religieuse par Marcel et son petit frère Paul.

En ce qui concerne la focalisation et en passant de l'analyse du récit littéraire à celle du récit cinématographique, nous revenons à notre observation des *Jeux interdits* de Boyer et de Clément. Elle est intéressante pour plusieurs raisons; d'abord parce qu'on a, plus ou moins, la même histoire décrite selon deux points de vue différents et ensuite parce que l'écrivain et le cinéaste, en vue d'un effet esthétique, se servent de moyens d'expression différents, le mot et l'image.

Si nous considérons d'abord l'œuvre du premier et la question des perspectives dans un roman réaliste, J-M Adam et A. Petitjean (50) relèvent que ces perspectives sont amovibles et représentent aux moments différents du récit les focalisations variées :

> Le choix d'une perspective est rarement unique dans un roman réaliste et il serait plus juste de parler de focalisations variables, changeantes de séquence en séquence, voire, ... à l'intérieur

même d'un segment descriptif. [comme celui que nous venons d'observer ci-dessus à la section sur la narration]. Il arrive aussi que la distinction entre les différentes perspectives ne soit pas toujours opérable, la description pouvant être interprétée aussi bien comme manifestant le point de vue d'un acteur que celui de l'auteur. [Ce que Lintvelt distingue « de *type actoriel* (point de vue d'un personnage) et de *type auctoriel* (point de vue de l'auteur) »].

Comme nous l'avons déjà vu, dans le roman de Boyer l'histoire est racontée par un narrateur omniscient mais souvent à travers le regard d'un enfant. Grâce au style indirect libre employé par l'auteur, le lecteur a très souvent accès aux pensées de presque tous les personnages, et surtout à celles de Paulette. Selon la terminologie de Lintvelt, c'est la focalisation de *type narratif auctoriel*, 2. : « Perception interne illimitée [...] le narrateur omniscient dispose d'une perception infaillible de la vie intérieure et même de l'inconscient de tous les acteurs. » (J. Lintvelt, *Essai de typologie narrative*, Paris, J. Corti, 1980, p. 44, cité dans Adam et Petitjean 48)

Adam et Petitjean citent l'analyse de François Jost (*L'Œil caméra*, P.U. Lyon, 1987), « quand il distingue *focalisation* (ce que sait le descripteur) d'*ocularisation* et d'*auricularisation* (ce qu'il voit ou entend) » (50) et l'un des critères nécessaires à l'attribution d'une *ocularisation* nous semble particulièrement intéressante au sujet des *Jeux interdits*. C'est ce qu'ils dénomment « *L'ancrage du regard dans un descripteur* » : « Il y a ocularisation actorielle quand sont présents des marqueurs textuels de sélection perceptive tels que les verbes de perception (apercevoir, regarder...), les possessifs de la troisième personne (à sa gauche), des déictiques spatiaux connectés à un pronom anaphorique de l'acteur (devant lui) ».

Si l'on prend comme exemple les pages 136 et 137 du roman, on remarque que dans l'espace de deux pages il y a 27 « marqueurs textuels de sélection perceptive tels que les verbes de perception » (Adam et Petitjean 51) « regarder » et « voir » aussi bien que « suivirent les femmes des yeux », « suivre les hommes du regard », « glissa un coup d'œil à », « observant furtivement ». Les yeux et le regard sont mentionnés maintes fois, non seulement à ces deux pages-là mais aussi tout au long du livre. Les yeux jouent un rôle clef dans la focalisation et dans l'intrigue. Dès leur première rencontre, Michel est particulièrement séduit par les yeux et le regard de Paulette. D'autres personnages se sentent également mal à l'aise sous son regard hypnotique. En voilà quelques exemples :

> Les deux enfants restèrent face à face, muets, un long moment. Michel observa les grands yeux gris de Paulette, sa chevelure blonde coupée au ras des yeux, ses deux mains figées, croisées sur les genoux, puis il revint sur les grands yeux gris.
> —Tu remues jamais les yeux, remarqua Michel
> —Si, dit Paulette.
> —Comme ça!
> Et Michel battait rapidement des paupières.
> —Si dit Paulette.
> Et elle battait des paupières à son tour, plusieurs fois très vite. Mais son regard se fixa de nouveau sur Michel, sur ses petits yeux noirs allongés, pétillants, (25)
> L'enfant de chœur les regardait ... (...)
> L'enfant de chœur hésitait. Et soudain son regard rencontra les grands yeux de Paulette, ni gais, ni tristes, ni hostiles, figés deux grands yeux simplement prêts à dire «peuh! » encore une fois.
> —Me regarde pas comme ça (126)
> Michel regarda son père, puis Paulette, puis Raymond, puis Paulette, puis Daniel, puis Paulette, puis sa mère, puis Paulette, Paulette qui regardait Michel inlassablement, et Michel esquissa un sourire un peu forcé. (136)
> Michel les yeux clos, inerte. Paulette, le visage ruisselant de larmes, regarda autour d'elle. (146)

Importantes pour nous dans l'analyse de la narration et de la focalisation de l'œuvre cinématographique de Clément sont certaines théories, comme celle de André Gaudreault selon laquelle sont liées la représentation théâtrale et la monstration, deux modes qui se servent du visuel et du *en direct* pour transmettre des informations narratives :

> Il est cependant un autre mode, historiquement aussi important que la narration, de transmission des informations narratives : il consiste à privilégier, en donnant carrément au narrateur son congé du processus de la communication, la réunion dans une même « arène » (sur une même scène, pour être plus juste) des divers personnages du récit. Pour ce, on fait alors appel à des ac-

teurs dont la tâche sera de faire revivre, *en direct* (ici et maintenant), devant les spectateurs, les diverses péripéties que sont supposé *avoir vécues* (ailleurs et auparavant) les personnages que personnifient ces acteurs. C'est ce mode, dont la principale manifestation reste la représentation théâtrale et que Platon nomme la *mimèsis* (imitation), que l'on peut associer à ce que l'on a récemment proposé d'appeler la *monstration*. (Gaudreault, 1988 cité dans Gaudreault et Jost 25)

Cette *monstration* de Gaudreault correspond à ce que Wayne Booth, en citant Kathleen Tillotson, dénomme dans le domaine de la littérature : « la supériorité de la *représentation* sur le simple récit », où on « montre » plus et « parle » moins. Booth cite aussi un commentaire fait au sujet des *Neuf Histoires* de J. D. Salinger : « L'auteur ne raconte pas directement, c'est le lecteur qui découvre tout par lui-même, à partir des mots, gestes, et actes des personnages » (87). D'après le lexique employé par Gaudreault et Jost, là où le récit littéraire va désigner la *narration* et un *narrateur*, le récit cinématographique va dénommer la *monstration* et un *grand imagier*. « Selon une certaine tradition, le récit cinématographique supposerait un « grand imagier » (l'expression, rappelons-le, est de Laffay et provient directement du « grand horloger » cher à la philosophie des Lumières), comme tout récit suppose un narrateur » (Gaudreault et Jost 24). En expliquant la *monstration* et le *grand imagier*, ils notent l'importance du « biais de la caméra » (la position qu'elle occupe et ses mouvements qui interviennent pour *diriger* et *modifier* la perception du spectateur, pour forcer son regard) et ils disent que :

Ces autres « signaux », qui viennent par le biais de la caméra, sont vraisemblablement émis par une instance située quelque part au-dessus de ces instances de premier niveau que sont les acteurs, par une instance supérieure, donc, qui serait l'équivalent cinématographique du narrateur scriptural. C'est cette instance que pointe Laffay lorsqu'il parle de son « grand imagier » et que l'on retrouve, nommée différemment, sous la plume de plusieurs théoriciens du cinéma concernés par les problèmes du récit filmique, et qui imputent la responsabilité de tel ou tel récit cinématographique soit au « narrateur invisible » (Ropars-Wuilleumier, 1972), à l'« énonciateur » (Casetti, 1983 et Gardies, 1988), au « narrateur implicite » (Jost, 1988) [qui rappelle certainement celui de Booth, auteur de ce terme], ou encore, au « méga-narrateur ». (Gaudreault, 1988 ; Gaudreault et Jost 26)

Dans la construction et la création de la narration filmique le cinéaste s'affrontera au même problème que le romancier en ce qui concerne l'opposition entre l'objectivité de l'*histoire* et la subjectivité du *discours*. Pour trouver un équivalent cinématographique de « la subjectivité dans le langage » (c'est-à-dire les traces linguistiques identifiées par le linguiste Benveniste, les marques qu'il a nommées les *déictiques* « je », « ici », « maintenant ») Jost nous dit que « les premiers théoriciens de l'énonciation cinématographique se sont mis à traquer dans le film des marques aussi repérables que les déictiques » et ainsi on a pu « relever six cas où la subjectivité de l'image était apparente : l'exagération du premier plan, l'abaissement du point de vue (contre-plongée), un coefficient de déformation, l'ombre du personnage, tout objet qui renvoie au regard, "le tremblé", le regard à la caméra » (Gaudreault et Jost 42).

Dans notre analyse du roman nous avons vu que pour passer du témoignage objectif à la perspective subjective du personnage, l'auteur se sert du style indirect libre, du monologue intérieur et d'un certain vocabulaire enfantin. Dans le Septième Art pour effectuer ce passage, le cinéaste va faire appel à d'autres recours, parmi eux certains des six cas mentionnés par Jost. Dans la version cinématographique on découvre la subjectivité du regard de l'enfant Paulette dès les premières minutes du film. D'abord il y a « l'exagération du premier plan, qui suggère la proximité d'un objectif ». A l'ouverture du film on se trouve dans l'arène de l'exode, et juste après que l'escadrille allemande lâche ses bombes, nous sommes témoins de la mort des parents de l'enfant. Au moyen du gros plan et d'une exagération du premier plan dominé par le corps mort de la mère, son visage face au ciel, nous voyons le visage de la petite fille, vivante, couchée à côté de ses parents morts. (Voir Fig. 1)

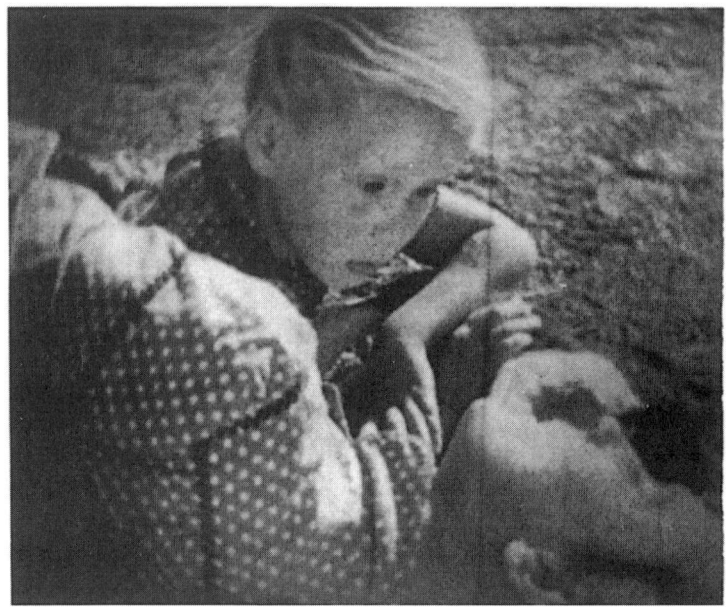

Fig. 1. Gros plan de Paulette qui, de la main, palpe la joue de sa mère, la contemple étonnée. Exagération du premier plan dominé par le corps mort de la mère, son visage face au ciel. (René Clément. « Jeux interdits » *L'Avant-Scène Cinéma*. Paris : mai 1962 n° 15 : 3)

Fig. 2. Plan, en contre plongée, d'une vieille guimbarde dont le moteur tousse. (René Clément. « Jeux interdits » *L'Avant-Scène Cinéma*. Paris : mai 1962 n° 15 : 3)

Elle ne pleure pas; elle ne manifeste pas de chagrin. En revanche, elle est bouleversée par la perte de son chien, qui pour cette fillette tient une place très importante dans son cœur. Cette subjectivité de la caméra permet alors à René Clément de prendre la distance « par rapport au déroulement du récit [qui] correspond parfaitement au regard enfantin, pour lequel les proportions sont tout à fait différentes de ce qu'elles sont pour l'adulte » (Dugast 104). En osant donner à sa création l'honnêteté et l'authenticité de la focalisation d'une enfant de cinq ans, dépourvue de son Toutou, Clément prend le risque d'offenser le public parce que vus sous l'angle des sentiments de l'enfant de cinq ans, ces événements vont produire un choc chez le spectateur adulte.

Toujours dans cette même séquence le spectateur assiste ensuite à « l'abaissement du point de vue au-dessous du niveau des yeux » de « nombreuses contre-plongées », comme on le voit dans la photo n°2 (voir Fig. 2), et comme on le remarque à la page 8 de *l'Avant-Scène Cinéma* n° 15 (*Plan, en contre plongée, d'une vieille guimbarde dont le moteur tousse*), et des plans du genre de celui où Paulette descend « de la charrette en se faufilant par derrière, entre les roues, puis sous le brancard d'une charrette. Nous la suivons qui marche à quatre pattes entre les jambes des fuyards » (*L'Avant-Scène Cinéma* n° 15 : 9). Enfin on voit « le regard à la caméra » dont un excellent exemple est le gros plan, le retour de la caméra sur le visage de Paulette, tout à la fin du film, dans le hall de la Croix-Rouge.

En pensant à d'autres ressources narratives (hors des six cas de la subjectivité de l'image) disponibles au cinéaste, revenons à la distinction faite par Jost (*L'Œil*, cité par J-M. Adam et A. Petitjean 51) entre « *focalisation* (ce que sait le descripteur), *ocularisation* et *auricularisation* (ce qu'il voit ou entend) » parce que dans la version cinématographique des *Jeux interdits*, comme dans n'importe quel autre film, on est conscient d'une ressource puissante dont le cinéma profite (et qui manque au roman). C'est le son. Dans cette même séquence du début du film, à part la subjectivité de l'image, René Clément profite du son pour créer une atmosphère de panique qui entoure la petite héroïne et dont nous sommes des témoins. En effet, c'est à la fois sa technique et son art de mélanger l'audio et le visuel qui créent ces quatre minutes chargées de sens:

> Tout à coup, bruit (off) d'avions et plan rapide sur le ciel d'un Messerschmidt qui pique. (Bruit assourdissant.) Retour sur la

foule en pleine panique qui abandonne voitures, paquets, vélos... Tous se précipitent sur les bas côtés de la route et se couchent à plat vente, recroquevillés. Nombreux plans de cette panique où se mélangent, au point de vue son, les cris des femmes, des enfants et le bruit des moteurs qui grandit..., devient effrayant. Gros plan d'un visage de femme : elle hurle, affolée. Plan rapproché des avions dans le ciel : certains piquent, d'autres lâchent leurs bombes. Gros plan d'une bombe qui, dans sa chute, semble tomber sur nous. Cris, lamentations... et plans divers sur les bombes qui éclatent près du pont en faisant un nuage de poussière et de terre. Bruit de cette pluie de terre qui retombe sur la route et les gens recroquevillés. Puis court silence... (*L'Avant-Scène Cinéma* 7-8)

Trente-cinq ans après *Jeux interdits* un autre metteur en scène va assurer la réalisation d'un autre film sur la Deuxième Guerre Mondiale, mais toujours sous ce même jour, c'est-à-dire à travers le regard d'un enfant. La narration (monstration) d'*Au Revoir les enfants* de Louis Malle est faite par le grand imagier (sauf le dernier commentaire fait par la voix de l'adulte Julien Quentin comme la voix de l'autobiographe) mais la focalisation est celle de l'enfant. Au début du film, la caméra est focalisée sur Julien et sa famille et le spectateur observe les adieux dans la gare de Lyon à Paris, puis après, on voit ce qu'il voit de son compartiment dans le train. Nous comprenons dès l'ouverture du film que l'un de ses points forts est « ... sa capacité [celle de Louis Malle] à aller au plus près des visages inédits, des regards où tout se lit » (Heymann 76). Tout au long du film le spectateur est privilégié d'avoir « des visages inédits, des regards où tout se lit » ; c'est le monde vu par Julien qui nous est présenté.

Cette focalisation augmente significativement l'intrigue de l'histoire pour le spectateur. Prenons comme exemples les moments où Julien découvre les secrets concernant Jean et les autres personnages du collège. Ces secrets se révèlent aux moments où Julien se retrouve tout seul... dans le dortoir désert (l'identité de Kipplestein) dans le bureau du Père Jean (qu'il fait partie de la Résistance) (*L'Avant-Scène Cinéma* n°373, *plan 125—plan 128*, p. 22) (*L'Avant-Scène Cinéma* n°373, *plan 174*, p. 26 ; cinéroman, scène 26, p. 64), dans la forêt (le trésor) (*L'Avant-Scène Cinéma* n°373 *plan 217*, p. 57 ; cinéroman scène 29, p. 74), dans cette petite cour coupée des autres (la collaboration de Joseph) (*L'Avant-Scène Cinéma* n°373, *plan 457—plan 462* ;

cinéroman, scène 52, p. 127). A la fin du film on suit le regard des jeunes, surtout celui de Julien, et on voit les Allemands arriver. Il y a toute une série de séquences comme celles-ci où l'on se rend compte que c'est finalement Julien qui est le principal focalisateur.

D'après Louis Malle lui-même l'écriture du scénario est basée entièrement sur le regard de Julien et sur les observations de Julien faites par le spectateur. Malle s'est servi d'innombrables gros plans, très gros plans et plans serrés, en particulier aux moments les plus chargés de sens affectif, c'est-à-dire au début et à la fin du film. Par exemple :

Début :
Scènes 1 et 2 (cinéroman, p. 9—p. 12) (scénario p. 11—p. 12, *plans 2, 3, 4, 6, 8, 10, 12* de Julien) (7 plans serrés dans les 2 premières minutes du film) et plus tard *plan 41.* (Voir Figs. 3, 4, 5.)
Fin :
Dans les 3 dernières minutes du film—plan *483, plan rapproché* du Père Jean, très ému, à côté des trois enfants juifs (Voir Fig. 6), et quatre *plans serrés, plans 484, 485, 486.* de Julien)
Tout à la fin du film, on entend la voix du narrateur :
On se rapproche lentement du visage de Julien, qui, insensiblement, s'est mis à pleurer. (Voir Fig. 7.)
Plan serré de Jean, (cinéroman, scène 53) (*L'Avant-Scène Cinéma*, n°373 juillet 1988, scénario, *plan 334*), au restaurant Bonnet est fasciné par Madame Quentin.
Jean et Négus (cinéroman, p. 104 ; *L'Avant-Scène Cinéma* n°373 juillet 1988, scénario, *plan 375* : « Négus fixe l'écran, d'un regard intense » regardant le film de Charlot) (Voir Fig. 8.)

L'importance de la focalisation dans ce cinéroman et dans ce film est évidente si nous considérons les nombreuses occasions dans le cinéroman où Julien observe Jean : (aux pages 15, 16, 23, 32, 37, 41, 44-45, 52, 58, 63-64, 84, 90, 94, 96, 132) et également dans le film où le spectateur observe Julien qui observe Jean (structure particulière au cinéma.) (Scénario *L'Avant-Scène Cinéma,* p. 25, Salle de classe-intérieur jour [29] *plan 159, Plan serré : Julien regarde Bonnet.*) (...) Quentin (*plan 161, plan serré : Julien. Off*) vous allez avoir de la compétition. *(Julien reste un instant immobile, fixant son camarade.)*

La structuration de la séquence de plans (du *plan 341* au *plan 379*) qui représentent la projection et la vision du film de Charlot est chargé de sens. Le spectateur voit les deux héros parmi les autres personnages du collège qui regardent tous le film. L'alternance de cette séquence, « des contre-champs sur Charlot », puis les deux enfants qui « sont le point de mire de la caméra dans le plan suivant » (Loiseau 90) crée une focalisation tout à fait intéressante. (Voir Figs. 9, 10.)

Fig. 3. Julien fait ses adieux à la Gare de Lyon. (« Au Revoir les enfants » *L'Avant-Scène Cinéma*. Paris : juillet 1988 n° 373 : 29)

Fig. 4. Un triste Julien dans le train qui l'emmène au pensionnat. (« Au Revoir les enfants » *L'Avant-Scène Cinéma*. Paris : juillet 1988 n°373 : 4)

LA SUBJECTIVITE DE LA NARRATION ET DE LA FOCALISATION   45

Fig. 5. (Plan 41 du film) Julien qui semble profondément triste.
(« Au Revoir les enfants » *L'Avant-Scène Cinéma*. Paris : juillet 1988 n°373 : 31.)

Fig. 6. Plan rapproché du Père Jean, très ému, à côté des trois enfants juifs. (« Au Revoir les enfants » *L'Avant-Scène Cinéma*. Paris : juillet 1988 n°373 : 55)

Fig. 7. (Plan 486) Très gros plan de Julien qui pleure. *Voix du narrateur* Bonnet, Négus et Dupré sont morts à Auschwitz... (« Au Revoir les enfants » *L'Avant-Scène Cinéma*. Paris : juillet 1988 n°373 : 56)

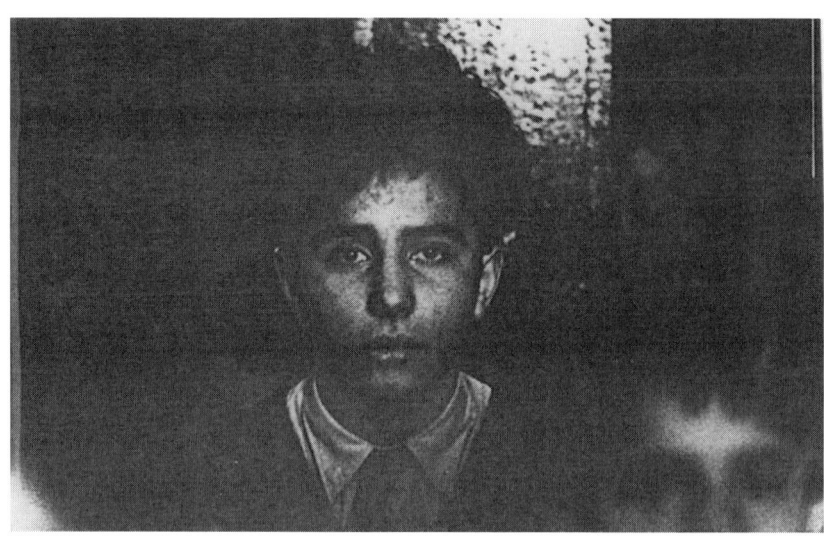

Fig. 8. (Plan 375) Négus fixe l'écran d'un regard intense. (« Au Revoir les enfants » *L'Avant-Scène Cinéma*. Paris : juillet 1988 n°373 : 47)

Figs. 9. (plan 376). Dans le « Charlot », les émigrants découvrent la Statue de la Liberté. (« Au Revoir les enfants » *L'Avant-Scène Cinéma*. Paris : juillet 1988 n°373 : 48)

Fig. 10. (plan 377). Jean et Julien fascinés. (« Au Revoir les enfants » *L'Avant-Scène Cinéma*. Paris : juillet 1988 n° 373 : 48)

La grande réussite de Louis Malle en tournant *Au Revoir les enfants* est de parvenir à se mettre dans la peau de son personnage principal, Julien. C'est cette qualité flaubertienne de pénétrer l'esprit de son personnage de manière à ce que nous les spectateurs, nous arrivions aussi à regarder et à ressentir le monde à travers le regard de l'enfant-héros. Même dans son emploi de l'ironie satirique le metteur en scène, comme Truffaut dans *Les Quatre cents coups*, essaie d'achever une fonction corrective. Ils ont tous les deux un système de valeurs vers lequel ils veulent diriger la façon de penser des spectateurs (Hutcheon, 52). Julien, un peu arrogant et élitiste, est du côté aggressif de l'ironie satirique tandis qu'Antoine est plutôt du côté « victime » (Hutcheon, 2). Les réponses affectives provoquées par l'ironie de Malle ou de Truffaut, et certainement notre interprétation de l'ironie du film, dépend en grande partie de l'intention du metteur en scène (Hutcheon, 2). C'est certainement la curiosité et la lucidité de Julien (et de Louis Malle) qui donnent au film cette qualité intime et personnelle du regard qui va engager et émouvoir le grand public. Louis Malle lui-même nous dit qu' :

> A travers le regard de ce petit garçon qui me ressemble, j'ai essayé de retrouver cette première amitié, la plus forte, brusquement détruite, et la découverte du monde absurde des adultes, avec sa violence et ses préjugés. 1944 est loin, mais je sais qu'un adolescent d'aujourd'hui peut partager mon émotion. (*CNC Dossier* n°23 : 4)

Pour Jean-Loup Hubert, juillet 1958 est loin aussi, et le petit Louis qui lui ressemble dans *Le Grand-Chemin*. Mais ce qui est resté dans l'esprit du cinéaste et ce qui confère sa qualité affective à chacune des œuvres de notre groupe, c'est surtout la focalisation de l'enfant sur son environnement immédiat et sur sa société. Dans *Le Grand-Chemin* de Jean-Loup Hubert, nous découvrons des focalisations vraiment innovatrices.

D'abord, à l'ouverture du film, nous trouvons un quatrième exemple (des six cas mentionnés par Jost dans *Le Récit*) « où la subjectivité de l'image était plus apparente ». C'est « la matérialisation dans l'image, d'un viseur, d'un cache en forme de trou de serrure ou de tout objet qui renvoie au regard ». Jean-Loup Hubert commence par la focalisation du chauffeur de l'autocar. Elle est très cinématographiquement rendue parce que Louis et

Claire sont présentés au spectateur au moyen de ce qu'il observe dans son rétroviseur.

Ensuite le grand imagier raconte l'histoire; il n'apparaît pas directement ; il n'est pas du tout sur l'écran. Mais il est omniscient puisqu'il est capable de montrer l'enfant qui observe dans son arbre et de montrer ce que voit l'enfant de son arbre, mais aussi de nous montrer ce qui se passe pendant ce temps-là alors que les deux femmes Claire et Marcelle discutent du départ du père et de l'enfant qui va naître. C'est vraiment un grand imagier omniscient ; il sait tout.

La focalisation de l'arbre est une excellente technique cinématographique. De l'if, Louis et Martine regardent le monde. C'est le regard dérobé. Ils plongent dans la chambre de Solange, la sœur aînée de Martine et ils vont ensuite observer Solange et son petit ami dans le foin. A travers le regard de Louis, le grand imagier de J.-L. Hubert va nous faire connaître les secrets découverts par l'enfant tout au long de sa visite chez Marcelle et Pelo. La focalisation de l'enfant, c'est-à-dire sa subjectivité, est essentielle non seulement à l'intrigue de l'histoire mais aussi au commentaire que le romancier et le cinéaste veulent nous faire sur la société. C'est un fil commun qu'on trouve dans tous les ouvrages de notre étude.

Pour le moment nous ne mentionnerons que les remarques de Serge Toubiana à ce sujet. (Nous reprendrons le fil de cet aspect documentaire dans le chapitre VII quand nous examinerons le regard de l'enfant sur sa société.) En parlant d'*Au Revoir les enfants*, il établit un rapport entre le regard de Julien et le regard de Louis Malle :

> Il est possible, de manière métaphorique, de mettre en relation le regard « documentaire » de Louis Malle ... avec l'évolution du regard de Julien, son porte-parole dans le film. Pendant un long moment, Julien est celui à travers les yeux de qui nous voyons les choses : c'est par lui, par son intelligence et sa vivacité, que nous appréhendons ce monde cloîtré du collège et de l'enfance, hanté par la menace extérieure et la guerre... Puis, lentement, face à la présence muette, étrange, presque têtue de Bonnet, toujours sur la réserve, échappant à la curiosité persistante de son ami, ce regard de Julien change, se charge d'une histoire, d'une fiction. Entre Julien, qui voit tout mais ne sait rien (il ne « sait » pas ce que c'est qu'être « différent ») et Bonnet qui n'a pas de regard, parce qu'il n'en a pas besoin pour « savoir » ce qu'il en est du

danger qui le cerne en permanence, quelque chose s'échange, et c'est le film tout entier qui est emporté. Cet itinéraire du regard de Julien me paraît tout à fait à l'image de ce qui a changé dans le cinéma de Malle. Il ne suffit pas d'avoir un regard intelligent pour toucher du doigt les secrets de l'humanité. Et si *Au Revoir les enfants* est un film réussi, émouvant, c'est que Malle a compris et nous fait comprendre cette leçon essentielle. (Toubiana, 20)

Dans ce même article au sujet des regards d'enfants, Serge Toubiana nous rappelle un autre aspect très commun à la plupart des œuvres en question, un aspect dont nous avons déjà parlé dans notre discussion sur la narration : l'aspect autobiographique : « Avec *Au Revoir les enfants*, le regard de Malle est certes encore extérieur—comme pour tout cinéaste essayant de donner forme à une chronique—, mais il est essentiellement interne au récit et au film, à travers l'identification immédiate entre lui et le personnage principal, le jeune Julien ».

Les observations sur *Au Revoir les enfants* faites par Jacques Lecarme et citées dans l'introduction de cette étude renforcent l'opinion de Toubiana. Lecarme parle même du pacte établi par Louis Malle avec le spectateur. Il estime que la voix adulte du narrateur que l'on entend sur les toutes dernières images du film est « si persuasive qu'elle efface les disparates d'identité entre l'auteur (Malle), le protagoniste (Quentin) et l'acteur (Manesse) » : « **La voix :** Plus de quarante ans ont passé, mais jusqu'à ma mort je me rappellerai chaque seconde de ce matin de janvier » (Dans le scénario du film, p. 75 *plan 486*, voix du narrateur ; dans le cinéroman, p. 133).

Le parallèle que fait Lecarme entre *le pacte autobiographique* avec le lecteur dont parle Philippe Lejeune : « … dès qu'on englobe celle-ci [la page de titre] dans le texte, avec le nom de l'auteur, on dispose d'un critère textuel général, l'identité du *nom* (auteur-narrateur-personnage). Le pacte autobiographique c'est l'affirmation dans le texte de cette identité, renvoyant en dernier ressort au nom de l'auteur sur la couverture » (26), et le pacte avec le spectateur dont nous parlons ici nous paraît très important surtout quand Lejeune affirme que : « Les formes du pacte autobiographique sont très diverses : mais toutes, elles manifestent l'intention d'honorer sa signature ». Ainsi le nom de Louis Malle dans le générique d'*Au Revoir les enfants*. Pareillement, on peut parler des *Quatre cents coups*.

Souvent dans ses entretiens avec la presse Louis Malle a confirmé cette observation de Lecarme regardant sa propre enfance comme inspiration de son film : « —Je me rappelle mieux de 1944 que d'événements vieux de six mois. J'étais alors un enfant de douze ans assez content de lui et même un peu arrogant. » (Schidlow 18) et :

> *Au revoir les enfants* s'inspire du souvenir le plus dramatique de mon enfance. En 1944, j'avais onze ans et étais pensionnaire dans un collège catholique, près de Fontainebleau. L'un de mes camarades, arrivé au début de l'année, m'intriguait beaucoup. Il était différent, secret. J'ai commencé à le connaître, à l'aimer quand, un matin, notre petit monde s'est écroulé. (*L'Avant-Scène Cinéma* juillet 1988 n°373)

Beaucoup de nos cinéastes en effet se sont identifiés à leurs enfants-héros comme les romanciers dont nous avons déjà parlé. Euzhan Palcy a utilisé la même technique que Louis Malle pour établir le pacte dans la version filmique de *La Rue Cases-Nègres*. Nous entendons la voix du narrateur comme la voix de l'autobiographe. Un critique du film nous dit que : « ... c'est lui (le héros) qui nous a raconté cette histoire puisqu'il intervient également, au début et à la fin du film, comme narrateur, en voix off » (Micciollo 31-32).

D'ailleurs, en parlant de son enfance dans une interview avec June Givanni, Euzhan Palcy nous confie qu'elle s'est identifiée tout de suite au petit héros du roman de Joseph Zobel surtout en ce qui concernait les questions relatives à la francophonie : les racines africaines, la tradition orale et le rôle capital des femmes dans la société:

> I read *Rue Cases-Nègres* and instantly got attached to it because it was about my daily reality and I could talk about it with more confidence... (...) The novel was like a mirror to me. What I was reading I was also seeing. I would turn my back to look at the street, to look around me, and I could see in the novel what was around me. It was no lie, no romantic literature. The oral tradition and other aspects of Caribbean culture are all present in the book, especialy in the boy's relationship with his grandmother, Amantine, and the old man, Méduse. (Givanni 286-88)

Comme le petit José de *La Rue Cases-Nègres*, elle a eu un mentor (un M. Médouze) et elle a eu aussi beaucoup de réussite scolaire. Elle raconte :

> At that time people in my neighborhood knew me very well as one who loved to sing and write poems, and they introduced me to an old writer ... (who) introduced me to « La Société des Gens de Lettres, » and one of my poems won a prize and was published [« La Mort du Papillon Solitaire »]. After that I wrote another one called « Correspondance » which also won another prize. (Givanni 286-87)

Comme José et les héros (et leurs auteurs) de nos autres ouvrages, Palcy a montré très jeune un talent pour la littérature et le cinéma. « In 1981 I received a grant from the French governement to do *Rue Cases-Nègres*. The grant was the prize for a competition for the best script... I was always the top student in literature in my class (Givanni 290-91) ».

En exprimant son amour pour son père, le lavement des pieds par exemple, n'évoque-t-elle pas les liens forts entre m'man Tine et José? :

> ... he did everything possible to help me accomplish what he himself was not able to do. (...)
>
> Every time I wrote a short play or a poem or a short story, I would always wait for him to come home after work, tired. I would take off his shoes and wash his feet and then shyly give him the things I wrote for him to read. I can still see him today smiling very proudly and saying, « great, that's fantastic, keep going! » He was wonderful. (Givanni 289)

Dans le cas de *La Rue Cases-Nègres* nous voyons les aspects autobiographiques superposés à un film par la cinéaste, même si c'est une adaptation à l'écran de la vie d'une autre personne. Cependant, comme nous avons déjà découvert avec *Au Revoir les enfants*, il y a d'autres films de notre ensemble où la narration et la focalisation sont encore plus personnelles.

En regardant *Les Quatre cents coups* (et en nous appuyant sur les méthodes d'analyse du récit cinématographique de François Jost), on constate que c'est le film de notre corpus où il y a peut-être la subjectivité de l'image la plus apparente. Commençons par une analyse de la monstration (narration), l'énonciation et la focalisation qui nous révèle le grand imagier (narrateur omniscient) de Truffaut. Dans le film, la caméra est la voix et les yeux du réalisateur qui s'en sert pour sélectionner ce qu'il veut montrer au spectateur. Chez François Truffaut, ce sont des énonciations filmiques où se trouvent de nombreuses marques repérables comme déictiques cinématographiques, parmi lesquelles on trouve presque tous les six cas relevés « où la subjectivité de l'image était plus apparente » (Gaudreault et Jost 1990 : 42-43).

A l'ouverture des *Quatre cents coups* nous remarquons « l'abaissement du point de vue au-dessous du niveau des yeux... [les] contre-plongées » (Gaudreault et Jost 1990 : 42-43) En suivant l'*ocularisation* (qui « caractérise la relation entre ce que la caméra *montre* et ce que le personnage est censé *voir* ») et la *focalisation* (qui « continue à désigner le point de vue cognitif adopté par le récit ») (Jost, 1983 et Gaudreault et Jost 1990 : 130) de la caméra narratrice, dès générique (scénario, p.35) le spectateur voit ce que le grand imagier nous montre : une série de travelling sur la Tour Eiffel (ou peut-être symboliquement cette prise de vue contre-plongée représente-t-elle le regard de l'enfant, quelqu'un sans pouvoir, contrasté avec le caractère imposant de la Tour Eiffel, symbole de Paris.) La verticalité du milieu urbain de l'incipit du scénario et du film est en contraste avec l'horizontalité de la fuite d'Antoine à travers le paysage rural de l'explicit; la contrainte s'oppose à la liberté.

Quelques autres exemples de la subjectivité de l'image dans les *Quatre cents coups* sont « l'exagération du premier plan, qui suggère la proximité d'un objectif » et « la représentation d'une partie du corps en premier plan supposant l'ancrage de la caméra dans un regard ». Nous prenons comme exemples :

• première scène, « La surface du pupitre d'un banc d'école, vue par-dessus l'épaule d'un jeune garçon. »
• scènes dans la salle de classe, Antoine et les autres (scénario 35-39 y compris plusieurs gros plans d'Antoine)
• scène où Antoine surprend sa mère et son amant dans la rue (scénario, p. 58, plan 98)
• scène d'humiliation dans la salle de classe (scénario 67-68) ; Antoine regarde effrayé vers la porte. Les autres élèves le fixent[2].

Au sujet de la scène où les parents viennent trouver leur fils en classe, selon Truffaut « toute la suite des plans est faite avec des regards » (Gillain 100). Que ce soit un gros plan, un plan moyen, un plan rapproché, le spectateur voit la tête et surtout les yeux d'Antoine sous des perspectives différentes. Ces deux semblent être un bon baromètre de ses sentiments intérieurs : humiliation, peur, déception, sens d'infériorité, etc. Tout repose sur les interprétations des expressions de visage. (Voir les Notes pour des exemples précis[3].) L'ocularisation de la caméra est très souvent sur Antoine Doinel, quelquefois sur ce qu'il observe et la focalisation est la sienne. Aux pages 105 et 106 et plus loin dans le scénario, Truffaut fournit d'autres précisions :

> scénario, p. 105, plan 315 « Du point de vue d'Antoine : panoramique sur la pièce »
> scénario, p. 105, plan 319 « Du point de vue d'Antoine : les rues mouillées et luisantes, le commissariat de police qui s'éloigne »
> scénario, p. 106, plan 328 « Du point de vue d'Antoine : la prison, les murs de la prison avec leurs lucarnes ».

La séquence d'Antoine dans le Rotor est un très bon exemple d'un quatrième cas de la subjectivité de l'image: « [la] vue d'un paysage qui défile [...] toutes ses images qui semblent affectées d'un coefficient de déformation par rapport à ce qu'on juge la vision « normale » : dédoublement, flou ostensible, etc., qui renvoient à un personnage saoul ou myope » (Gaudreault et Jost 1990 : 42-43). Ainsi peut-on interpréter la scène dans le Rotor comme très symbolique et très représentative du monde d'Antoine et de son entourage immédiat qui est un monde en désordre. Dans le Rotor, plaqué contre la paroi, il ressemble à l'image du Christ sur la Croix. (Voir Fig. 11.) L'intention de Truffaut est de représenter Antoine comme victime, bouc émissaire, martyre—enfant mal aimé de ses parents, mal compris et rejeté par la société.

Fig. 11. Antoine dans le Rotor (David Denby, ed. *The 400 Blows by François Truffaut*. New York : Grove Press, 1969 : 40-41).

Il est intéressant aussi de constater la présence de Truffaut lui-même dans cette scène à la manière de Hitchcock et de noter qu'il y a quatre personnes à l'intérieur de ce petit monde du Rotor—Antoine, une dame habillée élégamment, et deux hommes dont l'un est Truffaut. Dans cette séquence du film (aux pages 55-56 du scénario) on observe une alternance de la focalisation : Antoine/contrechamps sur les spectateurs, et cela six fois de suite. Ils filent. Ils sifflent. Leurs têtes filent sens dessus dessous. Des bouches sifflent (deux fois). Et pour nous, en tant que spectateurs, nous nous rendons compte que la caméra est focalisée sur nous.

En parlant de la narration et de l'énonciation cinématographique dans *Le Grand-Chemin* nous avons déjà mentionné un cinquième cas de la subjectivité de l'image, indiqué par Jost. Le rétroviseur du chauffeur de l'autocar est une « des marques aussi repérables que les déictiques » parce que c'est un exemple de « la matérialisation dans l'image, d'un viseur, d'un cache en forme de trou de serrure ou de tout objet qui renvoie au regard ». Dans *Les Quatre cents coups*, l'objet choisi par Truffaut est le miroir. Antoine profite de l'absence de ses parents pour entrer dans leur chambre à coucher et mimer la toilette de sa mère en se regardant dans le miroir. (Voir Fig. 12.) Cette séquence n'évoque-t-elle pas toute la signification du stade du miroir tel que le décrit Lacan (*Le stade du miroir comme formateur de la fonction du Je,* 1) et du complexe d'Œdipe? (Ce thème de l'absence est tellement important. Nous en reparlerons davantage au chapitre IV.)

« L'ombre du personnage » est encore un autre cas de la subjectivité de l'image et est très évidente tout au long de ce film noir et blanc, dans les scènes la nuit, dans la dernière séquence sur la plage. (Voir Fig. 13.) (On va parler des effets de lumière et de son au chapitre IX.)

« A cette liste » nous dit Jost, « il faudrait ajouter le regard à la caméra ». Certainement, *Les Quatre cents coups* en contient des exemples classiques. Il y a d'abord les très gros plans d'Antoine à la portière fermée du car de police qui l'emmène du commissariat de police à la prison. « Désespéré, Antoine scrute la nuit à travers la fenêtre à barreaux ». (Voir le scénario, p. 105, plan 318 « Antoine est assis près de la fenêtre. Il empoigne avec force les barreaux de la fenêtre et regarde la rue » ; p. 105, plan 320. Voir aussi Fig. 14 d'Antoine et Fig. 15 de Truffaut, en prison militaire ; p. 106, plan 325 « Antoine est à la fenêtre du car; il fait froid; il pleure ».)

LA SUBJECTIVITE DE LA NARRATION ET DE LA FOCALISATION 57

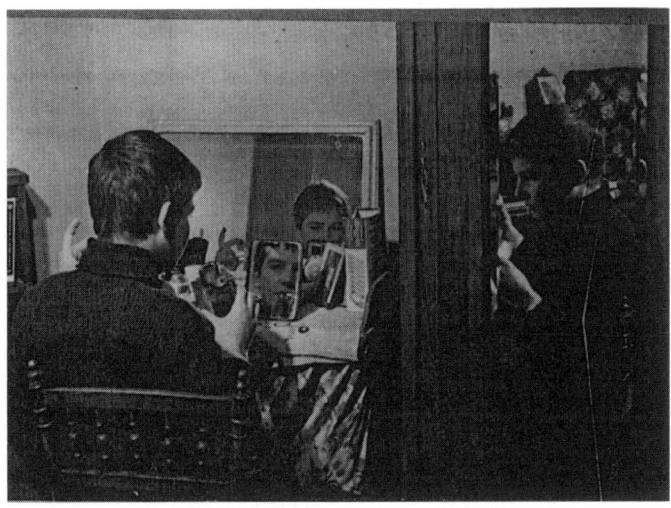

Fig. 12. Antoine mime la toilette de sa mère en se regardant dans le miroir. (*Film français*, spécial printemps 1959 n°779-80 : 7)

Fig. 13. Antoine sur la plage, on voit « l'ombre du personnage » (Dominique Rabourdin, ed. *Truffaut par Truffaut*. Paris : Editions du chêne, 1985 : 66)

58 ENFANCE...INSPIRATION LITTERAIRE ET CINEMATOGRAPHIQUE

Fig. 14. Gros plan d'Antoine Doinel à la portière fermée du car de police qui l'emmène du commissariat de police à la prison. (*CNC Dossier* n°32 : 1)

Fig. 15. François Truffaut en enfer (prison militaire) (Hélène Merrick. *François Truffaut, les grands réalisateurs*. Éditions J'ai lu. Paris : Flammarion, 1988 : 29)

Ensuite il y a le regard à la caméra, et la focalisation qu'il implique, dans la scène de l'interrogatoire d'Antoine par la psychologue du Centre d'observation à Villejuif, qui a beaucoup d'intérêt pour le spectateur. Au lieu de représenter les deux personnages d'une façon traditionnelle de l'entretien, durant cette scène entière, il n'y a pas de contrechamps. La caméra focalise sur Antoine (gros plan de sa tête avec ses yeux très expressifs, ou plan de demi-ensemble où on voit Antoine qui joint ses mains et puis qui déchiquette nerveusement le papier buvard) et nous entendons les questions de la psychologue qui ne reste qu'une voix *off*. Il s'agit d'une espèce de confession des divers événements qu'est supposé avoir vécus Antoine, d'un quasi monologue autobiographique de la part d'Antoine ponctué par des questions posées par la psychologue principalement au sujet de son rapport avec sa mère. C'est une séquence très chargée d'affectivité.

Enfin le regard à la caméra est le plus frappant dans le très gros plan qui est le dernier plan du film : « Jetant un regard vers la mer, il revient sur ses pas et va vers la terre ferme. La caméra s'approche d'Antoine et son image s'immobilise » (Scénario, p.120, plan 392). Cette dernière image est tellement forte! Selon Jeanne-Marie Clerc dans *Littérature et Cinéma*, pour Truffaut ce très gros plan en dit long ... une image vaut mille mots! Truffaut a pu réaliser l'ambiguïté voulue dans ce moment important de la narration grâce à certaines techniques d'ocularisation et de focalisation :

> François Truffaut, expliquant l'apport du cinémascope aux *Quatre Cents Coups*, souligne les effets de « stylisation » qu'il lui doit et ses conséquences sur le scénario : « La fin de mon film [...] ne pouvait être ni optimiste ni pessimiste. C'est le scope qui m'a donné l'idée de substituer à une solution dramatique qui s'avérait impossible une solution plastique que l'écran large m'a aidé à imposer. (Clerc 66-67)

Jacques Lecarme a dit des *Quatre cents coups* de François Truffaut, avec son script accompagnateur, *Les Aventures d'Antoine Doinel*, que ce récit cinématographique s'est établi comme « la seule formule concevable pour raconter une enfance intolérable ». Il est vrai que ce film de Truffaut avait, et continue à avoir, une influence capitale sur les cinéastes surtout sur ceux qui font des récits d'enfance. Et si Lecarme le considère comme le récit prototype de l'adolescence troublée, c'est probablement grâce à la même qualité d'honnêteté et d'authenticité de focalisation que nous avons trouvée dans les *Jeux interdits* de Clément.

Si François Truffaut a choisi d'oculariser et de focaliser son film d'une manière très subjective, et qu'il a même choisi de faire certaines précisions dans son script—ces mesures ne reflètent-elles pas son désir que l'histoire soit racontée « du point de vue d'Antoine »? Où aurait-il trouvé cette honnêteté et cette authenticité de focalisation? Comment Truffaut aurait-il si bien compris le point de vue d'Antoine? Pensait-il à sa propre adolescence et aux expériences vécues ? A la page 10 des *Aventures d'Antoine Doinel* (*Qui est Antoine Doinel?*), Truffaut répond à ces questions : « … mon but étant [était] de trouver une ressemblance plus morale que physique avec l'enfant que je croyais avoir été. » John Conomos croit que ce film, avec les trois autres du cycle Antoine Doinel, est un des meilleurs exemples du cinéma autobiographique. Selon Conomos *Les 400 Coups* : « constitutes one of the grand high points of modern autobiographical cinema » (4).

Dans cette étude nous allons uniquement nous occuper du narrateur mais on pourrait tirer des conclusions de cette image que les auteurs donnent de l'enfance par rapport à leur propre passé. L'aspect autobiographique de certains de ces ouvrages du groupe est à valoriser. Dans cette étude, il ne s'agit certainement pas de faire la psychanalyse des auteurs! Néanmoins, quelques détails autobiographiques peuvent servir à mieux comprendre les auteurs qui se cachent derrière leur personnage de l'enfant. Derrière le narrateur il y a un auteur, et on pourrait parler de cet auteur.

Sur Truffaut, par exemple, on aurait certaines choses à dire sur une psychanalyse possible de Truffaut. John Conomos nous dit que : « Truffaut is one of the seminal autobiographical filmmakers of our times… for he has given us a complex Renoirian cycle of personal filmmaking that draws upon for its inspiration from Truffaut's own complex life rooted in postwar French film culture » (4). Et Anne Gillain, dans son article au sujet des *400 Coups* de Truffaut, *The Script of Delinquency*, établit un parallèle entre l'enfance de Truffaut et celle d'Antoine et s'appuie sur les théories de Mélanie Klein et de Winnicott pour interpréter le film, surtout pour faire ses analyses des éléments de stylisation employés par Truffaut. Selon Gillain, le but de Truffaut était de ne révéler rien de sa vie personnelle mais plutôt d'utiliser ses souvenirs d'enfance pour en faire une narration mythique bien significative : « Truffaut's goal was never to reveal anything about his own life but rather to make his life narratable by structuring his personal memories into a construction of mythic significance » (153).

La lecture des annecdotes biographiques sur Truffaut dans l'article d'Anne Gillain et dans le livre d'Hélène Merrick (et corroborées dans les autres biographies qui font partie de notre bibliographie) aussi bien qu'un examen de certaines lettres de sa *Correspondance* révèlent de nombreux parallèles entre sa propre adolescence troublée et celle d'Antoine Doinel. Comme Antoine, l'adolescent François :

- « s'isole des adultes, de ses parents qui lui répètent sans cesse... de se faire oublier » (Merrick 10)
- « est solitaire, non intégré à un groupe, élève indiscipliné, fugueur... » (Merrick 11)
- « faisait l'école buissonnière avec son premier véritable ami, Robert Lachenay... dont les parents fantaisistes et démissionnaires ressemblent à s'y méprendre à ceux du copain d'Antoine Doinel [René] dans *Les Quatre cents coups* » (Merrick 12)
- « et Robert prennent l'habitude de sécher les cours pour aller au cinéma » (Merrick 13)
- habitait avec ses parents un « deux-pièces exigu », son copain un « vaste appartement ». « Cet endroit devient... pour François un refuge pendant ses fugues. François s'endormait « sous le lit de Robert, comme Antoine Doinel dans *Les Quatre cents coups*, pour éviter d'être découvert par le père Lachenay » (Merrick 16) (Gillain 143)
- lisait en cachette les œuvres de Balzac avec son ami Robert (Merrick 17)
- « François Truffaut s'évade toute une journée pour échapper à une crise familiale » (Merrick 18)
- croyait à l'extrême difficulté de la treizième année (Gillain 143)
- a découvert « le désir de l'indépendance », a quitté l'école à l'âge de 14 ans, et a fait une fugue (Merrick 19). Enfant « en marge de la société » (Merrick 21)
- était « cancre à l'école, érudit à la ville » (Merrick 18)
- « François court les rues la nuit » (Merrick 20) Les prises à l'extérieur sont, pour la plupart, filmées dans le quartier d'enfance de Truffaut principalement dans la rue des Martyrs de Montmartre. (Gillain, 143)

> • « doit faire face à la colère de son père qui le traîne au commissariat et le fait emprisonner au Centre d'observation des mineurs délinquants de » (Merrick 20) Villejuif. (Voir la lettre à Lachenay écrite du Centre d'observation des mineurs délinquants de Villejuif, le 16 mars 1947 dans le livre de Jacob, *François Truffaut, Correspondance* 31)

Dans une lettre à Marcel Moussy le 21 juin 1958 Truffaut écrit :

> En travaillant sur ces souvenirs je suis redevenu quelque peu « délinquant primaire » (note Cf. lettre à Lachenay, p. 31) ; je me sens à nouveau craintif et révolté, trop vulnérable et à l'écart de la société, complètement. C'est Bazin qui, il y a dix ans, me tira d'affaire en devenant quelque chose comme mon tuteur; en parlant avec vous, je me sentais tout à la fois coupable et tiré de l'eau, tant vous avez de points communs avec Bazin. Tout comme il m'a aidé à « rectifier le tir » dans mon existence, vous allez m'aider à réaliser un film qui sera mieux qu'une confession geignarde et complaisante, un vrai film. (Jacob 144)

Et dans une deuxième correspondance toujours à Marcel Moussy très peu après, le 26 juin 1958 :

> ... je dois reconnaître que vos remarques sont très fondées et correspondent presque toujours à une simplification abusive de ma part sur des événements réels (par exemple : mon père me conduisit au commissariat comme je l'ai raconté, mais j'avais quinze ans et je travaillais depuis un an chez un marchand de graines; il me mit la main dessus à une séance d'un ciné-club que j'avais fondé au quartier Latin et qui était fortement en faillite.) C'est donc en mélangeant la réalité et la fiction que je fais des erreurs graves; vous m'aiderez beaucoup. (Jacob 147)

En retraçant donc les événements de la vie de François Truffaut de l'âge de treize à quinze ans, nous trouvons que pour Truffaut, comme pour Antoine Doinel, « l'adolescence est un état reconnu par les éducateurs et les sociologues, mais nié par la famille, les parents ». Selon Truffaut, « les signes caractéristiques de cette période » si peu souvent comprise sur le plan familial sont « le sevrage affectif, l'éveil de la puberté, le désir d'indépendance et le sentiment d'infériorité. Un seul trouble entraîne la révolte et cette crise est appelée justement d'« originalité juvénile ». Le monde est injuste donc il faut se débrouiller : et on fait les quatre cents coups » (Gillain 90).

« *Les Quatre cents coups* s'orchestre autour de ces quatre « écueils » auxquels va se heurter le héros du film ». [Ce sont les mêmes auxquels François Truffaut a dû se heurter.] « Nous assisterons donc à la révolte d'Antoine contre ce qu'il croit voir d'injustice dans un monde où il veut commencer à marcher sans soutien » (*Cinémonde* 29 avril 1959 n°1290 : 8-9) et cela va sûrement nous rappeler l'adolescence de Truffaut.

En regardant *Au Revoir les enfants* ou en lisant *La Rue Cases-Nègres* ou les *Souvenirs d'enfance* de Pagnol, le lecteur/spectateur va également associer l'enfance fictionnelle de l'enfant-héros à celle de l'auteur. Là, rappelons le point de vue de Pagnol qui semble s'accorder avec celui de Lodge présenté au début de ce chapitre. Il compare le travail du dramaturge (qui ressemble beaucoup au travail du cinéaste) et celui de l'écrivain :

> Le style d'un auteur dramatique est dans le choix des personnages, dans les sentiments qu'il leur prête, dans la démarche de l'action. Quant à sa position personnelle, elle doit rester modeste. Qu'il se taise! Dès qu'il veut faire entendre sa propre voix, le mouvement dramatique tombe : qu'il ne sorte pas de la coulisse : nous n'avons que faire de ses opinions, s'il veut les formuler lui-même : ses acteurs nous parlent pour lui, et ils nous imposeront ses émotions et ses idées, en nous faisant croire que ce sont les nôtres.
> La position de l'écrivain est sans doute plus difficile. Ce n'est plus Raimu qui parle : c'est moi. Par ma seule façon d'écrire, je vais me dévoiler tout entier, et si je ne suis pas sincère—c'est-à-dire sans aucune pudeur—j'aurai perdu mon temps à gâcher du papier. (*La Gloire de mon père*, 8)

On peut conclure que dans les récits d'enfance de Truffaut, de Malle, de Zobel et de Pagnol, comme dans la plupart des œuvres en question, on trouve beaucoup d'aspects autobiographiques. Dans notre analyse de la narration et de la focalisation des œuvres de notre étude nous devons reconnaître l'importance du narrateur et, derrière ce narrateur, de l'auteur. Nous devons admettre la présence de la subjectivité dans la narration et dans la focalisation et son influence sur le lecteur et sur le spectateur. Booth l'affirme : « le point de vue est en un certain sens un 'truc' technique, un moyen pour parvenir à des fins plus ambitieuses. Ou bien nous affirmons que la technique est le moyen dont dispose le créateur pour découvrir son intention propre, ou alors qu'elle est le moyen dont il dispose pour agir à sa guise sur le public... » (87). Nous reconnaissons donc que ce qui est important, ce n'est pas nécessairement l'histoire en soi, mais plutôt la façon dont on la raconte. Dans le chapitre suivant, quand nous analyserons le rapport entre nos enfants-héros et leurs entourages, cet aspect de ce que valorise le narrateur (grand imagier) sera très important, parce que cela influencera beaucoup nos sentiments, nos opinions, la façon dont nous réagirons aux enfants-héros et aux autres personnages de chaque récit. Pour le spectateur, la focalisation du héros aussi bien que celle par le héros va influer sur sa fonction de personnage.

CHAPITRE IV
L'ENFANT-HEROS DEFINI PAR SON ENTOURAGE

Dans l'étude des personnages des ouvrages de notre ensemble, pour identifier et analyser le héros (l'héroïne) nous allons faire appel aux procédures d'analyse structurale du personnage de Philippe Hamon et aux observations de Francine Dugast. Suivant leurs conseils, nous ferons très attention à ne pas confondre « les notions de personne [être vivant] et de personnage [contruction fictive] » et à équilibrer notre étude en y considérant et « les signes linguistiques » et « les approches traditionnelles » (Hamon, *Pour un statut sémiologique du personnage*, 116-17 et Dugast 3).

Nous examinerons la fréquence d'occurrences de l'enfant dans le texte et « des caractérisations qui constituent le héros comme sujet de l'histoire : son âge, défini par certaines limites, les traits physiques, et moraux qui l'individualisent, son comportement. ... les portraits, les analyses psychologiques, les dialogues », tous les éléments dans le texte cinématographique aussi bien que dans le texte littéraire qui contribuent à créer « la première image de l'enfant. » (Dugast 4). Nous étudierons aussi le rapport avec l'environnement immédiat et l'entourage moins immédiat, et l'effet qu'exercent toutes ces influences sur l'enfance.

Regardons d'abord les occurrences de l'enfant dans le récit. De même que « l'enfant remplit une fonction déterminante » dans les ouvrages étudiés par Francine Dugast (voir l'Introduction), « l'enfant, dans nos textes, est le centre autour duquel s'orientent les récits » (Dugast 4).

Philippe Hamon distingue des « procédés différentiels, donc repérables et enregistrables à l'analyse immanente de l'énoncé, et servant à désigner le héros » parmi lesquels nous remarquons « une *distribution* différentielle. ». En observant l'enfant dans chacun de nos récits, nous y remarquons non seulement son « apparition fréquente » (presque constante) mais aussi son « apparition aux moments marqués du récit (début/fin des séquences et du récit), « épreuves » principales, contrat initial, etc. » (Hamon 155).

Ainsi à l'incipit des romans de notre groupe et à l'ouverture des films comme à la fin de chaque récit littéraire ou cinématographique apparaît notre enfant-héros. Nous observons : Louis qui commence et qui finit sa visite (son *Grand-Chemin*) chez Marcelle et Pelo; Paulette qui dans la première séquence des *Jeux interdits* est privée de parents sur la route de l'exode et dans la dernière perd son ami Michel ; Antoine Doinel, dans la salle de classe, commence à faire *Les Quatre cents coups* et finit par atteindre la mer ; Marcel Pagnol qui, à la fin de ses *Souvenirs d'enfance* évoque le souvenir de la mère qui lui a donné naissance au début du récit ; José Hassam de *La Rue Cases-Nègres* et Julien Quentin, héros du film de Louis Malle, qui eux aussi, comme Pagnol, entrent dans des pactes autobiographiques avec le lecteur/spectateur et perdent une personne chérie. Chacun de nos héros fait face à des « épreuves principales » et difficiles : l'amour, la mort, la guerre, les épreuves scolaires.

Passons ensuite à d'autres moyens de vérifier le statut du personnage principal de nos récits. Ces héros, identifiés au moyen de leurs occurrences dans le texte, ont également, « une *qualification* différentielle » par laquelle on peut les repérer, c'est-à-dire « Le personnage sert de support à un certain nombre de qualifications que ne possèdent pas, ou que possèdent à un degré moindre, les autres personnages de l'œuvre » (Hamon 154). Dans la liste des quinze qualifications signalées par Hamon, nous pouvons les délimiter comme des attributs de chacun de nos enfants-héros : « anthropomorphe et figuratif ; reçoit des marques (exemple une blessure) après un exploit ; généalogie ou antécédents exprimés ; prénommé, surnommé, nommé ; décrit physiquement; surqualifié et motivé psychologiquement ; participant et narrateur de la fable ; leitmotiv ; en relation amoureuse avec un personnage féminin central (héroïne) ; bavard, beau, riche, fort, jeune, noble ».

Comme nous l'avons déjà expliqué dans notre chapitre sur la narration, l'énonciation, et la focalisation, le héros (ou l'héroïne) de chaque récit est « participant et narrateur de la fable ». Tous les héros des récits de notre groupe sont « nommés », même « surnommés » sauf la petite Paulette. Ils sont tous « bavards ». Nous les observons souvent en conversation avec d'autres enfants ou adultes. Il y a même ceux qui partagent avec nous leur monologue intérieur. Et puisque ce sont tous les enfants, évidemment ils sont « jeunes » ! Nos héros et notre héroïne sont « beaux ». Avec la création de la petite Paulette, Boyer nous présente un personnage de fillette exceptionnellement attirante. Clément réussit également sa petite héroïne dans la version cinématographique des *Jeux interdits*. (Au chapitre IX nous parlerons longuement de l'image séduisante de l'enfant.)

En scrutant la liste de Philippe Hamon des « qualifications différentielles » du héros, nous trouvons que le héros de chacun de nos récits est à la fois « anthropomorphe et figuratif » et « fort », même si, au début des récits, ils semblent faibles. Antoine, symbole de l'adolescent rebelle, reste immobile dans un coin isolé de la salle de classe où il se lamente et écrit sur le mur (*Les Quatre cents coups*, scénario 38), mais toute la nuit il court avec énergie les rues de Paris. A la fin du film il distance le gardien en s'éloignant du centre de redressement, poursuivant son rêve de voir la mer. José, enfant à la recherche d'une identité culturelle, lui aussi est occasionnellement puni par m'man Tine ou par ses professeurs, exploité par Madame Léonce, mais en fin de compte c'est sa détermination et ses valeurs qui dominent. Louis, qui avait peur de quitter sa mère et de rester chez les Lucas, « le repaire de la mégère » Marcelle et de Pelo, « le goguenard » (*Le Grand-Chemin*, cinéroman, 15), bondit tout seul comme un chevreau sur le toit de l'église. Les sanglots de l'enfant Julien qui ne veut pas quitter sa mère à l'ouverture d'*Au Revoir les enfants* ne sont pas les mêmes que ceux du jeune homme humaniste qui pleure à la fin du film. Même Paulette des *Jeux interdits*, durant l'interrogation du curé tenait derrière son dos le cadavre du chien; maniait la binette pour faire sa part de la création du cimetière; et (dans la version littéraire) après la mort de Michel, l'a soulevé pour l'enterrer. Julien et Paulette symbolisent tous les deux l'enfant victime de guerre. Face à des épreuves, Marcel se montre fort tout au long du récit des *Souvenirs d'enfance*, mais spécialement pendant l'épisode des bartavelles où il doit se débrouiller tout seul dans la Nature.

Les exemples présentés ci-dessus montrent comment nos enfants-héros se distinguent aussi par une *fonctionnalité* différentielle où l'enfant est : « constitué par un faire » comme Antoine qui fait des choses, il agit et réagit ou, dans le cas de Louis, où l'enfant fonctionne comme le « personnage médiateur qui résout les contradictions », l'enfant *pharmakos* (Derrida 78-82), celui qui se trouve « en rapport avec un opposant et victorieux de l'opposant ». « Opérant par séduction, le *pharmakon* fait sortir des voies et des lois générales, naturelles ou habituelles » (Derrida 79) (Louis qui conquiert Pelo). José Hassam et Marcel Pagnol, avec leurs challenges scolaires et personnels, aussi bien que d'autres enfants de notre groupe qui ont leurs propres épreuves, sont de bons exemples de l'enfant qui « reçoit des informations (savoir), réceptionne des adjuvants (pouvoir), participe à un contrat initial (vouloir) qui le pose en relation avec l'*objet* d'un désir [où il montre du vouloir faire] et qui a sa résolution à la fin du récit » où l'enfant « liquide le manque initial » (Hamon 156). (Nous développerons cet aspect du personnage au chapitre VII où nous traiterons des apprentissages de l'enfant.)

En examinant la position du héros dans sa société, nous constatons qu'il y a dans notre ensemble de six un éventail remarquable avec, par exemple, un écart socio-économique considérable entre Julien Quentin (*Au Revoir les enfants*) et José Hassam (*La Rue Case-Nègres*). Une comparaison non seulement des habits des deux enfants mais aussi des vêtements de leurs mère et grand'mère et des lieux de rencontre aux incipits des œuvres, nous montre de quel niveau de la société l'enfant est issu. Julien « est habillé de culottes courtes, d'un chandail bleu marine et d'une cape noire » (p. 9), prêt à monter dans son compartiment de train qui l'amènera au pensionnat. José et ses copains portent « des tricots si troués qu'ils ne recouvrent absolument rien des petits corps qui voudraient s'en vêtir » (21), et José s'inquiète beaucoup au sujet des chaussures qui lui manquent pour faire à pied la route entre Petit-Bourg et Saint-Esprit qui l'amène au lycée (*La Rue Cases-Nègres* 210). C'est un souci continuel pour l'enfant :

> J'appris très vite d'ailleurs à m'abstenir de beaucoup de fêtes et cérémonies destinées aux enfants, et toujours pour les mêmes motifs : pas de beaux costumes, pas de chaussures. Pas de chaussures surtout, puisque je n'avais pas encore fait ma Première Communion qui était, pour tous les gosses de ma catégorie, l'occasion d'étrenner leur première paire de souliers. (175)

Ainsi s'esquissent le portrait de Julien comme celui d'un enfant de la haute bourgeoisie, même gâté, qui fait ses adieux à la Gare de Lyon de Paris à sa mère qui « porte un chapeau compliqué et une fourrure de la guerre qui lui arrive aux genoux » et qui est maquillée, et le portrait de José comme un enfant issu de générations d'esclaves, qui accueille sa grand-mère à la fin de la longue journée qu'elle a passée à travailler dans les champs de cane à sucre dans la plantation martiniquaise où ils habitent. La description détaillée de la robe de tous les jours de m'man Tine (*La Rue Cases-Nègres* 11) nous semble une synecdoque pour exprimer l'extrême misère dans laquelle elle vit.

Les cigarettes de François, frère aîné de Julien (*Au Revoir les enfants* 11, 24), le sucre, les pots de confiture faites par la cuisinière de la famille et les autres produits de luxe, envoyés régulièrement par Madame Quentin (102-3), le repas dans le meilleur restaurant de la ville pendant la visite de Madame Quentin au pensionnat (90-97) sont d'autres indications d'une famille très riche. Il y a aussi quelques commentaires au sujet du père de Julien, propriétaire d'usine, et la remarque faite par Joseph, un pauvre garçon qui travaille dans la cuisine du pensionnat (35) : « Et d'abord, t'es riche comme tout ».

Julien est presque insouciant de cette vie privilégiée par son rang socio-économique alors que José, en regardant la vie pénible de M'man Tine, souffre une douleur continuelle. Il nous semble que là il y a toute une valeur symbolique : m'man Tine travaille d'abord dans les champs de canne à sucre ensuite comme *blan*chisseuse (mouvement vers le monde des Blancs). Plus elle travaille la canne et plus elle lave, plus elle meurt, plus José s'élève de sa situation, moins il est comme ses petits camarades nègres qui se moquaient de lui quand il ne travaillait pas aux champs. Finalement, au moment où José commence sa mobilité sociale, il va échanger ses haillons de la Rue Cases-Nègres contre le costume blanc qu'il portera à l'école. C'est très symbolique des deux mondes entre lesquels il bascule.

Une observation de la manière dont les jeunes héros des autres récits s'habillent nous donne aussi certains renseignements à leur sujet. Tout au long des *Quatre cents coups* Antoine porte le pull-over à col roulé (35, 107), son « uniforme ». Est-ce une réflexion de l'argent qui manque dans la famille ou de l'argent dépensé ailleurs par sa mère, en langage métaphorique, du manque d'amour de sa mère? Est-ce que cela est symbolique de sa clandestinité? Est-ce que c'est son armure contre le froid des nuits de fugues passées dans les rues de Paris et dans le commissariat? Au moment où Antoine vole la machine à écrire, il met un chapeau pour se déguiser en homme. Est-ce encore une marque de la clandestinité? ou de son désir d'être adulte et indépendant?

Les vêtements de Marcel et de son meilleur ami, Lili dans *Le Château de ma mère* reflètent deux mondes qui s'opposent. (Nous en reparlerons au chapitre VI sur l'Intrigue.) On peut dire la même chose pour Paulette, qui s'habille en jolie robe parisienne pendant que Michel porte ses puantes galoches de ferme. Les sandales de Louis, qui s'opposent aux pieds nus de Martine dans *Le Grand-Chemin*, ne représentent-t-elles pas aussi deux mondes différents? De même l'uniforme de Julien, en état impeccable contraste avec le « manteau beige trop petit pour lui » (*Au Revoir les enfants*

15) que porte Jean Bonnet. Le jour de la fête du collège pendant que « Julien s'ajuste devant son miroir, très soigneusement. Il se mouille les cheveux, se fait une raie, avec une touche de narcissisme », « Bonnet vient se laver, habillé comme tous les jours » (*Au Revoir les enfants* 85). Les habits de Julien et de Jean et la manière dont chaque garçon fait sa toilette leur donnent des aspects physiques différents et sont également le signe d'une différence de caractère et d'esprit. Ils font également le parallèle entre l'enfant dont la mère est là pour le gâter et l'enfant qui se fait des soucis pour une mère chérie qui est absente et qui lui est perdue.

Considérons ensuite deux autres procédés différentiels indiqués par Hamon et manifestés par tous nos jeunes héros ... « une *autonomie* différentielle ». « Il [le héros] dispose d'une mobilité topologique plus grande que les autres personnages du récit (Louis dans *Le Grand-Chemin*, par exemple, qui est venu de Paris passer quelques semaines à la campagne a beaucoup plus de mobilité que sa copine Martine ; Antoine qui fait l'école buissonnière, s'amuse dans le Rotor, va au cinéma, court les rues de Paris la nuit, et finalement se trouve très loin de chez lui dans *Les Quatre cents coups*, est plus mobile que René, et c'est particulièrement frappant dans le cas de José Hassam de *La Rue Cases-Nègres* qui quitte tout à fait les lieux de son enfance) et il dispose à la fois du monologue (stances) et du dialogue, alors que le personnage secondaire est voué au dialogue ». (Marcel vs. Lili dans les deux ouvrages de Pagnol) (Hamon 155).

Au moyen de leurs portraits physiques, les héros de nos récits se montrent pour la plupart autonomes et forts à l'extérieur. En réalité (au moins dans la réalité de la fiction), ils sont très sensibles et sont souvent écœurés par les événements durs et les situations difficiles auxquels ils doivent faire face. Nos enfants remplissent donc encore une autre catégorie des qualifications différentielles de Hamon. Ils « reçoivent des marques, (exemple une blessure) après un exploit » (Hamon 154). Prenons comme exemple Paulette. Bien que la Paulette de Clément diffère de celle de Boyer, chacune des deux est une petite fille extrêmement délicate sur le plan émotionnel, et le trauma de l'exode la laisse traumatisée et terrorisée par le monde qui l'entoure.

Dès le début, la petite héroïne de Boyer se présente comme rêveuse, triste, acharnée, une enfant qui se replie sur elle-même, se réfugie, et se perd dans son monde fantasmagorique. Est-ce peut-être la manière dont elle se protège? sa façon de s'échapper d'un monde où l'environnement immédiat est déficient? (On en parlera plus longuement dans le chapitre VII—retentissements affectifs.) Dès son premier contact avec les autres personnages nous voyons une petite fille très têtue et indépendante, indomptable, même farouche, au regard prodigieusement hypnotique :

> « Paulette sursauta. Ce n'était pas l'injure qui la choquait, mais on la sortait brutalement de son rêve. L'injure elle s'en moquait, elle pouvait y répondre.
> —Ben quoi, j'ai neuf ans! Puis j'avance » (Boyer 11) et ensuite :
> Puis, lasse de l'image de son père, elle dit à mi-voix, comme une vengeance :
> —Abruti!
> Et soudain terrifiée de sa lâcheté :
> —C'est pas vrai! C'est pas vrai!
> Puis à nouveau elle se mit à pleurer. (...)
> Paulette sortit de sa torpeur. (15)

La petite héroïne de Clément se présente de façon différente. Elle est beaucoup plus naïve, innocente, et beaucoup moins peureuse et rigide. Elle représente l'inconscience de l'enfance. Elle veut imposer sa volonté mais elle ne domine pas si fortement que la Paulette de Boyer. Mais à la fin du film, elle se montre aussi bouleversée et perdue que l'héroïne de Boyer.

Julien est un enfant qui a l'air un peu arrogant et « m'as-tu vu? » Il monte sur son banc et prend une pose de statue (*Au Revoir les enfants* 31), mais en fait, c'est un enfant très sensible qui, à certains moments, montre ses sentiments non-gardés. Il y a au moins cinq moments dans l'histoire où il pleure : au moment des adieux à la Gare de Lyon (*Au Revoir les enfants* 9); au moment où il reçoit une blessure dans la cour de récréation en combat avec Laviron (25); au moment où la patrouille allemande le trouve sur la route avec Jean après leur expérience dans la forêt « Julien a de grosses larmes sur les joues » (76) et tout de suite après au pensionnat quand le Père Hippolyte le gronde : « Il faut toujours que tu fasses l'imbécile ». « Il s'effondre en sanglots, furieux, épuisé » (78), à la fin du film.

Antoine est un « anti-héros fantasque et attachant... un mélange subtil de distance et d'émotion ». (*CNC Dossier* n°32) Antoine est un garçon qui semble avoir « la peau dure » mais qui est, en réalité, très sensible. De tous nos héros, c'est probablement l'enfant qui reçoit le plus grand nombre de marques, de blessures, de coups de malchance. On pense surtout à l'occasion où Petite Feuille l'accuse du plagiat. Pendant le récit il se montre « à contre cœur » (*Les Quatre cents coups* 35), « douloureux » (58) et en route pour la prison, nous voyons qu' « Antoine est à la fenêtre du car ; il fait froid; il pleure. » (106). C'est donc pendant ces moments non-gardés, juste après avoir reçu une blessure de quelque sorte, que nous le voyons le plus vulnérable.

José Hassam est aussi un enfant sensible, troublé par l'ambiguïté de son identité. Puisque José est très intelligent, sa réussite scolaire dans l'école coloniale de la Troisième République française lui offre un rapprochement avec le monde blanc. En même temps il s'identifie fortement à son ethnie et à sa négritude. Ayant écouté les contes de Médouze, José est très introspectif et s'interroge souvent sur la condition des Noirs de la Rue Cases-Nègres et ailleurs en Martinique (au niveau local) et dans le monde (au niveau global). Cet enfant noir qui vit avec sa grand-mère dans la pauvreté a quand même beaucoup de dignité. Il a aussi beaucoup d'intégrité. N'est-ce pas l'enfant de notre ensemble qui manifeste le plus souvent la qualification différentielle d'être « noble »?

C'est dans le personnage de José, en fait, que se manifestent les quinze qualifications différentielles désignées par Hamon, y compris certaines que nous n'avons pas encore mentionnées, même celle de « riche », si nous nous permettons une interprétation large du mot. José est riche en talent, en intelligence, en cœur, et en bons instincts. Et c'est dans les histoires racontées à José par Monsieur Médouze que le lecteur/spectateur est le plus conscient de la « généalogie ou antécédents exprimés » du héros. (Nous l'avons vu aussi chez Pagnol.)

Nous reconnaissons chez José et chez certains autres de nos personnages principaux un trait commun et important parmi les traits moraux qui les individualisent : l'attribut que Philippe Hamon désigne par les termes « surqualifié et motivé psychologiquement ». C'est la qualification de futur artiste (écrivain ou cinéaste). Soit l'enfant est le modèle de l'activité scolaire comme Marcel, José, et Julien, soit c'est l'enfant rêveur, curieux, qui aime lire (aller au cinéma), comme ces enfants-là et aussi comme Antoine Doinel.

Louis Malle a doté son personnage avec beaucoup de sa propre curiosité et lucidité parce qu'il croit que ces deux traits lui étaient indispensables dans sa vie et dans son travail comme cinéaste et qu'ils ont même déterminé sa profession :

> La curiosité, ça suppose un engagement... Au tournage, avec ce garçon qui jouait Julien, et ce regard très aigu qu'il a, j'ai pu utiliser ce regard chargé de découvrir les choses. Parce qu'on est plus curieux que les autres, on est engagé par cette curiosité. Beaucoup de mes copains de cette époque-là sont rentrés dans la vie, ça a été un épisode de leur enfance, qui ne les a pas profondément affectés. Peut-être même certains sont-ils racistes aujourd'hui. Moi, je ne pourrais pas, c'est là la différence. Quand on m'interroge, j'ai une réponse cliché : « Vous savez, moi, c'est la curiosité qui me tire en avant ». Et c'est vrai. Je fais des documentaires. Je n'aime pas me répéter. C'est plus qu'un simple comportement, c'est une éthique. (Audé et Jeancolas 35)

(En corrélation avec la curiosité et la lucidité de Julien [du jeune Louis Malle] voir l'élaboration de ce point dans le chapitre VII : à travers l'enfant un regard sur la société de l'époque.)

La curiosité de Julien se montre souvent dans l'histoire, par exemple : il poursuit sérieusement le trésor (*Au Revoir les enfants* 74); il cherche activement l'identité de Jean. Julien est aussi rêveur. En classe, au lieu de faire attention, il se perd dans une songerie (54, 70). Ou bien il lit. Julien a une grande passion pour la lecture et il lit constamment : en classe, dans l'abri pendant les alertes, en route pour les bains-douches, la nuit en cachette par torche électrique. Ce sont surtout ces aspects du caractère de Julien (l'enfant Louis Malle) qui vont le distinguer du groupe et qui prévoient le futur artiste-cinéaste.

Nous trouvons cette même préoccupation littéraire et ces mêmes traits : curiosité, qualité rêveuse et qualité imaginative dans les personnages de José et d'Antoine et surtout chez Marcel, « tous les éléments qui font de l'enfant un être prédestiné, voué aux arts » (Dugast 446). Dans les récits de Pagnol et de Zobel, comme pour Julien, « le héros a pris conscience tôt de son caractère exceptionnel » (Dugast 245). José, un des rares enfants noirs de son village qui réussisse à l'école, nous décrit la rencontre suivante avec son instituteur :

> —Vous avez été reçu au Concours des Bourses.
> Il me tendit le télégramme. Ses yeux brillaient et sa bouche entrouverte montrait le bord de ses dents. Expression qui n'était

pas tout à fait un sourire, mais que je lui avais connue en des moments de grande joie.
Et il répéta :
—Veinard, va! (*La Rue Cases-Nègres* 211-12)

Comme José, le petit Marcel Pagnol est un enfant très doué. Quand Marcel a six ans, Mlle Guimard, son institutrice de la classe enfantine, remarque qu'il est « doué d'une mémoire surprenante » (*La Gloire de mon père* 33). Élève de quatrième primaire, il est choisi par son professeur comme candidat au concours des bourses du lycée où il obtient la seconde place. Il écrit à propos de sa réussite : « Mes progrès étonnèrent mes maîtres, et quand vint le jour de l'examen ... je me tirai fort bien d'affaire. M. le directeur... nous apprit que ma rédaction avait été « fort remarquée », ma dictée « parfaite » et qu'on avait apprécié mon écriture » (*Le Château de ma mère* 171). Et comme Julien, le petit Marcel est un enfant très curieux. C'est celui qui, à l'âge de deux ans, et à l'horreur de sa mère, grimpe sur une chaise pour observer les bouchers dans leur abattoir à Saint-Loup (*La Gloire de mon père* 30) et celui qui, à l'âge de six ans, explore tout seul le parc Borély au bout du Prado de Marseille (*La Gloire de mon père* 37-39). Marcel est un enfant qui aime lire et qui lit tout le temps. C'est un enfant qui apprend à lire beaucoup plus tôt que les autres, et qui le fait tout seul. Il apprend à lire tout seul à l'âge de trois ans, assis au premier rang de la classe de son père, où les enfants avaient six ou sept ans (*La Gloire de mon père* 31). En écrivant au sujet de la réaction de son père à ce moment-là, Pagnol déclare : « mon père affirma... que j'avais appris à lire comme un perroquet apprend à parler, et qu'il ne s'en était même pas aperçu » (*La Gloire de mon père* 32). Plus tard il choisit Fenimore Cooper en particulier, et après avoir lu ses aventures, il fabrique une tente dans le jardin et emmène son petit frère en patrouille.

Il montre très jeune aussi son talent d'écrivain. Pagnol consacre trois pages de texte (109, 110, 111) du *Château de ma mère* pour nous montrer « une sorte d'image réduite, de mise en abyme, de l'activité littéraire » (Dugast 409) quand Marcel se prépare à écrire une lettre à son ami Lili. Là le lecteur est témoin de « l'acte d'écriture lui-même dans le texte ... l'écrivain apparaît directement au moment où il compose » (Dugast 491). Chez Pagnol aussi bien que chez Zobel et chez Truffaut, le héros qui a été jusqu'à ce point-là « l'auditeur et le lecteur de toute une production artistique et littéraire qui lui était plus ou moins destinée » (Dugast 409) commence à exercer une activité créatrice. En classe, José utilise le vocabulaire de la leçon (et m'man Tine comme muse) pour composer, à l'oral, de la très belle poésie. Antoine, inspiré par sa lecture de Balzac et par ses séances au cinéma, s'en sert pour écrire sa rédaction. Les observations et remarques de Francine Dugast sur ce sujet sont très pertinentes: « Les enfants apparaissent d'emblée, dans beaucoup de récits, comme de futurs écrivains, disposés à reprendre la tradition qu'on leur enseigne » (Dugast 103).

Considérons enfin deux autres qualifications différentielles communes à nos héros que Philippe Hamon dénomme : « leitmotiv » et « en relation amoureuse avec un personnage féminin central (héroïne) ». Pour les enfants de notre groupe de récits, ces deux qualifications semblent liées, l'une à l'autre. Nos héros sont tous en relation amoureuse avec un personnage féminin central (la plupart du temps, avec leur mère) et notre héroïne montre aussi beaucoup d'affection pour Michel, le héros de *Jeux interdits*. L'Amour, pour ces enfants et adolescents à l'éveil de la puberté, est certainement le leitmotiv de toutes les œuvres de notre corpus et il s'exprime en formes variées, souvent lié à la Mère, à la Mer, à la Nature, symboliquement pareilles, et à la Mort qui est en opposition à la Mère.

D'abord il y a l'amour envers la mère et de la part de la mère que chaque enfant montre, recherche ou perd (soit explicitement soit implicitement). Cet amour est quelquefois exprimé ouvertement ou difficilement : par exemple, par Julien, la joie qu'il éprouve au moment de l'arrivée d'une lettre dont même le parfum lui plaît et la difficulté qu'il ressent au moment des adieux. Pour Louis aussi, les adieux sont difficiles et encore pire, l'idée de partager l'amour de sa mère avec le nouveau bébé. Chez Marcelle et Pelo, Louis découvre l'amour lié à la mort. Paulette recherche l'objet transitionnel pour remplacer l'amour de la mère morte et elle devient obsédée par la Mort. José aussi est « en relation amoureuse avec l'héroïne de son récit, m'man Tine, et il souffre beaucoup au moment de sa mort. En fait, dans le livre, la mère de José n'est ni absente ni morte; elle est à la ville, et il la retrouve et elle l'aide. Il éprouve aussi de l'amour pour la Nature et pour la Terre-Mère, inculqué par Médouze[1].

Pagnol est, sans doute, le plus élogieux à l'égard de sa mère avec qui il avait un rapport exceptionnel. Même longtemps après sa mort, au moment où il revient sur le terrain du château de son enfance, il régresse psychologiquement à l'enfant qu'il était autrefois. Est-ce parce qu'elle meurt quand il est jeune (et elle aussi), donc il l'idéalise? En revanche, Antoine Doinel montre une désaffection à l'égard de sa mère, de sa famille et de la société. Le fait qu'Antoine est « toujours en train de cavaler » (*Les Quatre cents coups* 65) n'est-il pas symbolique de l'amour après lequel il court? Dans un autre ouvrage de Truffaut, *L'Argent de poche*, son porte-parole, M. Richet, nous dit que si cet amour est incomplet ou frustré, comme pour Antoine, il y a d'autres passions qui viennent le remplacer chez l'enfant : « A vrai dire, ils [les enfants] vous aimeront si vous les aimez; et, si vous ne les aimez pas, ils reporteront leur amour ou leur affection, leur tendresse sur d'autres gens ou sur quelque chose d'autre, parce que la vie est ainsi faite qu'on ne peut se passer d'aimer ou d'être aimé (131).

L'amour des livres, les préoccupations littéraires et cinématographiques d'Antoine et des autres enfants de notre groupe peuvent être rattachés à la recherche d'évasion. Ce sont des activités qui « s'accommodent le plus souvent du secret, ou d'une sorte de retraite, qui coupe l'enfant du monde adulte : rien de plus caractéristique à cet égard que le "poète de sept ans" de Rimbaud, étranger et hostile à son entourage, … » (Dugast 409). Antoine aussi, comme le petit poète de Rimbaud, est étranger et hostile à son entourage. Cet enfant maltraité, opprimé, oublié, dont on ne s'occupe pas, a d'autres moyens d'évasion … il fait des fugues, l'école buissonnière.

L'esquisse du portrait d'Antoine Doinel par Truffaut est très nuancée. Dans *Truffaut par Truffaut*, Rabourdin commente le comportement d'Antoine lorsqu'il est seul, un comportement qu'il trouve significatif : « un mélange de bonnes et de mauvaises actions ; il met du charbon dans le feu mais s'essuie les mains aux rideaux, prélève de l'argent sans doute volé de sa « planque » secrète, met le couvert, se sert des ustensiles de sa mère : l'appareil à recourber les cils… » (58). Pourquoi Antoine a-t-il le désir de s'évader? Pourquoi se révolte-t-il? Comment est son environnement immédiat et son entourage moins immédiat? On peut « examiner l'enfant en lui-même mais il ne peut se définir que dans un système de relations. L'intrigue du livre [ou du film] … n'existe que par l'évolution de ces relations » (Dugast 141). Dans le chapitre précédent, en parlant d'une typologie des héros enfantins opposés à leur entourage, nous avons identifié le héros de Truffaut parmi ceux qui demeurent totalement marginaux et le petit Marcel Pagnol comme un des autres qui s'assimilent progressivement. Les autres héros de notre étude se trouvent quelque part entre les deux. *Les Quatre cents coups* comme tous les récits de notre groupe, est un récit qui renvoie à la quotidienneté et aux rapports simples entre le jeune héros et les autres personnages. Truffaut dit : « ... j'ai voulu montrer des parents face aux problèmes de l'éducation, les rapports entre parents et enfants, les rapports de générations » (Gillain 98).

Quelle est, donc, la crise qui entraîne la révolte d'Antoine? La crise d'Antoine est fortement liée à ses sentiments envers sa mère ; le sevrage affectif (la mort de l'amour des deux côtés) qui résulte après deux événements en particulier : d'abord, du côté d'Antoine, sa déception inimaginable au moment où, accompagné par son ami, il regarde sa mère en train d'embrasser son amant dans la rue ; ensuite, du côté de Madame Doinel, au moment de l'échec scolaire d'Antoine. Mais il faut dire aussi qu'il s'agit également de quelque chose d'assez ancien qui a dû rester parmi ses souvenirs d'enfance, puisqu'il le raconte à la psychologue du centre d'observation ; c'est qu'elle a essayé de le tuer, puisqu'elle voulait avorter. Mais, même avant la crise, nous avons des indications sur une désaffection éventuelle de sa famille et de la société. Dès le départ Antoine est présenté comme relativement isolé dans sa famille, et le film s'ouvre sur la monstration de circonstances désagréables à l'école aussi. Pour Antoine Doinel, pendant toute une période, la situation à l'école et le climat affectif à la maison (qui n'avait pas été bon pour commencer) se détériorent progressivement. Selon Rabourdin « Antoine Doinel est le contraire d'un enfant maltraité : il n'est pas "traité" du tout ». Il le décrit de la manière suivante :

> Enfant non désiré Antoine à la maison ne « l'ouvre pas » ou presque, terrorisé par sa mère qu'il admire confusément; ...[A l'école] il se montre aussi persifleur et insolent qu'il est humble, sensible et sournois à la maison. La peur de sa mère l'a rendu un peu lâche avec elle, maladroitement servile, ce qui se retourne encore contre lui. (58)

Pendant le repas du soir, qui n'est pas forcément l'occasion de réunir tous les membres de la famille, nous remarquons que l'on parle de l'enfant comme s'il n'était pas là, comme on parlerait d'un objet encombrant dont on voudrait se débarrasser. Voilà un exemple d'une conversation entre les parents où il s'agit d'un cousin de Madame Doinel qui attend son quatrième enfant en trois ans. « Mme. Doinel : —C'est du lapinisme. Moi je trouve ça répugnant ». Et tout de suite après ce commentaire de Mme Doinel, son mari, en faisant allusion à Antoine, dit « à propos ». « Doinel : —A propos, qu'est-ce qu'on fait du gosse, là, pendant les vacances? » (*Les Quatre cents coups* 50). La plupart du temps, la mère d'Antoine lui donne beaucoup d'ordres et avec rudesse. Il est moins bien traité que certains domestiques. Sa mère ne l'appelle jamais par son prénom : « Allez, va me chercher mes mules... » et « ...moi, j'ai besoin de farine... allez, va m'en chercher tout de suite... » (46). Antoine surprend des conversations, comme la suivante, qui ne sont pas destinées à ses oreilles :

Madame Doinel	—Mais il ment comme il respire, tu sais bien.
Doinel	—Il a de qui tenir.
Madame Doinel	—Si tu l'élevais mieux!
Doinel (furieux)	—Ah merde alors, je lui ai donné un nom, je le nourris... (62)

En s'excusant auprès de son mari, Madame Doinel ment, sacrifiant son fils comme bouc émissaire « Elle le dit comme si les mensonges d'Antoine effaçaient tout soupçon à son propre égard » (64). Au fur et à mesure que l'histoire se déroule, nous observons Antoine qui leur dit des mensonges et écoute les leurs. D'après ce qu'Antoine raconte à la psychologue, (115) il se rend compte déjà depuis longtemps des trahisons de sa mère. Malheureusement pour Antoine, sa mère est vaniteuse et égoïste. Elle s'habille toujours élégamment (45, 46, 57) dans un « manteau de loutre » mais elle n'a pas le temps de s'occuper des vêtements de son mari (53). A son mari et à son fils elle « parle sèchement, d'un ton tranchant » (46).

A travers le film se développe aussi une détérioration graduelle des relations entre le beau-père et le fils. Au début du film le père se montre gentil envers Antoine et très compréhensif envers sa femme (47). Par la suite, Antoine se montre un peu ennuyé par le sermon de son père (61). Finalement, son père l'humilie devant ses camarades de classe, le menace en disant qu'il va le mettre au prytanée (82), et l'emmène au commissariat de police pour le dénoncer après le vol de la machine à écrire (88). Cette dernière action de la part du père marque un changement de traitement de l'enfant. Après cet incident, on le traite comme un adulte et ses parents se débarrassent de toute responsabilité à son égard. Sa mère est même très vindicative au moment où elle vient lui dire au revoir dans le Centre d'observation à Villejuif (119). C'est un moment important parce qu'elle l'a finalement tué, effacé de sa vie.

On trouve de rares moments dans le film, moments de complicité avec le père et la mère, la soirée au cinéma, par exemple (quelle surprise que Truffaut le choisisse comme lieu de divertissement!), mais on sent qu'autrement cette complicité est presque toujours initiée par l'adulte et que l'enfant ne s'y intéresse pas beaucoup.

L'ambiance à l'école et le rapport avec son professeur ne sont guère meilleurs que la situation à la maison. Petite Feuille est à la fois verbalement et physiquement agressif et abusif. « Il prend Antoine par la peau du cou et le pousse » (38). Il a l'« air vindicatif » (40). Il menace Antoine et les autres enfants : « —...sinon je vais vous les faire lécher » (40), « —...je vais être injuste si... (42). Il parle aux enfants d'une manière dérogatoire : « —Quel est l'imbécile qui a sifflé? » (42). « Ah! j'en ai connu des crétins, mais... » (43). « — Ah, elle va être un peu belle la France dans dix ans! » (43). Il jette un livre par terre. (43) Il a aussi à l'école Mauricet, jeune ennemi dans la salle de classe (38) et hors de classe (65).

L'ami d'Antoine, René Bigey, l'aide le plus souvent. René est un bon ami mais une mauvaise influence sur Antoine, parce qu'il est plus libre, moins surveillé, moins contrôlé par ses parents, et il le pousse à la transgression. Néanmoins Antoine éprouve une amitié sincère et une solidarité avec René qui d'abord lui trouve un abri (70-71 dans l'imprimerie, première fugue) ensuite l'emmène passer la nuit chez lui (88, deuxième fugue), et enfin vient au Centre d'observation de mineurs délinquants et essaie de lui rendre visite. Mais Antoine est coupé de lui. On ne permet pas à René de rendre visite à Antoine (116).

Certains autres de nos héros doivent aussi faire face à un environnement hostile, mais au moins ils ont le soutien d'un autre enfant, ils ressentent la solidarité avec un ami ; Paulette a son Michel, pour Louis c'est Martine, et Julien se lie éventuellement avec Jean.

Dans les deux versions de *Jeux interdits*, en traitant de l'ambiance sur la route, là où il s'agit d'un moment imprévu qui entraîne des sentiments non-gardés des gens, l'écrivain et le cinéaste nous présentent des choses communes : le désordre, la folie, la tragédie, mais sous des angles bien différents. Boyer, nous montre comment la peur des adultes se transforme en une colère dirigée vers les enfants dont l'innocence et l'ignorance ajoutent aux dangers de la situation. Prenons cet exemple du roman de Boyer où nous sommes choqués par la manière dont les hommes juste derrière elle sur la route s'adressent à Paulette : « — Trou du cul! Avance donc! » (11). En revanche, dans la version filmique, Clément, à travers le personnage du vieux monsieur qui veut aider Paulette, représente la solidarité. Paulette échange la folie de la route de l'exode contre l'ambiance belliqueuse de la ferme Dollé où la famille est en combat continuel avec les voisins. C'est une espèce de mise en abyme de la guerre qui les entoure. D'après Michel : « On est fâchés avec les voisins » (*L'Avant-Scène Cinéma* n° 15, mai 1962 :10). C'est la situation normale[2]. André Bazin, en commentant le film, mentionne cet aspect retenu du livre. Ses observations sur les adultes paysans sont intéressantes parce qu'il les met en contraste avec les enfants et il trouve que la logique des enfants est meilleure que celle des adultes :

> Ce qu'a voulu conserver Clément des artifices stylistiques du livre n'est justement pas le meilleur du film : je pense à ses paysans. (...)
> Ce n'est point le sacrilège ou le mépris des morts qui scandalisent le père découvrant le vol des croix, mais l'injure qu'il suppose que ses voisins lui ont faite et le préjudice matériel qu'elle représente. En dérobant toutes les croix qui leur tombent sous la main pour jouer au cimetière, Michel et Paulette limitent totalement le rituel des adultes qui les entourent. Je veux dire que ce rituel ne contient au fond rien de plus que le jeu des enfants, sinon le sérieux social qu'il s'attribue. Mais de la confrontation des deux, il ressort que le vrai sérieux est du côté des enfants, car leurs raisons de tenir à leur jeu sont, en définitive, meilleures. Paulette enterre son chien pour lui éviter d'être mouillé par la pluie. Elle exige de Michel une hécatombe pour donner des compagnons à son chien qui s'ennuie. Voilà l'origine de leur cimetière dont les croix ne sont qu'une décoration aimable suggérée par le cimetière des hommes. (Bazin 17)

Le lecteur du livre de Boyer et le spectateur du film de Clément seront frappés par le contraste entre la délicatesse de Paulette, la petite Parisienne, et la rudesse de la famille Dollé, les campagnards. Ainsi, remarquant une mouche dans le verre de lait qu'on lui offre, Paulette ne veut pas le boire, et elle ne supporte pas les puanteurs de la ferme. (Voir le chapitre sur l'opposition entre la ville et la campagne).

Pour les adultes de l'histoire la présence de la petite fille est gênante, surtout son regard hypnotique. Ceci est évident au moment de sa confrontation avec le curé :

> Puis il [le curé] vit que Paulette le fixait de ses grands yeux gris. Alors il exprima le recueillement ce qui lui permit de fermer les yeux. Ils restèrent un long moment face à face, Paulette, les yeux grands ouverts sans rien voir, le curé les yeux fermés, pleins de visions confuses. Ses oreilles bourdonnaient des paroles qu'il allait prononcer—qu'il devait prononcer. Il entrouvrit les yeux faiblement, rencontra aussitôt le regard de Paulette, et très vite se réfugia dans le recueillement. Il avait compté sur une confession immédiate, sur un flot de paroles, d'explications, ou d'aveux, ou de plaintes, ou de pleurs. ... La réplique de Paulette était brève, nette, catégorique. Il ouvrit brusquement les yeux comme pour l'intimider, Paulette n'eut pas un battement de cils. (Boyer 47)

En revanche, dans les *Jeux interdits* on voit une facilité des relations enfantines qui s'oppose aux conflits des adultes et aux rapports de générations. Nous constatons la gentillesse et l'indulgence de Michel vis-à-vis de Paulette (et, dans le film, vis-à-vis de son frère blessé). Pour Paulette, enfant traumatisée, Michel sert comme tampon en recevant et en amortissant les chocs du monde extérieur et ainsi fournit la protection nécessaire contre la colère de son père et l'hostilité des adultes[4].

Michel est astucieux et ingénieux, un enfant qui connaît bien son entourage et sait anticiper leurs réactions : « Le père s'impatienta, appela Michel à nouveau, et Michel vint après s'être fait attendre juste le temps qu'il fallait pour ne pas recevoir de gifles » (Boyer 104). Le lecteur a souvent l'impression que l'enfant est plus intelligent que la plupart des adultes qui font partie de son entourage. Par exemple, face à l'autorité paternelle nous voyons l'habileté du garçon qui joue sur la jalousie vis-à-vis des voisins pour faire adopter Paulette. « Michel songea qu'il allait lui falloir faire admettre Paulette à son père, puis à toute la famille » (28). Sachant donc que sa famille est toujours fâchée contre leurs voisins, les Ganard, (dans le film les Gouard), Michel emploie l'argument parfait pour faire accepter Paulette dans sa famille : « Tout à coup, Michel eut une idée géniale : —Elle voulait aller travailler chez les Ganard. » Évidemment, c'était tout ce qu'il fallait mentionner au père Dollé, qui ne voulait pas du tout que son voisin reçoive une seconde médaille de sauvetage! Dans le film, au moment où les gendarmes viennent chercher Paulette, Michel fait du chantage : si on la garde, je dis où sont les croix. Mais, au moyen de l'intervention des adultes, Paulette va être coupée de Michel de la même manière qu'Antoine Doinel a été coupé de son ami René.

Paulette et Michel vivent dans leur monde à part. Il existe une solidarité entre les deux enfants des *Jeux interdits*, une solidarité incomprise de la part des adultes. André Bazin l'explique :

> ... les hiérarchies des sentiments, des désirs et des actes ne sont pas les mêmes chez Paulette et Michel que chez les hommes. Mais les hommes n'ont ni le temps ni l'intelligence de les comprendre. Une rafale de mitrailleuse tue les parents de Paulette et son petit chien. Comme Paulette n'a pas d'expérience de la mort, le petit chien crevé tiendra beaucoup plus de place dans les soucis de la fillette que les cadavres de ses parents qu'il faut abandonner sur le bord de la route. (21)

Louis, le héros du *Grand-Chemin* de Jean-Loup Hubert, a beaucoup de points communs avec Paulette. Comme l'héroïne de Boyer, Louis a neuf ans, il est parisien, et se trouve parmi les campagnards. Les adultes sont coupés du monde extérieur. Ils se trouvent en butte à une hostilité générale. Le couple chez qui il reste est un couple coupé, divisé. Dans l'environnement immédiat de Louis il y a aussi des infractions à la règle. Il y a des adultes qui ne l'ont pas respectée, Pelo et Marcelle, par exemple : le viol, des bagarres. Les adultes ne jouent pas le rôle qu'ils devraient jouer et Louis apprend quelque chose qui ne lui était pas destiné. De ce monde des adultes il apprend ce qu'il ne devrait pas savoir, mais ce n'est pas lui qui est responsable de l'infraction : ce sont les adultes qui n'ont pas respecté la règle[4].

Comme dans *Jeux interdits*, *Le Grand-Chemin* montre la campagne où la piété est encore très importante et où historiquement le curé joue un rôle très influent. On est près de Nantes, et la Vendée et la Bretagne sont les régions les plus catholiques de France. Mais on y trouve quand même des gens comme Pelo qui ne sont pas pratiquants, des personnes qui ne vont pas à la messe, qui sont irrespectueuses. Et on y trouve également des gens comme les paysans de *Jeux interdits* ou comme Marcelle qui sont un peu hypocrites; on va à l'église et on se dispute avec les voisins ou avec l'épouse.

L'enfant est victime de sa situation familiale courante et de l'hostilité dans l'environnement où il se trouve chez Marcelle et Pelo. Il se sent dans un monde hostile. Par conséquent, il ment et il montre de l'hostilité : dans des conversations entre Claire et Louis au sujet de son père et au sujet de Pelo 8, 12, 13, 24. Dans une scène hors de la présence de Louis, Marcelle et Claire essayent de le garder dans l'ignorance en ce qui concerne son père (34). Il perçoit cela comme un mensonge et quand il découvre la vérité il se met en colère, reçoit une gifle de Marcelle et fait une fugue (144).

Mais ce qui est différent dans *Le Grand-Chemin*, c'est que le rapport entre Louis et les autres personnages est très nuancé. Le portrait de l'enfant s'esquisse tout le long du cinéroman. Durant la plupart du récit, Louis est un enfant faible, menacé, très sensible. Il a souvent peur. Il est malheureux. Au fur et à mesure qu'il s'instruit, il devient plus fort, plus résistant, même content. Marcelle et Pelo ont l'air défavorable au début du film mais, graduellement ils se montrent de plus en plus aimable, spécialement Pelo. L'histoire du film, dans un certain sens, est la conquête de Pelo par l'enfant. Pelo, qui au début est très hostile, devient un allié de l'enfant. Peu à peu l'enfant conquiert l'amitié de son entourage. Il conquiert Pelo et cela lui donne un père, parce que lui, il n'en a pas. Son père a abandonné la famille. Une solidarité entre un petit garçon et un homme se produit, la solidarité typiquement masculine. Ils vont à la pêche, ils ne vont pas à la messe. Sur le rapport avec Pelo, il y a d'une part pour l'enfant la conquête d'un personnage favorable. De l'autre part pour l'homme auprès de l'enfant, il devient l'initiateur qui initie l'enfant au monde. Louis en fait a deux initiateurs : Pelo et Martine. Martine est l'enfant d'à côté, personnage favorable, avec qui Louis partage ses sentiments et ses aventures, y compris celle dans le cimetière, une version moderne qui rappelle Paulette et Michel des *Jeux interdits*. (Nous développerons le rôle des initiateurs au chapitre VI quand nous parlerons du savoir, des apprentissages, et de l'initiation au monde adulte.)

Julien Quentin aussi a deux initiateurs, premièrement son frère aîné François, initiateur au monde adulte ... fumer, faire le marché noir, la sexualité, et deuxièmement le Père Jean qui est initiateur aux valeurs. C'est un personnage, qui, finalement, proteste contre la bourgeoisie et son égoïsme. C'est peut-être le porte-parole de Louis Malle. Prenons comme exemple : son sermon du Jour des parents (*Au Revoir les enfants*, cinéroman 86) et l'évocation de sa philosophie d'éducation : « Pour moi, l'éducation, la vraie, consiste à vous apprendre à faire bon usage de votre liberté » (109). « Le véritable héroïsme quotidien, [c'est] celui du Père Jean » (Suchet 59). Le Père Jean a un très bon sens de l'humour, et beaucoup de compassion. Lui et les autres pères ainsi que Moreau sont très gentils, montrent beaucoup d'intérêt et d'affection envers les enfants. Nous l'observons qui est si content de revoir Julien après son aventure dans la forêt : « Le Père Jean apparaît, suivi de quelques élèves. Il serre Julien dans ses bras » (*Au Revoir les enfants*, cinéroman 78).

En fait les prêtres et les professeurs qui sont représentés dans le film sont de remarquables éducateurs. Même « le petit sermon » commencé par Mme Quentin et fini à l'unisson par Julien et François montre l'estime qu'ils méritent. « Vous devriez être très reconnaissants envers ces moines qui dédient leur vie... » Pour la plupart, les adultes du pensionnat forment un groupe favorable et protecteur. Ils savent que certains des enfants sont juifs. Ils les voient entrer en retard dans la salle de classe sans rien dire. Le professeur Guibourg répond à Muller, l'officier de la Gestapo qui cherche Jean Kipplestein, qu'il n'y a personne de ce nom dans la classe (120).

Mais certains autres personnages de l'entourage du pensionnat, jeunes et adultes sont défavorables, même hostiles, pour Jean surtout : Joseph, l'aide-cuisiner du pensionnat devenu délateur et l'autre dénonciateur, la sœur qui trahit à l'infirmerie. Dans les alentours de l'école il y a aussi les soldats allemands, les miliciens et la Gestapo. *Jeux interdits*, dont le fond est aussi la Deuxième Guerre Mondiale, nous met en présence d'adultes qui se battent entre eux, une sorte de mise en abyme de l'hostilité du monde extérieur. Dans l'environnement immédiat de Julien au pensionnat, ce sont les enfants qui ne s'entendent pas bien. On pense au désordre qui règne dans le dortoir en l'absence des adultes et les combats dans la cour de récréation : « Cinq enfants attaquent Bonnet et infligent un tape-cul. Bonnet se tortille comme un ver de terre » (24).

Le système des personnages dans *Au Revoir les enfants* est très nuancé, surtout dans la manière dont ils fonctionnent les uns par rapport aux autres. Les relations de l'enfant-héros à autrui, comme celles de Louis dans *Le Grand-Chemin*, varient beaucoup et changent à travers l'histoire où «tous les personnages [principaux] demeurent émouvants même dans leurs égarements » Suchet 59).

La conduite de Julien pendant la première partie du récit est plutôt négative (ou faut-il dire « coquine » ?) : il manifeste un mauvais comportement envers sa mère et appelle son ami un crétin (10) ; dans la cour il fait tomber le Père Michel (24): il appelle Laviron « salaud » (25) : il est agressif et malin envers le nouvel arrivé, Bonnet (17) et fait son lit en portefeuille (40) ; il prend et lit sans permission la lettre de Mme Kipplestein à Jean et il en fait des commentaires négatifs (45-47). En commentant le rapport entre Julien et Jean, Simone Suchet nous dit :

> Entre eux deux, ce n'est pas le coup de foudre amical. Loin de là! Ce serait même plutôt de la part de Julien une inimitié qu'il exprime en une formule laconique mais sans équivoque : [cinéroman.17] « Je m'appelle Julien Quentin et si on me cherche on me trouve. » Pourtant c'est Julien qui va rapidement chercher à en savoir plus sur ce garçon qui l'attire et l'irrite tout à la fois. (59)

Mais dans le courant de ce récit d'enfance on observe la métamorphose de Julien. L'hostilité à l'égard Jean se transforme en amitié et en admiration, ce qui semble être résumé dans cette citation du cinéroman : Julien et Bonnet font la guerre ils « se battent avec acharnement » et puis ils font la paix. « Bonnet regarde Julien, et rit. Julien se met à rire lui aussi » (89), et c'est autour de ces deux personnages principaux que l'histoire se développe.

C'est la juxtaposition de ces deux garçons si différents qui donne à l'histoire un certain dynamisme. Julien est un enfant issu de la grande bourgeoisie, Jean un enfant du milieu social moyen, fils de comptable (90-97). Nous avons déjà parlé du contraste entre leur habillement (9, 15). Julien est chrétien, Jean est juif. Tous les deux sont très intelligents mais tandis que Jean est un élève sérieux et doué pour les maths et le piano, Julien est plutôt rêveur, pas trop sérieux, pas très doué pour la musique (21-23, 36-37, 43-45). Leur comportement dans la cour de récréation est aussi inverse à celui du réfectoire : Julien fait du marché noir avec ses provisions personnelles, Jean se prive en offrant la dernière portion de viande (29-31). Jean est souvent la cible des brimades des autres (18, 24, 36, 45-47, etc.). Julien est souvent l'initiateur. La rivalité et la jalousie de la part de Julien sont augmentées à cause de commentaires tel celui-ci du professeur Tinchaut : « Quentin vous allez avoir de la compétition » (60). Julien, en dépit de la guerre qui l'entoure semble se sentir en sécurité. Jean a toujours peur : « Julien: Tu as peur? Jean : Tout le temps » (115).

Le sens de sécurité éprouvé par Julien dérive évidemment de beaucoup de facteurs parmi lesquels nous pouvons noter ses biens matériels, son appartenance au groupe dominant et un bon rapport avec sa mère. De ces trois facteurs, le dernier est le seul que possède un autre de nos enfants-héros, José Hassam. Comme Julien, José a un père biologique en absence permanente, mais il a une mère et une grand-mère qui sont prêtes à tout faire pour lui. M'man Tine, grand-mère de José, tel que l'on décrit dans les *Ecrans de cinéma* (octobre 1983 n° 298 : 31) est un « admirable personnage qui appartient pleinement au monde de la plantation ». Elle « veut pour cet enfant un avenir meilleur ». De cette femme il hérite « du courage, de la ténacité, de l'amour et la capacité de se sacrifier ».

Dans le roman de Zobel, José a une mère et une grand-mère et il vit quelquefois chez l'une, quelquefois chez l'autre, alors que dans la version filmique il est présenté plutôt comme « orphelin » de parents qui vit avec sa grand-mère. Euzhan Palcy a plus ou moins fondu ces deux personnages féminins. M'man Délia, la mère de José, représente une influence assez importante dans sa vie, et c'est elle qui est responsable de la scolarité qui doit être payée pour l'éducation de son fils. Elle habite d'abord à Sainte-Thérèse où elle travaille comme blanchisseuse, (un travail dur qui lui donne beaucoup de peine et dont elle se plaint souvent) ensuite à la Route Didier où elle prend la place d'une amie comme bonne à tout faire chez M. Lasseroux. On parle d'elle mais elle ne se voit pas dans le film. Zobel explique la relation de José avec sa mère : « j'étais encore tenté de lui reprocher d'avoir refusé (de remplacer Mam'zelle Elise comme bonne chez M. Lasseroux). Mais je n'étais pas très hardi à l'égard de ma mère. Notre peu de familiarité me rendait plutôt timide avec elle » (240).

Grâce à la bonne volonté et à la compétence de José qui lui offre de se débrouiller tout seul à la maison, sa mère peut accéder à cet emploi moins pénible et mieux payé chez M. Lasseroux. Pour José, il est même très content à l'idée de rendre moins difficile la vie de sa mère tout en vivant de façon indépendante d'elle : « Ce n'était pas très difficile, et j'envisageais cette solution avec une secrète joie. (...) Je restai seul, m'appliquant à être irréprochable. Ma mère m'avait laissé du charbon de bois, des provisions, quelque menue monnaie, et j'en usai exactement comme elle me l'avait prescrit » (241). En revanche il est évident que les liens entre la grand-mère et le petit-fils sont très forts :

> ... un professeur avait demandé à chaque élève son identité et les noms et professions des parents. Sans aucune arrière-pensée, j'avais naïvement donné ceux de ma mère, blanchisseuse, avec mon adresse en ville; et aussi naïvement, c'était le nom de m'man Tine qui était sorti de ma bouche, comme parente principale. (234)

Pour l'initier au monde adulte Louis a Pelo alors que Julien profite de la sagesse et des bons conseils du Père Jean et du personnel enseignant du collège. Grâce à la présence de M. Médouze dans sa vie, José a à la fois un père spirituel et un mentor. Les critiques écrivent à propos de M. Médouze : « C'est Médouze qui tisse la toile de fond de ce drame social » (Martineau 34). M. Médouze joue un rôle clef en inculquant à José les valeurs de son peuple parce que Médouze est la mémoire. Il semble juste que ce soit Médouze « dont le père a connu l'esclavage, [qui] inculque à l'enfant l'amour de la Nature, le respect de la vie » (Delmas 45). (Voir les chapitres sur les apprentissages VII et l'enfant porteur des valeurs X.)

On trouve d'autres hommes aussi qui tiennent de temps en temps le rôle du père dans la vie de José. Carmen, qui travaille à Fort de France et aussi sur le bateau « navette », est le meilleur camarade de José et beaucoup plus âgé que lui. José essaie de l'alphabétiser et Carmen essaie d'être pour José l'initiateur à la sexualité. Stéphen Roc est un des deux instituteurs de José. Son portrait va être bien différent (Zobel, *La Rue Cases-Nègres*, 179) du portrait de l'institutrice de l'école primaire (106 et 121). Les portraits des maîtres sont présentés selon les sentiments de l'enfant. Nous avons d'abord le point de vue de l'enfant et plus tard celui du narrateur. Pour le petit garçon de sept ans amoureux de sa maîtresse, le portrait de l'institutrice est composé d'éléments chargés d'émotions : ses tresses, sa poitrine, sa bouche. « Je commençais par regarder la bouche de cette femme, essayant de décomposer la charmante grimace ... (123) ». Le lecteur constate une vénération pour l'autorité dans la répétition des mots « J'aimais » à la page 122 : « J'aimais l'émotion que faisait courir dans la salle le bruit des pas de la maîtresse qui revenait. J'aimais la crainte qui nous envahissait lorsqu'elle passait en revue cahiers et ardoises. J'aimais l'entendre dire: « Rangez vos affaires... »

Mais José va continuer à respecter l'autorité de M. Roc dont la devise est : « L'instruction est la clé qui ouvre la deuxième porte de la liberté ».

Stéphen Roc crée dans sa salle de classe un climat d'angoisse et de crainte. Il est particulièrement sévère envers son neveu Jojo qui est l'ami de José. Mais José, dont le père est absent et dont le père spirituel (M. Médouze) est mort, cherche la présence et l'autorité d'un père. Stéphen Roc est aussi quelqu'un sur lequel José peut prendre modèle. Il trouve cela chez le maître. M. Roc a un savoir et un pouvoir que ne conteste pas l'enfant.

A cette époque-là (dans les années 30) comme aujourd'hui, l'instituteur martiniquais enseignait uniquement à l'école, pas au collège. Le professeur était français métropolitain. L'instituteur martiniquais représentait la forme supérieure de l'accession au pouvoir par le savoir car non seulement il avait maîtrisé et s'était approprié la langue française, mais ensuite il allait l'enseigner. Il était très important dans les colonies comme quelqu'un qui avait maîtrisé la langue du colonisateur à un tel point qu'il était capable de l'enseigner. D'une certaine façon, c'était quelqu'un qui avait un titre de gloire, mais de l'autre côté, c'était aussi quelqu'un qui avait, bien sûr, un peu trahi sa culture.

Dans l'entourage immédiat et dans la société moins immédiate de José, M. Roc n'est pas le seul qui trahisse sa culture ni le seul qui bascule entre deux mondes. L'enfant peut observer tout un éventail de conduite possible en ce qui concerne le problème de la recherche de l'identité de l'individu. Toujours à travers le regard de l'enfant, en montrant la tentative de synthèse culturelle de la part de certains individus dans la société, Joseph Zobel écrit au sujet de la vérité qui s'oppose au mensonge, de la réalité qui s'oppose à l'illusion, des masques, des convenances, de l'ambiguïté qui s'impose entre *l'être* et *le paraître* (Hamon 160). Quelqu'un qui paraît être l'ami de m'mam Tine et de José se révèle en fait ennemi. C'est une des rares occasions dans l'histoire où un adulte noir se montre hostile à José et l'exploite. Mme Léonce est la femme qui le loge et qui lui donne le repas de midi. Elle le traite comme un laquais, « comme un petit chien » (Zobel, *La Rue Cases-Nègres* 114, 117). Elle profite de sa présence à midi pour lui faire laver la vaisselle et cirer des chaussures, ce qui fait qu'il n'a pas le temps de jouer avec son copain et qu'il arrive en retard pour ses classes de l'après-midi. Il est donc souvent grondé par le maître pour cause de retard. L'enfant déteste cette dame et sa maison « sombre » et surtout le travail qu'elle exige de lui : « J'avais une impression de prison » et « Combien de temps allait durer cette torture? » (*La Rue Cases-Nègres* 117, 123).

Dans la version cinématographique, Léopold (enfant mulâtre, fils illégitime du béké et d'une négresse qui vivent en concubinage sous le même toit) et sa mère représentent une autre possibilité de conduite, celle de la tentative de synthèse raciale. En créant les personnages de Léopold et de ses parents, Euzhan Palcy s'est inspirée d'une histoire racontée à José par Carmen (278-79) dans le roman autobiographique de Joseph Zobel. Flora, la caissière du cinéma où travaille Carmen, une dame « noire de peau » qui, comme la mère de Léopold, fait « la tentative d'intérioriser le caractère blanc... renie sa race et se veut blanche à l'intérieur » (Micciollo 31). Léopold, sa mère, et la caissière avaient tous les trois « conduites parallèles, névrotiques et vouées à l'échec : si le petit bâtard va être emprisonné, la caissière est toujours vue derrière la grille de sa caisse » et la mère de Léopold isolée dans sa maison (Micciollo 31).

Dans son adaptation à l'écran, Euzhan Palcy, de manière très subtile, nous en dit long. Elle nous montre surtout l'inefficacité de ces « parcours déviants, voire pervers » choisis par certains des personnages:

> La tentative de synthèse raciale, [est] personnalisée par le fils bâtard du béké, qui en arrivera à renier son père mort en voulant faire la preuve que celui-ci était un exploiteur. Ce faisant, il retrouve sa dignité perdue—voir le regard qu'il jette au héros alors qu'il est emmené par les gendarmes. Micciollo 31)

José ressent souvent les insultes des parents qui ne veulent pas que leurs enfants plus riches que lui et de la peau beaucoup plus claire que la sienne jouent avec lui. Il y a l'hostilité du béké à ce sujet aussi bien que celle de la belle-mère de Jojo qui lui (à Jojo) défendait de parler créole (patois) avec José. En dépit de la cruauté de leurs parents, José se montre très gentil (113). Envers Jojo et envers Raphaël, son initiateur au monde des jeux, (*La Rue Cases-Nègres* 112) qui sont battus continuellement par les maîtres à l'école (113, 182), José est très compréhensif.

Comme la caissière dans le film qui essaie d'intérioriser la culture blanche, José fait la même chose à l'école. Mais on voit une grosse différence. Elle rejette tout à fait sa négritude. Lui, quand il est à l'école, il emportera la Rue Cases-Nègres. C'est sa mémoire, son inspiration, sa muse. Pour José, peut-être une des expériences les plus difficiles qui saurait évoquer des sentiments très tristes, très aigus sur ce sujet de l'ambiguïté de l'identité, c'est le souvenir de son retour à Petit Morne, après une absence de dix ans, pour toucher la paye de m'man Tine (« onze francs cinquante remis en paiement des trois journées de travail ») qui est trop malade pour y aller elle-même :

> …En reprenant les sentiers qui y conduisaient, j'éprouvais donc un ravissement étrange.
> (…)
> Or, la curiosité, l'enthousiasme qui m'avait accompagné s'était effondré, faisant place à un sentiment aussi sombre, loqueteux et morne que la scène, autrefois tellement familière, à laquelle j'assistais à présent.
> Il me semblait que je reconnaîtrais presque tous ces travailleurs à leurs noms, à leurs voix; mais je m'efforçais de ne pas trop chercher. Peut-être doutais-je de la réaction que j'aurais à revoir mes camarades d'enfance. Sinon, par quelle autre lâcheté?
> (…)
> Tout le monde s'était tourné vers moi. Une rumeur ondoya dans la foule.
> (…)
> Une grande confusion de voix s'éleva dans la foule, autour de moi.
> (…)
> On me félicitait d'avoir grandi. Certains me disaient :
> J'ai appris que tu es dans une belle école, à Fort-de-France : c'est bien.
> D'autres me sommaient de les nommer, pour prouver que je me souvenais d'eux, et me donnaient de violentes accolades quand j'y parvenais du premier coup.
> Je ne pouvais que sourire, presser les mains de toutes mes forces, me laisser tirailler, intimidé par toutes ces effusions simultanées.
> Mais lorsque… je me retrouvai seul dans les sentiers, je sentis brusquement s'abattre sur moi un gros poids de remords; quelque chose à la fois pesant et vague comme le spleen. Une indignation contre mon comportement ; la honte d'une certaine impuissance de caractère de ma part. Il me semblait qu'il y avait eu des paroles qui s'imposaient et que je n'avais même pas conçues…
> En tout cas, j'avais souffert. (*La Rue Cases-Nègres* 264-66)

José est triste parce qu'il estime qu'il n'a pas trouvé les mots pour leur parler. Et après il s'en va et il est très mal à l'aise. Il est mal à l'aise parce qu'il les a quittés. Il supporte mal ce transfert de classe, ce transfert de race. Il a mauvaise conscience. Dans son article S. Dabla écrit à propos de ce même phénomène :

> C'est alors pour ces étudiants ... la découverte parfois extasiée, souvent traumatisante d'un monde nouveau. Des contradictions naissent chez le jeune Africain qui, déchiré, se morfond « en détresse de n'être point deux ». Entre le jeune exilé et ses racines, un gouffre insondable s'installe, que le retour au pays natal n'arrivera qu'à aggraver ostensiblement. (...) « Imprégné d'influences diverses, marqué par ce qu'il a vu et étudié, le jeune apparaît comme un personnage perdu dans le labyrinthe de ses dilemmes. Il entre ainsi en conflit plus ou moins conscient avec sa terre . (Dabla 45)

Pour José Hassam, en dépit du bonheur éprouvé auprès de m'man Tine et de M. Médouze, le problème de son identité culturelle est souvent une source d'inquiétude ou d'angoisse. Il est normal que l'identité de José soit problématique à cause du legs du colonialisme (un enfant noir dans un monde blanc). Pour Marcel Pagnol au contraire, c'est un enfant blanc dans un monde blanc, donc ce n'est qu'une source de joie. On s'attend à ce qu'il n'y ait pas de conflit entre lui et la société qui crée la division artificielle des races. Il est bien dans sa peau culturelle. Sa situation familiale est à peu près « idéale ». Les *Souvenirs d'enfance* que Marcel Pagnol écrira à l'âge mûr et qu'il désigne dans son Avant-propos « une petite chanson de piété filiale » sont un hommage qu'il rend d'abord à son père (*La Goire de mon père*) puis à sa mère (*Le Château de ma mère*). La subtilité avec laquelle les portraits des parents de Pagnol sont esquissés tout au long des deux œuvres est accompagnée de sentiments personnels très sincères et pleins d'amour.

En considérant l'entourage immédiat et l'environnement moins immédiat de Marcel Pagnol nous sommes tout de suite frappés par le contraste entre ce milieu familial si positif avec ses personnages si favorables, et la remise en question du milieu familial que l'on trouve dans certains autres des récits d'enfance en question. Prenons comme exemples l'atmosphère négative qui hante le milieu familial d'Antoine Doinel, la colère et la violence qui imprègnent la maison de Marcelle et Pelo et celle des Dollé! Même Julien Quentin dans l'œuvre de Louis Malle, au fur et à mesure qu'il s'instruit sur la vie, commence à mettre en question la philosophie et la façon de vivre de sa famille.

Dans certaines des œuvres de notre ensemble le vrai père du héros ou de l'héroïne : Paulette, Antoine, Louis, Julien, José n'est pas présent et parfois nous voyons le héros qui admire l'homme qui tient le rôle du père : Louis veut devenir menuisier comme Pelo (« Plus tard je serai menuisier » *Le Grand-Chemin* 76), Michel et Julien pensent prendre modèle sur le curé Joseph et le Père Jean. Chez Marcel non seulement le père de Pagnol est présent mais aussi à travers le regard de son fils, il est auréolé de pouvoir et de prestige. En parlant de son père Marcel explique : « ma mère, qui avait enfin planté ses ongles dans le bras puissant de Joseph... » (*La Gloire de mon père* 25). Tout au long du récit nous nous rendons compte de cette synecdoque du « bras puissant de Joseph » surtout vu sous l'angle de l'enfant. Pour le petit Marcel, n'y a-t-il pas un rapport très étroit entre le terme propre et le terme figuré? Le garçon est particulièrement fier du succès professionnel de son père :

> ... mon père fit un bond de comète ... instituteur titulaire... à la plus grande école de Marseille. (...) ...les douze instituteurs des Chartreux étaient « l'élite des maîtres ». (...)
> Joseph est devenu magnifique. Il avait une costume neuf bleu marine, digne de l'école des Chartreux: ses lunettes, jadis cerclées de fer, brillaient maintenant dans une monture d'or ... il portait une cravate d'artiste. (*La Gloire de mon père* 34-35)

Au lieu de nous présenter ses parents d'un seul coup au moyen d'une description physique et un sommaire biographique, Pagnol esquisse des portraits épars ou du moins de petites touches (surtout de sa mère) et ainsi nous les fait connaître tout au long des deux œuvres par la focalisation du narrateur mais aussi par la focalisation qu'ils ont l'un sur l'autre :

> ... elle fut éblouie par la rencontre de ce jeune homme sérieux, qui tirait si bien aux boules (22)
> ... son cher Joseph venait tous les samedis, sur la bicyclette du boulanger. Il apportait des croquants aux amandes, des tartes à la frangipane, et ...

> Ces gâteries, ce long repos, ...transformèrent la jeune Augstine.
> ...il paraît qu'elle chantait tous les matins, dès son réveil. (23)

et bien sûr par le regard de l'enfant qui était si fier de son père et qui idolâtrait sa mère: « Dans les mois qui précédèrent ma naissance, ...elle n'avait que dix-neuf ans—et elle les eut toute sa vie » (*La Gloire de mon père* 22).

Marcel éprouve une fascination pour une mère qui est toujours jeune, jolie, qui de plus est morte relativement jeune. Visiblement il ne traite pas du tout la mère comme le père. Il y a un rapport œdipien comme celui que nous avons vu dans d'autres ouvrages de notre ensemble, mais la différence avec d'autres ouvrages c'est qu'entre Marcel et Augustine il y a des connivences, des secrets, un rapport tout à fait traditionnel entre un petit garçon et sa mère :

> Ils étaient mon père et ma mère, de toute éternité, et pour toujours. L'âge de mon père, c'était vingt-cinq ans de plus que moi, et ça n'a jamais changé. L'âge d'Augustine, c'était le mien, parce que ma mère, c'était moi, et je pensais, dans mon enfance, que nous étions nés le même jour. (*La Gloire de mon père* 22)

De la même manière nous constatons que les descriptions de Lili et des moments partagés avec lui sont aussi pleins de sentiments d'une amitié et d'une solidarité profondes :

> J'étais heureux parce que je savais qu'il m'avait menti: oui, il était venu m'attendre, dans la grisaille de la Noël, sous cette fine pluie froide dont les gouttes brillantes restaient accrochées à ses longs cils. Il était descendu des Bellons, mon petit frère des collines ... Il était là depuis des heures, il y serait resté jusqu'à l'épaisseur de la nuit, avec l'espoir de voir paraître, au tournant de la route luisante, le capuchon pointu de son ami. (*Le Château de ma mère* 121)

Dès leur première rencontre les deux enfants se comprennent. Il y a le tutoiement réciproque qui montre la camaraderie; un tutoiement qui s'oppose au vouvoiement de « la petite princesse » Isabelle (dans le film d'Yves Robert), qui pour elle marque une supériorité. Il y a même un échange de lettres entre les deux garçons. (107-11).

Autour du petit Marcel il y a toute une constellation de personnages favorables : tous les membres de la famille : le petit Paul, la tante Rose, l'oncle Jules. Il y a le curé, le père de Lili, Bouzigue, qui leur fournit la clef de la porte verrouillée et qui les aide à résoudre le problème du garde hostile. Même les rares personnages défavorables comme le garde hostile qu'il décrit ainsi : « Ce garde, celui du dernier château, était notre terreur » (*Le Château de ma mère* 154) et « les méchants » dont il parle à la dernière page des souvenirs (*Le Château de ma mère* 218), ont un côté comique ou humain. Que l'environnement immédiat de Marcel enfant, décrit dans ses deux volumes, est favorable!

En étudiant les personnages et en identifiant et analysant les héros des œuvres en question, nous constatons que les exemples choisis sont typiques d'autres textes sur l'enfance. Nous voyons l'importance de « considérer à priori le personnage comme un *signe*, c'est-à-dire choisir un "point de vue" qui *construit* cet objet en l'intégrant au message défini lui-même comme une communication, comme composé de signes linguistiques » (théorie proposée par Hamon 117) et aussi de considérer d'autres moyens plus traditionnels. Ainsi, chacun de nos enfants se montre, soit le héros comme Marcel ou José : « le personnage principal de l'histoire, investi des désirs les plus passionnés, des qualités les plus exemplaires, des rôles les plus valorisants » (Bénac 111), soit l'antihéros comme Antoine : le « personnage principal [qui] ne présente pas ces caractéristiques ». Nous voudrions souligner l'importance de la fréquence du héros dans le récit et du point de vue présenté au public (la subjectivité de la focalisation de la caméra mentionnée au chapitre précédent). Truffaut nous rappelle que ces deux choses vont influencer le spectateur : Quand elle [la caméra] est à la place du personnage, il est impossible de s'identifier à lui. On a du cinéma subjectif quand le regard de l'acteur croise celui du spectateur. Donc, si le public éprouve le besoin de s'identifier (fût-ce à l'occasion d'un film tourné sans aucun parti pris par le réalisateur), il s'identifiera automatiquement avec le visage dont il a le plus souvent croisé le regard dans le film, avec l'acteur qu'on a le plus souvent photographié de près et de face. C'est ce qui est arrivé avec Jean-Pierre Léaud [Antoine]. En faisant un documentaire sur lui, je croyais être objectif, mais plus je le filmais de face, plus je le rendais présent, plus les gens devenaient lui (Gillain 99)

CHAPITRE V
LES LIEUX IMPREGNES DE SENS

Selon Jacques Derrida dans *La Dissémination* :

> Les *topoi* du dialogue ne sont pas indifférents. Les thèmes, les lieux au sens de la rhétorique, sont étroitement inscrits, compris dans des sites chaque fois signifiants, ils sont mis en scène ; et dans cette géographie théâtrale, l'unité de lieu obéit à un calcul ou à une nécessité infaillibles. (77)

Sans doute le « personnage » le plus important des *Souvenirs d'enfance* de Marcel Pagnol est la Provence. L'œuvre de Pagnol est saturée de sa présence et cela « éclaire le rôle essentiel de l'espace dans le récit d'enfance » (Dugast 197). Puisque Pagnol valorise le cadre à l'extrême, il est souvent difficile pour le lecteur de déterminer où l'enfant et son entourage, et son cadre de vie se délimitent l'un de l'autre. On observe chez Pagnol quelque chose que Francine Dugast remarque dans les ouvrages d'autres écrivains où le cadre prend une importance capitale : « une sorte de fusion s'opère entre la ville [Marseille, et surtout la campagne, les collines de Provence] et l'écrivain, et il déclare être définitivement formé par le cadre de son enfance... [qui] est la muse inspiratrice. (...) Il est évident que le cadre de l'enfance est ici présenté avec une force particulière parce qu'il est l'objet même [du roman] et qu'aucune contrainte narrative ne le fait passer au second plan » (Dugast 197). Dans son œuvre Marcel Pagnol a toujours pris la Provence comme lieu privilégié de la création. C'est l'endroit où le hasard l'a fait naître et aussi l'endroit où, plus tard, il a choisi de rester et de vivre. Pendant un certain moment il a suivi le mouvement de la France culturelle de l'époque. Il est monté à Paris où il a réussi, mais il n'a jamais vraiment oublié sa Provence. Il a même redécouvert Marseille de nombreuses années plus tard en disant « Je ne savais pas que j'aimais Marseille ».

Tout au long de son œuvre, on peut voir cet attachement et cette prise de conscience. Elle n'est pas seulement liée à son pays natal, mais aussi et surtout elle est liée à une sorte de nostalgie de l'enfance. A l'évocation des endroits fréquentés avec les grands-parents (le Pont du Gard, par exemple dans *La Gloire de mon père* 14) où de ses lieux de résidence urbains: Aubagne, Saint-Loup, Marseille, La Ciotat[1] ou de sa résidence rurale : La Bastide

Neuve, il déclenche tout un recueil de souvenirs liés à ces lieux. En voilà quelques autres exemples : « Voilà l'asile des vacances » (*La Gloire de mon père* 93) et « Alors commencèrent les plus beaux jours de ma vie. La maison s'appelait la Bastide Neuve » (*La Gloire de mon père* 99).

    La Provence est représentée comme un lieu de liberté (en récompense de la contrainte de son travail scolaire en ville.) C'est un lieu de repos pour Augustine, le lieu qui rétablit sa santé très frêle. C'est un lieu de découverte, d'aventures, un pays magique, enchanteur. La Provence est un lieu mythique et poétique dans les livres et le cinéma de Pagnol. (Evidemment la Provence est un mythe pour beaucoup de gens mais en particulier pour cet écrivain.) (Voir le chapitre IX—poésie, pour une élaboration sur la tonalité des lieux imprégnés du charme de la Nature ; soleil, ombre, et pour une analyse du cliché vs. une vision et une rédaction originales.)

    L'analyse des lieux dans les œuvres de Pagnol nous montre l'importance des lieux référentiels pour ce que Roland Barthes dénomme *l'effet de réel*, dans l'histoire mais également l'importance exceptionnelle des lieux symboliques parce que c'est un autre aspect transversal que nous trouvons dans l'analyse de toutes les œuvres de notre étude. Nous nous appuyons sur les théories d'Henri Mitterand en analysant la *réalité* et le symbolisme des lieux et en montrant leur importance pour l'intrigue dans chaque récit :

> C'est le lieu qui fonde le récit, parce que l'événement a besoin d'un *ubi* autant que d'un *quid* ou d'un *quando* ; c'est le lieu qui donne à la fiction l'apparence de vérité. [L'auteur] ... donne pour vraie l'histoire des [personnages] en dénommant et en décrivant de manière reconnaissable les rues et les demeures où elle s'est déroulée. Le nom du lieu proclame l'authenticité de l'aventure par une sorte de reflet métonymique qui court-circuite la suspicion du lecteur : puisque le lieu est vrai, tout ce qui lui est contigu, associé, est vrai. (Mitterand 194)

    Ainsi la Tour Eiffel du générique et plus tard dans le film la rue des Martyrs, la Place Saint-Augustin, la Place de la Trinité, la fontaine des *Quatre cents coups*, et les adieux à la Gare de Lyon d'*Au Revoir les enfants* nous annoncent Paris et rendent croyables les histoires d'Antoine Doinel et de Julien Quentin. La pancarte dans l'autocar qui amène Louis au *Grand-Chemin* et qui annonce une destination de Rouans, près de Nantes, « proclame l'authenticité » de cette histoire. Même si ce sont des références à des villes « hors-champs », comme Paris dont Michel et Paulette parlent dans *Jeux interdits* ou dont Marcelle et ses amis parlent dans *Le Grand-Chemin*, ou les villes de Nice, de Lille et de Marseille désignées comme lieux de travail de leurs pères respectifs par Louis, Julien et Jean)—ce sont des « connotateurs de réel » (Roland Barthes) dans nos récits d'enfance, et chacune de ces villes est chargée de sens parce que ce sont les lieux où soit il y a une mère qui se débrouille seule soit il y a un père perdu ou, au moins, séparé physiquement de sa famille.

Dans notre ensemble de récits, les villes rurales sont aussi très importantes comme fond. Nous voyons, par exemple, que dans *Jeux interdits* aussi bien que dans *Le Grand-Chemin*, l'espace rural français joue un rôle clef dans l'intrigue. Il est intéressant de noter comment les auteurs décrivent les lieux ruraux. Il y a même « quelques images cruelles du monde rural » (Dugast 596). François Boyer dépeint la France rurale des années 40 où la dévotion à la terre domine les valeurs et les mœurs des paysans. Essentiellement la ferme est un lieu clos[2].

Le Grand-Chemin est aussi un lieu clos, géographiquement aussi bien que psychologiquement. Comme Boyer, Hubert présente un tableau de la campagne qui est la campagne de juste après la guerre et qui est encore une campagne très rétrograde. Les personnages du *Grand-Chemin* vivent d'une façon relativement simple. C'est un tableau que l'on ne trouverait plus en France. L'espace du hameau de Saint-Faix, comme la vie du héros Michel, le nouvel ami de Paulette, est extrêmement étroit. Tout est limité à la ferme, au ruisseau, à l'église, au cimetière, etc. Michel et Paulette passent tout leur temps dans un espace de quelques kilomètres aux alentours de Saint-Faix. C'est la même chose pour Louis et Martine et les habitants du *Grand-Chemin*. La restriction spatiale est un reflet de toutes sortes d'autres restrictions. L'espace rural est *signifié*, *sémantisé* (Mitterand) aussi bien que l'espace parisien qui représente le monde de Paulette ou de Louis. La vue étroite de la religion et les superstitions qui sont celles des habitants de Saint-Faix ressemblent beaucoup à celles de la population du *Grand-Chemin* où la place principale est dominée par une église massive (*Le Grand-Chemin* 17). A Saint-Faix l'église avec sa chapelle est un lieu symbolique qui prévient le désastre : « Il y avait eu un curieux choc: la porte de l'Église, faiblement avait secoué sa poussière et la croix de la chapelle s'était inclinée un peu plus encore » (Boyer 19). Dans *Le Grand-Chemin* le toit de l'église est aussi un lieu important dans l'intrigue de l'histoire. Ces deux villes sont des villes archétypes. Louis à l'église avec Marcelle (52-54) rappelle Paulette à l'église avec Michel. On se moque de l'église, c'est même le cliché (*Le Grand-Chemin* 127-133). (On en parlera plus longuement aux chapitres IX et X—le cliché.)

Dans *Jeux interdits* on constate le paradoxe entre l'ambiance de deux lieux : le calme de la campagne et l'hystérie de la route où l'on observe l'influence de la guerre sur les gens et sur les bêtes. Dès le début il y a un violent effet de contraste entre les deux milieux ... et dès le début les gens sont représentés comme du bétail. Boyer imprègne la description de ce lieu de la route de l'exode de détails qui zoomorphisent les gens et ainsi crée un climat d'anxiété et de terreur. Un autre lieu fréquenté par les deux enfants, le ruisseau, est aussi un lieu sémantisé, il est imprégné du symbolisme de la Mort. (Voir le chapitre VIII—La Nature et les éléments fondamentaux, Bachelard.) Plus loin dans l'histoire il nous montre comment le cadre de vie de Michel s'oppose à celui de Paulette. Les repas dans la salle commune de la ferme par opposition à des mets plus fins chez elle; la saleté du grenier qui la frappe; « le petit cri des souris qu'elle avait bien connu dans son appartement de Paris. Mais les souris Dollé n'étaient sans doute pas les mêmes que les souris de Paris » (Boyer 82). Aussi le calme de la campagne est-il quelquefois troublé par les bagarres entre les Dollé et leurs voisins. A ces moments-là la ferme devient un lieu de guerre.

Le jour de l'arrivée de Louis chez les Lucas, quand Marcelle explique à Louis que Martine n'a « jamais vu de Parisien d'aussi près » (*Le Grand-Chemin*, cinéroman 27) le lecteur/spectateur comprend que Louis et Martine sont issus de deux mondes différents, comme Paulette et Michel, comme Marcel et Lili dans les deux premiers volumes des *Souvenirs d'enfance* de Pagnol. L'initiation à la vie de campagne de Marcel est faite par Lili, Michel s'occupe de Paulette et pour Louis c'est Martine qui va l'aider à se débrouiller dans son nouveau milieu pendant sa visite de trois semaines.

Le Grand-Chemin représente avec exactitude la répartition des pièces dans une habitation rurale dans les années 50. Il n'y a pas de salon. Tout se passe dans la salle commune qui devient le lieu commun. Et cela rappelle la salle commune de la ferme Dollé où on prenait les repas, où l'on dormait, où l'on gardait le malade. Pareillement chez Marcelle et Pelo on y mange, on y accueille des amis. C'est là pendant qu'il lit que Louis observe Solange à demi-nue qui essaie la robe que Marcelle est en train de lui coudre et qu'il écoute les disputes entre Marcelle et Pelo. Cette maison est un lieu clos. C'est vraiment une maison de morts[3]. Il y a les trois chambres en haut : la chambre du bébé décédé (à laquelle on ne touche pas), la chambre de la grand-mère Pelo, qui est enterrée dans le cimetière d'en face et la chambre de Pelo et Marcelle dont l'amour est mort depuis longtemps. La chambre du petit mort (de l'enfant mort, fils de Marcelle et de Pelo) est très importante dans le récit parce qu'elle est chargée de sens. C'est le lieu de souvenirs de Marcelle et un lieu interdit à Pelo. C'est le lieu du viol. (82-90) Bien qu'il soit installé dans la chambre de la grand-mère décédée, c'est l'enfant Louis, qui va donner la vie à cette maison morte. Il « rompt le silence des lieux » (19).

C'est Louis qui va aider Marcelle et Pelo à faire la paix dans la maison et dans la cour avoisinante, leur terrain de guerre déjà depuis longtemps. (49, 57-58, 82-90, 112-13). D'ailleurs, on peut dire que l'atelier de Pelo, la menuiserie, est un lieu, au contraire, relativement pacifique parce qu'il n'y a que lui là-bas (72). C'est pendant sa visite à la menuiserie que Louis a le sens d'avoir retrouvé le père perdu (75-77). A la fin de l'histoire, Marcelle va à la menuiserie pour faire la paix. C'est après le départ du petit. C'est une reconnaissance de Pelo, elle va sur son terrain (183).

Pour Louis et Martine, comme pour leurs prédécesseurs Paulette et Michel, il y a des lieux à l'abri des adultes : le grenier, le cimetière, un grand arbre. L'if, l'observatoire de Martine et de Louis, est un lieu privilégié. C'est un lieu de découverte. (« abri sûr et un excellent poste d'observation », *Le Grand-Chemin* 29). C'est le lieu où se passe l'initiation de Louis à la sexualité. (Louis et Martine regardent Solange « trop sûre de son intimité », *Le Grand-Chemin* 30). (Martine lui explique « les mystères de la procréation », *Le Grand-Chemin* 71). L'if est la structure qui paraît être la plus intéressante du livre, la plus originale comme lieu d'observation et de refuge. Même la façon dont Louis découvre ce lieu est originale. (« une grosse boule de chewing gum... sur la tête... d'où ce projectile a pu lui être lancé... *Le Grand-Chemin* 18, 30). C'est l'arbre dans lequel les deux enfants se placent pour entretenir leurs conversations privées et surtout où ils se cachent pour faire leur espionnage. Il y a d'autres lieux d'initiation pour Louis : à la pêche dans la barque de Pelo (*Le Grand-Chemin* 116), sous les vieux pommiers (123), le grenier, (125-27) et c'est dans la grange désertée par les amoureux ... lieu des adieux ... où Martine écrase avec rage les ingrédients de sa potion (177).

Le toit de l'Eglise est un autre observatoire pour Louis et Martine. En termes symboliques on pourrait le décrire comme l'if en quelque sorte démultiplié. Les enfants sont beaucoup plus hauts encore. Là où l'if fournit une vue locale le toit de l'Eglise offre une vue globale. Il est intéressant de remarquer que dans *Jeux interdits* le toit de la chapelle est aussi un lieu imprégné de sens. C'est là où Michel monte, et d'où il tombe tout en essayant de prendre la croix et de voir plus loin, de voir « la mer », ce lieu de rêve mentionné dans encore un autre de nos récits d'enfance par Antoine Doinel dans plusieurs conversations avec René et par Madame Doinel dans sa conversation avec le juge. A la fin des *Quatre cents coups* au moment où Antoine court vers la mer, le spectateur prend conscience de l'opposition symbolique entre la campagne et la ville. Truffaut valorisait le lieu. Il nous dit que : « Ce qui m'intéressait dans cette longue prise de vues, c'était le paysage qui se modifiait derrière le garçon courant de la campagne normande vers la Seine, son embouchure, la mer » (Gillain 95).

Les oppositions de lieux qui se présentent dans les récits d'enfance, notamment l'opposition entre le lieu de l'école et les lieux de loisir, ou celle entre les lieux des adultes et ceux des enfants sont très efficaces pour l'effet qu'elles produisent dans l'histoire.

Pour Antoine Doinel, l'école est un lieu aussi hostile que l'appartement. Tous les deux sont des lieux d'exclusion. Dans l'appartement ses parents parlent de lui, ignorant sa présence. Il est réduit au statut d'objet (*Les Quatre cents coups* 50). L'appartement est aussi un terrain de dispute entre ses parents (52) et un lieu de : mensonge, colère, frustration, tension. L'école aussi est un lieu hostile. C'est une institution très réglementée où la discipline est fort stricte. Petit Feuille crie « Silence! » trois fois de suite et est très rigide au moment où l'on ramasse les devoirs : « ....Un ... deux... trois... Ramassez! » (36). C'est un lieu de punition et d'humiliation : « "Au piquet"... Antoine se dirige vers le coin », (36) « Ah! non, pardon, pas vous, le Lycéen. La récréation n'est pas un dû, c'est une récompense » (37). Conjugaison à faire dans des modes et temps différents : « Je dégrade les murs de la classe et je malmène la prosodie française » (39). Le Centre d'observation est pire. Là, un des professeurs maltraite physiquement Antoine, en lui donnant une gifle.

Cette gifle est aussi humiliante que les deux premières reçues de son père à l'école devant tous ses camarades de classe. Cette séquence montre bien comment le lieu joue un rôle déterminant sur l'action. Le lieu détermine l'histoire et le destin d'Antoine. « Un incident imprévu dans un milieu stable » (Mitterand) ... comme l'arrivée de Madame Doinel en classe le lendemain de sa soi-disant mort (selon le mensonge d'Antoine) provoque toute l'intrigue de l'histoire. C'est le moment où le garçon dit : « Après ce coup-là, je peux plus vivre avec mes parents. Il faut que je disparaisse » (68).

Une autre qualité de ce film de Truffaut qui lie le lieu à l'intrigue est la tonalité des lieux. Dans *Les Quatre cents coups* on remarque l'influence du film noir américain : le fait que le film soit tourné en noir et blanc, la qualité sombre, la ville la nuit, le héros existentialiste (en marge de la société). C'est ainsi que l'« utilisation expressive de descriptions de paysages qui métaphorisent l'état psychique d'un personnage » (Adam et Petitjean 57) produit un effet ressenti par le spectateur. Voilà pourquoi les sentiments que nous éprouvons en regardant les scènes d'Antoine et René qui courent dans les rues le jour sont bien différents de ceux que nous ressentons en les regardant au crépuscule ou en regardant Antoine tout seul dans les rues la nuit ou à l'aube (*Les Quatre cents coups* 71-73). La nuit, les rues deviennent un monde d'adultes quelquefois hostiles par exemple : la rencontre avec Jeanne Moreau et Jean-Pierre Brialy qui cherchent le chien perdu (« Hé, p'tit... Laisse tomber, petit... T'as compris, oui? », 71) et les scènes au commissariat de police. Même certains quartiers de Paris nous semblent dangereux le jour, celui où Antoine tente de vendre la machine à écrire (97). Ces lieux s'opposent fortement aux lieux de loisir qui sont des lieux favorables pour Antoine : le cinéma, l'appartement de René et le Rotor. Mais ce dernier est en même temps symboliquement un lieu ambigu qui montre le monde pêle-mêle et perturbé de l'adolescent. En écrivant au sujet de l'espace circulaire et badin du Rotor dans *Les Quatre cents coups,* Anne Gillain (*The Script of Delinquency* 145) le décrit comme maternel, où l'enfant, dans la position fœtale, est suspendu dans le temps.

Au Revoir les enfants est un autre film de notre groupe où on trouve un contraste de lieux : la petite ville du collège contraste avec Paris; le lieu de l'école contraste avec le monde extérieur. Au début du film, la tension de la Gare de Lyon à Paris contraste avec la tranquillité du paysage et la petite ville du collège, archétype des villes de province où se trouvent des pensionnats. Cette séquence tire son importance de la géographie urbaine, ville de Paris, contrastée avec le parcours pastoral (accompagné de musique), trajet allégorique entre les deux mondes de Julien. On y trouve aussi la tonalité des lieux (le soleil et l'ombre) qui contribue significativement à ce que peut ressentir le spectateur. « La vitre du train est givrée, une fumée noire de charbon dilue l'image... On entend peiner la locomotive. Julien regarde le paysage d'hiver qui défile » (*Au Revoir les enfants* 12).

Tous les chapitres du scénario s'organisent autour des lieux. C'est parce que chaque chapitre deviendra une scène éventuelle du film. Pour le cinéma, comme au théâtre, on a obligatoirement une scène avec un décor déterminé. Comme il s'agit du cinéma, il y a une succession de scènes et obligatoirement le lieu devient absolument déterminant pour l'unité de la scène.

Il y a dans ce film des lieux référentiels que l'on voit et ceux dont on parle, les lieux de l'absence, Lille par exemple, et d'autres lieux autour qui permettent d'avoir un petit peu une carte partielle de France parce qu'on parle et écrit d'autres lieux : Paris : Boulogne-Billancourt, Sainte-Marie, la Croix-Rouge (62) ; Lille (62) ; Marseille (66) en zone libre (66) ; Auschwitz, Mauthausen (132). Mais le lieu où se passe l'intrigue est relativement étroit. Dans *Au Revoir les enfants*, l'espace que l'on voit est un espace extrêmement étroit. Tout est limité à cette école et à sa cour, et à cette petite ville. La restriction spatiale est le reflet de toutes sortes d'autres restrictions. Dans *Au Revoir les enfants* tous les lieux du collège sont *signifiés sémantisés* aussi bien que l'espace hors du pensionnat. Dans ces lieux de l'enfance de Julien il y a toute une série d'oppositions. Dans le pensionnat par exemple, on trouve un lieu ascétique, où les religieux pratiquent une vie de piété, des exercices de pénitence, où ils sont habitués aux privations, même en temps de paix. La clientèle de riches élèves comme Julien, en revanche, souffre et se plaint continuellement des conditions et privations de guerre. Néanmoins la présentation du rapport de l'enfant au collège est favorable. C'est une école où les enfants sont vraiment bien traités avec justice. C'est un ascétisme qui forme le caractère et la solidarité.

L'arrivée de Jean Kipplestein, alias Bonnet, au pensionnat du Couvent des Carmes est un autre exemple d'« un incident imprévu dans un milieu stable » qui met en action l'histoire. Toute l'histoire découle de cet incident. (C'est comme les événements déclenchés par l'arrivée de Paulette à Saint-Faix et de Louis au Grand-Chemin.) Cette rencontre dans ce lieu est l'incident qui unit la destinée de Julien à celle de son nouveau camarade de classe. Ce qu'on met en marche, ce sont toutes les associations sociales, économiques, et morales associées à certains endroits.

Voilà encore d'autres exemples de l'opposition qui existe dans les lieux : Il y a le collège qui est un lieu de refuge, de protection contre le monde hostile de l'extérieur. Il y a la chapelle qui est un lieu où les personnages se retrouvent tous mais qui est aussi un lieu d'exclusion. Les trois enfants juifs ne peuvent pas y participer parce que ce n'est pas leur monde à eux: « Bonnet, Négus, et Dupré sont seuls derrière, un peu comme des parias » (*Au Revoir les enfants* 86). Dans deux entretiens avec *Télérama*, Louis Malle se rappelle les événements de cette époque-là : « Je me souviens que les trois garçons étaient dispensés de messe, ce qui ne pouvait qu'éveiller les soupçons » (Schidlow 18-20) et « La seule chose qui m'étonnait vraiment était qu'il (Bonnet) n'aille jamais à la messe » (Malle, « Qu'avez-vous fait de mon enfance? », 24). La chapelle n'est pas un lieu où Jean peut prier. Par contre le dortoir est son lieu de prière. « Bonnet a disposé deux bougies sur la table de nuit. Debout, au pied de son lit, son béret sur la tête, il murmure. Julien ... écoute cette litanie qui ne lui rappelle rien » (*Au Revoir les enfants* 56).

Le dortoir est aussi à la fois un lieu d'amitié et de secrets, et un lieu d'hostilité et d'humiliation. Le dortoir est le lieu où Julien découvre la vraie identité de Jean et où l'amitié entre les deux garçons se développe au fur et à mesure qu'ils partagent leurs lectures secrètes. C'est intéressant parce que, en un sens, l'histoire se passe comme une enfance normale—échanges des livres, lectures ensemble dans des lieux secrets, enfants très obsédés par la sexualité (ils voient *Les Mille et une nuits* comme un trésor à cause de ces idées érotiques). En opposition avec ce qu'on apprend en classe et l'évangile qui fait partie de l'éducation chrétienne que reçoivent les enfants du collège dans la chapelle, dans le réfectoire, et ailleurs, il y a le dortoir où l'on découvre en cachette, *L'Evangile, Les Trois Mousquetaires, Les Mille et une nuits*. L'hostilité et l'humiliation dans le dortoir se font dans l'absence des adultes. C'est ainsi que nous voyons Julien qui se bat avec Ciron pour reprendre sa confiture (15-16) et l'accueil qui attend Jean Bonnet au moment de son arrivée : « Bonnet reçoit un oreiller en pleine figure, suivi de plusieurs autres. En même temps fusent les fines plaisanteries : Bonnet de nuit, Bonnet d'âne... » (16). Julien est honteux et mortifié quand les autres le taquinent : « Sagard : Quentin pisse au lit. Quentin pisse au lit... d'autres élèves reprennent, en faisant cercle autour de Julien: Les élèves : Quentin pisse au lit. Quentin pisse au lit » (*Au Revoir les enfants* 105).

Le bureau du Père Jean est à la fois un lieu de vérité, d'honnêteté et de mensonge, de secrets cachés et secrets révélés, de personnages masqués et démasqués. Pendant la confession de Julien, le téléphone sonne et il surprend la conversation du Père Jean, où il découvre certaines choses qui ne sont pas destinées à ses oreilles. « Julien entend une voix excitée, incompréhensible, à l'autre bout de la ligne. On perçoit quelques mots : « Attention... repérés... précautions... » (*Au Revoir les enfants* 49). C'est aussi dans le bureau du Père Jean où les sept enfants coupables sont réprimandés d'avoir fait du marché noir. Puisque le marché noir se fait aussi dans la cuisine, la guerre est également dans la cuisine, y compris la guerre entre Mme Perrin et Joseph. C'est là que d'ailleurs tout va mal tourner parce qu'on a chassé Joseph. Celui-ci va se retourner contre eux et dénoncer les enfants, du moins, c'est ce qui est probable. C'est le trou par lequel arrive le malheur. La cour, comme la cuisine, est un autre lieu du pensionnat chargé d'affectivité. C'est dans la cour de récréation où l'on observe un microcosme local du monde global en dehors des murs du collège : « ...il y a deux camps, ... C'est très brutal, les chutes sont douloureuses sur le sol gelé ». (*Au Revoir les enfants* 24) ; et « les enfants s'adaptent à l'air du temps et trafiquent quelque peu avec Joseph » (*CNC Dossier*). François, frère aîné de Julien, profite du marché noir pour obtenir des cigarettes.

Tout dans cette histoire est lié aux lieux. En dehors du lieu principal (le collège) se trouvent d'autres espaces importants. La forêt est un lieu très important parce que l'expérience des deux garçons lorsqu'ils se perdent dans la forêt est une sorte d'aventure partagée, d'épreuve vécue ensemble, pendant laquelle ils vont finalement devenir amis. Cette scène est aussi très symbolique parce qu'elle rappelle les aventures d'Arthur et la quête du Graal. (On en reparlera au chapitre X, l'enfant et le mythe.) Selon Malle la forêt est de première importance :

> On nous envoyait chercher un trésor dans la forêt pour nous former le caractère, et c'était terrifiant pour un enfant, surtout dans les circonstances de la guerre. Il y avait des sangliers, le risque de rencontrer une patrouille allemande. Cette scène m'est venue très vite, je savais qu'elle serait importante. Dans le premier montage, elle durait onze minutes, on s'est dit que c'était trop long, et finalement, on l'a à peine réduite . (Toubiana 22)

Puisque Jean Bonnet est juif, il y a des endroits dangereux pour lui, comme la forêt et comme les bains-douches en ville où « sur la porte on peut lire une pancarte : « Cet établissement est interdit aux juifs » (*Au Revoir les enfants* 52) et où l'on risque de rencontrer les Allemands. Si nous regardons sous l'angle de l'espace, nous constatons qu'il y a un lieu où apparaissent aussi les Allemands qui est le restaurant du Grand Cerf. En effet le restaurant est un lieu où l'on voit tout le monde de la collaboration se retrouver. Mais dans ce restaurant, paradoxalement, c'est un officier allemand, qui pour éblouir Mme Quentin (du moins selon son fils aîné, François) se lève pour renvoyer celui qui est vraiment le criminel, le milicien.

Tout au long de ce film de Louis Malle, la présence de la guerre se manifeste dans la tonalité des lieux, lumière et ombre : dans le dortoir où *la lumière s'éteint* brusquement (*Au Revoir les enfants* 17) et où Julien regarde Jean qui fait ses prières (« Julien... regarde cette silhouette qui tremble dans *la lumière des bougies*, écoute cette litanie... 56) ; dans la cave [où] les cours se poursuivent dans *la semi-obscurité. La lumière* du plafond *s'éteint...* Les enfants s'agitent dans *la pénombre...* Julien promène le faisceau de *sa lampe* autour de lui. Des formes, des visages passent dans *la lumière...* Surpris par *la lumière...* (39).

Dans notre analyse des lieux nous avons découvert que le lieu de l'école est un lieu d'intrigues. Pour José Hassam, l'enfant-héros du roman autobiographique de Joseph Zobel, le lieu de l'école va aussi jouer un rôle central dans l'histoire, et qui plus est, c'est l'opposition entre les lieux de l'école et de la famille qui crée l'intrigue de *La Rue Cases-Nègres*. Toujours suivant les idées d'Henri Mitterand, nous constatons que toute l'histoire, toute l'intrigue, est basée sur le fait que dans la Martinique des années 30, certains quartiers, certaines rues, certains espaces sont associés à certaines classes sociales, à certaines activités, à certaines sortes de personnes. On se rend compte que : « L'originalité de ce film... tient au contexte dans lequel s'accomplit cet apprentissage... un village martiniquais en 1930. Tant l'authenticité du cadre, ainsi que sa nouveauté sur l'écran, sont seules susceptibles d'asseoir la force de conviction de l'œuvre » (Micciollo 31). La notion de déplacement est centrale à l'histoire « inscrit dans la fiction [est] un parcours spécifique fondé sur la notion de déplacement, alors que le milieu dont il est issu se défini par l'immobilité » (Micciollo 31).

Notre première vue de la rue Cases-Nègres qui fait partie du microcosme de Petit-Morne nous est présentée par le narrateur omniscient du récit de Zobel :

> La rue Cases-Nègres se compose d'environ trois douzaines de baraques en bois couvertes en tôle ondulée et alignées à intervalles réguliers, au flanc d'une colline. Au sommet, trône, coiffée de tuiles, la maison du géreur, dont la femme tient boutique. Entre « la maison » et la rue Cases, la maisonnette de l'économe, le parc à mulets, le dépôt d'engrais. Au-dessous de la rue Cases et tout autour, des champs de canne immenses, au bout desquels apparaît l'usine.
>
> Le tout s'appelle ici Petit-Morne. *La Rue Cases-Nègres* 19-20)

Cette même vue est aussi présentée à travers le regard de José : « Il y a de grands arbres, des huppes de cocotiers, des allées de palmiers, une rivière musant dans l'herbe d'une savane. Tout cela est beau. [Seul un enfant dirait cela.] En tout cas, nous, les enfants, nous en jouissons royalement » (*La Rue Cases-Nègres* 19-20).

Avec cette description nous voyons la première d'une série d'oppositions liées aux lieux qui s'établissent dans *La Rue Cases-Nègres*. Dans la plantation, quel contraste entre la vie de l'enfant qui passe toute la journée à jouer dans la Nature (lieu paradisiaque) loin du regard de ses parents et celle de l'adulte qui travaille dans les champs de canne à sucre jusqu'à l'épuisement dans des conditions inhumaines! Henri Micciollo souligne cette idée avec son observation :

> L'installation des cases à l'intérieur même de la plantation traduit une volonté paroxystique d'exploitation des travailleurs, privés même de toute possibilité de déplacement jusqu'au lieu de travail. Le parcours des travailleurs de la canne est un parcours plantation/plantation (même au moment évoqué de l'émancipation des esclaves), à quoi s'ajoute un processus d'intériorisation de l'Afrique, lieu des origines et du retour mythique après la mort. (31)

Pour chaque lieu il y a l'aspect physique, l'aspect affectif, l'aspect métaphorique. Il y a toute une symbolique, une sémiotique liée aux lieux. Pour José, la rue Cases-Nègres à Petit-Morne est le lieu de son enfance; lieu de sa langue maternelle, le créole; lieu de son initiation à son héritage créole et africain. Plus tard avec son contact avec le monde extérieur il y aura la prise de conscience de l'immobilité de ce lieu.

Ce lieu de la campagne, de la langue créole, des mœurs créoles, des mythes païens, des loisirs, des infractions à la règle, des jeux et des escapades toute la journée dans l'absence des adultes ; ce lieu où il y a le contact avec la Nature, les plantes, les arbres, les animaux, les insectes, les matières : air, feu, eau; ce lieu de l'insouciance va se trouver en opposition avec la ville, lieu de l'école, de l'ordre, de la discipline, de l'éducation, de la seconde langue (le français) mais celle de référence, la langue officielle de la République, et la langue parlée par des personnes de statut dans la société.

Le déplacement géographique de José de la plantation en ville, d'abord de Petit-Morne à Petit-Bourg (qu'il trouve plus misérable que la rue Cases-Nègres), ensuite à Fort de France va se traduire en émancipation sociale. Pour le déplacement de Petit Bourg à Fort de France il faut traverser (physiquement) la baie. Dans l'esprit d'un enfant, cela agrandit considérablement le passage. La découverte de la ville est à la fois la découverte de l'opulence, du luxe des Blancs.

L'école joue un rôle clef dans *La Rue Cases Nègres*[4]. L'école primaire fait partie des plus beaux souvenirs d'enfance de Joseph Zobel. En décrivant le premier jour d'école de José, Zobel parle surtout des sentiments éprouvés par le héros: « La grande pièce où j'entrai avec les élèves était quelque chose tel que je n'avais jamais imaginé. Et j'éprouvai un profond bien-être à rester assis sur un banc, ... à admirer tout ce qui était collé, écrit et suspendu sur les murs... » (106). Sa première journée passée à l'école est non seulement l'apprentissage mais aussi un collage des odeurs de l'école, de nombreuses observations faites par l'enfant. Il va appréhender des sensations (« je sentis que j'étais un autre enfant » (108). Le premier jour a métamorphosé José. Cela annonce le roman du passage. Bien sûr José va garder l'héritage réaliste et naturaliste de son enfance et cela va apparaître tout au long du roman de Zobel. Son ouvrage accorde une importance considérable au milieu dont il faisait partie originalement. Mais un autre monde s'y superposera. « Je venais de vivre une journée pleine de figures, de choses et de résonances nouvelles. J'en étais tout exalté, vibrant, et sur mon amour de la rue Cases Nègres et de tout ce qu'elle contenait, se juxtaposait l'amour de ce qui était pour moi un univers nouveau.» (*La Rue Cases-Nègres* 108).

L'école est un lieu qui marque les étapes des rites de passage de José, des étapes qui comprennent un déplacement géographique accompagné de la mobilité sociale. D'abord il y a l'école primaire (voir les citations ci-dessus, 105-9). José adore l'école à petit Bourg : « … j'étais à l'école, c'est-à-dire dans la plus agréable, la plus hospitalière des maisons » 127), mais il ne pouvait pas supporter les déjeuners chez Madame Léonce et après les problèmes rencontrés chez elle, il est très content de fixer sa résidence à Petit-Bourg avec m'man Tine : « M'man Tine quittait la rue Cases-Nègres. Elle allait habiter Petit Bourg! Je retournerais à l'école, et le midi j'irais chez m'man Tine; je mangerais chez elle. Je deviendrais un enfant du bourg » (137). Ensuite José va vivre avec sa mère, m'man Délia, à Sainte Thérèse (217-18) et enfin il traverse la baie pour étudier au lycée de Fort de France. L'école de la Troisième République est un cadre d'éducation rigoureux. Zobel nous documente même avec des détails sociologiques. C'est la diffusion de l'idéologie de la République. Les « hussards noirs » comme Stéphen Roc sont très austères, incontestablement républicains. L'enfant éprouve en même temps fierté et crainte. « Nous… étions … fiers d'avoir un tel maître, il nous était en même temps très agréable de le craindre » (*La Rue Cases-Nègres* 197).

Mais pour José (Joseph Zobel) c'est aussi le commencement de cette double perspective thématique, antillaise… l'aliénation de son peuple. Il a été privilégié de suivre le chemin du pays colonisateur et d'échapper à la damnation totale de la grand-mère. Les premiers indices : même le rapport avec m'man Tine changera :

> …Comment as-tu passé la journée? me demanda-t-elle.
> En vérité, elle ne m'avait jamais parlé avec un ton si doux…(…)
>
> Jamais non plus je n'avais été aussi loquace. Et m'man Tine suivait mon discours avec un visage plus reposé et plus rayonnant que lorsqu'elle fumait sa pipe, et des yeux qui semblaient me trouver réellement transfiguré. (108-109)

Si on compare la Martinique des années 30 de Joseph Zobel à celle des années 80 d'Euzhan Palcy, on constate que le problème de l'identité culturelle si fortement liée aux lieux commence à se résoudre dans les générations modernes. « Autrefois l'instruction était une bouée de sauvetage, et même la seule » (Micciollo 34). Dans des propos recueillis par Henri Micciollo durant un entretien avec Euzhan Palcy il lui pose cette question : « L'instruction ne crée donc pas forcément une dichotomie? » Et elle répond :

> Non, je pense qu'il y a une cohabitation possible, à partir du moment où l'on reste conscient de ce qu'on est. Au vrai, il y a deux attitudes possibles. Ou bien on est mal dans sa peau, comme beaucoup d'Antillais le sont, qui ont comme on dit, le cul entre deux chaises. Ou bien on assume une culture imposée mais en gardant la conscience de soi-même. Si je peux parler de moi ici, je dirais que ma véritable entrée dans le cinéma ne pouvait se faire que par *Rue Cases-Nègres*. (Micciollo 33-34)

Dans notre analyse des lieux, nous observons que la tonalité du lieu a une valeur symbolique qui va de la beauté séduisante du paysage provençal chez Pagnol (enfance heureuse), à la qualité morne de la ville de Paris chez Truffaut (enfance malheureuse). Chez Hubert et chez Boyer, nous trouvons des lieux imprégnés de la mort, et chez Malle ceux imprégnés de la guerre. En choisissant certains lieux comme fonds de leurs récits, ce que les auteurs de notre étude mettent en marche, ce sont toutes les associations sociales, économiques et morales liées à certains endroits, comme la ville, la ferme, le pensionnat, l'église. Qu'il s'agisse de la grande bourgeoisie chez Louis Malle, du peuple chez Boyer, Clément, Hubert et Truffaut, ou des misé-rables chez Zobel, la position dans la société est déterminée par le lieu et cela détermine l'histoire. Le lieu joue un rôle déterminant sur l'action de l'histoire dans la mesure où cela influencera la mobilité spaciale des personnages et leur monde sensoriel. Cela va provoquer, déclencher et aider à mettre en action toute l'intrigue de l'histoire.

CHAPITRE VI
LE *BILDUNGSROMAN*—LE PARCOURS INITIATIQUE DE L'ENFANT

Dans *50 Romans clés de la littérature française,* Jean-Claude Berton donne sa définition de l'*action* : « le principal événement qui fait le sujet d'un roman » et il dit qu'« autour de ce nœud central gravitent ou s'amalgament différents incidents qui constituent *l'intrigue* ». « ... L'intrigue peut être parfois ramené à certains schémas [parmi lesquels se trouve] « le roman d'apprentissage [qu'il définit] celui de l'éducation. Le héros y passe de l'état d'ingénuité à celui de la lucidité » (148).

En réfléchissant sur l'intrigue dans les sept œuvres de notre étude, nous ne pouvons pas nous empêcher de remarquer que la ligne d'ensemble de chaque récit est similaire, d'observer qu'il y a certains aspects transversaux entre eux, ni de trouver certains rapports avec d'autres œuvres littéraires et cinématographiques hors du groupe en question... en critique contemporaine une certaine intertextualité[1].

Dans le chapitre précédent nous avons remarqué un fil commun, une intertextualité présente dans toutes les œuvres de notre étude, remarquant surtout la valorisation de l'école pour un grand nombre de nos enfants-héros, et observant l'éventail de leurs expériences qui vont des réussites impressionnantes de Marcel et de José à l'échec d'Antoine. Même dans le cas de ce dernier qui ne réussit pas dans le système éducatif traditionnel, l'éducation scolaire joue un rôle influent dans l'intrigue et dans sa vie.

Pour tous les héros des récits étudiés, l'éducation sentimentale de l'enfant (qui comprend surtout l'idée de l'amour, du désir sexuel) est aussi d'une importance capitale. Dans ces romans d'apprentissage, ce que veut savoir l'enfant et ce qu'il veut faire s'opposent à ce que peut savoir et faire un enfant. Dans le monde dominé par l'adulte, l'enfant n'a aucun pouvoir; il devient alors victime de sa condition de vie (concept analysé dans les chapitres précédents : José est un enfant pauvre, Antoine un enfant du peuple) et victime de sa situation historique : Jean Bonnet fait partie d'une minorité dévalorisée par la population dominante. Lui, Paulette et Julien sont victimes de la guerre ; José est exploité par Madame Léonce; Antoine est incompris par son entourage: « Mme Doinel : '—On va le mettre chez les Jésuites ou chez les enfants de troupe, que j'aie enfin droit à un peu de calme!' ».

Tous nos enfants-héros veulent faire des découvertes et des acquisitions de connaissances au sujet du monde adulte. Tous veulent faire le parcours initiatique pour y entrer et pour avoir plus d'autorité et d'indépendance. En même temps chacun de ces enfants veut être aimé par ses parents.

Le héros des *Quatre cents coups* veut devenir adulte. Il veut ainsi quitter son état transitoire d'enfance, d'impuissance pour avoir plus d'autorité, plus d'indépendance. Ainsi, dans sa lettre à ses parents, écrite après sa première fugue, on lit : « je vais tenter ma chance tout seul dans la capitale ou ailleurs, je veux prouver que je peux devenir un homme... » (70). Pour José, son désir de devenir adulte est lié à l'envie d'une meilleure vie que celle de la Rue Cases-Nègres : « Et pourquoi? Pourquoi ne pas habiter une maison, porter des robes non déchirées, manger du pain et de la viande, et ne pas toujours murmurer ces longues paroles tristes qui s'enroulaient autour de ma gorge et m'étranglaient? » (235-36) et à celui d'emmener m'man Tine loin des champs de canne à sucre. Il partage cette pensée avec nous : « …ces perpétuelles sensations de dénuement, de honte et de mort lente émanant de ce métier… Et l'angoisse dont m'étreignaient ces considérations ne se relâchait un peu qu'à la chaleur de mes rêves de devenir un homme, pour que m'man Tine n'aille plus travailler aux plantations de canne à sucre » (236). Julien veut savoir l'identité de Jean Bonnet. Il s'étonne que Bonnet n'aille jamais à la messe, ne récite pas son 'Je vous salue Marie'. Il veut découvrir le monde de la sexualité. Il veut savoir ce que c'est qu'un « youpin » et des « réfractaires ». Il veut être le meilleur. Puisque Bonnet est si doué, Julien le perçoit comme un rival. Dans ce film le vouloir du héros Julien s'exprime par une vive curiosité. L'auteur lui-même en parle dans un entretien avec Françoise Audé et Jean-Pierre Jeancolas de la revue *POSITIF* au sujet d'*Au revoir les enfants* :

> … dans mes films, je me suis intéressé à des personnages qui se trouvent dans une situation où quelque chose leur tombe dessus, qui les fait sortir de leur chemin. Qui les décolle. Qui les dévie. Qui les oblige à se poser des questions, ce que les gens font assez rarement dans leur vie courante. A partir de là, ils sortent de leur milieu, de

> leurs routines, de leurs normes, et c'est le sujet du film. Julien ne sait quoi faire de Bonnet qui l'intrigue, l'énerve. Il est amené à se décaler, à regarder. Sa curiosité est excitée. La ligne dramatique du film, c'est la curiosité de Julien. (34)

Grâce à sa curiosité, Julien acquiert peut-être trop de savoir, et il en porte le poids. C'est le seul élève à découvrir le secret de la véritable identité de Bonnet et à apprendre que c'est Joseph le dénonciateur. N'est-ce pas cette curiosité si caractéristique de tous nos jeunes héros qui les distingue des autres? (On en écrira plus longuement à ce sujet dans le chapitre sur le regard de l'enfant.)

Sur le plan local, Julien a du pouvoir parce qu'il a beaucoup d'influence sur les autres, qui se présentent comme inférieurs, Bonnet mis à part. Il a du pouvoir économique et aussi une situation familiale très favorable—statut, argent et un milieu protecteur. Mais sur le plan global, l'enfant n'a pas beaucoup de pouvoir. Dans le cas de Julien, il regarde avec incrédulité ce qui se passe autour de lui dans le monde adulte, et il ne peut rien faire pour changer la situation. Mais le trauma des événements s'inscrit de façon indélébile dans la mémoire de cet enfant. Il doit attendre le moment où, comme cinéaste célèbre, en racontant son parcours initiatique au monde adulte, il aura le pouvoir d'influencer l'opinion publique.

C'est ainsi que l'intrigue de chaque récit en question va se construire autour d'un héros qui « passe de l'état d'ingénuité à celui de la lucidité ». Autrement dit, dans le courant du récit, le vouloir (le désir et la curiosité) de l'enfant-héros va l'amener à un certain savoir (la découverte de secrets, l'acquisition de certaines connaissances du monde adulte) qui pourvoira un certain pouvoir. Dans le dortoir (qui était autrefois une chapelle) pendant que les autres enfants dorment, le regard que pose Julien sur son petit camarade, debout au pied de son lit en train de faire sa prière avec ses bougies allumées, est un regard de respect. Il ne lui dit rien. Il n'a jamais entendu ce type de phrase. Il a appris à respecter à travers Kipplestein. Julien montre aussi cette solidarité dans la scène du restaurant où il demande à sa mère si sa famille n'est pas juive. Il est particulièrement intéressant de noter la sensibilité de Julien qui s'oppose à l'antisémitisme tranquille de sa mère, pas un antisémitisme très vif, mais un antisémitisme ordinaire. La réalité des horreurs de la guerre descend sur cet enfant de douze ans. Mais Julien est un enfant qui a le savoir et le pouvoir de regarder l'autre sans préjugé, sans stéréotype, mais avec un sentiment de solidarité. Le savoir acquis lui permettra d'entrer dans le monde adulte.

L'enfant que nous observons à la fin de chaque histoire est bien différent de celui du début. Le Julien, les larmes aux yeux, de la dernière scène du film n'est pas du tout le même enfant qui a pleuré en faisant ses adieux à sa mère dans la première scène du scénario. C'est un enfant beaucoup plus indépendant qui a appris ce que ce sont la solidarité et l'amitié dans la réalité cruelle de la vie[2]. Mais selon le cinéaste (Malle, *Télérama* n°1942 1er avril 1987) cette expérience était difficile : « —Mes films, dit Louis Malle, racontent le plus souvent, un passage : la perte de l'innocence, l'initiation... Pour moi, cette expérience a été parfois douloureuse ».

Un des grands thèmes de nos sept récits est donc ce parcours initiatique, accompagné de la prise de conscience de la part de l'enfant du monde qui l'entoure. José de *La Rue Cases-Nègres* tombe nettement dans la catégorie de récit d'enfance que l'on désigne sous la catégorie du « roman d'apprentissage », le *bildungsroman*. Une lecture de l'article *de l'enfance à l'âge adulte* par Sewanou Dabla, où il cite Léopold Sédar Senghor, confirme que le *bildungsroman* a une place prééminente dans la littérature du monde noir (43). Il faut savoir qu'au moment où Joseph Zobel écrit son roman autobiographique, puisqu'on se trouve au début de la littérature et du cinéma francophones antillais, dans de nombreuses œuvres on perçoit que le thème de l'enfance est toujours présent. Tous les grands auteurs antillais ont fait une œuvre de jeunesse qui est aussi une œuvre de genèse, un *bildungsroman*. Édouard Glissant, a écrit son histoire de jeunesse/genèse dans son œuvre *La Lézarde*. Patrick Chamoiseau, lauréat du Prix Goncourt en 1993 a également écrit *En temps d'enfance*. C'est un thème récurrent chez tous les auteurs martiniquais, en particulier chez les hommes. L'enfance décrite dans *La Rue Cases-Nègres* est l'enfance qu'ils ont tous vécue.

Le thème d'une identité culturelle n'est pas tout neuf chez Joseph Zobel puisque c'est le grand thème d'Aimé Césaire. On trouve le même rapport en ce qui concerne la négritude entre le Martiniquais et le Sénégalais, c'est-à-dire entre le poète sénégalais Léopold Sédar Senghor et Aimé Césaire (descendant des anciens esclaves déportés de leur Afrique natale vers l'Amérique.). Le rapport avec la négritude, telle qu'elle est exprimée par les deux est évident, mais aussi à partir de là il y a l'évocation de cette nouvelle culture qui est la culture créole, la reconnaissance au fond de cette créolité. Cela est singulièrement évident en Martinique et à cet égard l'œuvre de Joseph Zobel peut être considérée comme effectivement un de ces livres de genèse, de formation, et d'apprentissage. Derrière son personnage de José, Zobel en parle : « Je ne connais que la rue Cases-Nègres, Petit-Bourg, Sainte-Thérèse, des hommes et des femmes et des enfants plus ou moins noirs. Or, cela ne convient certainement pas pour en faire des romans, puisque je n'en ai jamais lu de cette couleur-là » (233). En considérant ce que dit Mbye Cham, écrivant au sujet du cinéma des Caraïbes, on peut faire la même observation en ce qui concerne le thème de l'enfance et de l'identité culturelle dans le film d'Euzhan Palcy[3] :

> With the exception of Cuba and perhaps Puerto Rico and Venezuela, filmmaking in the Caribbean by Caribbean people is primarily a phenomenon of the 1980's and beyond. (...) Caribbean cinema is in its infancy at the moment, the most recent "arrivant" (to borrow a term from Edward Braithwaite) in the domain of Black world film practice, hence its designation as "un cinéma au rez-de-chaussée des nègres")[4] (Cham 1)

Clairement, l'importance de l'éducation est suprême dans *La Rue Cases-Nègres*. Les anecdotes racontant les réussites et les angoisses de José dans chaque situation scolaire fournissent le fil du récit aussi bien que le rythme et l'intrigue de l'œuvre. Dabla nous dit que : « s'il existe ces principes ... qui règlent l'existence et l'éducation traditionnelles de l'enfant noir, dans la pratique cependant, des différences apparaissent, liées à la spécificité de chaque région ». A son avis, il faut considérer l'histoire de chaque enfant, [pour nous celle de José, du petit Joseph Zobel], « comme avant tout celle non de tout enfant noir [ou créole] mais d'un enfant de... [la Martinique]... et plus précisément de... [la Rue Cases-Nègres] ». Néanmoins, nous remarquons que les différentes phases du parcours de José trouvent un équivalent aux étapes mentionnées par le critique Dabla.

Pour José, la première phase, ce que Dabla dénomme « les toutes premières années de l'enfant », comprend les années vécues avec m'man Tine dans la rue Cases-Nègres. Dabla nous informe que l'enfant : « 'appartient' au groupe des femmes (grand-mères, tantes, 'mères' et servantes). La relation de cette première étape se réalise souvent sur un mode charmant et presque nostalgique » (43). (Nous en parlerons plus longuement au chapitre IX sur la poésie.) Un autre aspect de cette phase est l'apprentissage de ses racines chez M. Médouze. Voilà comment Dabla le décrit : « l'enfance apparaît véritablement comme un royaume édénique avec sa simplicité paysanne, l'image attachante des artisans et des griots dont les prestations berceront plus tard les souvenirs de l'adulte. (...) A l'école des Anciens, il aborde l'histoire, la pensée et la culture de son peuple » (44).

La deuxième phase pour José est l'école primaire et les préparatifs au CEP. Dabla va dénommer cette étape: « l'enfance et l'adolescence » et va la décrire très simplement comme cela : « L'enfant fait maintenant partie d'une 'classe d'âge' et continue avec sa génération son contact avec la nature, l'apprentissage des travaux et de la vie communautaire » (43-44).

Dans la troisième phase, José va commencer à être plus indépendant et Zobel fera son hypothèse de réflexions sur la réussite en général, la fête, la réussite au Concours des Bourses, le passage, l'initiation de José. On verra le même schéma qu'à l'école primaire: rentrée et découvertes. La rentrée scolaire, par exemple, devient pour José apaisement en même temps que honte et solitude. L'apprentissage engendre la solitude, mais aussi la force. L'étape que Dabla appelle « le passage à l'âge d'homme » est une étape qu'il croit « difficile de préciser [en ce qui concerne] l'âge d'entrée dans la classe des adultes ». Il parlera de « l'initiation », des « rites nécessaires du passage » et il affirmera que « de nombreux romans de formation présentent la réponse de la jeunesse à l'appel du changement : la ville et l'école ». Dans *La Rue Cases-Nègres*, à la suite des conseils de ses instituteurs, et avec l'aide de M'man Tine et de m'man Délia, José « se rend à la 'grande ville' pour prendre le pas convenable aux pistes nouvelles » (44). La première année au lycée de Fort-de-France est une année de victoire pour José, une année où l'accès à la lecture et à l'écriture joue un rôle clef dans l'acquisition du savoir (ce qui est très caractéristique de ce genre de roman d'apprentissage). José nous raconte la grande découverte de la lecture, de l'évasion :

> C'est Christian Bussi qui avait créé et qui entretenait en moi ce goût de la lecture : ses parents lui achetaient des livres ; il me les passait tous.
>
> Dès lors, le monde commença à s'élargir autour de moi, au-delà de toute limite tangible.

> Le monde, sous l'effet de ces ouvrages pour la jeunesse, se divisa en deux : un monde de tous les jours, banal, brutal, inexorable aux désirs, et un monde spacieux, logique et surtout bienveillant, attachant, désirable.
>
> L'acte de la lecture en lui-même, n'était-ce pas un plaisir plus substantiel que celui de jouer ou de manger, par exemple, même lorsqu'on avait grand-faim? (*La Rue Cases-Nègres,* 231- 33)

et du pouvoir de la lecture et de l'écriture, de l'éveil d'une vocation: « J'admire le don, le pouvoir, que possède un homme de faire un roman » (233).

Julien Quentin et Jean Bonnet sont eux aussi des élèves doués et des lecteurs avides et curieux. Les livres jouent un rôle principal dans l'intrigue d'*Au Revoir les enfants* et ils sont très symboliques. Les livres lus par les enfants en classe pour remplir leur obligation scolaire se différencient de ceux lus hors de classe. Mais de toute façon, la lecture est un événement itératif dans le récit qui montre son importance dans la vie de ces deux enfants et qui montre aussi un intérêt commun qui leur permet la complicité, l'amitié, les moments partagés, et qui finalement les lie. Quand nous rencontrons Bonnet pour la première fois, au moment de son arrivée au pensionnat, la valise qu'il vide dans le dortoir n'est pas pleine de vêtements mais de livres. Ce fait n'échappe pas au regard de Julien qui la commente. La première vraie conversation entre les deux garçons est au sujet des *Trois Mousquetaires* (51).

Les livres offerts à Julien comme cadeaux de Noël par ses parents et ceux de Jean, gagnés comme prix, représentent les valeurs des deux familles. Ce livre de prix de Jean, le livre relié, est celui dans lequel Julien découvre la véritable identité de Kipplestein. Les livres passés parmi les pensionnaires tout au long du récit, et d'autres auxquels on fait allusion dans le texte, sont des livres initiateurs à la sexualité et au monde adulte, livres qui piquent l'imagination de l'enfant. Mais l'échange des livres entre Julien et Jean à la fin du récit est peut-être un des moments les plus poignants du film. Le livre est à la fois symbolique comme « don », comme le remords de Julien et aussi comme objet transitionnel par un certain côté. Il ne faut pas oublier, non plus, la fascination pour les livres qui annonce le futur auteur (de littérature ou de cinéma.)

Dans plusieurs des ouvrages en question on trouve donc que le héros principal est très souvent bon en français. C'est quelqu'un qui écrit bien, qui annonce le futur écrivain, cinéaste, artiste. C'est l'élève qui aime lire et écrire, le rêveur. Souvent ces futurs artistes montrent dès leur enfance ce don un peu exceptionnel, cette attention particulière au réel. D'ailleurs ils sont tous très curieux, ce qui les amène à des découvertes… l'identité de Jean Kipplestein, le trésor, comme exemples. Julien est le seul qui essaye d'approfondir qui est Bonnet. Il en est de même pour Antoine, pour Marcel, et pour José. Souvent ces enfants se rendent compte de leur don. José partage ses auto-réflexions : « Je constate avec peine parfois que je ne suis pas un élève pareil aux autres » (*La Rue Cases-Nègres* 267) ; « … je ne suis pas certain que beaucoup de ceux qui se placent en tête de la classe soient aussi sensibles que moi à la littérature » (269).

C'est certainement le cas pour Marcel Pagnol. Nous voyons ce goût de la lecture et de l'écriture qui se développe très tôt chez le petit Marcel et nous comprenons leur importance. Tout d'abord il y a la manière dont le petit Marcel découvre qu'il sait lire et dont il a accès à la lecture. En même temps il découvre l'accès à la magie des mots, des mots que l'on écrit aussi bien que les mots que l'on lit, et au pouvoir de ce « savoir », y compris le pouvoir de plaire à son père : « Je crois qu'il (Joseph) eut ce jour-là la plus grande joie, la plus grande fierté de sa vie » (*La Gloire de mon père* 32). Plus tard, au moment où il est choisi comme candidat au concours des bourses du lycée, il parle d'être écœuré par les contraintes du travail imposé sur lui mais il admet que « Tout compte fait, 'je tenais le coup', et mes progrès faisaient tant de plaisir à mon père qu'ils me parurent moins douloureux » (*Le Château de ma mère* 105).

Il est clair qu'écrire est de première importance dans la vie de ce futur-écrivain. Pagnol dédie deux chapitres de ses *Souvenirs d'enfance* à raconter l'événement singulatif de l'échange de lettres entre Lili et le jeune Marcel, et à comparer les deux missives. Il contraste l'« enveloppe jaune qui portait mon nom, tracé en lettres inégales sur une ligne retombante » et les « trois feuilles d'un cahier d'écolier, avec une grosse écriture, dont les lignes ondulantes contournaient des taches d'encre » (106) avec la « très belle feuille de papier à lettres… ajourée en dentelle sur les bords, et décorée, en haut à gauche, par une hirondelle imprimée en relief, qui tenait dans son bec un télégramme. L'enveloppe, épaisse et satinée, était encadrée par des myosotis » (109). Puis il compare sa prose à celle de Lili. Il est méticuleux dans sa description de l'acte lui-même :

> ... je composai longuement le brouillon de ma réponse. (...)
>
> Je relus deux fois ma prose, et j'y apportai quelques corrections de détail; puis, armé d'une plume neuve, je la recopiai, un buvard sous la main et la langue entre les dents.
>
> Ma calligraphie fut soignée, et mon orthographe parfaite, car je vérifiai au moyen du Petit Larousse, quelques mots douteux. (109-10)

Le soir, Marcel demande même à son père de corriger son ouvrage et celui-là ajoute quelques « *s* » manquants.

Pagnol souligne l'importance de cette correspondance en juxtaposant non seulement l'aspect physique des relations épistolaires mais aussi l'aspect affectif. Il nous dit que de l'enveloppe de Lili « tomba d'abord une feuille de sauge, et une violette séchée » ce qui provoque chez lui une vraie nostalgie pour son ami des collines et pour leurs aventures ensemble. Il nous dit aussi que : « Lili me parlait, *O collègue! je met la main à la Plume pour te dire que les grive sont pas venu cet année, rien mé rien, même les darenagaz sont parti. comme Toi...* » (107) et que le soir, dans son lit, en relisant le message de son ami, et que tout en trouvant si drôles son écriture, ses nombreuses erreurs et maladresses, comment tout d'un coup il comprend que : « c'étaient le résultat de longues heures d'application, et d'un très grand effort d'amitié ». Ce qui nous émeut comme lecteur, c'est le geste du petit Marcel qui suit cette découverte. En plein milieu de la nuit, pendant que la famille dort, il prend une vieille plume et recopie sa « trop belle lettre » sur trois pages de cahier arrachées « d'un coup sec » pour obtenir « les dentelures irrégulières » et il supprime « la phrase spirituelle qui se moquait de son tendre mensonge [celui de Lili] ». Il supprime aussi « les *s* paternels », et il ajoute « quelques fautes d'orthographe » choisies parmi celles de son ami. (110-11). Joseph n'a pas besoin de dire à Marcel : « Garde cette lettre. Tu la comprendras plus tard. » parce que, comme l'auteur nous le fait savoir : « j'avais compris bien avant lui » (108).

Lire et écrire vont aussi jouer un rôle principal dans l'intrigue des *Quatre cents coups*. (Pour le moment nous analysons la relation de ces deux activités par rapport à l'intrigue de l'histoire et plus tard, au chapitre IX, nous développerons plus longuement l'idée de leur valeur symbolique.)

Dans son livre *Le Cinéma de François Truffaut*, Jean Collet observe que dès le générique « avec ses belles lettres à l'anglaise qui semblent posées là par un maître d'école » (42-43) et ensuite dans le premier plan du film, se fondent les conditions et les circonstances dans lesquelles commencent les quatre cents coups d'Antoine. En écrivant sur la photo de la pin-up, Antoine « va se faire épingler » (41) et là s'établit le conflit entre Antoine et Petite Feuille en ce qui concerne l'écriture, « car l'écriture est le Pouvoir » (43). (Voir la note de bas de page où Collet cite Lévi-Strauss.)

L'écriture modèle du maître, « car seul le maître peut donner son écriture en modèle », est celle de l'autorité du système éducatif traditionnel. Cette écriture s'oppose à celle d'Antoine, « l'écriture révoltée » dont l'enfant s'empare pour proclamer la justice (Collet, 43). Mais selon Collet, « cette justice est bafouée. Antoine n'écrit pas au grand jour, mais derrière le tableau noir, dans le coin caché de la classe ». Et c'est le pouvoir du professeur qui va dominer :

> Petite Feuille, comme tous les tribunaux, accuse à côté et condamne un faux-coupable. Il énonce le forfait : '*Je dégrade les murs de la classe et je malmène la prosodie française*'. Double faute donc : écrire sur les murs, et mal écrire. (2) Deux fautes invoquées pour mieux taire la vraie. Celle qu'on ne doit même pas nommer : la prise de parole, donc la prise de pouvoir. (43)

Selon Collet, le maître se sert de l'écriture du poème *Le Lièvre* comme « exploitation pour modèle à ses élèves ». Mais les élèves vont saper l'autorité du maître. En l'absence d'Antoine (qui est allé chercher une éponge), nous observons un autre enfant qui fait des graffitis et le petit Abbou, sur qui la caméra reste pendant qu'il essaie d'écrire sur son cahier. Il fait une tache, arrache la page, recommence, mais avec ses mains pleines d'encre, souille successivement chaque page du cahier jusqu'à ce qu'il n'en reste plus. Collet attribue beaucoup d'importance à l'écriture comme thème symbolique de l'intrigue du film :

> La tache, le cahier déchiré, les 'petites feuilles' froissées à grand bruit qui s'amoncellent sous le pupitre, voilà une autre écriture qui se manifeste, jouissive, transgressive. C'est le film. Cette écriture du film s'appuie sur l'absence d'Antoine. Il doit nettoyer le mur pour que l'écriture du maître puisse règner sans concurrence. (...) On dirait que les graffitis s'étendent, s'étalent dans un fleuve d'encre vengeresse. Le caractère sadique-anal de cette écriture est éclatant. Contre l'ordre du maître, contre la propreté de l'école, la seule révolte c'est de souiller, de détruire le beau cahier de récitation. Notre rire devant ce spectacle n'est pas innocent. C'est un rire complice. Avec Antoine et Abbou, c'est-à-dire avec le film, notre rire dit 'merde'. (44)

et il trouve ailleurs dans le film d'autres exemples de la signature de la révolte adolescente : « Quelques instants plus tard, Antoine, rentré chez ses parents, met du charbon dans un vieux poêle et s'essuie les mains aux rideaux. Même rire. *Dans le même mouvement*, Antoine va voler de l'argent caché par ses parents en haut du buffet : tache, souillure, vol, argent sont liés dans une même rêverie de vengeance » (44).

> L'écriture (ou, si l'on veut, le *pharmakon*) est donc présentée au roi. Présentée : comme une sorte de présent offert en hommage par un vassal à son suzerain... mais avant tout comme une œuvre soumise à son appréciation. Et cette œuvre est elle-même un art, une puissance ouvrière, une vertu opératrice. Cet artefactum est un art. Mais ce cadeau est encore d'une valeur incertaine. La valeur de l'écriture–ou du *pharmakon*–est certes donnée au roi mais c'est le roi qui lui donnera sa valeur. ... La valeur de l'écriturre ne sera elle-même, l'écriture n'aura de valeur que si et dans la mesure où dieu-le roi en fait cas. Ce dernier n'en subit pas moins le *pharmakon* comme un produit, un *ergon*, qui n'est pas le sien, qui lui vient du dehors mais aussi d'en-bas et qui attend son jugement condescendant pour être consacré dans son être et dans sa valeur. (85)

En lisant cette citation de Derrida, nous pensons tout de suite à la composition écrite par Antoine (inspirée par sa lecture de Balzac) et offerte à Petite Feuille. Peut-on interpréter cette utilisation de l'adolescence comme incarnation de la révolte du cinéaste lui-même contre la tradition? Les parallèles sont forts entre l'adolescent Antoine Doinel qui, en préférant son propre style d'écriture inspiré par Balzac, se rebelle contre le modèle d'écriture traditionnelle proféré par Petite Feuille et François Truffaut, qui est désigné dans le *CNC Dossier* n° 32 comme « le plus virulent » des jeunes critiques de cinéma et qui en 1956, « écrit un papier sous forme de manifeste : 'Une certaine tendance du cinéma français'. [où] Il s'attaque viole[m]ment à des réalisateurs reconnus en dénonçant leur académisme. Les critiques de Truffaut annoncent déjà l'esprit qui animera bientôt le mouvement que l'on appelle la Nouvelle Vague » (2). Truffaut, comme les autres jeunes critiques des Cahiers du Cinéma, « sont tous passionnés par les rapports entre l'image et l'écriture… il leur a fallu tout inventer, contourner les systèmes traditionnels et fonder un cinéma nouveau, à l'opposé de celui en place… provoquer la rupture avec le cinéma conventionnel » (2). Tout en niant le système traditionnel, Truffaut va chercher son inspiration dans les œuvres de Jean Renoir et de Roberto Rossellini.

Les sentiments et le comportement d'Antoine sont très typiques de l'ambivalence de l'adolescent qui se révolte mais en même temps voudrait aussi être bon élève pour plaire à ses parents. Pour Antoine, c'est Balzac qui l'inspire à lire et à écrire. Il représente le père substitut pour qui l'enfant éprouve beaucoup de vénération. Cette révérence pour l'auteur se manifeste dans la construction d'un autel comme hommage à son idole.

Cet épisode en particulier est vraiment central à l'ouvrage. On peut attribuer beaucoup d'importance à la présence de Balzac dans le film. Pourquoi le modèle de Balzac à l'intérieur même du film? et comme source de l'incendie? (Au chapitre IX nous analyserons plus longuement la valeur symbolique du feu.) En consultant l'ouvrage de Hélène Merrick, *François Truffaut*, nous découvrons que Balzac est un modèle qui saute directement de l'enfance de Truffaut. Souvent, après avoir passé la nuit chez Robert Lachenay, comme Antoine Doinel chez René dans *Les Quatre cents coups*, le matin les deux garçons « feignant de se rendre à l'école » s'enferment « dans la chambre de Robert où ils… dévorent les premiers livres importants de leur jeune existence : Honoré de Balzac, George Sand, … » (16-17). Balzac était, sans doute pour Truffaut, un modèle créateur, et c'est le modèle de l'artiste qui a donné une image de la société. Balzac est au centre du drame essentiel du film, ce drame de la rédaction qu'il doit réussir. Antoine fait tout pour la réussir. Il a tellement lu Balzac qu'il en sait certains passages par cœur; de plus il a une mémoire visuelle fort sensible et le professeur croit qu'il a copié. Et du coup il a zéro, et zéro de conduite. Il croyait qu'il allait réussir à être Balzac mais le maître l'a accablé. Or, cette rédaction était vraiment l'expression d'un enfant très créateur, le futur écrivain/cinéaste. Nous observons un événement singulatif pareil à celui-ci dans *La Rue Cases-Nègres*, l'incident en ce qui concerne la rédaction de José sur « Votre plus émouvant souvenir d'enfance » là où il écrit sur la mort de M. Médouze, un devoir si bien fait que le professeur l'accuse de plagiat.. (269). Justement, peut-on tirer un parallèle entre les deux?

C'est un événement qui a beaucoup d'importance pour Antoine qui a failli réussir cette composition française et qui sait maintenant qu'il n'a pas pu réussir à améliorer la mauvaise image que ses parents avaient de lui. Il n'a pas pu arriver à la remplacer par une bonne image, une image positive du bon fils qu'une mère aimerait certainement. L'échec de sa propre création est fondamental. Truffaut montre Antoine (peut-être lui-même) échouant. Cet événement déclenche le drame car c'est à partir de ce moment-là qu'il sait qu'il ne va pas pouvoir se redonner une bonne image auprès de sa mère. Quelle déception pour l'enfant qui voulait désespérément avoir l'amour de sa mère! Après cet échec et l'incident humiliant de la gifle, Antoine se résout à ne plus rentrer chez ses parents. Collet demande : « Que fait Antoine lorsqu'il ne peut pas—ou ne veut pas—revenir chez lui? Quels sont pour lui, selon l'expression de Gaston Bachelard, « *les foyers de l'école buissonnière* »? (51) Cet événement a aussi beaucoup d'importance dans la mesure où cet échec le lance dans les petits délits où, au lieu d'apprendre Balzac, Antoine Doinel apprend « le système D ». Nous voyons qu'il a l'air d'un cancre à l'école mais d'un érudit à la ville (Merrick 18). Il n'est pas étonnant qu'Antoine se réfugie pendant sa première nuit de fugue dans une vieille imprimerie, décrite par Collet comme « un lieu où l'écriture se reproduit, où les textes se copient sans problème... l'école idéale » (51).

Encore une autre raison pour laquelle cet événement singulatif de l'histoire a une importance capitale, c'est parce que, selon F. Dugast, « sa dévalorisation momentanée révèle parfaitement la manière dont les écrivains (cinéastes) mettent fin à l'enfance : les transformations... se traduisent par des impressions de malaise sinon par une véritable souffrance » (8). Nous trouvons d'autres événements qui sont également importants par leur singularité, tel le moment, par exemple, où Antoine surprend sa mère Place Saint-Augustin dans les bras de son amant. Tout de suite après cet incident, nous observons la seule occasion où Mme Doinel se montre gentille envers Antoine; c'est après cette découverte de son infidélité pour éviter qu'il ne parle. Puisque nous sommes témoins d'un autre événement singulatif de l'intrigue, la conversation entre Antoine et la psychologue du Centre d'observation, nous les lecteurs/spectateurs apprenons beaucoup sur ses expériences passées et ses sentiments. Il est intéressant de constater que la seule occasion où le professeur montre de l'émotion et de la gentillesse envers Antoine est à l'annonce du « décès de Mme Doinel » et il est également curieux de noter que c'est cette excuse-là que l'enfant choisit d'offrir au professeur. Deux autres événements uniques nous frappent : la seule image de la famille heureuse, leur moment d'oubli au cinéma (certainement pas choisi par hasard) et l'enfant qui court vers la mer (métaphore pour la mère peut-être?) qui est la dernière séquence du film.

Ces événements sont tous liés aux souffrances causées par le manque d'amour de sa mère et aux apprentissages d'Antoine, spécifiquement ceux qui touchent à son initiation à la sexualité. Pour le héros des *Quatre cents coups*, l'initiation au monde adulte comprend également l'initiation à la sexualité. Collet suggère que le premier des quatre cents coups d'Antoine est lié à l'image de la pin-up qui circule en classe et que « C'est en suivant cette photo que nous découvrons Antoine Doinel », et qu'« Il va se faire épingler avec elle » (Collet 41). Et pour les enfants de notre étude, comme pour n'importe quel enfant, la clandestinité et les conversations surprises par l'adolescent (celles qui ne sont pas destinées à ses oreilles) font aussi partie de l'initiation à la sexualité. Dans plusieurs entretiens, Truffaut affirme qu'un de ses souvenirs les plus frappants de son adolescence est la clandestinité : « L'Enfance. Je garde de cette époque une grande angoisse, et les films sont liés à une angoisse, à une idée de clandestinité » (Rabourdin, *Truffaut par Truffaut* 13). On remarque que dans le film, Antoine s'empare des produits de beauté de sa mère pendant qu'elle n'est pas dans l'appartement. Antoine surprend des conversations entre ses parents où il découvre la vérité en ce qui concerne sa naissance et les vrais sentiments de ses parents envers lui, dont le commentaire de Mme Doinel : « Mais il ment comme il respire » (62) est un bon exemple. Devant l'épicerie où il est allé chercher de la farine pour sa mère, Antoine surprend une conversation entre deux dames qui parlent des accouchements difficiles, et il est gêné (*Les Quatre cents coups* 47). Collet remarque que Mme Doinel n'est pas l'image d'une mère que l'on attendait, qu'elle est jeune et physiquement séduisante, et il l'appelle même « une vamp qui entre en scène, exhibant ses jambes fines » (Collet, 46). Pour Antoine donc l'initiation est négative. Selon F. Dugast : « Cela peut être rattaché au fait que la fin de l'enfance coïncide avec l'éveil de la sexualité, ou tout au moins avec la prise de conscience, plus ou moins imposée à l'enfant, de l'existence d'une vie sexuelle » (8).

Antoine est l'enfant victime des stigmates des enfants illégitimes. Sa mère ne voulait pas qu'il soit né. Dans *The Script of Delinquency*, Anne Gillain cite Winnicott (1957, 159-73 ; 1971, 279-304 ; 1975, 119) pour expliquer pourquoi Antoine vole. Winnicott caractérise le vol comme un geste d'espoir de la part de l'enfant qui ressent la déprivation de l'amour et de l'attention dont il avait le droit. Le jeune voleur ne cherche pas d'objet ; il essaie plutôt de rétablir le contact avec la mère qui n'a pas reconnu ses besoins. Dans ce sens donc le vol et la délinquence représentent un comportement positif doté de pouvoir de guérison. (Gillain 147)

Antoine est toujours à la recherche de l'amour absent, la mère absente. En rentrant chez lui après l'école et avant que sa mère ne revienne, Antoine entre dans la chambre de sa mère et joue devant sa coiffeuse avec sa pince à cils et avec son eau de toilette. La manière dont Truffaut filme cette scène avec des miroirs montre Antoine sous des angles multiples et transforme la coiffeuse en une sorte de temple où l'enfant fait sa liturgie à sa mère. Collet interprète ce plan du film comme celui qui a « la logique profonde... de la rêverie » comme le plan qui « mène le film » (44). En nous expliquant cet aspect du complexe d'Œdipe du film, il dit qu' :

> Antoine ne vole pas seulement l'argent. Il s'empare du miroir de sa mère, des objets de sa mère. Il se cherche dans le miroir et ces objets. Dans cette scène muette— musicale—.... Nous sommes en deçà du langage, très précisément dans l'imaginaire. (4) Dans le miroir, ce n'est pas Antoine qu'on cherche. C'est sa mère. C'est l'absence de sa mère que l'on remarque. (45)

Nous croyons que dans ce plan du film 'il s'agit non seulement du complexe d'Œdipe[5], mais aussi du stade du miroir (tel que le décrit Lacan), dans ce que Lacan appelle l'imaginaire : le stade du miroir qui précède l'accession au langage (stade symbolique) (Lacan 2-4). Lacan décrit ce stade situé dans l'imaginaire et avant l'appropriation du langage, et bien évidemment Antoine a déjà dépassé ce stade, mais n'est-ce pas une action qui le pousse vers autre chose ? Le stade du miroir ne le pousse-t-il pas vers l'écrit par exemple? (au lieu de faire partie du pré-langage oral tel que le décrit Lacan). Ces deux possibilités d'interprétation de cette scène du film, c'est à dire son intérêt vis à vis du complexe d'Œdipe et du stade du miroir, nous semblent tout à fait normales à cause du fait que Lacan s'est fortement inspiré de Freud, et que Truffaut s'est fortement inspiré des deux.

Collet commente la « coïncidence » de la rencontre d'Antoine et de sa mère dans la rue juste après être sorti du rotor (pendant qu'il fait l'école buissonnière) et où il découvre sa mère avec un amant. De cette coïncidence Collet dit qu'elle « rapproche la faute d'Antoine et la faute de la mère : *'elle osera jamais le dire à mon père'*. Les voici liés tous deux par un silence complice ». Mais Collet croit que cette « 'coïncidence' ne peut se réduire à sa fonction dramatique (ce qui serait déjà beaucoup) ». Selon Collet, cette scène a une valeur métaphorique: l'adultère et le jeu de rotor sont des transgressions qui ne doivent pas se raconter et qui établissent des liens mystérieux entre les deux transgresseurs, mère et fils. Il propose comme le premier lien, la volupté des deux transgressions, disant que le rotor est un lieu de jouissance (et de souffrance), une machine érotique où les gens crient (47). L'autre lien proposé par Collet est le lien de trahison et d'évasion : « la trahison de la mère enferme Antoine dans sa propre trahison. La mère s'évade avec son amant, Antoine doit trouver lui aussi une évasion, il doit quitter le cercle familial qui vient d'éclater » (47). Il doit quitter ce que Bachelard appelle dans *La Poétique de l'espace*, et précisément dans sa « topo-analyse », « la maternité de la maison » avec « sa plénitude » (27). Selon Collet : « Le rotor remplace le miroir et la mère à la fois. Le rotor est le lieu de l'imaginaire, le lieu du cinéma. Cette machine est une nouvelle matrice où il faut renaître une seconde fois (11). Le cinéma-rotor est une machine maternelle, un gouffre où l'on s'enfonce pour retrouver ses origines » (47).

Comme dans le récit d'apprentissage d'Antoine, l'éducation sentimentale et très précisément l'initiation à la sexualité est le thème central de l'intrigue du *Grand-Chemin* et pour Louis, comme pour Antoine, ce n'est pas un chemin sans souffrances. Comment interpréter le titre *Le Grand-Chemin*? Est-il symbolique? Louis fait un grand chemin de Paris à Nantes mais le titre suggère surtout le grand chemin affectif, ce qui concerne sa maturité quand il va chez Pelo et Marcelle. Beaucoup de bouleversements se déroulent dans sa vie. Les gens chez qui il reste, font eux aussi un grand chemin en se retrouvant. Louis appprend à connaître le monde : C'est un *bildungsroman*, un roman de construction de la personnalité de Louis. Il est très net dans *Le Grand-Chemin* qu'il y a une construction du personnage. Au début du cinéroman/film, Louis qui descend de l'autocar est timide, pleurnichard, naïf (5-29). Par contre, à la fin du film, Louis, qui monte dans l'autocar pour rentrer à Paris, est beaucoup plus sûr de lui-même.

Au début de l'histoire Louis refuse d'accepter l'arrivée du bébé, a peur de quitter sa mère, de rester trois semaines chez « l'ogre » et « la mégère ». Il pleure, il est pris de panique chaque fois qu'il voit Pelo (5-29). Même dans ses rares moments heureux, en ramassant des fraises par exemple, nous constatons la panique occasionnée par l'arrivée de Pelo dans le jardin (39). La première nuit passée dans le lit de la Mort lui fait une peur bleue (44-45). Il est penaud et inquiet après la transgression des haricots (66) et Martine lui fait peur avec des civelles (92-93). Il est terrorisé la nuit du viol (90). Mais peu à peu à travers ce *bildungsroman*, Louis s'ouvre à la vie, acquiert un peu de savoir en observant le monde des adultes qui l'entoure, et ainsi devient plus fort. Nous remarquons une transformation. Louis se rebelle (92). Il n'a plus peur de voir le couteau et les gestes d'ogre de Pelo (99). Louis plus fort en lui-même se sent plus à l'aise dans la maison de Pelo et de Marcelle et il lit tranquillement (106). Vers la fin du récit nous observons Louis qui se rebelle, qui crie MENTEUSE à Marcelle et qui reçoit une gifle, tout de suite après quoi il fait une fugue et monte sur le toit de l'église (143-49). Au retour, le chauffeur de l'autocar demande si c'est « le même gosse » qui est venu au Grand-Chemin il y a trois semaines (180), et on observe que ce n'est plus Louis pleurnicheur mais grand frère, Louis, souriant contre le ventre de sa mère dans le dernier plan de ce récit cinématographique (183).

L'enfant va expérimenter des rites de passage qui le font éventuellement passer à l'âge adulte. Louis, comme tout enfant, est celui qui veut, mais qui ne sait pas et qui ne peut pas. Il faut, donc, qu'il acquière « le savoir » et « le pouvoir », et c'est cette acquisition de savoir qu'il commence chez Marcelle et Pelo l'été de sa visite. Malheureusement, le savoir qu'il acquiert est en partie un savoir qui fait souffrir; et de plus, il l'acquiert difficilement. Il y a, donc, toutes sortes d'aspects assez durs dans l'enfance et qui font que les adultes qui viennent normalement au secours de l'enfant sont aussi des ennemis. Les adultes dans l'environnement immédiat de Louis sont ceux qui aident et ceux qui sont hostiles. Claire et Marcelle sont toutes les deux à leur tour la bonne mère et la mauvaise mère, à la fois ennemie et auxiliaire. Ce traitement variable va contribuer à l'ambivalence avec laquelle Louis regarde le monde. Le personnage de Pelo est très nuancé. Il commence par être l'ennemi de Louis et finit par devenir son ami. Pelo est un initiateur très important parce qu'il le fait accéder au monde des hommes. Comme M. Médouze, ce qu'il enseigne n'est pas un savoir sco-laire. Il s'agit d'une initiation très rurale, flagrante et très, très amusante. Outre aller à la pêche il y a l'affaire d'aller « pisser contre le mur » au cime-tière (102). Louis apprend à pêcher avec Pelo; il s'éveille à la sexualité en écoutant les propos de Pelo sur les femmes et sur l'amour, qui en dépit d'être grossiers, sont sympathiques et présentés d'une manière naturelle due à l'ambiance campagnarde.

Louis apprend beaucoup sur les mœurs de la campagne. Nous aussi, nous aurons « une mise au point sur des mœurs et des paysages que le lecteur le plus souvent ne connaît pas, ... L'enfant va donc servir d'œil naïf » (Dugast 275) : Marcelle donne un bain de campagne à Louis (50-51) ; après la messe de dimanche Marcelle fait ses courses (55) ; Louis découvre qu'il n'y a pas de salle de bains et que les cabinets WC, qui sont « comme les cabines de plage que Louis connaît bien » (24) se trouvent hors de la maison. Pour Louis, « les milieux mondains sont très souvent l'objet des observations de l'enfant... » (Dugast 279) : Louis regarde Marcelle qui fait la lessive dans le jardin (92) ; elle ramasse le linge, puis cueille des fraises du jardin (38) ; Louis est horrifié quand Marcelle tue le lapin (20) et quand elle va chez Dédé Allaire pour "l'exécution" des poulets (73-74). Nous voyons également dans *Le Grand-Chemin* ce que F. Dugast décrit comme : « Le recours au souvenir d'enfance [qui] permet en outre aux auteurs de faire apparaître dans cet univers si hiérarchisé une catégorie sociale très estimée, celle des artisans. ... l'enfant, quel que soit le milieu auquel il appartient, va les voir dans leurs ateliers, admirer leur savoir-faire (Dugast 283). Dans la menuiserie de Pelo « Louis est fasciné par les machines qu'entraîne un seul moteur antédiluvien... mais c'est surtout les gestes patients et minutieux de Pelo qui l'intéressent » (72).

Le parcours initiatique n'est pas facile pour l'enfant-héros, parce que Louis se trouve continuellement en position centrale des situations triangulaires : Claire-Louis-Pelo, Claire-Louis-Marcelle, Claire-Louis-bébé, Marcelle-Louis-Pelo. Dans la maison des Lucas, même la chambre de Louis se situe entre la chambre de Pelo et Marcelle et la chambre de l'enfant mort. Mais pendant son petit séjour, Louis se trouve aussi entre deux initiateurs qui l'aident, Pelo et Martine. Les étapes du récit d'apprentissage de Louis s'attachent à des événements itératifs comme les événements quotidiens suivants : l'accueil des fraises dans le jardin, les promenades avec Pelo, la messe, les observations dans l'if, d'autres jeux avec Martine aussi bien qu'aux événements singulatifs comme la scène du viol. Dans *Le Grand-Chemin* l'événement exceptionnel est l'escapade de Louis, le fait qu'il monte sur le toit de l'église. C'est le clou du film, son acmé. D'abord quand il y monte avec Martine, il ne se passe rien, mais plus tard, quand il y monte tout seul, on comprend que le film est fait pour cette épisode. Beaucoup d'importance doit être accordée à cet événement exceptionnel dans cette histoire. Louis sur le toit avec Martine est Louis qui bascule allégoriquement entre le monde des enfants et celui des adultes. Louis sur le toit tout seul, qui « pisse » sur le monde d'en haut, sans l'encouragement de Martine mais avec « l'expertise » acquise dans ses sessions de pisser contre le mur du cimetière avec Pelo, montre au monde qu'il fait le parcours initiatique. Cet événement singulatif est la « crise » qui va déclencher le rite de passage d'un monde à l'autre, l'événement qui marque la fin de l'enfance, de sa naïveté et qui le plante dorénavant dans le monde des adultes.

Cet événement du *Grand-Chemin* est comparable à l'aventure des bartavelles dans *La Gloire de mon père* de Pagnol. C'est le moment où Marcel prouve à l'oncle Jules et à son père qu'il sait se débrouiller dans le monde de la Nature. Marcel était un enfant des villes. Il est né à Aubagne et il a grandi à Marseille, et il ne connaissait vraiment de la campagne que les quelques textes qu'il avait entendus en cours, même avec un père instituteur qui avait une science pratiquement inattaquable.

Dans ce processus initiatique Marcel va être un peu déstabilisé parce qu'il va arriver à la campagne, et là il ne saura rien. L'initiateur va, donc, être un autre enfant, l'enfant de la campagne. Et en permanence il va y avoir ce double mouvement d'initiation : l'enfant de la campagne va initier celui de la ville et celui de la ville va apprendre à l'enfant de la campagne ce qu'il sait. Cela va être une sorte d'échange toujours généreux avec un émerveillement réciproque. Et de cet échange-là va naître une amitié. Leur première rencontre se passe avec l'intervention de Lili : « Hé l'ami ». Marcel explique : « Je vis un garçon de mon âge, qui me regardait sévèrement » (*Le Château de ma mère* 12).

L'irruption du personnage de Lili est dès le début une sorte d'opposition entre les deux enfants. Lili continue : « Il ne faut pas toucher les pièges des autres, dit-il. Un piège, c'est sacré! » On constate que la formulation est un peu comme une loi parce que Lili est de l'autre monde qui a d'autres lois. Et l'enfant de la ville les respecte:
« —Je n'allais pas le prendre, dis-je. Je voulais voir l'oiseau. » En regardant Lili, Marcel observe : « c'était un petit paysan. » (définition très simple pour Marcel—« petit » donc, rapport d'âge entre nous, « paysan », autre catégorie que la mienne). Marcel continue son observation de l'autre enfant : « Il était brun, avec un fin visage provençal », alors on apprend qu'il y a, donc, pour Marcel un type provençal des yeux noirs, et *de longs cils de fille*. (synecdoque, repris à la page 121, signe d'amitié). « Quand on trouve un gibier dans un piège, dit-il, on a le droit de le prendre, mais il faut retendre le piège, et le remettre à sa place » (12). Ces phrases qui sont au présent sont une sorte d'énoncé du code qui va commencer effectivement l'initiation de Marcel. On a l'impression que Marcel observe tout : « 'C'est une bédoüide.' Il le mit… et prit… il en fit… Avec une dextérité que j'admirai, » On aperçoit déjà l'amorce de l'amitié « il reboucha le tube… saisit la fourmi … , etc. ».

Cette description méticuleuse voulue par Marcel Pagnol est là pour attester la vérité dans la mémoire de ce qui s'est effectivement passé, mais surtout pour justifier les usages, la technique, toutes ces choses que l'enfant de la ville ne connaît absolument pas. Et en même temps ce personnage d'enfant permet de documenter le lecteur/spectateur sur ce qu'était l'enfance et les mœurs anciennes de la campagne, parce que le lecteur, derrière le personnage, s'initie aux mœurs anciennes de la campagne provençale. Par exemple, nous bénéficions de la question posée par Marcel : « Où c'est que tu prends ces fourmis? » à laquelle Lili répond : « —Ça, dit-il, c'est des 'aludes' » (13). Tout ce vocabulaire va peu à peu introduire les enfants dans cet univers et vont leur permettre la prise de connaissance de l'un et de l'autre:

> « Moi, je suis Lili des Bellons. »
> —Moi aussi, dis-je, je suis des Bellons. »
> Il se mit à rire : « Oh ! que non, tu n'es pas des Bellons !
> Tu es de la ville. C'est pas toi, Marcel ? ... »

L'initiation de Marcel au pays des collines comprend beaucoup de vocabulaire—mots provençaux comme « motteux », « bédouïdes ». Lili est le porteur de valeurs, traditions, coutumes, folklore provençaux : « Mais nous, on ne mange pas les bêtes froides. Je suis sûr que ça empoisonne. » Marcel en profite : « Lili ... proféra quelques jurons en provençal, et supplia la Sainte Vierge de le protéger contre ces 'limberts' ».

Entre les deux enfants se développent une amitié et une appréciation mutuelle :

> Lili descendit, avec l'aisance d'un singe, par la cheminée.
> « Ça a l'air d'un mauvais passage, dit-il. Mais c'est aussi bon qu'un escalier » [signe de compréhension pour l'enfant de la ville.]
> « Je le suivis. [signe de la confiance que Marcel fait déjà à son nouvel ami] Il parut apprécier mon agilité en fin connaisseur.
> « Pour quelqu'un de la ville, tu te débrouilles bien » [Ce compliment assure la solidarité établie entre les deux enfants](16-17)

Plus tard dans *Le Château de ma mère* Marcel apprend à Lili ce que c'est qu'un bain (93). Au début chacun des enfants garde bien son milieu, mais la mention de la renommée, l'histoire des bartavelles, du récit précédent, *La Gloire de mon père*, leur permet le rapprochement et permet au petit Marcel, qui était en position d'infériorité par rapport aux connaissances de la chasse de l'autre enfant, de retrouver un certain prestige. On se remet à niveau :

> « mon père ... m'a parlé de toi. Ton père, c'est le calibre douze, celui des bartavelles ? »
> Je fus ému de fierté.
> « Oui, dis-je. C'est lui.
> —Tu me raconteras ?

—Quoi ?
—Les bartavelles. Tu me diras où c'était, comment il a fait, et tout le reste ?
—Oh ! Oui... » (*Le Château de ma mère* 13)

L'initiation à la sexualité est bien différente pour le petit héros de Pagnol qui ne manifeste pas si ouvertement ses pulsions sexuelles. Selon Richard Coe, l'extase qu'éprouve Marcel, en cédant à des impulsions morbides (avec des fourmis et la mante religieuse) est l'équivalent enfantin d'un orgasme sexuel, et c'est à cause de l'intensité de la réaction postorgasmique qu'un tel épisode retient une importance capitale : « the irrational onset of sadistic violence is the infantile equivalent of a sexual orgasm, followed by the classic reaction : "Post coitum omne animal triste." It is because of the intensity of the postorgasmic reaction that such episodes remain supremely significant » (Coe 174). Les relations entre mère et fils aussi bien qu'entre père et fils dans le triangle du complexe d'Œdipe sont également très différentes de celles chez Antoine. Certainement Marcel glorifie Joseph, mais de temps en temps, avec beaucoup d'humour, Pagnol le présente comme l'appelle Coe, le père incompétent (the incompetent father), celui qui est obsédé par sa passion pour le bric-à-brac (145). Augustine, presque sanctifiée par Marcel, ne ressemble pas du tout à Mme Doinel, et les idées de Marcel sur les accouchements sont basées sur celui de Tante Rose où, selon le petit Marcel, on était en train de la « déboutonner ». Dans la version cinématographique des *Souvenirs d'enfance*, Yves Robert fait une digression par rapport au récit de Pagnol tout en ajoutant l'amitié avec Isabelle. Mais pour le jeune Marcel du roman de Pagnol aussi bien que pour l'auteur, il n'y a que sa chère Augustine. Il l'annonce bien franchement : « C'est pour vous dire que le monde change vite... Mais il y a une chose qui ne changera jamais : c'est l'amour des enfants pour leur mère, et j'ai écrit ce livre pour apprendre aux petites filles comment leurs fils les aimeront un jour... » (*Le Château de ma mère* couverture).

Comme nous venons de le constater chez le jeune Pagnol, liés à l'initiation à la sexualité il y a toujours beaucoup d'interdits. C'est toujours du genre d'infraction ou de tabou. Il est interdit de lire la nuit, ce qui rend la lecture d'autant plus attirante pour Julien et Jean. La lecture des *Mille et une nuits* se fait en cachette (*Au Revoir les enfants* 116-17). Julien apprend beaucoup en parlant avec François, son frère aîné, ainsi qu'avec Joseph.

Pendant l'échange de la confiture, Joseph explique à Julien que : « ça lui cale les ovaires » (27-29), et Joseph partage ses opinions sur « les femmes, ça coûte cher » (35).

Chez les Lucas, Louis surprend la scène du viol, qui doit être quelque chose d'incompréhensible pour lui, caché sous les couvertures de son lit, écoutant ce qui se passe dans la chambre d'à côté. Louis et Martine font leur initiation sexuelle, en particulier à partir de ce qu'ils observent de « l'observatoire » dans l'if. Ils regardent le monde d'en haut : Louis et Martine regardent Solange dans sa chambre, 30). Les deux enfants sont à la fois des observateurs satiriques et des voyeurs pendant qu'ils regardent Solange et Simon dans la grange (126-27). Martine est l'initiatrice à la sexualité pour Louis et la plupart du temps cela ne se passe pas trop mal, sauf pour l'incident des civelles (95-96). En général, il l'écoute, il accepte ce qu'elle dit. Après qu'il découvre le linge sale avec du sang chez Marcelle (69-70), Martine lui en donne l'explication, et cela semble s'intégrer aux autres visions de la vie (71) : de la fécondité, des enfants qui naissent. Elle l'encourage à « pisser » dans la gouttière d'en haut de l'église (138) un autre exemple du plaisir du tabou. Mais le spectateur doit se demander de nouveau si cela n'est pas plus marqué par les années 80 que par les années 50. La société des années 50, n'était-elle pas moins optimiste, beaucoup plus répressive sur des questions de ce genre, et remplie de tabous? (30).

Le contact qu'a José avec Carmen, cet ami beaucoup plus âgé que lui, est la base de son initiation à la sexualité. Son amitié avec Carmen permet à José de surprendre certaines choses sur les activités du patron, M. Mayel, et à travers le regard de José sur cette société, on reconnaît la critique de Joseph Zobel :

> En outre, M. Mayel entretenait, dans un des quartiers semi-populeux de la ville, une jeune négresse qui lui avait produit deux petits mulâtres. Cette femme tenait lieu à Carmen de seconde patronne, patronne bâtarde qu'il feignait de respecter autant que Mme Mayel et qui, en retour, affectait d'avoir pour lui beaucoup d'égards et de condescendance. (*La Rue Cases-Nègres* 277)

Il profite aussi des occasions pendant qu'il fait l'école buissonnière pour observer les couples dans les jardins publics (251), et lui aussi est témoin de choses qui ne sont pas destinées à son regard. La veille de l'examen du Certificat d'Études, il ne fait pas partie du groupe qui communie. A cause de la honte qu'il éprouve d'avoir surpris sa voisine avec son amant et de ne pas l'avoir confessé au curé, il avait cessé de communier (201). Il nous raconte que « ... par une fente de la cloison, j'avais vu notre voisine Mam'zelle Mézélie toute nue sur son lit avec un homme qui la touchait... » (200). José est un enfant qui a la fibre morale développée. Il souffre souvent de sa mauvaise conscience et s'inflige beaucoup de surmoi.

José a le soutien d'un autre initiateur. La présence dans l'histoire de M. Médouze est très importante. Puisque le père biologique est absent du récit, M. Médouze est la figure paternelle, grand-paternelle. C'est l'initiateur de José à l'histoire et aux mœurs de son peuple. Il communique l'importance des racines africaines, précisément de Guinée et du golfe de Guinée: José dit que « soit dans ses contes, soit dans ses propos, M. Médouze évoque un autre pays plus lointain, plus profond que la France, et qui est celui de son père : la Guinée. Là les gens sont comme lui et moi ; mais ils ne meurent pas de fatigue ni de faim. On n'y voit pas la misère comme ici » (*La Rue Cases-Nègres* 57). Au moment de la mort de Médouze, l'enfant croit le voir retourner à la Terre-Mère : « je m'attendais à voir le cadavre du vieux nègre raidi sur la planche trop étroite, s'élever aussi dans la nuit et partir pour la Guinée » (102). M. Médouze enseigne à José l'importance du rêve, l'importance de la dignité, l'importance de la culture noire, la culture antillaise ce qui est opposé au savoir livresque ou scolaire qu'on lui enseigne à l'école. Le savoir transmis par M. Médouze est plutôt un savoir sur la Nature, un savoir culturel, non technique. José excelle dans les deux mondes.

L'éducation sentimentale de José comprend deux découvertes principales : premièrement, les liens de l'amitié avec Carmen (son initiateur au monde de la sexualité), avec Raphaël et Jojo (des camarades de classe dans la version littéraire), avec Léopold (dans la version cinématographique) et l'admiration pour l'institutrice et pour l'instituteur, M. Roc ; et deuxièmement, la révélation des forces des préjugés raciaux, de la méchanceté des hommes comme le béké, des injustices. Pour José, c'est toute une prise de conscience de la philosophie, de l'idéologie et du schéma de la société hiérarchisée, pyramidale, qui l'entoure.

Parlant de l'intrigue du récit dans *L'Introduction à l'analyse structurale des récits*, Roland Barthes montre que ce sont les événements principaux qu'il dénomme les « fonctions cardinales » qui accomplissent l'intrigue et il décrit ces événements comme des moments de risque : « c'est l'armature des fonctions cardinales qui l'accomplit (l'intrigue)... Ce qui les constitue, c'est ... le risque : les fonctions cardinales sont les moments de risque du récit » (22). En analysant les événements itératifs et singulatifs des œuvres de notre étude, nous remarquons que chaque récit a le rythme des événements quasi-quotidiens, sans doute typiques de beaucoup d'autres fois (des événements itératifs), qui opposent des événements qui ne se passent qu'une fois, (des événements singulatifs), qui établissent la structure des séquences et qui fournissent l'enchaînement même de l'histoire avec des effets de suspens. Ceux-ci suscitent l'attente et l'inquiétude de la part du lecteur/spectateur. (Barthes, 23). Dans *Jeux interdits*, par exemple, l'arrivée de Paulette, la petite Parisienne, au hameau de Saint-Faix est ce qui met en action toute l'intrigue de l'histoire. Toute l'histoire découle de la rencontre entre Michel et Paulette, et cette rencontre détermine la destinée des deux enfants. Cet incident unit la destinée de Michel à celle de Paulette. Puisque les enfants-héros de l'adaptation cinématographique de *Jeux interdits* sont si jeunes, René Clément choisit de montrer des relations moins chargées que celles du roman de François Boyer, c'est plutôt une amitié frère-sœur. (Nous analyserons cet aspect du récit littéraire au chapitre IX quand nous examinerons « Les Poètes de sept ans » de Rimbaud et la destruction du cliché de l'enfant angélique.)

Dans *Au Revoir les enfants*, puisque le spectateur comprend que l'enfant, Jean, est juif et que par conséquent dans les bains-douches ou dans la forêt parmi les Allemands il risque beaucoup, cela peut être très dramatique pour lui aussi bien que pour le spectateur. Dans ce film, même les événements itératifs, ceux qui font partie de la vie quotidienne du collège, c'est-à-dire tous ceux qui se passent dans : la salle de classe, la chapelle, la cour de récréation, le réfectoire, le dortoir (la lecture partagée la nuit 51, 65, 116-17), sont animés par la rivalité entre Julien et Jean. C'est un autre aspect de l'intrigue mentionné par Barthes : « beaucoup de récits mettent aux prises, autour d'un enjeu, deux adversaires, dont les 'actions' sont de la sorte égalisées » (Barthes 36). En revanche, les événements singulatifs sont ceux qui ne se passent en effet qu'une fois. Ce sont des événements qui font partie de l'enchaînement des séquences, de « l'armature des fonctions cardinales » de Barthes : la forêt, le restaurant le Grand Cerf, le film de Charlot, le duo au piano, le don (l'échange des livres) au moment des adieux, l'arrêt des enfants juifs et du bon Père Jean. Ce sont des moments de risque de l'intrigue. Voilà deux critiques qui commentent certains de ces moments. Jean-Claude Loiseau croit qu' :

> Une courte scène dans le film [*Au revoir les enfants*], mais une qui est très chargée d'intrigue à cause d'un moment fort de la séquence c'est celle de la circulation des fidèles qui s'approchent de l'autel pour recevoir l'hostie. La surprise du prêtre au moment où il arrive devant Bonnet, l'enfant juif, hésite à lui donner l'hostie et passe à Julien qui, d'un regard, saisit l'insolite de la situation. [Gros plans sur le visage des deux enfants.] (93)

et Simone Suchet, écrivant au sujet du même film dans *24 images-La Revue Québecoise* fait les remarques suivantes :

> ...dans une scène admirable [cinéroman scène 49, p. 120 ; scénario *plan 425*, p. 71], celle où Julien, lors de la visite de la Gestapo, croyant tout danger écarté, lance en direction de son ami un regard soulagé, regard qui sera surpris et compris par l'officier de la Gestapo. Qui pourra jamais dire que ce n'est pas Julien qui a involontairement trahi son ami? Et c'est ce regard [cet événement singulatif si important] qui donne toute la force poignante à cette phrase prononcée en voix off par un réalisateur qui n'a jamais pu oublier :
> « **La voix:** Plus de quarante ans ont passé, mais jusqùa ma mort je me rappellerai chaque seconde de ce matin de janvier ». (59)
> [Dans le scénario du film, *plan 486*, p. 75 **Voix du narrateur.** [Dans le cinéroman, p. 133]

Considérons ce que dit Louis Malle dans un entretien sur *Au revoir les enfants* avec Françoise Audé, Jean-Pierre Jeancolas :

> ... je suppose qu'une des composantes de mon souvenir, c'est une culpabilité que j'ai gardée et qui a certainement influencé ma vie, ma façon de penser et même mon travail. L'idée que ce qui s'est passé était profondément

injuste, que ça n'aurait pas dû se passer, et qu'après tout on était tous responsables. (32)

parce que justement, le petit Julien ne trahit-il pas, sous le vouloir, Jean, quand il se retourne pour le regarder pendant l'interrogation des Allemands dans la salle de classe? Ce moment peut-il se classer comme un de ces moments singulatifs de la vie où une impulsion, un instinct, un vouloir inconscient, nous domine?

Les rites de passage des enfants-héros en question, nous découvrerons, sont liés à un moment de risque où l'enfant doit faire face à des réalités qui vont changer à tout jamais sa vie. C'est le moment qui marque la fin de l'enfance. Dans *Jeux interdits*, par exemple, la mort des parents de Paulette suivie de la mort de Michel se traduisent en « la véritable fin de son enfance, la rupture avec tout ce qu'elle aimait » (Dugast, 296-97). Pour Julien (et pour Louis Malle aussi) c'était pareil avec la perte d'un ami. « Depuis toujours, le cinéaste voulait mettre en scène ce moment de sa vie ce « coup de tonnerre » qui l'a fait entrer brusquement dans le monde des adultes » (Genin 16).

Nous trouvons très efficaces les remarques de F. Dugast au sujet du climat dans lequel les séquences du récit se déroulent, le ton de l'issue de l'enfance et le système d'oppositions qui s'établit entre le bonheur et le malheur. Elle explique que: « La tonalité heureuse ou triste de l'événement narré tient souvent au contenu même de l'intrigue, » mais que cela n'est pas le seul facteur agissant. Elle affirme que : « cette appréciation affective ne tient pas seulement au contenu des aventures : elle est souvent imposée par les réflexions de l'auteur, qui qualifie événements et personnages, qui analyse et juge ses impressions ou celles du héros » (Dugast 106).

Certainement dans *Les Quatre cents coups*, *Jeux interdits* et *Au Revoir les enfants* « ... les interventions de l'adulte donnent fréquemment un arrière-goût amer » (106). Dans ce dernier récit, par exemple, l'enfance de Julien est plutôt favorisée: mère indulgente et attentive, famille riche, des biens matériels, l'accueil et la bonne éducation du collège, les valeurs des pères sur lesquels les enfants peuvent se modeler. Son enfance aurait été très agréable sans certaines circonstances. Cependant plusieurs facteurs opèrent un grand changement et donnent à ce film son ton austère; d'abord les circonstances de l'hiver et de la guerre, puis la juxtaposition qui montre l'opposition entre les deux enfances, celle de Julien et celle de Jean qui est une tragédie—pas de contact avec ses parents, pas de lettres, peur continuelle, perte de famille, persécution, mort.

La tonalité des lieux imprégnés de l'hiver et de la guerre, et surtout du spectre de la mort liée aux deux, fait penser aux contes de Guy de Maupassant dans *Boule de Suif et autres récits de guerre.* Dans « Le Mariage du Lieutenant Laré » nous lisons : « La neige, qui tombait toujours, les poudrait de blanc dans l'ombre; … la nuit étant obscure… la pâleur uniforme de la campagne …on n'entendait plus cet innommable froissement de la neige qui tombe, plutôt sensation que bruit, murmure sinistre et vague… la troupe… laissait derrière elle une espèce de fantôme blanc debout dans la neige » (Claude Aziza, *Boule* 22) et plus loin « … la neige. Là-bas, au milieu de la plaine, une grande ombre noire courait. C'était comme un monstre fantastique… » (24).

Dans la préface à *Boule de suif*, nous apprenons que pour Maupassant, comme pour Malle, l'angoisse de ce trauma d'enfance, ou de fin d'enfance, a les mêmes effets. D'abord ce sont des souvenirs qui restent à tout jamais dans la mémoire : « *Boule de suif* où resurgit, violente au bout de dix ans comme au premier jour, l'expérience d'un garçon de vingt ans découvrant la réalité sordide de la guerre » (8). Et puis la découverte de la compromission des adultes va mettre fin à l'enfance :

> « C'est donc par la guerre que Maupassant a fait son entrée dans l'âge d'homme. Et l'humanité lui fut donnée à voir dans sa nudité, pitoyable et répugnante. Ce sanglant rituel d'initiation a sans doute marqué à jamais son imagination… les images de la guerre renaissaient, intactes, vivantes, terrifiantes. . . » (*Boule de suif* 9).

Finalement, nous découvrons le parallèle des sentiments très forts contre la guerre qui laissent un arrière-goût amer chez les deux conteurs : « L'expérience le lui a appris très tôt et il n'en démord pas : pour Maupassant, la guerre, toute guerre est abominable. Parce qu'elle transforme les hommes en brutes affolées qui tuent « par plaisir, par terreur, par bravade, par ostentation » (16) (c. f. *Dossier*, p. 245).

Dans *Les Quatre cents coups*, comme dans *Jeux interdits*, les éléments de pathétique, d'émotion, de trouble font partie des tons du récit. Ces éléments se présentent tout au long du déroulement de l'histoire et se cristallisent dans le dénouement, donnant au ton de l'issue de l'enfance un aspect très négatif. Ce sont des enfances vraiment malheureuses, même tragiques. Dans les cas d'Antoine Doinel (*Les Quatre cents coups*) et de la petite Paulette des *Jeux interdits*, on remarque la disparition des parents à des moments difficiles et particulièrement au moment de l'épreuve. Dans ces récits, l'œuvre, soit littéraire soit cinématographique, se termine par une ambiguïté en ce qui concerne l'avenir du petit personnage. Dans les ouvrages de Truffaut, de Boyer, et de Clément, en dépit du caractère heureux de certaines séquences, c'est un ton malheureux qui les domine. « En fait, les séquences relativement euphoriques... tendent surtout à faire ressortir le caractère tragique de l'ensemble de l'histoire contée » (Dugast 135). Dans le roman de Boyer, la mort de Michel, comme la mort des enfants juifs dans le film de Malle, donne une tonalité tragique. « Mais plus subtilement, elle [cette tonalité tragique] se dégage du combat que l'enfant [et nous pensons immédiatement à Antoine Doinel] mène souvent pour défendre certaines valeurs essentielles... ; la compromission à laquelle ils [les enfants-héros] sont acculés prend les dimensions d'une mort spirituelle. » (Dugast 616-617).

Une analyse de l'esquisse du scénario envoyée par Truffaut à Marcel Moussy qui devait écrire la version définitive des *Quatre cents coups*, révèle nettement le vocabulaire, le ton négatif et malheureux et l'arrière-goût amer superposés par le cinéaste :

> 1° Antoine à l'école; ça va *mal* ;
> 2° Antoine chez lui; ça va *mal* également (il faut montrer que l'un découle de l'autre et réciproquement) ;
> 3° Première *fugue* ;
> 4° Antoine chez lui, *de pire en pire*, à cause du *mensonge* et à cause des *brimades scolaires* consécutives à ce *mensonge* ;
> 5° Antoine à l'école, *de pire en pire* (à cause du *mensonge* et des *brimades*, à cause de l'ambiance familiale) ;
> 6° L'amitié avec René (Robert) qui... ; l'amitié avec Robert (René) plus libre, plus *dévergondé*, entraîne *des fautes d'Antoine* à l'école et chez lui, d'où *aggravation* de la situation.
> 7° *Seconde fugue*; *vagabondage* avec Robert, chez Robert ;
> 8° *Vol* de la machine à écrire ;
> 9° Arrestation ;

> 10° La vie au *centre* [d'observation de délinquants mineurs] ; *évasion* et fin. (*François Truffaut Correspondance 1945-1984*, lettres recueillies par Jacob et Givray 147)

On pourrait donc dire que l'enfance d'Antoine est globalement malheureuse. La fin ambiguë peut être interprétée de manières différentes. Est-ce qu'Antoine a enfin trouvé la mère (en forme de mer, la mère Nature) qui lui manquait? ou malgré sa fuite ne parviendra-t-il pas à s'échapper de sa situation infortunée? En effet, cette dernière image, n'est-elle pas bouleversante? Ne peut-on pas lire l'angoisse sur le visage d'Antoine? Et la musique, la même qui revient aux moments d'isolement et de solitude pour Antoine? N'est-elle pas donc une fuite angoissante, incertaine?

Si les récits de Boyer, de Clément, de Truffaut, et de Malle, sont imprégnés de sombres souvenirs d'enfance et d'adolescence, c'est tout à fait le contraire pour Pagnol dont les *Souvenirs d'enfance* débordent de joie. L'école pour Marcel est une expérience très agréable partagée avec Joseph : « Chaque soir, à six heures, je sortais de l'école avec lui » (son père) (*La Gloire de mon père* 68). Et il raconte tant d'autres moments particulièrement heureux : les visites au parc avec la Tante Rose, les visites de dimanche de l'Oncle Jules et de la Tante Rose, les moments où la famille retrouve la campagne pendant les vacances, toutes les aventures de la campagne—les jeux d'Indiens avec le petit Paul, les randonnées avec Lili, même les aventures du parcours le long du canal et de la porte noire. Pour tous ces événements, c'est un itératif heureux : des rituels agréables pour l'enfant. Ce n'est pas du tout la monotonie. L'enfance de Pagnol, jusqu'à l'âge de quinze ans, est incroyablement heureuse, bénie, pleine de joie et d'apprentissages, d'amour, d'amitié. On a l'impression que, puisque sa mère meurt jeune, il ne veut se souvenir que de ce qui est heureux. (On en parlera plus longuement au chapitre VIII.)

Pour José aussi, grâce au soutien que l'enfant ressent de la part de son entourage et de son environnement immédiat, le ton de l'issue de l'enfance est très positif, très heureux. M'man Tine veille sur l'enfant, et José, même aux moments où il se plaint des contraintes, est très reconnaissant de l'amour de sa grand-mère : « Par conséquent, mon idée d'aller dans les petites-bandes eut à peine le temps de prendre corps. D'ailleurs, elle n'aurait pas abouti. M'man Tine s'y serait formellement opposée et m'aurait même battu pour avoir conçu un tel projet ». M. Roc, de sa part, fait une attention vigilante à la vie scolaire de José, et, malgré l'angoisse associée aux études et surtout l'anxiété liée aux examens, José apprécie beaucoup son instituteur : « Et tout était régi par la crainte des calottes de M. Roc, et par le souci que M. Roc et nos parents nous inculquaient depuis la rentrée : celui de l'examen du Certificat d'Études Primaires » (181). Les soucis et les soins manifestés par les adultes sont les mêmes que l'on trouve chez Pagnol. En dépit du fait que cet enfant vit dans la pauvreté extrême, et dans des conditions pénibles, c'est une enfance heureuse. José parle de la « joie » de la rivière (*La Rue Cases-Nègres* 83) et il dit qu'« En somme, grâce à tous ces divertissements [avec les autres petits de la Rue Cases-Nègres], je ne souffrais de rien » (84). Et puis José, puisqu'il est exceptionnel, va profiter d'une mobilité sociale. Selon Raphaël Bassan : « Peu d'entre eux (les enfants de la Rue Case-Nègres) échapperont au destin de leurs aînés. Ce sera pourtant le cas de José ... que sa grand-mère pousse à s'instruire, pensant que le savoir est la clé de la libération» (47).

En regardant la version cinématographique de *La Rue Case-Nègres*, on observe non seulement les parallèles entre la vie de l'enfant-héros et celles de Zobel et de Palcy, mais aussi une intertextualité filmique. Dans son entretien avec June Givanni, par exemple, Euzhan Palcy, en parlant du film, mentionne François Truffaut comme l'un de ses pères cinéastes spirituels (291) et nous constatons son influence dans *La Rue Cases-Nègres* dont l'incident en ce qui concerne le héros accusé par le professeur de plagiat (qui est, bien sûr, présent dans le livre de Zobel) en est un exemple. Il y a d'autres exemples d'une préférence pour et d'un traitement de certaines scènes en particulier que nous regarderons un peu plus loin dans ce chapitre.

En regardant *Au Revoir les enfants*, nous pouvons trouver des parallèles avec les contes de Maupassant comme ceux montrés ci-dessus. On peut également constater l'héritage des pères cinéastes. Julien et Jean nous paraissent comme des miniatures des héros de *La Grande illusion* de Renoir : Maréchal, Bœldieu et Von Rauffenstein pour qui l'amitié transcende les clivages sociaux et nationaux. Deux garçons qui se serrent la main et se disent adieu rappellent aussi Antoine et René des *Quatre cents coups*. Là, c'est le symbole de l'amitié qui transcende les barrières de classe. Dans ce film de Malle on trouve aussi la mise en abyme du cinéma de Charlot, ce que le cinéaste explique comme « une dette » au père spirituel : « ... j'ai toujours adoré Chaplin qui est le premier cinéaste à m'avoir fait rire. En intégrant un extrait de l'Emigrant dans mon récit, j'ai un peu le sentiment de lui payer ma dette » (Schidlow 20). Pour Jean et Julien, comme ce l'était pour Antoine et ses parents, c'est leur moment d'oubli au cinéma, et ici comme dans *Les Quatre cents coups* ce n'est certainement pas choisi par hasard. On a aussi le sens que Louis Malle a certainement été influencé par son prédécesseur René Clément. (Voir le chapitre IX.) De même, Louis sur le toit de l'église dans le *Grand-Chemin* fait penser à Michel dans le roman de Boyer qui monte en haut de la chapelle pour prendre la croix (Boyer 145-46). Louis et Martine dans le cimetière du *Grand-Chemin* ont clairement été inspirés par Paulette et Michel des *Jeux interdits*. Le hibou qui jouait un rôle important dans la vie du petit Marcel dans les œuvres de Pagnol et conséquemment dans le film d'Yves Robert, n'a-t-il pas comme aïeul celui de Michel dans *Jeux interdits*? Les adieux difficiles entre mère et fils de Louis et Claire au début du *Grand-Chemin* rappellent ceux de Julien et Madame Quentin à l'ouverture d'*Au Revoir les enfants*.

Pierre Kast, dans sa critique « Le jeu de grâce des petits anges » croit que : « Le sujet [des *Jeux interdits*] est voisin de celui des quelques livres-clefs de la littérature enfantine, *Alice au pays des merveilles*, *Un Cyclone à la Jamaïque*, ou *The Turn of the Screw* (65) (Au chapitre XI on parlera plus longuement de la différence de valeurs entre enfants et adultes.) et André Bazin, en ce qui concerne « la moralité de l'enfance » ou l'« amoralité » fait la comparaison entre *Jeux interdits* et *Le Diable au corps* (le livre) (21).

Un genre dans le récit d'enfance auquel pas mal d'auteurs littéraires et cinématographiques ont consacré au moins une scène, c'est le chahut. Les scènes dans le dortoir du film de Malle rappellent celles de Jean Vigo dans *Zéro de Conduite* et celles des salles de classe font penser aux *Quatre cents coups* et à *L'Argent de poche* de Truffaut. Nous observons donc souvent ce phénomène où les metteurs en scène se citent ou s'inspirent, l'un de l'autre. Les noms dérisoires et féminins pour les professeurs et pour les prêtres dans *Les Quatre cents coups* : « Bécassine », « Petite Feuille », « Bonjour, ma mère » ont leurs appellations comparables dans *Au Revoir les enfants* : « Babasses », « La Mère Michel ». L'enfant qui fait une fugue apparaît dans presque tous les récits de notre étude : *Les Quatre cents coups, Jeux interdits, La Rue Cases-Nègres, Le Grand-Chemin, La Gloire de mon père*. Tous ces enfants-héros se modèlent sur les héros d'autres films antérieurs. *Zéro de conduite* est un film sur l'enfance qui a fait date. Dans l'esquisse du scénario définitif des *Quatre cents coups*, Truffaut écrit : « ...on te colle des zéros de conduite toutes les semaines » (*Les Quatre cents coups*, Esquisse de scénario, 16). Truffaut confie que : « Dans mon film *Les Quatre cents coups*, il y a eu—ce que tout le monde y a vu—l'influence de Jean Vigo, qui est évidente » (Dalmais 39). Très probablement il fait référence aux caricatures des professeurs à la *Zéro de conduite*. La cour de récréation de l'école dans *Les Quatre cents coups* (37) est empruntée à *Zéro de Conduite*, et pareillement dans *L'Argent de poche*, *Au Revoir les enfants*, *La Rue Cases-Nègres*.

L'intertextualité est très fortement évidente dans les ouvrages étudiés, mais nous observons également, et surtout chez Truffaut et chez Malle, une certaine intratextualité. En faisant une comparaison, par exemple, des deux films de Truffaut, *Les Quatre cents coups* et *L'Argent de poche*, on trouve que le premier film est beaucoup plus pessimiste et noir et le deuxième beaucoup plus léger. On peut faire la même observation en ce qui concerne les films de Malle où certains thèmes de l'intrigue et des personnages se ressemblent beaucoup.

Le personnage de Joseph dans *Au Revoir les enfants* rappelle celui de *Lacombe Lucien*, d'un film antérieur de Louis Malle. C'est l'histoire d'un petit jeune homme du sud-ouest, qui n'est pas tellement intelligent, un petit peu débrouillard. Il est rejeté par la résistance où l'instituteur dit qu'il est trop jeune et que c'est trop dangereux. Puis par bêtise, par hasard et aussi pour faire pression sur une belle jeune fille juive dont il est amoureux mais qu'il n'arrive pas à atteindre, ce pauvre garçon que l'on n'avait pas pris au sérieux, s'engage dans la collaboration. Il peut ainsi menacer le père et obliger cette jeune fille à avoir des rapports avec lui. C'est très ambigu parce que cela montre comment on peut devenir soit résistant soit collaborateur un peu par hasard. Dans le milieu des années 70 à la sortie de *Lacombe Lucien*, ce film a fait une sorte de scandale et cette dimension du film a été fortement critiquée : comment peut-on dire que le matin on peut être résistant, le soir collaborateur, quelle horreur! Dans *Au Revoir les enfants*, Joseph aussi devient collaborateur un peu par hasard. Ce n'est pas un être très méchant. Il est bête et il est faible, mais le résultat est tragique. Ces gens rejetés qui se vengent ont du pouvoir car ils font envoyer en camps de concentration et font tuer des gens innocents qu'ils ont connus.

Selon de nombreux critiques, *Lacombe Lucien*, l'antihéros de cet autre film de Louis Malle, ressemble au personnage de Joseph. Voilà ce que le cinéaste révèle à ce sujet-là dans son entretien avec Françoise Audé et Jean-Pierre Jeancolas :

> La vérité, c'est que le tout premier scénario de *Lacombe*, ... commençait dans une école, et le personnage, c'était le Joseph d'*Au Revoir les enfants*, ce garçon de cuisine mis à la porte qui pour se venger allait à la Gestapo. Puis très vite on l'a enlevé. Je me suis dit : « C'est une chose que je ferai un jour, c'est un autre sujet. (33)

Mais, en même temps, *Au Revoir les enfants* est un tableau beaucoup plus complet que *Lacombe Lucien*. Dans celui-là on trouve les résistants, on trouve ceux qui aident les Juifs, on trouve la très large solidarité chrétienne des professeurs du pensionnat. Il y a une image beaucoup plus large que les images très pessimistes que l'on trouvait dans *Lacombe Lucien*. *Au Revoir les enfants* donne, sans doute, une image beaucoup plus complète de la France de cette époque et certainement généreuse. Chez Louis Malle on trouve aussi un metteur en scène qui a osé s'attaquer aux tabous. Julien nous rappelle un peu le fils dans son film jugé scandaleux, *Le Souffle au cœur*, parce que c'est franchement une scène d'inceste dont le spectateur est témoin. Cette « obsession » dans le cinéma de Louis Malle a fait beaucoup de bruit en France quand le film est sorti. On n'était jamais allé aussi loin au cinéma. Au fond cet enfant qui adore sa mère est présent là dans le personnage de Julien, cet Œdipe de Julien; ce sont des variations sur un thème.

Chez Truffaut on trouve des techniques semblables : des références constantes à d'autres films, de Renoir, de Hitchcock, ou à ses propres films, et pour cet autodidacte, des rapprochements aussi avec la littérature et la poésie. Ne peut-on pas trouver une correspondance entre Jacques Prévert et François Truffaut? L'image cinématographique d'Antoine Doinel ne rappelle-t-elle pas l'image de l'adolescent du poème de Prévert, *Le Cancre*? Chez Prévert on trouve les mêmes idées, les mêmes images poétiques : la révolte de l'adolescent, les maîtres méchants, la société oppressive, l'enfant qui est spontané et qui apprend à se débrouiller :

> Le Cancre
> Il dit non avec la tête
> mais il dit oui avec le cœur
> il dit oui à ce qu'il aime
> il dit non au professeur
> il est debout
> on le questionne

> et tous les problèmes sont posés
> soudain le fou rire le prend
> et il efface tout
> les chiffres et les mots
> les dates et les noms
> les phrases et les pièges
> et malgré les menaces du maître
> sous les huées des enfants prodiges
> avec des craies de toutes les couleurs
> sur le tableau noir du malheur
> il dessine le visage du bonheur. (Gallimard, collection fol benj 2)

Et comme Malle, il emploie la même image dans quatre ou cinq films, d'une manière à s'amuser un peu ou peut-être pour le spectateur. On constate donc dans *Les Quatre cents coups*, « Antoine [qui] jette la bouteille dans un égout. » (72) et Julien Leclou qui fait de même dans *L'Argent de poche*. Tout ce qu'on a déjà vu dans le premier film est répété par Truffaut dans cette version plus légère : cinéma, salle de classe, transgressions, enfant négligé, la découverte de ce qu'il perçoit comme injustices. Ainsi observons-nous dans chacun des récits de notre groupe une certaine intratextualité ou intertextualité (littéraire ou filmique). Nous suivons le parcours initiatique de chaque enfant-héros, les étapes de son *bildungsroman*. Nous trouvons les événements très typiques d'une enfance normale qui contribuent à faire de nos enfants-héros des enfants comme les autres, et en même temps, certaines préoccupations particulières dont la charge et la portée sont liées spécifiquement au futur artiste (écrivain ou cinéaste). Nous voyons surtout l'auteur-réalisateur qui, caché derrière son petit personnage, porte jugement sur sa société.

CHAPITRE VII
UN REGARD CRITIQUE SUR UNE SOCIETE

Le regard de l'enfant—« un document sur une réalité »

A la fin du chapitre précédent nous remarquons « la manière dont le regard de l'enfant sert de truchement à une vision du monde » (Dugast 201). « Cette interprétation du réel » de la part de l'auteur ou du réalisateur, caché derrière son personnage de l'enfant-héros, fait partie de la focalisation subjective expliquée au chapitre III. Comme l'affirme Dugast, ces œuvres littéraires et cinématographiques sont employées pour fournir un document sur une réalité : « Ainsi les développements sur l'enfant se trouvent-ils en fait utilisés par l'écrivain pour une fin plus ou moins explicitement indiquée ... ils aboutissent à des conclusions morales ou psychologiques et fournissent un témoignage sur la société » (Dugast 201). Vu sous l'angle enfantin, le monde des adultes apparaît soit favorable dans le cas du petit Marcel Pagnol, soit hostile et injuste de l'avis d'Antoine Doinel et de Paulette.

Paulette et la société rurale des années 40—l'enfant victime de la guerre

Comme toutes les œuvres que nous avons choisies, *Jeux interdits* a un aspect documentaire et l'on pourra en tirer des conclusions sur la société de cette époque-là. C'est la campagne de l'époque de la Deuxième Guerre Mondiale qui est encore une campagne très rétrograde où les paysans vivent d'une façon plus ou moins coupée du monde extérieur et où l'on voit la religion mêlée aux superstitions. C'est à travers les yeux de Paulette qu'on va voir et à travers ses sentiments et ses émotions que l'on va ressentir l'exode, la vie rurale des années 40, l'opposition entre la ville et la campagne, et les superstitions et les soins médicaux très primitifs. Le lecteur de Boyer et le spectateur de Clément vont surtout ressentir le regard sévère provoqué par la disparition des protecteurs naturels de l'enfant. Personne ne contestera le fait que Paulette est une enfant victime de la guerre. Le lendemain de la mort de ses parents, chez les Dollé, Boyer nous raconte :

> Le lendemain matin Paulette se réveillait dans un grenier sordide.
> Elle entendit tout d'abord une foule de bruits indistincts qu'elle eût voulu savoir identifier. Mais sa connaissance de la campagne était par trop embryonique. [embryonnaire] (...) ... toute cette faune bruyante, prenant soudain la place des images muettes et figés qu'elle avait coutume de se représenter, elle se sentait maintenant ignorante de leur vraie vie, cruellement dépaysée. (Boyer 33)

En effet, les moments heureux sont rares et très épars et les deux enfants de l'œuvre de Boyer sont continuellement en situation de victimes. Paulette représente l'enfant victime de la Deuxième Guerre Mondiale, traumatisée par la perte de ses parents et d'un chien qui meurent pendant les coups de mitrailleuse sur la route de l'exode de Paris. Son trauma se manifeste de manières variées : comportement rigide, terreur, colère, évasion. Orpheline, elle devient obsédée par la mort. Pour Michel (et pour Paulette aussi) le contact avec un père agressif et avec les autres campagnards belliqueux est une source perpétuelle de peur et d'angoisse. Michel devient également victime des caprices et des fantaisies de Paulette, et de son attraction quasi hypnotique. Les enfants s'abritent du monde hostile des adultes et se consolent dans leur monde de *Jeux interdits*. Mais c'est aussi un monde dangereux où la fatalité s'acharne sur les deux. Michel perd la vie, Paulette perd son petit protecteur et meilleur ami. Avec la mort de Michel comme dénouement de son ouvrage, Boyer montre l'extrême désillusion de l'enfant, celle d'être privé de son issue normale.

Dans ce récit, on voit des transgressions de la norme. Si l'infraction commise par l'enfant ou son atténuation de la loi représentée par l'adulte ne nous choque pas, n'est-ce pas parce que ce sont des lois arbitraires et punitives? Dans l'environnement immédiat de Michel il y a aussi des infractions à la règle, mais pas celles des enfants. Tous les adultes, eux, ne la respectent pas. On observe l'abus physique aussi bien que l'abus émotionnel : le vol, les bagarres. Les adultes ne jouent pas le rôle qu'ils devraient jouer car ils ne servent pas de bons modèles de comportement. Paulette et Michel apprennent beaucoup de choses qui ne leur sont pas destinées. Ils apprennent quelque chose sur le monde des adultes qu'ils ne devraient pas savoir mais, selon Claude Mauriac du *Figaro Littéraire*, ce n'est pas les enfants qui sont responsables de l'infraction, ce sont les adultes qui ne respectent pas la règle :

> C'est à travers la vision des enfants que nous apparaît ici le monde des grandes personnes. La terre des hommes est devenue celle des petits d'hommes. Tout a changé de signe. Rien n'a plus le même sens. Il ne s'agit pas de respecter quoi que ce soit d'autre que cet absolu : le pouvoir transfigurateur de l'enfance. (Mauriac, L'Avant-Scène Cinéma 43)

Louis et la campagne d'après-guerre

Pour certains des enfants-héros de notre étude, comme pour Louis du *Grand-Chemin*, le monde des adultes se présente d'une façon ambivalente. *Le Grand-Chemin* représente un monde tout nouveau pour Louis où il ressent sa différence dès son arrivée chez les Lucas quand Marcelle lui annonce que Martine « n'a jamais vu de Parisien d'aussi près » (Hubert 27). Louis n'a jamais vu cette campagne d'après-guerre qui, comme celle de *Jeux interdits*, est encore très rétrograde. Les gens vivent d'une façon encore relativement simple. Puisque Louis ne voudrait pas être chez Marcelle et Pelo, préférant rester avec sa mère à Paris ou bien aller voir son père à Nice, ses premières impressions du Grand-Chemin sont celles d'un monde hostile. Le conflit entre Marcelle et Pelo est particulièrement difficile pour Louis. En revanche les renseignements sur les femmes partagés par Pelo pendant leur journée à la pêche est une manière de dire que la vie est vraiment très belle quand tout va bien avec les filles et avec les femmes. Et il propose à Louis une vision relativement heureuse de ce que peut être une jeunesse auprès des filles : rigoler, danser, s'embrasser. (114-21) L'amitié qui se développe entre Louis et Pelo est sans doute la partie la plus poignante de l'histoire. Un tout petit passage curieux et frappant est celui où Louis dit à Pelo « Je serai menuisier comme toi ». Et Pelo lui répond : « tu seras moins con que moi ». Pelo ne veut pas qu'il soit menuisier. Pelo est un de ces campagnards qui travaillent de leurs mains et qui se sentent très dévalorisés. Dans cette société des années 50, comme dans celle des années 80 où le film a été tourné, avoir un métier manuel n'est pas particulièrement presti-gieux. Pelo préfère que Louis fasse ses études. Ce sont les sentiments d'un père qui veut que son fils ait une meilleure vie (75-77).

A travers la plupart de l'histoire, dès le début jusqu'à la page 145, Hubert présente Louis comme un enfant très sensible, timide, « inquiet » (17) craintif : « l'enfant qui s'était figé en découvrant le cadavre du lapin à demi dépecé, son regard allant de la bête à la flaque de sang qui noircit déjà sur le sable, puis se posant sur le couteau et la main sanglante du bourreau [Marcelle] qui se penche sur lui » (21). Louis est l'enfant : « au bord de la nausée » (95) ; d'abord amené par sa mère (17, 18) et puis entraîné partout par Martine (94-95). Louis est fâché et il a peur parce qu'il se sent abandonné d'abord par son père qu'il ne voit plus, puis par sa mère qui le laisse dans un monde hostile à la naissance d'un deuxième enfant. Louis a peur de coucher dans la chambre et dans le lit même de la morte. Il a peur des revenants, des fantômes et se sent menacé par la grand-mère décédée de Pelo. Louis a en particulier peur que la morte ne traverse la rue. (48) Il a peur dans le cimetière avec Martine (94-95). Il se sent menacé aussi quand il sent les autres menacés autour de lui.

Ses observations et surtout son contact avec Pelo, Marcelle, et Martine permet à Louis d'acquérir graduellement ses connaissances sur le monde. Cela commence quand il « brise le masque fragile de sa mère en demandant, la voix dure : « Et papa? Il va m'écrire aussi? » (37). Mais quel est l'événement qui déclenche le moment de passage au monde adulte et qui change sa façon naïve, peureuse et défavorable de regarder le monde? C'est le moment où il se rend compte définitivement de la disparition de son père du milieu familial, le moment où il comprend que les adultes lui mentent sur son père. A ce moment-là tout ce que l'enfant voulait savoir se clarifie et il se rebelle : « MENTEUSE » est l'accusation qu'il hurle à Marcelle, ce qui provoque la gifle impulsive et irréfléchie de cette dernière et conséquemment la fugue de l'enfant. Cette transgression de la norme qui l'amène tout seul sur le toit de l'église (166), où il se réfugie loin du monde hostile, se différencie de ses autres bêtises et infractions à la règle : s'endormant pendant le sermon de la messe de dimanche (54-55), se servant de la charrette pour cueillir les jeunes haricots verts du jardin de Marcelle pour donner à manger aux lapins (60-63). L'accueil qui est réservé à Louis quand il revient après être monté sur le toit de l'église est un accueil très affectueux. On le soigne et on s'occupe de lui. On ne le gronde pas, on ne le frappe pas. Ils ont tous eu tellement peur qu'ils acceptent cette transgression.

Jean-Loup Hubert présente l'image d'une vie de campagne assez rétrograde mais ce n'est plus la campagne où les gens ne savent ni lire ni écrire. Pelo se montre très capable de raisonner; il réfléchit à l'avenir de Louis et pense que l'enfant devra faire des études. Il est intéressant de noter que la femme, Marcelle, est allée en pension (24). C'est là, au couvent où elle a fait des études qu'elle a fait la connaissance de Claire. Et elle s'étonne que Claire soit devenue sténodactylo parce qu'apparemment Claire était très intelligente. Bien qu'elle ait réussi à l'école elle n'est pas allée très loin dans ses études.

Comme *La Gloire de mon père* et *Le Château de ma mère*, *Le Grand-Chemin* est un ouvrage qui repose à la fois sur la ruralité et sur le régionalisme, spécifiquement la région nantaise entre la Vendée et la Bretagne où la religion et le muscadet avaient beaucoup d'importance. Le film semble représenter d'une manière très fidèle la religion, l'église, élément central de la vie rurale. Marcelle va souvent à l'église, mais n'est-ce pas une piété abusive? On devrait certainement reprocher à Marcelle d'être souvent à l'église et de rendre finalement Pelo très malheureux. Chez Pelo, l'enfant apprend à boire du vin et prend ainsi conscience de la valorisation du vin dans la région. Mais il voit Pelo qui est aussi immodéré dans sa consommation de vin que Marcelle l'est avec la piété, une compensation pour chacun des deux peut-être pour ce qui manque dans leur mariage?

Une fois de plus, on en revient à la question d'authenticité quant au « jeu sur le temps ». On se demande si ce qu'Hubert présente d'une façon très optimiste, c'est-à-dire des familles un peu bizarres, un peu disloquées dans la société de l'époque, n'est-ce peut-être pas plus représentatif des années 80 que des années 50? Dans les années 50, une femme dont le mari l'aurait quittée serait probablement dans le désespoir total et elle verrait probablement peu d'issues heureuses possibles pour elle dans sa vie. Il est très probable aussi que le milieu de la campagne la rejetterait comme une femme coupable. Le fait que le mari d'Yvonne soit parti ainsi que le mari de Claire semble plutôt une vision des années 80. On trouve aussi que le langage de Martine fait d'elle un personnage du peuple, un personnage vulgaire, un peu scandaleux, mais amusant. Elle parle argot, se sert de mots familiers, parle d'une façon grossière. Ce n'est pas seulement une question de classe sociale. Mais elle en sait plus que ne devrait en savoir un enfant de son âge, surtout dans la société des années 50.

A travers le regard de Louis, Hubert représente l'opposition entre les milieux rural et urbain, et globalement il s'agit d'un film optimiste. Dans *Le Grand-Chemin* l'environnement immédiat est très nuancé. A cause de l'hostilité entre Marcelle et Pelo cet environnement, pour Louis, apparaît hostile sans vraiment l'être. En fait, au moment de son parcours initiatique, Louis a l'amour et le soutien d'un homme qui remplace son père disparu, et sa vision du monde finit par être favorable. La critique qu' Hubert fait sur la société rurale est-elle une critique satirique ou non? Se moque-t-il ou non de la société qui est là? La représentation du monde paysan est-elle sévère? On constate aussi bien dans *Jeux interdits* que dans *Le Grand-Chemin* que le monde paysan n'est pas présenté de façon très favorable. Il est peut-être plus favorable dans *Le Grand-Chemin*. Par contre, il est très favorablement présenté chez Pagnol. (Voir au chapitre IX chez Pagnol une mythification de la Nature, du monde paysan, de la campagne.)

Marcel et la société française provençale du début du XXe siècle

Marcel Pagnol ne fait pas exception. Comme la plupart des auteurs de récits d'enfance autobiographiques, lui aussi, « ennoblit ses origines » (Dugast 284) : « Mon père était le cinquième enfant d'un tailleur de pierres de Valréas, près d'Orange. La famille y était établie depuis plusieurs siècles. D'où venaient-ils? Sans doute d'Espagne, car j'ai retrouvé, dans les archives de la mairie, des Lespagnol, puis des Spagnol » (*La Gloire de mon père* 11-12). Il le fait surtout en parlant du contact avec son grand-père : « Il me parlait parfois, très gravement, de son métier, ou plutôt de son art, car il était maître appareilleur » (*La Gloire de mon père* 13). Et il « valorise » la profession familiale (Dugast 284) :

> Cet homme habile [son grand-père] n'avait reçu qu'une instruction sommaire. (...) Il en souffrit secrètement toute sa vie, finit par croire que l'instruction était le Souverain Bien, et il s'imagina que les gens les plus instruits étaient ceux qui enseignaient les autres. Il se « saigna » donc « aux quatre veines », pour établir ses six enfants dans l'enseignement, et c'est ainsi que mon père, à vingt ans, sortit de l'École Normale d'Aix-en-Provence, et devint instituteur public. (*La Gloire de mon père* 14)

Lui aussi profite du regard du petit Marcel, et des membres de sa famille pour décrire et critiquer la société dont il fait partie. Les opinions satiriques de son père, Joseph, (qui a dû justement faire partie de cette génération ayant bénéficié des lois Jules Ferry) dans la tradition républicaine, reflètent l'anticléricalisme des écoles normales primaires de l'époque (*La Gloire de mon père* 15-19) : « ... une trinité atroce, L'Eglise, l'alcool et la Royauté » (17). Joseph se moque souvent de la religion et il prend pour cible l'Oncle Jules, son beau-frère : « —Voilà! Voilà! l'intolérance de ces fanatiques! Est-ce que je l'empêche, moi, d'aller manger son Dieu tous les dimanches? » (45). Nous découvrons la sagesse et la satire de Pagnol dans ses « vérités générales » :

> Je n'en fais pas grief à la République : tous les manuels d'histoire du monde n'ont jamais été que des livrets de propagande au service des gouvernements. (16)

> Telle est la faiblesse de notre raison : elle ne sert le plus souvent qu'à justifier nos croyances. (16)

> Je crois que l'homme est naturellement cruel... (30)

> ...c'est parfois en jouant les héros qu'un cabotin devient un héros véritable. (170)

> Le porteur d'une bonne nouvelle, fût-il un criminel, n'est jamais mal reçu. (199)

Vision favorable—de bons souvenirs des apprentissages... et même des transgressions

Cette dernière citation qui suit le grand événement du récit, celui pour lequel il reçoit son titre (Marcel qui vient de trouver les bartavelles tuées par son père, 198) montre que même aux moments de ses transgressions de la norme (étant allé à la chasse sans permission), cet enfant est joyeux. Ses commentaires ou « jugements » des adultes qui l'entourent sont toujours prononcés avec beaucoup de sympathie et d'humour : « ... je découvris ce jour-là que les grandes personnes savaient mentir aussi bien que moi, et il me sembla que je n'étais plus en sécurité parmi elles » (*La Gloire de mon père* 47).

Dans ses *Souvenirs d'enfance* Pagnol montre donc non seulement la diversité des milieux sociaux qui entoure son petit personnage : la classe ouvrière des ancêtres campagnards, d'origine espagnole ; la classe moyenne de la famille de Joseph (père de Marcel) et la bourgeoisie à laquelle appartient l'Oncle Jules, toutes les deux du milieu urbain ; le brocanteur qui représente le commerçant ; et les pauvres du milieu rural représentés par la famille de Lili ; mais aussi l'incroyable plaisir d'avoir grandi dans un milieu familial si favorable. Le moindre détail de la vie quotidienne révèle une famille très unie : « Chaque soir à six heures, je sortais de l'école avec lui [son père]; nous rentrions à la maison en parlant de nos travaux et nous achetions en chemin de petites choses oubliées : de la colle à menuisier, des vis, ... Nous nous arrêtions souvent chez le brocanteur... » (68). Tout ce qu'il apprend à l'école, à la campagne, d'après ses parents ou ses amis, lui plaît et lui laisse des souvenirs d'une enfance très douce. Est-ce une version idéalisée de la réalité ou l'histoire d'une de ces rares enfances presque tout à fait heureuses? Le lecteur est frappé par la tonalité sociale qui est radieuse et qui imprègne les *Souvenirs d'enfance*.

Si la tonalité du récit de Pagnol est joyeuse, celle de Truffaut par contre, malgré quelques rares moments de bonheur, est d'autant plus tragique. En effet, le film est très nuancé. Truffaut explique dans *Les Aventures d'Antoine Doinel* (*Qui est Antoine Doinel?* 9) que son personnage principal, originalement conçu comme l'adolescent qu'il était, est devenu finalement un mélange du cinéaste et du jeune comédien qui jouait le rôle de cet adolescent. Il parle de : « l'ambiguïté (en même temps que l'ubiquité!) d'Antoine Doinel, ce personnage imaginaire qui se trouve être synthèse de deux personnes réelles, Jean-Pierre Léaud et moi ». Le regard sur le monde du jeune héros va représenter cette qualité hybride.

Antoine et la société parisienne de la fin des années 50

Comme déjà mentionné au chapitre II, la société que Truffaut présente dans son film est celle de la fin des années 50 au moment où de Gaulle revient au pouvoir (mai 58). Il s'agit d'une société démo-cratique mais une société d'autorité notamment masculine, très centrée sur les hommes et où les femmes travaillent peu encore. Le paysage moral de la

France de cette époque reflète une société extrêmement traditionnelle et moralisatrice. Le poids de la foi catholique est encore fort, et la morale laïque aussi. Une 'fille mère' est quelqu'un qui est blâmé par tout le monde, et l'avortement est encore illégal. L'avortement, considéré comme un crime punissable de prison, se pratique dans des conditions scandaleuses, des conditions de danger et de honte. La tradition et les sentiments forts qu'elle suscite dans cette société d'ordre moral vont être très importants dans les relations entre Antoine Doinel et sa mère. Dans sa conversation avec la psychologue du centre d'observation, l'enfant reconnaît que c'était sa grand-mère qui avait voulu qu'il naisse : « ... si je suis né c'était grâce à ma grand-mère » (Truffaut, *Les Aventures d'Antoine Doinel* 115). Les réponses d'Antoine aux questions posées par la psychologue au sujet de son comportement, de sa mère et de ses sentiments sont très révélatrices. (Antoine... est assis devant une femme psychologue) :

...j'ai eu peur (113)

... ma mère, elle avait l'habitude de fouiller dans mes poches... elle a fauché les ronds... elle m'en a parlé... alors j'ai été forcé d'avouer, que je les avais pris à ma grand-mère... elle m'a confisqué le beau livre que ma grand-mère m'avait donné! Un jour je lui ai demandé parce que je voulais le lire... et je me suis aperçu qu'elle l'avait vendu. (114)

Ben, je mens, je mens de temps en temps, quoi, des fois je leur dirais des choses qui seraient la vérité ils me croiraient pas... alors je préfère dire des mensonges. (114)

Antoine couvre le visage de ses mains. Sa tête est baissée. Au cours de l'entretien qui suit, le ton de sa voix est impassible, totalement démuni d'amertume. (114-15)

La psychologue (*off*) : Pourquoi n'aimes-tu pas ta mère?
... j'étais en nourrice...chez ma grand-mère... chez mes parents... j'avais déjà huit ans... je me suis aperçu que ma mère, elle m'aimait pas tellement. (115)

Nous avons déjà mentionné qu'Antoine est victime des stigmates des enfants illégitimes et que sa mère ne voulait pas qu'il naisse. Elle le rejette donc comme a fait le vrai père au moment où il les a abandonnés, tous les deux. L'impression donnée de la mère est de quelqu'un qui n'a jamais construit sa vie, qui trompe son mari, qui éprouve continuellement un ressentiment contre cet enfant qui encombre sa vie. La famille d'Antoine fait partie de la classe moyenne. Elle habite un tout petit appartement avec comme chauffage « un poêle à charbon » (45) et Antoine dort dans un sac de couchage dans le couloir, le vestibule (51) ce qui traduit la situation parisienne des années 50 et le problème du logement. Ici Truffaut montre bien le Paris de l'après-guerre, où beaucoup d'appartements sont exigus, où Paris est encore tout noir (comme Malraux plus tard va faire gratter tout Paris dans les années 60). La mère d'Antoine travaille comme secrétaire et son père est employé de bureau où Antoine vole la machine à écrire. La situation financière de la famille n'est pas solide. Lorsqu'il s'agit de payer la demi-pension, ils n'y arrivent pas. Les problèmes d'argent des parents pèsent beaucoup sur l'enfant. L'enfant coûte cher. Ces problèmes sont à l'origine des nombreux conflits entre les parents, et du conflit entre Antoine et ses parents. La vie actuelle de Mme Doinel est mauvaise alors elle n'est pas bonne mère, en effet, elle est très dure avec son fils, et le traite avec rudesse. La seule occasion où elle est bonne avec lui c'est après qu'il la surprend avec son amant. A-t-elle peur qu'il en parle avec Doinel? Antoine est toujours à la recherche de l'amour absent, de la mère absente.

Antoine est aussi la victime d'un système scolaire fondé sur la répression. A travers le regard d'Antoine, Truffaut nous présente un documentaire très défavorable sur l'école. Le régime des établissements scolaires ne changera qu'après 1968. L'école qui est présentée ici est très contraignante, et l'enfant est traité comme un futur adulte. Dans le personnage du professeur Petite Feuille, Truffaut nous montre son regard critique—la typologie des maîtres dans l'école répressive des années 40 et 50. On se rappelle l'incident de la rédaction inspirée par Balzac et rejetée par Petite Feuille. Le professeur-roi-dieu selon Derrida : « le dépréciera, en fera apparaître non seulement l'inutilité mais la menace et le méfait. Autre manière de ne pas recevoir l'offrande de l'écriture. Ce faisant, dieu-le-roi-qui-parle agit comme un père » (86). Derrida propose que : « l'origine et le pouvoir de la parole, précisément du *logos* » sont assignés « à la position paternelle. …. La spécificité de l'écriture se rapporterait donc à l'absence du père. » (86) A certains moments Antoine ne rencontre qu'hostilité. Ce n'est qu'lorsqu'il annonce la mort de sa mère (une excuse qu'Antoine donne au professeur et qui est très symbolique, 65) que le professeur est ému et le traite relativement bien. Il éprouve une certaine sympathie pour Antoine quand il le croit vulnérable. Mais après, tout le monde est furieux, et tout particulièrement le professeur parce qu'il a gaspillé de l'émotion et il est très humilié d'avoir été trompé.

Dans le cas d'Antoine, comme chez Paulette, on voit qu'avec la disparition de ses protecteurs naturels, l'enfant jette un regard sévère sur le monde. Selon lui, les adultes mentent, volent, n'aiment pas les enfants et cependant ont tous les droits (119)[1]. Antoine se sent hors de sa société. Quand on regarde Antoine dans la scène de la nuit de sa première fugue, on se rend compte que cet enfant dans les rues est un spectateur qui observe la société de l'extérieur. C'est le plus souvent le regard caché. On constate l'importance de la clandestinité dans les films de Truffaut :

> Il fait encore nuit. Antoine se promène le long d'un café. Il s'arrête une minute pour regarder à l'intérieur, puis s'en va (...) Antoine immobile regarde devant lui, très absorbé: un homme livre du lait (...) Antoine le guette (...) Antoine en épiant de tous les côtés... vole rapidement...s'enfuit. (...) Il arrête de boire pour écouter : rien. (...) s'enfuit ..la bouteille cachée sous sa veste. (...) Antoine regarde furtivement autour de lui (...). Il jette la bouteille dans un égout). (Truffaut, *Les Aventures d'Antoine Doinel* 72-73)

Rabourdin, en citant le cinéaste, écrit dans *Truffaut par Truffaut* : « L'Enfance. Je garde de cette époque une grande angoisse, et les films sont liés à une angoisse, à une idée de clandestinité » (13). Nous observons la clandestinité d'Antoine la nuit pendant qu'il vagabonde dans les rues mais aussi chez lui en l'absence de ses parents, à l'école derrière le dos du professeur, chez René lorsqu'il se cache sous le lit pour éviter d'être découvert par le père de son ami.

Le tableau que Truffaut dresse de la France des années 50 est plein de satire, telles ces toutes petites touches visibles du genre : "Panoramique de bas-relief *Liberté-Egalité-Fraternité*" sur la façade de l'école (43) et "Rue des Martyrs", la rue qu'ils suivent, Antoine et René, au moment où ils sortent de l'école après avoir subi des "injustices" dans la salle de classe de Petite

Feuille. En rencontrant la famille bourgeoise de René, nous la voyons à travers le regard d'Antoine : « Antoine regarde autour de lui, émerveillé. Il avance en souriant. "—Oh, c'est méchamment grand chez toi, hé!" » (89). Nous apercevons non seulement la présence des biens matériels chez René mais aussi l'absence de soutien émotionnel, avec une mère alcoolique et un père plus ou moins inconscient de l'enfant. Le tableau du monde de l'adolescent peint par Truffaut n'est pas gai. Antoine est un enfant vulnérable et sensible, imaginatif, spontané, exubérant face à une société qui lui est hostile, bornée, obtuse, réglementaire et régimentaire. Il vit donc une déception continuelle avec une éventuelle désaffectation de sa société et de son environnement immédiat. Le monde de cet enfant déstabilisé, désorienté est très bien représenté par Truffaut par la métaphore du Rotor. Les seules exceptions à ce regard défavorable sont les quelques rares moments de bonheur, mentionnés ci-dessus, ceux passés à la lecture ou au cinéma. François Truffaut accorde une place privilégiée au cinéma qu'il dit lui avoir sauvé la vie.

José et la société martiniquaise sous la colonisation de la Troisième République

Dans *La Rue Cases-Nègres* et *Au Revoir les enfants* l'Histoire de l'époque (la période de la colonisation des années 30 en Martinique et la Deuxième Guerre Mondiale en France respectivement) sert comme toile de fond à l'histoire et « elle est intégrée au texte concernant directement l'enfant.... l'enfant se trouve directement mêlé aux événements de la période évoquée » (Dugast 260). Au collège où Julien est pensionnaire « résonnent alors toutes les querelles politiques du monde extérieur » (Dugast 260), José se trouve victime du préjugé, du stéréotype et du manque de droits pour le protéger. C'est l'époque de l'esclavage et des enfants travailleurs dans les champs de canne à sucre. Ces deux enfants-héros vivent dans des sociétés très hiérarchisées[2].

José vit sous le système colonial avec le béké (qui à ce moment-là était appelé le créole, mais même le nom a changé de sens et aujourd'hui le créole est le mulâtre, le fruit du béké et de ses esclaves, celui qui est sorti de cette société de la plantation de l'esclavage). Les békés, propriétaires terriens, avaient presque le droit de vie ou de mort sur leurs paysans serfs. La société antillaise était segmentée non seulement entre blancs et noirs mais aussi entre les noirs mêmes : les mulâtres, qui étaient les noirs de Guinée et du golfe de Guinée. Ils étaient relativement clairs de peau, grands et avaient un statut social supérieur par rapport aux autres noirs parce qu'avant de venir aux Antilles ils avaient, eux aussi, eu le droit de posséder des esclaves noirs. Il existait une infinie variété de couleurs auxquelles les noms étaient associés. Certains noms qui à l'époque étaient péjoratifs : Petit nègre, blanc, négresse indiquaient aussi quelqu'un d'estime. Ceux qui n'étaient que « antillais » étaient ceux que l'on condamnait à la misère. Ce que voit José est vraiment un document sur la société, les conditions pénibles du travail dans les champs de canne à sucre (Zobel, *La Rue Cases-Nègres* 80-82). L'enfant observe aussi ceux qui refusent leurs racines antillaises et la couleur de leur peau, comme Flora, la caissière du cinéma. N'est-ce pas une forme de schizophrénie? Mais l'histoire de son ami Léopold, (fils du béké, dans la version cinématographique) est peut-être la plus déchirante du film : enfant écrasé par le rejet de son père. En refusant de le reconnaître en lui donnant son nom de famille, le père (béké) le catégorise comme inférieur.

La Troisième République était très sévère vis-à-vis de ces enfants noirs. Par rapport à la masse d'enfants noirs qu'il y avait, un très petit nombre d'entre eux, peut-être, ont été aidés. Pour faire des études quand on était blanc, il suffisait d'être relativement bon à l'école et tout allait bien; pour un petit noir il fallait être extrêmement intelligent. Mais en même temps il y avait un mécanisme d'ascension sociale qui était possible... le mécanisme des bourses ... l'idée que la lumière, la raison de l'éducation était transmise par l'école laïque. Grâce au système des bourses et à la démocratisation de l'enseignement, ce système d'aide de l'état français a permis à beaucoup de blancs et à certains noirs de sortir de leur misère—aux plus doués, bien sûr, à ceux comme José qui étaient très intelligents et qui effectivement avaient le soutien entier de leur famille. On remarque le contraste entre José et la petite fille qui ne l'avait pas. Elle était aussi douée que lui, mais son père ne voulait pas qu'elle continue. Là aussi ne voit-on pas la différence entre une fille et un garçon dans la société de cette époque 1934? (Les garçons n'étaient-ils vraiment pas repérés, mais moins souvent les filles?) On voit le rôle de la femme dans la société. Puisque José n'a pas de père, le poids de l'éducation de José repose sur m'man Tine et sur sa mère. Pendant sa toute petite enfance sa mère travaille dans la ville. Elle envoie de l'argent, mais elle ne vient pas le voir (Zobel, *La Rue Cases-Nègres*

84). Ces deux femmes se sacrifient pour qu'il sorte de son sort. Mais elles ne sont pas toujours bien traitées par leur société.

 Grâce au soutien de son entourage immédiat et surtout aux sacrifices de sa mère et de sa grand-mère, José arrive à bien se faufiler dans les deux mondes de la Martinique de l'époque. Il a confiance en lui-même et il a une très forte dignité. Il sait rejeter le monde de Carmen et le rêve hollywoodien. Il a une intelligence, une maturité très avancée pour son âge. Extrêmement fier d'être noir mais sans exagération, il n'est pas excessivement rebelle. Néanmoins, il ne tolère pas les injustices personnelles qui le poussent à commettre des transgressions. Par exemple, il comprend que Mme Léonce qui est chargée de lui donner son repas de midi, profite de sa présence et essaye de le faire travailler de plus en plus : elle lui demande de faire la vaisselle et de cirer les chaussures. C'est pour cela qu'il se révolte et lui casse sa vaisselle. Quand l'instituteur l'accuse injustement de plagiat, il fait une fugue. José comprend l'importance d'une éducation.

 Raphaël Bassan, dans son article « Rue Cases Nègres » pour la *Revue du Cinéma* commente : « Présentée en milieu scolaire, elle offrirait une bonne introduction à l'initiation à la biculturalité » (47). L'école a cette ambiguïté qui fait que c'est un instrument de promotion sociale puissant pour les enfants noirs mais aussi un instrument de répression vis-à-vis de la langue maternelle. En Martinique et en Guadeloupe cela va amener à la situation linguistique entre le créole et le français que l'on connaît comme la situation de *diglossie*. La *diglossie*, par opposition au *bilinguisme*, n'est pas la qualité d'une personne de posséder et de parler parfaitement deux langues, mais plutôt un rapport entre les deux langues, un rapport de force qui fait que la langue seconde (le français) met la langue maternelle (qui est le créole) en position d'infériorité. (entretiens avec J-C. Redonnet). Et les gens vont vivre cette infériorité qui est négative pour le créole. Cela va rester la langue de la famille, la langue du cœur, de l'émotion, mais aussi cela va rester la langue de sous-développement. On voit bien ainsi la différence entre le statut du français et du créole dans la communauté martiniquaise.

 Il est évident dans *La Rue Cases-Nègres* que le regard de l'enfant est une critique très dure à la fois de la société blanche européenne et de la société des Noirs qui ont fait fortune en exploitant les autres. Nous trouvons très révélateur le commentaire suivant, qui montre l'angoisse de José au moment où il partage avec le lecteur son rêve de devenir écrivain, et où il lui communique en même temps ses inquiétudes en ce qui concerne les stéréotypes des personnages dans les livres qu'il lit : « Mais comment y arriver? Je n'ai jamais fréquenté ces personnes à cheveux blonds, aux yeux bleus, aux joues roses, qu'on met dans les romans... (...) Je ne connais que la rue Cases-Nègres » (233). Nous sommes également frappés par les observations que fait cet enfant martiniquais noir et pauvre qui se trouve quotidiennement face-à-face avec une société bourgeoise et blanche, sur la Route Didier, quartier des Blancs où travaille son ami Carmen :

> J'ai déjà compris au moins qu'elle se compose de gens les plus riches, les Blancs les plus puissants du pays, descendant des Grands-Blancs de la colonisation—en même temps les plus néfastes, d'une part, et d'autre part, de domestiques nègres, les seuls avec qui je suis en contact sans partager tout à fait leur vie, et qui sont fort convaincus, a priori, de la supériorité de ces Blancs en pouvoirs et en vertus. (...)
>
> ... (...) Et cela confirme nettement mon intuition que les habitants du pays se divisent bien en trois catégories : Nègres, Mulâtres, Blancs (sans compter les subdivisions), que les premiers—de beaucoup les plus nombreux—sont dépréciés, tels des fruits sauvages savoureux, mais se passant trop volontiers de soins; les seconds pouvant être considérés comme des espèces obtenues par greffage; et les autres, bien qu'ignares, ou incultes en majeure partie, constituant l'espèce rare, précieuse. (262)

Nous avons déjà parlé de ses mauvais sentiments et de la revanche manifestés contre Mme Léonce. M'man Tine s'est rendu compte des intentions de cette femme, et elle a eu honte de l'avoir envoyé chez elle. (Une des rares occasions où José a éprouvé l'attendrissement de m'man Tine (Zobel, *La Rue Cases-Nègres* 136). A travers le regard de José on voit aussi les préjugés portés par un Noir contre un autre. Ainsi nous observons Mam'zelle Mélie qui menace José en l'appelant « ce petit nègre » (bien qu'elle soit aussi noire que lui) : « Mam'zelle Mélie, dis-je, est, telle que je la vois, noire comme moi, sinon comme un merle » (175-76). (L'humour satirique de Zobel nous fait sourire.) C'est Mam'zelle Mélie qui dénonce les deux enfants à Mme Justin, la belle-mère de Jojo, et qui, tout en jurant, accuse José de « venir apprendre des vices aux enfants des autres ». Le crime? Les deux enfants parlaient créole et Mme Justin avait peur que José n'apprît de gros mots à Jojo. Les enfants avaient osé enfreindre l'interdiction de la belle-mère contre le patois.

Ce livre et ce film sont vraiment un document sur la société martiniquaise marquée par des milieux extrêmement divers, avec des strates et des degrés d'exploitation divers. A travers le regard de José et plus précisément à travers ses sentiments, le lecteur/spectateur profite d'une perspective de l'intérieur. Les problèmes d'exploitation et du racisme ordinaire sont présentés de manière non-violente, mais avec beaucoup de force affective.

Dans *La Rue Cases-Nègres* on retrouve une technique de récit d'enfance, celle de tous les ouvrages qui évoquent des enfances exotiques, mais il y a derrière, une série de documents. Le romancier et la cinéaste ne se contentent pas d'une représentation stéréotypée des séductions de l'exotisme. A travers le regard de leur enfant-héros, ils font la satire sociale du milieu martiniquais. Si ces ouvrages-là ont du succès, c'est parce que pour les lecteurs/spectateurs, au moins français de l'hexagone, ce sont des ouvrages un peu exotiques qui les renseignent sur une période ancienne. Pour les Français, ce sont des enfances qui se déroulent dans des pays outre-mer par rapport à la France hexagonale. Mais Joseph Zobel est un romancier antillais et il écrit aussi pour un public antillais pour qui ce n'est pas vraiment de l'exotisme. Pour Zobel et pour la cinéaste Euzhan Palcy, elle aussi martiniquaise, *La Rue Cases-Nègres* est un récit relativement réaliste. Bien sûr il est poétique par certains côtés quand Zobel évoque les paysages et la mer. Mais c'est plutôt un récit réaliste qui évoque des personnages symboliques de toutes les misères, les misères qui continuent de génération à génération.

La séquence où les enfants boivent du rhum et mettent le feu dans le jardin de M. Saint-Louis, ne montre-t-elle pas clairement comment les enfants se modèlent sur les adultes de la Rue Cases-Nègres? Le soir, les travailleurs qui étaient là, enfermés et suffoquant dans leurs cases, en sortaient pendant que le maître se réfugiait chez lui. Parce que la nuit le béké ne faisait pas le maître ; c'était un moment très difficile pour lui qui faisait partie d'une très petite minorité, même s'il avait des fusils. C'était donc le moment où les travailleurs sortaient et allaient dans les champs danser, boire aussi quand ils avaient de l'alcool. Ce parallèle montre que pour les enfants, en l'absence de leur parents, comme pour les adultes en l'absence du maître, c'était le moyen d'exprimer leur libération. De même on trouve les descriptions dans cette histoire des vêtements déchirés (haillons), des travaux pénibles et des habitations frustes.

Pour Zobel la rue Cases-Nègres est une rue sans issue. La force et la portée de cette œuvre se trouvent dans le mélange entre les passages de poésie et les passages très réalistes. Au moment où le film est sorti les Français n'avaient plus vraiment mauvaise conscience pour ce qui s'est passé il y a si longtemps. Il n'y a plus d'esclavage, les Noirs ne travaillent plus aussi durement sur les plantations. Ce spectacle-là donc devient en somme supportable pour le public français de l'hexagone. Cela est une dimension importante dans la réussite de ces œuvres.

Julien et Jean, d'autres victimes de la Deuxième Guerre Mondiale

On peut parler pareillement d'*Au Revoir les enfants* en tenant compte qu'à l'époque où sort le film, la France se réveille d'une amnésie bien commode. Ce qui s'est passé il y a plus de cinquante ans reste toujours quelque chose de honteux pour un grand nombre des Français contemporains. Il y a même ceux qui gardent une mauvaise conscience et des regrets, sentiments que l'on trouve chez Simone Suchet qui, dans sa critique du film, écrit au sujet du jour de l'arrestation des trois enfants juifs et du père Jean :

> le monde de Julien basculera et cet enfant jusque-là insouciant se trouvera soudainement confronté à l'injustice, la violence et le mal. Et aussi sans nul doute au sentiment de sa propre responsabilité, et au-delà de notre responsabilité à tous car c'est bien ici que se situe le message de ce film pas didactique pour deux sous, à savoir que dans les causes graves, il n'y a pas d'échappatoire, nous sommes tout un chacun responsables de chacun de nos actes même ceux qui peuvent sembler les plus anodins » [comme un regard, par exemple!] (59).

Le Syndrome de Vichy : de 1944 à nos jours de Henri Rousso sur la culpabilité, la mémoire, l'amnésie et l'anamnèse est un ouvrage très important qui pourrait aider dans l'analyse du film de Louis Malle et qui expliquerait pourquoi Malle a attendu si longtemps pour le réaliser. Ces mots du cinéaste: « après tout on était tous responsables » caractérisent un sentiment de la culpabilité collective en ce qui concerne Vichy qui s'est manifesté après les évènements du mai 1968, au moment où tous les mythes, tabous et vérités établies de leurs parents ont été contestés par les jeunes français. (Rousso) (Goldhammer, viii) Selon Rousso, *Le Chagrin et la pitié* de Marcel Ophuls, conçu pour la télévision (diffusion interdite pendant longtemps en France), a *beaucoup* influencé certains metteurs en scène des années 70 et 80 (Goldhammer 100).

Goldhammer, en écrivant au sujet des « vectors of memory », cite Rousso : « investigating the vectors of the past, particularly those that played a decisive role in the history of the syndrome (…) film because visual images seem to have had a decisive impact on the formation of a common, if not collective, memory » (Goldhammer 11).

Lynn Higgins est du même avis et elle est certainement moins ambivalente dans la présentation de son analyse des deux regards, celui de Julien dans la salle de classe et, tout de suite après, celui de l'infirmière dont Julien est témoin. Dans son article « If Looks Could Kill » elle écrit :

> As if there were any doubt about the gravity or the choreography of the gesture, it occurs twice, in slightly different contexts, with Julien playing different but related roles. Julien Quentin is thus not simply a witness to Jean's arrest. It is his own act, however inadvertent, that gives his friend away, just as fatally as the nun's deliberate betrayal of Négus ; motivation makes no difference whatsoever in the outcome. Despite Jean's reassurance that « they would have caught up with me in any case » (p. 71), the fact remains that Julien is not innocent. Thus is collaboration figured as a specular drama : a moment of active looking that causes the death of another. (207)

En pensant au lieu choisi comme fond de l'histoire, aux motifs religieux itératifs, et aux personnages, Higgins appelle le regard de Julien un baiser de Judas. Elle trouve que la juxtaposition des deux scènes communiquent une dynamique de dénonciation et contredénonciation très caractéristique des derniers mois anarchiques sous l'Occupation. Dans la première scène Julien joue le rôle de collaborateur ; dans la deuxième il est témoin à un acte de collaboration. Ces deux regards sont vraiment ceux qui tuent :

> This intercepted glance provides a rhetorical or geometrical (triangular) figure for the structure of collaboration and indeed even as its definition. Given the Catholic school setting and the film's incessant use of religious motifs, it is not out of place to call this look a Judas kiss : the juxtaposition of the two scenes cleverly and accurately conveys the dynamic of denunciation and counterdenunciation that characterized the anarchic final months of the Occupation. Julien plays the collaborator's role in the first scene. He is witness to an act of collaboration in the second. These are truly looks that kill. (207)

Higgins croit que c'est ce moment du regard de Julien qui constitue la scène « primal » ou, selon Lifton, le souvenir qui reste en images du conflit central qui hantera le narrateur, la Voix de la fin du film, Malle lui-même.

> I submit that it is this moment of Julien's glance that constitutes the primal scene or, in Lifton's words, the « residual image—the pictorialization of [the individual's] central conflict in relationship to the disaster that haunts the narrator in the final voiceover, presumably Malle himself. (207)

Aussi pour Louis Malle, fallait-il que le temps passe pour qu'il puisse écrire à ce sujet, en faire un film qui révèle les atrocités de l'époque. Il est intéressant de constater le grand nombre d'entretiens entre Louis Malle et la presse où il parle du préjugé, de la haine, et de la folie qui l'entourait comme enfant, où il parle aussi des sentiments et des réactions que tout cela a provoqué en lui et qui enfin ont déterminé sa carrière de cinéaste :

> Ce matin 1944 a peut-être décidé ma vocation de cinéaste. C'est ma fidélité, ma référence. J'aurais dû en faire le sujet

> de mon premier film, mais j'hésitais, j'attendais. Le temps a passé, le souvenir est devenu plus aigu, plus présent. L'an dernier, ..., j'ai senti que le moment était venu et j'ai écrit le scénario d'*Au Revoir les enfants*.

On se demande pourquoi Louis Malle a attendu 44 ans pour tourner « son premier » film? Est-ce à cause de la magnitude du trauma éprouvé par l'enfant et des tabous qui l'entouraient dans la société? Dans son livre *Du sollst nicht merken* (*Thou Shalt Not Be Aware, Society's Betrayal of the Child*), Alice Miller écrit au sujet des traumas d'enfance associés aux tabous liés à certains moments historiques : « The members of every generation experience, in addition to the universally binding taboos of their society, specific ones that have to do with the historical point at which they happen to be children » (Miller 173). Elle prend comme exemple l'époque d'Adolph Hitler : « It was apparent that with the mere mention of Hitler I had touched upon a taboo, had summoned up a complex of feelings connected with tabooed experiences » (175). En parlant des victimes et des enfants de cette époque-là elle dit : « The danger zones that had to be avoided at all costs were their parents' feelings of guilt and shame, along with bewilderment and disillusion at their complicity in the catastrophe unleashed by Hitler » (178). La critique de Maurice Pons « Un premier film signé Louis Malle » confirme les théories d'Alice Miller. Pons croit que l'enfant Louis Malle a dû supporter le poids de ce trauma d'enfance toute sa vie :

> Il me semble que le germe du film de Louis Malle est contenu tout entier dans le choc émotif qu'il a reçu enfant en assistant, impuissant et torturé, à ce cérémonial atroce : la descente de la gestapo dans son collège et l'arrestation sous ses yeux de son meilleur ami ... Parce qu'il était juif. (...) La voix adulte et si peu anonyme qui clôt le film nous apprend que « Bonnet, Négus et Dupré sont morts à Auschwitz, le Père Jean au camp de Mathausen ». (5)

Vision défavorable—la disparition des protecteurs naturels de l'enfant: un regard sévère

Pour biens des héros de notre groupe d'ouvrages (Paulette, Louis, Antoine, José, Jean), un aspect très important de l'enfance qui résulte normalement dans une vision défavorable sur le monde est l'absence du père biologique. C'est quelque chose qui figure dans les sentiments exprimés par Julien dans le film et qui a également beaucoup influencé la vie du cinéaste. Voilà ce que Louis Malle dit à Audé et à Jeancolas au sujet de son père absent :

> Il y a une chose qui correspond bien à ma vie d'enfant, c'est que la mère est le personnage présent, important. Mon père était très absent. Il y a de bonnes raisons pour cela, il était très occupé. Mais c'est vrai que cette absence du père a dû me marquer. La seule fois de ma vie où j'ai eu affaire à un psychanalyste, je ne lui ai pas parlé de ma mère. Je lui ai parlé de mon père, alors que mon père avait toujours été inexistant. Je me suis rendu compte que cette absence de mon père avait joué un grand rôle dans ma vie. (34)

A l'exception de Marcel, ne pourrait-on pas dire exactement la même chose pour chacun des enfants-héros de notre étude ?

Au Revoir les enfants, un bon exemple de la diversité des milieux sociaux

Le regard de l'enfant sur cette société de 1944 est particulièrement utile et significatif afin de fournir un document sur les groupes sociaux distinctement séparés et les transgressions sanctionnées par le gouvernement de Vichy. La présentation de la guerre et des idéologies est très nuancée. A la limite, tel que le film est présenté, l'Allemand est souvent un ennemi moins dangereux que le Français ; que ce soient les Français miliciens dans le restaurant contre M. Meyer, que ce soient les dénonciateurs, Joseph et la religieuse (l'infirmière) qui dénoncent le Père Jean et les enfants juifs.

Un aspect notable du récit qui est important est la séquence qui se passe en ce lieu du Grand Cerf. Puisque c'est un restaurant élégant, on observe le clivage social. Julien, l'enfant du point de vue duquel l'histoire va se raconter, est un enfant qui appartient à la haute bourgeoisie. Sa mère commande un repas cher et elle est même déçue par le manque de choix. (*Au Revoir les enfants* 90). Il est évident qu'elle n'est pas habituée aux privations de la guerre. Jean Bonnet, par contre, est issu d'une famille cultivée mais plus modeste. Pour lui presque tout ce qui se passe dans ce restaurant paraît appartenir à un monde irréel : « Bonnet qui observe les Quentin comme s'il était au théâtre » (90).

Il y a toute une série de connotations très satiriques par rapport à la bourgeoisie dont Mme Quentin devient le symbole et le point de mire (focalisation de la caméra). Prenons comme exemple Mme Quentin avec son inconscience, qui se trompe du nom de famille de Bonnet et surtout de son rang social :

>—Mme Quentin : Je parie que vous êtes lyonnais. Tous les Gillet sont de Lyon et ils fabriquent tous de la soie.
>—Julien : Il s'appelle Bonnet, pas Gillet. Et il est de Marseille.
>—Mme Quentin (elle se tape la tête): Bien sûr! ... J'ai connu une Marie-Claire Bonnet à Marseille, une cousine des Du Perron, les huiles. C'est votre mère?
>—Bonnet : Non, madame. Ma famille n'est pas dans les huiles.
>—Mme Quentin : Tiens, ça m'étonne.
>—Julien : Le père de Bonnet est comptable.
>—Mme Quentin : Ah bon! (93)

Le clivage social entre ces deux enfants qui est si apparent dans le restaurant du Grand Cerf se manifeste de nouveau pendant que « Bonnet et Julien se partagent un pot de confiture » (envoyé par Mme. Quentin) (102-3)

>—Bonnet : Qu'est-ce qu'elle est bonne, ta confiture!
>—Julien : C'est Adrienne qui la fait.
>—Bonnet : C'est ta sœur, Adrienne?
>—Julien : Non, c'est la cuisinière... Pourquoi tu ris?
>Vous n'avez pas de cuisinière?
>—Bonnet : Non.
>—Julien : Vous mangez au restaurant?
>—Bonnet (*riant*) : Mais, non! Ma mère fait très bien la cuisine.

La scène du restaurant est également satirique et ironique du point de vue des commentaires de Madame Quentin au sujet de la politique et de la religion. La mère de Julien dit qu'elle n'est pas antisémite sauf envers

Léon Blum (ce que disent beaucoup de Français). Mais quand Julien demande si leur famille est juive (une manifestation du sentiment de solidarité qu'il a déjà commencé à éprouver pour Jean) elle est horrifiée.

> —Julien (brusquement) : On n'est pas juifs, nous?
> —Mme Quentin : Il ne manquerait plus que ça!
> —Julien : Et la tante Reinach? C'est pas un nom juif?
> —Mme Quentin : Les Reinach sont alsaciens.
> —François : Ils peuvent être alsaciens *et* juifs.
> —Mme Quentin : Fichez-moi la paix. Les Reinach sont *très* catholiques. S'ils vous entendaient! Remarquez, je n'ai rien contre les juifs, au contraire. A part Léon Blum, bien entendu. Celui-là, ils peuvent le pendre. (96)

Cette scène a d'ailleurs une autre importance qui est la représentation du clivage des opinions politiques. Les clivages politiques ne sont pas la même chose que le clivage social. Des gens parmi les plus pauvres et parmi les plus riches peuvent partager les mêmes opinions politiques. Cette scène a pour personnages presque tous les types d'individus qu'on peut trouver en France à ce moment-là. Mireille Rosello croit que le stéréotype des Juifs est un stéréotype d'invisibilité : « Jewishness is consistently constructed as an invisible ethnicity. The relative arbitrariness of such narratives of invisibility should have been seriously qualified by the type of antisemitic representation that proliferated just before and during the Second World War… » (Elle dit que le trio « noir, beur et blanc » est, en fait, un trio « noir, Beur et Juif ») (240). Selon Rosello il est remarquable que la France, pendant des années, a honoré le Maréchal Pétain et a refusé d'accepter la responsabilité pour ce qui s'est passé aux Juifs pendant la collaboration :

> Some voices are finally accepting responsibility for France's deportation of French and foreign Jews during the war. It is remarkable that during his second term, French President François Mitterrand abolished the tradition of officially bringing flowers to the grave of Marshal Petain (head of the collaborationist Vichy government), but it is perhaps just as remarkable that every president of the French Republic had done so until then. (9)

Cette séquence du film est peut-être la plus représentative de la société française de l'époque, une société où les situations et les rapports sont complexes. On entend le nom de Léon Blum. On entend bien ce que disent les gens. Ces quelques minutes de film en disent autant et peut-être plus qu'un livre sur l'époque de Vichy. Il ne faut pas croire que cette scène soit une scène fictionnelle. On ne dit pas que cette scène est arrivée exactement telle quelle, mais c'est une scène très plausible, très crédible. Là on a les communistes, les anti-communistes, la bourgeoisie, les capitalistes (pétainistes comme le père de Julien), les antisémites virulents et les antisémites tranquilles (comme Mme Quentin ainsi que beaucoup de Français). On montre aussi les Allemands comme humains et moins fanatiques et antisémites que les miliciens. Mais on se demande si des soldats allemands auraient pris parti pour un Juif, ou comme l'affirme François, leur intervention était pour « épater » Mme Quentin. Il y a aussi les patriotes. Presque tous sont contre l'Occupation allemande.

La diversité des opinions que l'on perçoit dans le restaurant du Grand Cerf se manifeste aussi dans les discussions des enfants. Il y a ceux qui sont ouvertement antisémites comme Sagard qui dit: « Les Juifs et les communistes sont plus dangereux que les Allemands » (60), pétainistes comme Babinot : « Si on n'avait pas Pétain, on serait dans la merde » (60), bourgeois, méprisants, antidémocrates. Par contre, on voit des enfants qui sont pétainistes non-antisémites. Leurs idées reflètent celles de leurs familles, mais ils sont tous très patriotes. Par exemple, quand les soldats allemands ramènent les deux enfants au collège, un autre enfant les appelle "les Boches" (78). Lors des arrestations par la Gestapo, un des enfants (non arrêtés), Boulanger dit : « Tu crois qu'ils vont nous emmener? On n'a rien fait, nous (130). Certainement cela traduit simplement l'état d'esprit d'un petit enfant moyen, ordinaire qui a peur et se dit « Est-ce que moi aussi, on va m'arrêter? ». Mais, cela dénonce non seulement l'inconscience et l'ignorance de l'enfant Boulanger mais aussi la sottise de tout un groupe social dont il fait partie qui se figure qu'il est protégé parce qu'il n'est pas juif et qui, en fait, ne se rend pas compte que l'arrestation par la Gestapo n'a rien à voir avec l'innocence ou la culpabilité, mais plutôt avec le préjugé. Selon François Truffaut : « Il n'y a pas d'enfants nazis, fanatiques, terroristes, fascistes, il n'y a que des enfants de nazis, de fanatiques, de terroristes et de fascistes et parce qu'ils sont des enfants, ils sont innocents. (Truffaut, *Le Plaisir des yeux* 240).

Dans sa chronique, Louis Malle nous montre une époque qui a été marquée par (parmi d'autres) un sentiment anti-Blum. Apparemment (d'après Madame Quentin) ce qu'on lui reproche c'est d'être socialiste, et d'être contre la classe bourgeoise et le capitalisme. Il y a eu deux éléments qui ont joué contre les Juifs, deux éléments tout à fait contradictoires. D'une part ce qu'on a considéré comme la ploutocratie, le règne des riches commerçants juifs qui ont entraîné la haine d'une façon incroyable, en Allemagne d'abord, en France un peu après. Et puis l'autre idée très stéréotypée selon laquelle les Juifs étaient tous marxistes puisque Marx était juif, conséquemment, une association du Juif au bolchevisme. Dans la mesure où il y avait de nombreux jeunes intellectuels juifs dans la pensée révolutionnaire (ils étaient considérés comme nombreux dans les milieux révolutionnaire, socialiste et d'extrême gauche), voilà les Juifs condamnés pour une autre raison exactement opposée; les uns parce qu'ils sont très riches et qu'ils ont réussi dans le capitalisme et les autres parce qu'ils se sont dressés contre le capitalisme.

A remarquer aussi à cette époque-là, c'est la position politique de l'Eglise contre les révolutionnaires, les socialistes et tous ceux qui menaçaient le pouvoir et le contrôle de l'Église et de la religion catholique. Et si le Pape Pie XII était relativement favorable à Hitler, c'était parce qu'Hitler lui paraissait être un rempart contre Moscou, donc, contre l'athéisme. C'était cela la grande crainte de l'Église. De plus l'Église avait une certaine solidarité sans doute, plutôt avec les possédants qu'avec les pauvres (c'est-à-dire plutôt avec les capitalistes qu'avec les révolutionnaires). L'anticommunisme est donc une idée fondamentale d'une grande partie de la population. Presque tous sont fondamentalement anti-communistes, pour les deux raisons mentionnées. D'une part, pour l'élite, le communisme supprimerait le système d'économie bourgeoise auquel ils appartiennent et dont ils ont besoin, et d'autre part parce que cela attaquerait la religion. (Cette dernière raison a été peut-être le plus grand germe de la mort du communisme soviétique.)

Mais dans le film, tel qu'il est présenté au niveau local, il est évident que les moines des Carmes s'identifiaient plus aux non-possédants, et vivaient une idéologie plus humaniste. S'il y a une vision favorable de la part de l'enfant, c'est surtout celle des moines. Comme l'affirme Louis Malle dans son entretien avec Françoise Audé et Jean-Pierre Jeancolas : « En faisant ce film je me suis dit que pour la première fois dans ma vie, je décrivais des prêtres qui étaient admirables. Il se trouve que ça a été mon expérience dans ce collège, c'étaient des gens formidables ». (35) Le cinéaste a beaucoup de respect pour ces gens qui ont risqué leur vie pour aider les enfants juifs : « ... figurez-vous que ces moines, ces Carmes, étaient en fait des résistants actifs. Le Supérieur, le Provincial de cet ordre, était au Conseil national de la Résistance. Le directeur du collège trouvait tout naturel de recueillir des enfants juifs, c'était un engagement délibéré... » (33).

On constate donc que dans le film, le climat socio-politique est très nuancé. Considérons par exemple la mère de Julien qui en veut à Blum parce qu'il est socialiste. Elle est antidémocrate sûrement, son mari est propriétaire d'une usine, elle a mis ses enfants dans un collège très chic et très cher. Considérons aussi l'inclusion du personnage de Joseph. Ne nous donne-t-il pas un message politique très ambigu, très incertain sur la nature de la collaboration et plus précisément sur la nature du régime de Vichy?

Dans ce film, Louis Malle nous présente donc une vision satirique de sa société de 1944, une toute petite étude psychologique et sociologique, où il montre tous les tableaux de la diversité des milieux sociaux et la diversité des opinions politiques. C'est clairement un document sur la société de l'époque et le cinéaste lui-même affirme dans son entretien avec Audé et Jeancolas que, dès le début, c'était son intention :

> Dans le cas d'*Au Revoir les enfants*, ... Je suis parti de ce que j'avais réellement vécu. Le plus juste, par rapport à mon expérience, ce sont les composantes sociologiques du film. Le fait que par exemple les enfants de cette école appartiennent à la grande bourgeoisie, que malgré les difficultés de l'époque, le froid, la faim, que tout le monde partageait, ils étaient tout de même protégés. Il y a le personnage de la mère, la conversation à déjeuner, la réflexion sur Léon Blum... Je me suis rappelé à quel point les gens de ma famille haïssaient Léon Blum, c'était l'horreur. Il y a le personnage de monsieur Meyer, le juif du restaurant, qui est inspiré de quelque chose qu'un de mes amis m'a raconté à propos de son grand-père, un grand bourgeois juif qui s'était fait arrêter dans un restaurant. Pour lui, c'était inimaginable qu'on puisse l'arrêter, l'embêter. Il se sentait complètement français, je crois que Pétain lui-même lui avait remis la médaille militaire à Verdun. L'idée qu'on

puisse le considérer comme un youtre lui paraissait absurde.
Il est mort en déportation... (33)

Le cinéaste montre les crimes d'Hitler : c'était un dictateur, un conquérant sans scrupules qui a voulu mettre l'Allemagne au-dessus de tout, mais il n'était pas le premier à vouloir cela. Par contre, en ce qui concerne l'antisémitisme, il est le premier à l'avoir porté à ce degré-là. Il est évident que pour Louis Malle, comme pour beaucoup d'Européens et d'autres gens de l'époque ainsi que pour beaucoup de ceux des générations suivantes, l'antisémitisme est le pire de tous ses crimes. En choisissant de montrer un enfant victime de la guerre à travers le regard de son ami, le cinéaste engage le spectateur d'une façon puissante. Nous ressentons le danger pour Jean à chaque moment. Tout est dangereux pour lui : le restaurant, la forêt, et surtout les bains-douches. Puisque c'est un enfant juif, il est donc circoncis. La découverte du fait que l'on était circoncis, que cela ait été pour des raisons religieuses ou pour des raisons médicales, condamnait immanquablement adultes et enfants au camp de concentration. On se rappelle la séquence dans l'infirmerie où le soldat allemand demande à Julien de baisser sa culotte. Jean-Luc Macia en parle dans son article « Un grand élan d'humanisme chaleureux » :

> A travers de petites scènes (les douches interdites aux juifs, l'incursion des miliciens dans un restaurant), Malle dresse devant nos yeux le miroir de la duplicité humaine si cruellement illustrée par l'Occupation. Mais son film est avant tout un témoignage bouleversant sur une brûlure personnelle durement vécue et que l'art fait soudain ressortir dans un grand élan d'humanisme chaleureux. (*La Croix* 8 octobre 1987)

Pour sa critique sur la société, Louis Malle a choisi l'enfant comme personnage principal et le pensionnat comme lieu principal du récit, un choix très efficace parce que le monde des pensionnaires est un microcosme du monde extérieur. En observant les parallèles entre ces deux mondes, le lecteur/spectateur constate un certain phénomène, mentionné par Dugast :

> La hiérarchisation est même double ici : les enfants se distinguent du monde extérieur par l'uniforme qui montre leur appartenance à un groupe scolaire privilégié, mais à l'intérieur même de l'établissement les clivages se dessinent. Ainsi se trouve défini le but proposé à tout enfant : se maintenir ou parvenir. Dès lors la société puérile, à l'image de celle que peint le roman d'adultes, hérité des tableaux balzaciens, sera le lieu de menées politiques plus ou moins savantes... (278)

Dans le monde extérieur résonnent l'Occupation, le gouvernement de Vichy, la peur qui règne, les guerres civiles des Français, le marché noir, les dénonciations, le maquis (98), la solidarité, la multitude d'opinions politiques et philosophiques: le racisme, l'antisémitisme, le fascisme, le patriotisme. On trouve les mêmes conditions et sentiments parmi les écoliers : le marché noir (34), les dénonciations de Joseph et de la sœur infirmière (*Au Revoir les enfants,* cinéroman 126-27), les stéréotypes (70), l'antisémitisme, le fascisme, le patriotisme, (19, 27-29, 30, 86). En analysant cette importante scène au restaurant (90-97) qui résume mieux et peut-être vaut mieux que des centaines de pages sur Vichy, le lecteur/spectateur se renseigne sur les conditions de vie dans la France de 1944. Le film dépeint non seulement la condition humaine de la guerre mais aussi le problème de la solidarité à l'intérieur du collège, le problème des valeurs. Les adultes essaye d'apprendre aux enfants à partager leurs provisions. Le Père Jean veut leur inculquer de la morale. Les enfants personnages vivent une époque terrible. Hantés par la peur, ils doivent affronter tous les dangers. *Au Revoir les enfants* nous présente certains phénomènes universels à partir desquels nous pouvons extrapoler. Simone Suchet juge ce film puissant, utile et universel, plus particulièrement important dans le contexte de la France contemporaine : « Un film d'où se dégage une force comme venue de l'intérieur, sans esbroufe, sans spectaculaire, une force qui s'impose. Un film nécessaire dans une France qui s'égare, tentée par le "Lepenisme", un film qui vient nous rappeler que le racisme existe, l'horreur aussi et que Louis Malle les a rencontrés et ne les a jamais oubliés. (59)

En tournant *Au Revoir les enfants*, Louis Malle, ne voulait-il pas non seulement se purger de son complexe de culpabilité en ce qui concerne la mort d'un camarade de classe mais aussi évoquer l'antisémitisme, « les bassesses de la collaboration » (*Boule de suif* 17) ? Ne voulait-il pas montrer tout ce qui s'est passé pendant la guerre qui reste toujours une honte pour les Français (parce que trop d'entre eux y ont participé) mais dont ils ne sont pas toujours conscients? N'est-il pas très représentatif des autres auteurs littéraires et cinématographiques en question qui voulaient tous, en racontant une histoire d'enfance, fournir un document sur une société particulière à une certaine époque? La vision de la société française (rurale) du moment de l'exode, que Boyer nous présente à travers le regard de Paulette, est aussi défavorable que celle de Malle. Pareillement, Truffaut, caché derrière Antoine, présente une vision défavorable de la société parisienne des années 50. A travers le regard de Louis et de José, la campagne rétrograde de l'après-guerre du Grand-Chemin et la société martiniquaise des années 30, sont respectivement présentées sous un angle ambivalent. Pour la plupart, ce sont des enfances favorables, mais nuancées, en tenant compte, comme les récits de Malle, de Boyer et de Truffaut, de la disparition des protecteurs naturels de l'enfant. La vision favorable du monde avec sa tonalité radieuse, présentée par Pagnol du « paradis perdu » du petit Marcel, nous semble unique dans ce groupe de récits d'enfance. Dans les récits de notre étude nous observons donc un autre phénomène décrit par Dugast :

> une typologie des héros enfantins opposés à leur entourage : les uns demeurent totalement marginaux [comme le héros de Truffaut ou l'héroïne de Boyer], les autres s'assimilent progressivement [comme Louis ou le petit Marcel de Pagnol]; la tonalité varie selon la manière dont se trouve appréciée dans le texte l'intégration du personnage. Tout dépend en effet de ce que le narrateur [ou le cinéaste] valorise au départ, car c'est l'auteur qui, par son commentaire plus ou moins latent, donne un sens à l'aventure, et une résonance de rébellion. Son point de vue est donc fondamental. (299-300)

Ainsi, nous découvrons l'importance de l'utilisation de la présence de l'enfant dans les récits en question, l'importance de ses relations avec son entourage immédiat, de la présence ou l'absence des parents et des protecteurs naturels, de son appartenance à un certain groupe socio-économique... des facteurs qui vont tous influencer son monde et surtout son regard sur sa société et sur le monde. L'auteur, caché derrière son petit personnage, va profiter du regard de celui-ci pour exprimer ses propres opinions et sentiments en ce qui concerne sa vision de la société de son enfance.

CHAPITRE VIII
LA CONDITION HUMAINE

Cette citation de François Régis-Barbry tirée d'*Une menace qui pèse sur toutes les enfances* rappelle l'aspect universel du film de Malle :

> En reconstituant cette page de son passé qui l'a profondément marqué, Louis Malle parie sur l'actualité de cette menace qui pèse à tout moment sur l'enfance, sur toutes les enfances. Certes, les circonstances ont changé, mais qui peut affirmer qu'un enfant de onze ans est à l'abri de ces ruptures qui marquent à jamais un être, de ces violences pas toujours spectaculaires mais réelles qui brisent à tout jamais l'élan vital, la confiance dans le lendemain, la certitude du chemin à prendre. (*Cinéma 87*, 7 octobre 1987)

Dans les œuvres en question, à travers le regard de l'enfant-héros et surtout à travers son univers sensoriel, on a un apprentissage de la condition humaine : la vie, l'amour, la mort. Dans ces récits, nous rencontrons l'enfant à ce moment de « l'élan vital », un moment où il quitte le monde d'innocence de l'enfance et où il commence son initiation au monde adulte avec son côté noir dont il commence à prendre conscience, un moment où il est en contact avec la Nature et où il fait l'expérience du plaisir des sens au sens large du mot : toucher, voir, sentir. F. Dugast parle de l'état privilégié de l'enfant, du « sentimental bonheur » en disant que: « c'est une aptitude à se laisser envahir par la sensation, qui provient sans doute de l'inaptitude à dissocier plusieurs choses présentes à l'esprit en même temps, mais qui permet aussi une disponibilité totale, que l'adulte ne connaît plus; » (Dugast 520). Grâce à des retentissements affectifs que l'enfant partage avec le lecteur/spectateur, on se renseigne sur la condition humaine de son monde.

Commençons par notre analyse des transgressions qui font partie du monde des enfants des œuvres en question qui nous emmène à certaines conclusions sur les instincts adolescents. Le goût de la transgression et de la provocation est très typique de la fin de l'enfance et du début de l'adolescence. Le langage des jeunes du film, parsemé d'argot, a beaucoup d'importance dans la vie de la plupart des enfants parce que l'argot est globalement une transgression très populaire parmi les adolescents qui le parlent très volontiers entre quatorze et dix-huit ans ; puis après, cela passe. C'est pour provoquer, pour être exclusifs. D'autres transgressions de Julien et de certains de ses camarades du collège montrent le goût de tricher, de ne pas respecter la règle. Julien fait du marché noir (34-35) par exemple ; lui et Jean, ils se perdent dans la forêt et ne respectent pas le couvre-feu (74-78) ; ils jouent du piano et grillent des marrons au lieu d'aller dans l'abri pendant l'alerte (114-16). Le chahut dans le dortoir dès que le supérieur le quitte, les rapports, en général très agressifs entre les enfants, nous rappellent *Sa Majesté-des-Mouches* de William Golding et le retour à l'état sauvage des enfants.

Dans son entretien avec Audé et Jeancolas, en réponse à une interprétation faite au sujet de « la violence qui règne dans le pensionnat », Louis Malle offre l'explication suivante :

> Il y avait d'abord une dimension générale de l'époque, qui était une époque dure. Et c'est vrai que par rapport aux enfants d'aujourd'hui, même si j'évoquais à l'instant une enfance protégée, la vie était beaucoup plus dure. Tout de suite, dès le premier jet du scénario, j'ai voulu mettre le jeu d'échasses, qui n'existe plus aujourd'hui, on l'a supprimé, ou interdit. C'était incroyablement violent. Mais ça, c'était l'affirmation de la virilité... Comme le jeu scout en forêt. Et là, je l'ai même un peu diminué. Le directeur de l'école, le père Jean dans le film, nous envoyait après le couvre-feu, la nuit, chercher un trésor dans la forêt de Fontainebleau. C'était dément, on était terrifiés, il y avait un risque réel, ce qui a provoqué des protestations de parents. C'était pour nous former le caractère. Et puis quand même, cette violence, je crois qu'elle existe dans tous les pensionnats. Des rapports de force entre les enfants. C'est presque normal, la façon dont on traite Bonnet : c'est un nouveau, il n'est pas comme les autres. A part Julien, les autres ne sont pas assez curieux pour aller chercher plus loin que les différences immédiates. Je crois que c'est un comportement social assez banal, les autres sont mal vus.
>
> (...) J'ai de cette époque le souvenir d'une violence à l'état nu. Il y avait une notion presque darwinienne des rapports de force dans un groupe social, on laissait faire ceux qui prenaient le dessus. Il y avait des victimes et des bourreaux. Mais ce qui me paraît important dans le film, même s'il y a parmi les enfants des do-

minants et des dominés, c'est l'intervention de la violence du monde des adultes, elle est plus abstraite, elle est surimposée. Pour les enfants, elle est incompréhensible. Alors que la violence des enfants est naturelle, je dirais presque biologique, quand les miliciens arrivent, et ensuite dans toute la fin du film, tout devient incompréhensible, en tout cas pour Julien. (33)

Ce long commentaire de Malle, ne semble-t-il pas se rapprocher de la philosophie de l'écrivain britannique William Golding ? Lui aussi, comme Malle, était « un inconditionnel de Conrad » (Audé et Jeancolas 38) et en commentant le thème de *Sa Majesté-des-Mouches*, 1954 (porté à l'écran 1963 par Peter Brook) dit qu'en construisant le thème de son roman, il tente de retracer les maux et les vices de la société dès leurs origines dans les défauts de la nature et du tempérament de l'homme :

> The theme is an attempt to trace the defects of society back to the defects of human nature. The moral is that the shape of a society must depend on the ethical nature of the individual and not on any political system however apparently logical or respectable. (Golding 189)

Par le moyen du regard de Julien, un peu à la manière de l'enfant Simon dans l'œuvre de Golding, le lecteur/spectateur voit la découverte par l'enfant des capacités de mal chez les êtres humains et du caractère superficiel de leur système moral. Ainsi, à la fin du film Julien, comme Simon, lutte de toutes ses faibles forces contre la découverte d'une réalité qui est plus puissante que lui. Et les larmes de Julien, comme celles de Ralph, autre personnage du livre de Golding, représentent la reconnaissance de la fin de l'innocence et du noir dans le cœur de l'homme.

> "Fancy thinking the Beast was something you could hunt and kill" said the head. For a moment or two the forest and all the other dimly appreciated places echoed with the parody of laughter. "You knew, didn't you? I'm part of you? Close, close, close! I'm the reason why it's no go? Why things are what they are?" Ralph wept for the end of innocence, the darkness of man's heart. (Golding 187)

Dans les deux œuvres, la « sauvagerie » des enfants, n'est-ce pas une réflexion locale d'un problème global dans le monde adulte? Dans *Au Revoir les enfants* la forêt est un lieu d'apprentissage, de découverte, de défis, de peur, d'amitié. Comme pour les enfants de l'œuvre de Golding, la Nature est un milieu où les deux enfants se trouvent démasqués, où ils éprouvent des sentiments qui ne sont pas gardés.

Ailleurs dans le film de Malle nous constatons les effets d'un autre aspect de la Nature sur la tonalité du cadre et sur l'honnêteté de l'expression de sentiments. La Nature telle qu'elle est représentée en plein hiver, par exemple, est un professeur froid, sans pitié. Comme la forêt, elle crée un milieu où les deux petits héros se trouvent démasqués. Nous l'observons dès l'ouverture du film. Dans les scènes n°1 et n°2, de la gare de Lyon à Paris : le train, la vapeur du train, le sifflement, les appels, le contrôleur qui agite son drapeau, tous les sens sont exploités dans cette description et sont fortement liés aux retentissements affectifs de l'enfant : la tristesse qu'il éprouve aux adieux, le symbolisme d'« une fumée noire de charbon [qui] dilue l'image par moment » et du « paysage d'hiver qui défile » qui semble refléter le triste paysage intérieur de Julien.

Plus loin, toujours à partir du monde sensoriel de Julien, nous nous rendons compte que l'hiver semble inextricablement lié à la guerre et à la mort et même dans les rares moments tranquilles, là où on se sent heureux, le spectre de la Mort n'est pas loin. Prenons comme exemples les scènes n° 45, 46, 47 du scénario (aux pages 114-16 du cinéroman), où Julien et Jean, qui n'ont pas cherché d'abri pendant une des alertes, (une sorte de défi de leur part… ils vont se montrer capables de survivre en comptant sur leurs sens) jouent du piano ensemble dans la salle de musique. Ils s'abandonnent à leurs sens de l'ouïe, du toucher, du sentir : « Debout devant le piano ils jouent un boogie à quatre mains. Julien fait la basse, Bonnet improvise sur le haut du clavier. Ils rient aux éclats » (114). Voilà nos deux héros, perdus dans le plaisir du moment, un moment d'oubli, d'amitié. On entend le duo des garçons, mais en même temps « On entend des coups de sifflets, des appels, un bruit de course ».

Tout de suite après, les deux garçons se promènent dans la cour déserte. C'est une cour imprégnée de l'hiver et de la guerre : « Le collège semble abandonné. Seules, deux silhouettes d'enfants au milieu de la cour enneigée. Julien et Bonnet écoutent les bruits lourds des bombardiers et les rafales sèches de la D.C.A., allemande ». Dans cette séquence le spectateur ressent la solidarité éprouvée par les deux enfants, et partage leurs confidences. En même temps on est conscient qu'ils ont froid et qu'un des secrets que Jean confie à son ami est qu'il a toujours peur. Enfin à l'abri de l'hiver, dans la cuisine du collège, ils partagent encore des confidences et le plaisir tactile de se faire rôtir des châtaignes et « Ils se brûlent les mains en dépiautant » (116).

Ces trois scènes sont pleines de retentissements affectifs et elles sont aussi chargées de sens. La solidarité et l'amitié chaleureuse des deux enfants sont superposées à un fond d'hiver, à une société froide et hostile.

De même, Paulette et Michel évoluent dans des milieux hostiles et négatifs, remplis de déceptions. Le lecteur ou le spectateur des *Jeux interdits* ressent une grosse contradiction entre ce que doit être cette société paysanne et ce qu'elle est réellement. J. Crowther le confirme en disant que la signification du film repose sur cette contradiction :

> For the import of this picture is that the good, solid peasantry, which is supposed to be the backbone of the nation's strength, is not strong. It is not intuitive in comprehending human foibles and the eternal verities. It does *not* possess the innate wisdom so charmingly and comfortingly compacted in Raimu. It is pitifully and painfully unable to cope with the challenges of the disordered world, or even with the shock and confusion of a war-shattered child. It is so lacking in comprehension that it hews to certain shibboleths of death, and yet it chastises children who imitate these common shibboleths. It is not willfully wicked or knowingly, complacently weak. It is purely and simply ignorant. That is the painful tragedy. What is essentially transmitted in this oblique reflection upon war and upon the scourging of children in it is that society is still playing games—games of war and death and betrayal—that are morally forbidden. But it goes on playing them. (Crowther 207) [1]

Au moyen du regard de Paulette, et surtout au moyen de ses pensées et de ses sentiments partagés avec le lecteur/spectateur, Boyer et Clément nous montrent les jeux interdits auxquels participait, pas par méchanceté mais plutôt par son extrême ignorance, cette communauté campagnarde, ce segment de la population que l'on croyait le pivot, le véritable point d'appui de la société française de l'époque. Dans les pensées des personnages adultes et dans leurs conversations, le lecteur de Boyer découvre cette ignorance. Ainsi, dans la conversation entre Muriel et Joseph au bistro, au sujet de la condition et la situation de Georges Dollé, Muriel ne pense qu'à son absence du travail à un moment important pour les fermiers : « — Au moment des betteraves! déplora Muriel ». Il faut que le curé lui rappelle que c'est aussi le moment de l'exode : « — Au moment de l'exode, reprit Joseph. Les hôpitaux pleins. Plus de salles, plus de lits, plus de draps, plus de seaux, plus d'infirmières, plus de médecins, plus de chirurgiens, plus d'ambulances... » (Boyer 65). L'auteur fournit une documentation sur cette époque-là et le jugement qu'il porte sur l'enfance qu'il évoque est un jugement sévère.

Le roman de Zobel a la même fonction réaliste, car le romancier est en même temps historien de la vie quotidienne. Il nous fournit un document sur la société et sur la condition humaine. Quand, par exemple, M. Médouze parle des souffrances ancestrales, ce qu'il décrit est la situation que connaissent bien les Haïtiens (l'indépendance de 1804) aussi bien que les Martiniquais. Lorsque l'abolition de l'esclavage est définitivement acquise en 1848, ceux qui en sort, les anciens esclaves affranchis, libérés, vont se retrouver dans une situation telle qu'on se rend compte que la société de la plantation n'a pas vraiment été abolie puisqu'eux-mêmes vont être remplacés rapidement par des travailleurs que l'on loue, les Indiens : l'engagisme. Ils étaient sous contrat. Un sous-prolétariat avait remplacé l'esclavage ce qui fait que leur situation ne s'est pas améliorée : bien qu'ils aient obtenu leur liberté, ils se trouvaient sans travail et sans ressources.

La pauvreté absolue des ouvriers des champs de canne à sucre, le travail et la vie pénibles dans des conditions inhumaines semblent être une condition permanente (210). On s'en rend compte tout au long du récit, mais certains moments nous frappent plus particulièrement, comme le moment de la paye (60-62), la description de la condition de vie de la Cour Fusil, Petit Bourg : les hommes parqués comme du bétail, le bétail humain qu'on entasse dans les cases; l'uniformité de ces hommes réduits à des conditions bestiales (137-38, 141-42), et les portraits des habitants de la cour Fusil est le roman de tout un groupe (139-40). L'hyperesthésie de l'enfant peut porter sur des sensations négatives aussi. José éprouve beaucoup de sensations très vives. Tout ce qu'il voit, tout ce qu'il sent est horrible, oh! ces odeurs! : « la puanteur des éléphantiasis, de ces haillons exhalant la rancissure de la sueur » (*La Rue Cases-Nègres* 63) ou les pieds de

Mam'zelle Appoline : « Ses pieds sentent comme un crapaud pourri » (50) A Sainte Thérèse avec m'man Délia (217-18), José observe la dignité et l'amour avec lesquels les habitants s'y installent, plantent des fleurs, maintiennent leur résidence. Mais il n'ignore pas la disparité étonnante entre les beaux quartiers des békés de la Route Didier avec leurs villas, comme la "Villa Mano" de M. Lasseroux où travaille m'man Délia et la banlieue opposée (physiquement et symboliquement) de Sainte-Thérèse, quartier morne où José mène son existence solitaire loin de sa mère (242-44).

L'ambiguïté de l'itinéraire du héros, toute l'ambiguïté de José à l'égard de sa race et à l'égard des anciens imprègne *La Rue Cases-Nègres*. José est écœuré des conditions dans lesquelles vit m'man Tine (235 et 263), triste d'apprendre que Jojo est en prison (284) et dégoûté par les békés et leurs maîtresses noires (277-78). On prend conscience de l'aliénation et de la misère. Plus José devient instruit, plus il a envie de se détacher des siens. Il prend conscience de la condition des siens, et de l'existence de classes. Il ressent l'aliénation, le problème d'enracinement: « A vrai dire, notre vie était changée » (181). Il a même du dégoût, une attitude de répulsion contre la vie de la plantation.

> Il me vint une fois l'idée d'aller travailler pendant les grandes vacances dans les petites-bandes, afin de gagner de quoi me payer une paire de souliers. (...) Je n'y pus céder. Ce n'était pas ma faute : aucune sympathie pour les champs de canne à sucre. En dépit de tout mon plaisir à mordiller et à sucer des bouts de canne à sucre, un champs représentait toujours à mes yeux un endroit maudit où des bourreaux qu'on ne voyait même pas condamnent des nègres, dès l'âge de huit ans, à sarcler, bêcher, sous des orages qui les flétrissent et des soleils qui dévorent comme feraient des chiens enragés; des nègres en haillons, puant la sueur et le crottin, nourris d'une poignée de farine de manioc et de deux sous de rhum de mélasse, et qui deviennent de pitoyables monstres aux yeux vitreux, aux pieds alourdis d'éléphantiasis, voués à s'abattre un soir dans un sillon et à expirer sur une planche crasseuse, à même le sol d'une cabane vide et infecte. (...) Il y a trop longtemps que j'assiste, impuissant, à la mort lente de ma grand-mère par les champs de canne à sucre.
> (*La Rue Cases-Nègres* 210-211)

La version filmée de *La Rue Cases-Nègres* révèle également la vérité sur la condition humaine de l'époque. Jill Forbes, dans le Monthly Film Bulletin, July 1984, nous dit que cet aspect est beaucoup plus nuancé qu'une simple révélation des iniquités politiques :

> The more documentary footage, however—such as scenes in the school or on the river—falls into another genre typified by *cinéma vérité* and the ethnographic film. This is to say that whereas it is relatively easy to expose the political iniquities of colonialism, it still has to be done in the language and style of the cinema of metropolitan France, *a fortiori* since its cinema is so strong.
> *Black Shack Alley* is thus an extremely clever mixture of fiction and documentary, of the contemporary and the nostalgic,... (Forbes 211)[2]

Dans le film aussi bien que dans le livre, l'alcool et le tabac sont des symboles de l'acculturation, c'est-à-dire, l'abêtissement. Beaucoup de monde fume. Ce n'est pas une mode, ce n'est pas du snobisme. C'est lié au manque de nourriture. On n'a que cela pour se remonter. Dans l'esprit d'un Médouze ou d'une m'man Tine, si on ne mange pas bien, là, au moins, on a son tabac. Pour ces gens qui, quatre-vingts ans après l'abolition de l'esclavage, travaillent encore dans des conditions pareilles, ils peuvent néanmoins retirer un peu de bénéfice de ce travail de la canne et le principal bénéfice... c'est le rhum autour du feu qui fait oublier pendant un certain moment la réalité. C'est une espèce de poison. Il n'y a pas que le serpent que l'on trouve dans la canne; il y a aussi l'alcool qui va finir par vous tuer. Le rhum comme le tabac donne de quoi vivre sur le moment, mais c'est une illusion. Cela ne vous nourrit pas; cela vous tue. Il est intéressant de constater qu'au moment où les enfants boivent du rhum et mettent le feu dans le jardin du voisin, José décrit ses sensations qui ressemblent beaucoup à celles des adultes qui boivent autour du feu la nuit en l'absence du béké :

> avec la boîte d'allumettes et la bouteille de rhum, j'éprouvai la sensation d'être transporté dans un monde où les désirs des enfants enfin se réalisaient sans l'entremise ni la censure des parents... (...) nous allions vivre une vie franche et exaltée. Du rhum! des allumettes! Entre nos mains, à nous qu'on déclarait trop petits pour en user! Pouvoir faire du feu et boire de cette

boisson dont nous ne connaissions que l'odeur. Des allumettes! Du rhum surtout.! ... (...) C'est brûlant à la gorge comme un tison, mais ça donne l'envie d'en boire beaucoup. (70)

Les sensations éprouvées par José rappellent cet aspect du feu expliqué par Gaston Bachelard dans *La Psychanalyse du feu* et à Médouze et ses compagnons de la Rue Cases-Nègres qui voulaient se « dissoudre pour retrouver la liberté de l'expérience » :

> L'eau-de-vie, c'est l'eau de feu. C'est une eau qui brûle la langue et qui s'enflamme à la moindre étincelle. Elle ne se borne pas à dissoudre et à détruire comme l'eau-forte. Elle disparaît avec ce qu'elle brûle. Elle est la communion de la vie et du feu. L'alcool est aussi un aliment *immédiat* qui met tout de suite sa chaleur au creux de la poitrine. (...) Il suit la règle des désirs de possession réaliste : tenir une grande puissance sous un petit volume. (...) quand les tonneaux de rhum « explosaient comme des barils de poudre », explosion à laquelle personne n'a jamais assisté. (...) l'être, ... bien libéré de sa propre substance, libéré de soi. (145-47)

Symboliquement, la mort de m'man Tine et celle de M. Médouze représentent une libération de la pénible condition de vie dans la plantation, et pour José en particulier, les étapes importantes par lesquelles il quitte son monde d'enfance et entre dans le monde adulte. Il reste responsable de sauvegarder et de perpétuer leurs valeurs spirituelles. Pour ce jeune Martiniquais, la fierté des racines transmises par ces deux personnages importants ne mourra jamais, et notamment leurs dires en ce qui concerne la Nature et la condition humaine. On pense aux observations partagées, et aux conseils offerts à José par Médouze dans le film de Palcy : « Tout ce qui appartient à la création a son secret. Personne ne doit toucher à la vie. On peut la défaire, mais pas la refaire. ».

Le petit Pagnol aurait pu, lui aussi, profiter des bons conseils de Médouze en ce qui concerne le respect pour la Nature et pour la vie. C'est un enfant comme les autres pour qui « la violence des enfants est naturelle, presque biologique » (Louis Malle). Comme José avec ses copains de la Rue Cases-Nègres, Marcel et son frère jouent avec des allumettes, mais c'est un verre de pétrole au lieu d'une bouteille de rhum qui l'accompagne pendant qu'ils brûlent des colonnes de fourmis (*La Gloire de mon père* 105). Pagnol décrit minutieusement la cruauté infligée aux bêtes durant d'autres transgressions commises par les deux frères: lancer de petites sauterelles dans la toile des grandes araignées, chasser les cigales, capturer des papillons, « étudier » (tourmenter) des mantes religieuses. (104-6) Comme pour José, la Nature lui fournit beaucoup de leçons sur la vie dont l'aventure des bartavelles reste l'essai le plus important parce que c'est en subissant de rudes épreuves de la Nature qu'il entre dans le monde des adultes.

Dans *Les Quatre cents coups* on a également la valeur symbolique des éléments, de l'eau (du lait), de l'espace et du feu. La nuit de sa première fugue, après avoir passé plusieurs heures couché dans l'imprimerie, Antoine vagabonde dans les rues (les espaces de la ville) et s'arrête pour se laver la figure à la fontaine de la Place de la Trinité et pour voler une grande bouteille de lait qu'il avale jusqu'à la dernière goutte. Traduisant cette dernière action en termes métaphoriques, on peut dire qu'il a soif, la soif de l'amour maternel.

L'eau et l'espace ne sont pas les seuls éléments matériels qui figurent dans le récit d'Antoine. Le feu va y jouer un rôle principal. Truffaut plante les premiers jalons d'une séquence extrêmement importante, celle où Antoine, tout en exprimant son admiration pour Balzac, enflamme le placard. Le premier repère est la flamme qui saute du poêle à charbon que l'enfant alimente quand il rentre dans l'appartement après l'école (plan 43, p. 45 du scénario), et un deuxième est le commentaire du beau-père en reniflant un peu de fumée pendant que Mme Doinel prépare le dîner. Il blague en demandant « si le torchon brûle » (49). Puis nous observons Antoine qui essaie de copier le mot d'excuse écrit par la mère de René mais qui finit par jeter les copies ratées dans le feu du poêle. Plus tard « chez lui, couché sur un divan, fumant une cigarette et lisant un volume de Balzac : « … son visage s'anima d'un esprit du feu, un souffle passa sur cette face et la rendit sublime… » (79). Cet ouvrage métaphysique, *La Recherche de l'Absolu*, devient l'inspiration de la « célèbre » composition. Et dans la séquence mentionnée ci-dessus, pour rendre hommage à Balzac, Antoine transforme en « autel » le placard où il accroche une gravure de l'écrivain, allume une bougie et ferme le rideau. Pendant le repas, quand le rideau prend feu et qu'une fumée épaisse envahit l'appartement, Antoine devient la victime de sa vénération pour Balzac. Collet dit que : « La métaphore du feu s'accomplira » dans cette séquence et qu'il y a toujours dans le feu quelqu'un qui meurt : « la mère (après le mot d'excuse raté), le vieillard (dans le texte de Balzac), le grand-père (dans la rédaction d'Antoine), Balzac (dans l'étagère qui brûle) ». Le feu et la mort apparaissent dans d'autres films de Truffaut : *La Chambre Verte* et *Farenheit 451* (49).

Pour expliquer cette fonction du feu et le complexe de Prométhée, Collet cite *La Psychanalyse du feu* de Bachelard :

> Le feu est donc initialement l'objet d'une *interdiction générale*; d'où cette conclusion : l'interdiction sociale est notre première *connaissance générale* sur le feu. Ce qu'on connaît d'abord du feu c'est qu'on ne doit pas le toucher. Au fur et à mesure que l'enfant grandit, les interdictions se spiritualisent : le coup de règle est remplacé par la voix courroucée, par le récit des dangers d'incendie, par les légendes sur le feu du ciel (...). Le problème de la connaissance personnelle du feu est le problème de la désobéissance adroite. L'enfant veut faire comme son père, loin de son père, et de même qu'un petit Prométhée, il dérobe des allumettes. Il court dans les champs et, au creux d'un ravin, aidé de ses compagnons, il fonde le foyer de l'école buissonnière (...). Il y a en l'homme une véritable *volonté d'intellectualité* (...) : Nous proposons donc de ranger sous le nom de *complexe de Prométhée* toutes les tendances qui nous poussent à savoir autant que nos pères, plus que nos pères, autant que nos maîtres, plus que nos maîtres. (Bachelard 29)

Collet explique que ce que Bachelard appelait « *le complexe d'Œdipe de la vie intellectuelle* » aide à expliquer le complexe de Prométhée. « Voler le savoir équivaut à voler le feu. Le savoir est dans les livres. Il est *le texte*. On ne le dérobe pas impunément, surtout si l'on n'est pas très adroit. La volonté de connaissance se paie de la mort » (Collet, 50). Dans ce triangle de vouloir, savoir, pouvoir nous sommes donc témoins de la mort fictive du héros des *Quatre cents coups* : « il est exclu de l'école. Il est jeté dehors, maudit » (50). Aux moments où Antoine se sent désaffecté de sa société, il se refugie dans les espaces protecteurs du cinéma et des rues de Paris.

Pour José et pour ses copains, c'est le contact avec la Nature qui va fournir des leçons sur la vie, la mort et la condition humaine, et qui va être le lieu sûr aux moments difficiles. Dans la première séquence les enfants, laissés seuls dans la Rue Cases-Nègres pendant que leurs parents travaillent dans les champs, parient sur le combat entre un serpent et une mangouste. N'est-ce pas une métaphore pour le combat quotidien pour survivre dans les conditions intolérables de la plantation? Tout de suite après sa fuite de chez Mme Léonce et pendant les jours suivants, au moment où il se trouve sans logement et sans repas du midi, l'enfant cherche un refuge dans la Nature. Là il apprend à se débrouiller et à se consoler :

> ... je m'engageai dans l'épaisse frondaison du Haut-Morne. Il me fallut beaucoup d'instinct pour me guider, mais je parvins à m'en sortir tout seul, et lorsqu'une piste me fit descendre droit derrière la borne-fontaine où je lavais mes pieds chaque matin en entrant au bourg, je sentis avec soulagement, avec fierté, que je triomphais de ma terrible mésaventure. (128)

Louis du *Grand Chemin* ne se sent pas bien dans sa peau chez les Lucas. En revanche, il est totalement heureux dans la Nature où il s'amuse à monter dans l'If avec Martine, aller à la pêche avec Pelo (116), ramasser les fraises (39) et toucher un lapin. Dans un moment de détresse, il se montre cruel en torturant une titille, ce qui est bien allégorique si l'on considère l'état torturé de son âme au moment de cette transgression de la norme. La plupart du temps, c'est un enfant qui a une solidarité avec les animaux, surtout avec les petits lapins et il est donc horrifié à la mort du lapin tué par Marcelle (20-21) ; Louis montre la solidarité avec les lapins (25). Louis nourrit les lapins et leur parle (59). Il part même sur le toit de l'église avec son lapin préféré. C'est vraiment « l'objet transitionnel » des théories de D. W. Winnicott. En l'absence de sa mère, le lapin la remplace.

La petite Paulette des *Jeux interdits*, comme Louis, se sent solidaire des animaux. Pour elle aussi la Nature est un lieu sûr où, à l'abri du monde cruel, elle trouve un certain soulagement. Puisque sa situation est beaucoup plus sévère et tragique que celle de Louis, elle est encore plus attachée aux animaux, même obsédée par eux. Paulette est très contente d'avoir des animaux morts et de les caresser. Michel lui offre des poussins morts comme cadeau. Dans le cimetière avec Michel, elle cueille des croix pour marquer leurs trous (124). Pour Paulette les animaux jouent le rôle de « l'objet transitionnel » des théories de Winnicott (« ... the *transitional object*, an intermediate area of experience between subjective objects and true object relationships. (...) ... it is the first Not-me possession. » St. Clair 73).

Juste après la mort de ses parents, c'est d'abord le petit chien blanc aux taches noires qui devient "l'objet transitionnel" en l'absence de sa mère et de son père (13). Dans un passage très métaphorique du roman de Boyer nous observons Paulette qui assiste à la mort du chien noir et blanc :

> Puis ce fut un chien noir et blanc qui vint à elle, solitaire, larmoyant, une patte inerte, et pendante. Il flaira un instant le corps de papa, puis s'éloigna sans hâte, gémissant faiblement. Paulette bondit et pris la bête dans ses bras. Elle vit deux yeux très gris, très tristes, pitoyables, murmura quelques mots sans suite, très doucement, puis desserra son étreinte. Dans une plainte, le chien se dégagea péniblement.
> Une voix résonna dans le grand paysage, clamant sa solitude.
> Le chien s'éloignait de la route dans un champ ras, désolé, tout brûlé de soleil. (...)
> Paulette vit le chien hésiter, chanceler, s'étendre en hurlant sur le dos et battre l'air de ses trois pattes valides.
> Alors elle s'élança, sauta le fossé et suivit à son tour le grand champ brûlé. (15-16)

En commentant « l'objet transitionnel » de Winnicott, Margaret Mahler (54) cite Greenacre (1960) qui dit que l'objet transitionnel représente le besoin de la part de l'enfant de ce contact avec le corps de la mère, que l'enfant exprime au moyen de sa préférence pour un objet qui dure, qui est mou, flexible, chaud à l'attouchement, et surtout un objet qui retient des odeurs du corps. C'est un objet qui va remplacer le sein maternel :

> The transitional object itself described by Winnicott (1953) is a monument to the need for this contact with the mother's body, which is so touchingly expressed in the infant's insistent preference for an object which is lasting, soft, pliable, warm to the touch, but especially in the demand that it remain saturated with body odors. ... The fact that the object is usually pressed against the face close to the nose probably indicates how well it substitutes for the mother's breast or soft neck. (208)

Dans l'œuvre de Boyer Paulette éprouve des sentiments de ce genre :

> ... elle s'aperçut qu'elle ne s'était pas délivrée des odeurs de la ferme. Fumier, lait tourné, Georges, la poussière, la mère, le père, Raymond, tout le monde, tout le monde, sauf Michel qui, lui, sentait encore le lait d'enfant, le bon lait frais qui imbibe la chair rose des bébés. Et puis aussi, il y a eu l'odeur du chien, bien que Paulette ne voulût pas se l'avouer, parce que Toutou avait tous les droits depuis sa mort. (54-55)[3]

Ce qui nous frappe dans le film de Clément, c'est que le premier geste de la fillette après la mort de ses parents est de fixer de son regard le visage de la mère morte et de caresser sa joue avec sa petite main, probablement un geste fait maintes fois par la mère. Au moment de la mort du chien elle le caresse avec sa joue. Dans le roman de Boyer, Paulette manifeste beaucoup de ces mêmes réactions visuelles et tactiles.

> Elle fit un gros effort et parvint à toucher le chien du doigt, légèrement, puis elle dessina doucement un long sillage dans ses poils blancs, évitant les taches noires. Le contact lui devenait moins désagréable. Elle s'enhardit et posa un deuxième doigt, traçant deux lignes parallèles, puis ce fut toute sa main qu'elle s'efforça d'appliquer sur une tache noire. Elle tenta une brève caresse et s'aperçut qu'en fermant les yeux, le pelage blanc et le pelage noir étaient exactement semblables, ni plus chaud, ni plus froid, ni plus rugueux. A chaque mouvement il y avait une petite touffe hirsute qui grattait un peu le creux de la main et puis une longue plage soyeuse et souple... (44-45)[3]

Ensuite, après la mort du chien, c'est Michel qui devient en même temps « l'objet transitionnel » et son protecteur et qui, avec la multitude d'autres animaux, remplace ses parents morts ainsi que son chien:

> Elle aimait bien Michel. (...) ... elle avait trouvé qu'il traînait une bonne odeur de lait, à la place de cette puanteur de fumier des autres. Michel avait des cheveux noirs sous son béret, noirs comme la tache noire du chien, des cheveux qui devaient être souples et tièdes sous la main. (Boyer 81)

Au moment de la mort de Michel, elle caresse sa joue :

> Ses sanglots redoublèrent, elle se pencha éperdue sur le visage de Michel, le caressant, l'embrassant, l'inondant de ses larmes qui se mêlaient au sang rouge, et de longues minutes le tint serré contre sa joue. (Boyer 146)

Enfin, ce sont le hérisson et le lièvre au moment de la mort de Michel qui deviennent à leur tour « l'objet transitionnel ». Paulette, se penchant sur le corps mort de Michel, découvre le hérisson : « Et soudain, au pied du buisson, elle vit une boule hirsute, un hérisson. Paulette n'avait jamais vu un hérisson de sa vie » (146). Et puis, après avoir pleuré au bord du ruisseau après la mort de Michel, elle poursuit le lièvre :

> Jusqu'au soir tombant, elle resta immobile, puis elle se leva et s'éloigna à travers champs, vers la grand-route. Et comme un lièvre passait en zigzaguant, elle s'élança à sa poursuite... (150)

Dans son interprétation des théories de Winnicott, Michael St. Clair nous informe que parmi les *phénomènes transitionnels* se trouvent le babillage, les maniérismes, ou une partie du corps même de l'enfant qui n'est pas reconnue comme faisant partie de la réalité externe. L'objet ou le bruit de voix devient essentiel au réconfort de l'enfant contre les crises anxieuses pendant ses moments de détresse ou d'isolation. Ainsi pouvons-nous identifier les babillages, les petites chansons, les comptines, les inventions musicales, même les hallucinations de Paulette. Après avoir fabriqué une couronne de liserons pour son chien mort, elle essaie de le faire danser :

> —Fais le beau!
> Longuement elle le fit sautiller sur place. Les fleurs et les feuilles s'agitèrent sur la tête du chien, masquant les yeux clos, les paupières enflées.
> —Danse! dit Paulette.
> Et elle rythma le sautillement d'une chanson aux paroles bizarres. Le visage du chien, balancé de droite et de gauche, semblait s'animer. Alors Paulette lança sa chanson aux échos, de toutes ses forces :
> Gros chien Toutou
> Qui mord

Ouaf! ouaf!
Toutou gros chien
Qui mordra plus
Coin! Coin! Canard
Cocorico! (Boyer 45)

Toujours au bord du ruisseau après sa rencontre avec le curé, Paulette éprouve « un curieux malaise ». En essayant de se rappeler comment faire le signe de la croix,

Paulette découvrit que l'on pouvait varier l'exercice à l'infini :
—Le front, le menton, l'œil gauche, l'œil droit.
—L'épaule, l'épaule, le ventre, le nez.
—La lèvre d'en haut, la lèvre d'en bas, l'oreille ici, l'oreille là-bas.
Mais tout cela manquait un peu de logique. Ce qui était vraiment bien, c'était :
—Le bas du ventre, le nombril, la poitrine et le bout du nez. Rez-de-chaussée, entresol, premier étage, deuxième étage, avec le Saint-Esprit en haut, le Fils au premier, le Père à l'entresol, et le nom sur la porte, au rez-de-chaussée.
Paulette avala un peu de salive et pensa :
« C'est l'ascenseur qui descend ».
(...)
Le Père cogna sur la table :
—Je coinche, dit-il.
—Aïe! fit Paulette.
—Je coupe, dit le fils.
—Ouille! ouille! fit Paulette. (Boyer 52-53)

Paulette semble avoir surtout un excès de malheur. La séquence suivante nous montre que Paulette est un être qui ne maîtrise pas ses émotions et qui éprouve intensément et les joies et les tristesses, mais principalement les tristesses : « Paulette… soudain se mit à voir tout noir. Elle se courba, s'agenouilla, et vomit douloureusement, …Puis ses yeux s'éclaircirent un peu et Paulette les sentit mouillés de grosses larmes. Elle fit un effort pour s'asseoir, et demeura immobile de longues minutes, sans comprendre » (Boyer 54). Souvent il y a des émotions qui étreignent l'enfant sans qu'il les comprenne. Ainsi Michel qui « attendit quelque chose qui ne vint pas et lui aussi prit conscience de ses larmes toutes proches. Il fit un effort, respira profondément, (...) il craignait de fondre en larmes » (Boyer 56).

D'après les interprétations de St. Clair, le thème dominant du travail de Winnicott est la contribution faite par l'environnement au développement de l'enfant. Comme nous l'avons déjà expliqué au chapitre IV, puisque l'environnement immédiat de Paulette est souvent hostile, elle se réfugie ailleurs. L'idée d'être séparée de Michel lui fait beaucoup de peine et déclenche une réaction régressive. Elle se replie sur elle-même littéralement et figurativement (elle est dans une position fœtale) : « ... elle pensa que demain M. Dollé les tiendrait séparés comme aujourd'hui, et elle en éprouva une grosse envie de pleurer. Elle se recroquevilla sur son lit, serra ses genoux contre son corps, et regarda tristement autour d'elle » (Boyer 82).

Pour Michel comme pour Paulette les émotions parcourent un axe vertical et pour lui aussi la Nature est un lieu sûr, la Mère (au sens large du mot) qui manque, c'est-à-dire la partie de l'environnement qui fournit le "holding environment" qui lui manque[4]. C'est au bord du ruisseau au moment où il s'y réfugie qu'il rencontre pour la première fois Paulette:

> Puis il s'adossa à un vieux saule et laissa couler ses larmes, sans contrainte, avec une sorte de soulagement, examinant les longues branches de l'arbre qui l'abritait avec ses feuilles vert pâle.
> —Saule pleureur, saule pleureur, saule pleureur, répéta-t-il à voix basse.
> —Pourquoi tu pleures? dit une petite voix. (Boyer 25)

Dans les passages descriptifs de l'écriture réaliste, J.-M. Adam et A. Pettijean discernent trois emplois de la métaphore et de la comparaison : les métaphores animales ou anthropomorphiques, celles d'un pouvoir anaphorique (*redondance*) ou cataphorique (*prévisibilité*), et « l'utilisation expressive de descriptions de paysages qui métaphorisent l'état psychique d'un personnage. » (*Le Texte descriptif* 57). Ce dernier emploi est évident dans *Jeux interdits* avec de multiples descriptions du bord du ruisseau, parfois un lieu d'abri pour Michel : « l'eau claire du ruisseau... l'arbre qui l'abritait » (Boyer 25) ou pour Paulette : « Hier, de longues heures durant, elle était restée assise au pied de cet arbre après une interminable marche à travers champs. (...) ...suffocante de chaleur et de poussière [de la grand route], ... [elle] avait découvert le ruisseau avec son rideau d'ombre et sa fraîcheur » (Boyer 43), parfois un lieu d'isolation et de détresse. Ainsi dans le grenier où Paulette reste toute seule, punie en étant séparée de Michel : « Le grenier lui apparaissait maintenant dans toute sa pauvreté sordide. A son réveil, le soleil lui avait donné un aspect un peu merveilleux. Mais à présent les tuiles étaient ternes, les poutres sales, les toiles d'araignée grises… ». Le même phénomène se produit dans la dernière séquence du livre : « Paulette, assise au bord de l'eau, vit passer des cartons épars, qui s'en allaient à la dérive, et elle eut encore quelques larmes » (Boyer 150). Cette dernière description du ruisseau « peut se comprendre comme la représentation métaphorique de la dégradation psychique de » Paulette (Adam 58).

Quelle est la cause de la dégradation psychique de Paulette? Paulette personnifie le traumatisme, la condition non-fonctionnelle d'un enfant victime de la guerre, et particulièrement de l'orphelin. Elle a tant perdu à la Mort. Pour Paulette, comme pour les autres enfants-héros, la Mort est le grand apprentissage de toutes ces œuvres. René Clément consacre les quatre premières minutes de son film à la mort. Puis avec la même rapidité que celle de son arrivée, l'instrument de la Mort part, laissant ses destruction et dévastation. Mais on ressent des réverbérations tout au long du film. La Mort sature le récit de Boyer et lui donne une tonalité sombre. L'auteur a « toute une série de décès [qui] jalonnent les étapes de l'intrigue : la mort de la mère déclenchant les avatars de l'orphelin ; la mort du père ; [la mort du petit chien, et conséquemment des autres animaux] et pour finir, la mort de l'enfant héros [Michel] » (Dugast 134). La mort de Michel est chargée de sens : allégoriquement ne représente-t-elle pas la mort de l'enfance de Paulette, comme la mort de Jean pour Julien, comme la mort d'Augustine pour Marcel, et celle de m'man Tine pour José? Et le rapport entre l'enfant et la Nature, surtout aux moments difficiles, est évident et important dans le récit de Boyer :

> Paulette chercha… une guirlande de liseron et patiemment se mit à confectionner une couronne. Elle en orna la tête de Michel et essaya d'inventer une chanson, mais l'air et les paroles lui restaient dans la gorge. Puis elle tenta de soulever Michel et trouva qu'il n'était pas trop lourd. Et le ruisseau était là, tout près, derrière les arbres…. (146)

Dans son livre *L'Eau et les rêves : Essai sur l'imagination de la matière*, Gaston Bachelard théorise au sujet des images littéraires qui font partie de l'imagination formelle qu'il relie aux songes qui « creusent le fond de l'être—le primitif et l'éternel ». Selon Bachelard ces derniers sont « des germes où la forme est enfoncée dans une substance, où la *forme est interne.* C'est l'imagination matérielle, des images directes de la matière, qui forment « la racine de la force imaginante ». En établissant sa loi des quatre éléments matériels « dans le règne de l'imagination », Bachelard signale une classification par « les éléments matériels fondamentaux » auxquels tous les autres s'attachent : au feu, à l'air, à l'eau, à la terre. Liant donc « la pensée savante... à une rêverie matérielle primitive », il nous dit que tous les quatre ont leurs fidèles. Il existe un « *système de fidélité poétique* » ... c'est-à-dire que l'on est « fidèle à une image favorite, mais en réalité fidèle à un sentiment humain primitif, à une réalité organique première, à un tempérament onirique fondamental ». (7-12)

En appliquant les théories de Bachelard aux œuvres en question, on trouve qu'il y a dans chacune d'entre elles la répétition d'au moins une image favorite, et son apparition fréquente dans le texte, souvent sous des formes variées, est frappante. Ne pourrions-nous pas postuler donc au sujet des éléments fondamentaux? En examinant les *Jeux interdits* de Boyer, par exemple, on remarque une prépondérance de métaphores et de références surtout à l'eau mais aussi à la terre. Prenons comme exemples les pages 58-59 où l'on trouve 26 mots qui ont un rapport avec l'eau : le ruisseau, une larme, un sanglot, la rivière, la sueur de sa main moite, boire, laver, nager, pleurait, des petits bateaux, la mer, des vagues, l'eau, etc. Les images de l'eau qui saturent l'œuvre de Boyer sont plutôt négatives; celles du bonheur, de la gaieté des eaux sont rares et si éphémères.

> ... Paulette ... s'étendit dans l'herbe brusquement, à plat ventre, jambes et bras allongés, la face contre terre. Le ruisseau glissait doucement avec une petite musique, une petite chanson à elle. Paulette battit des jambes et des mains en respirant très fort :
> —Je nage, dit-elle.
> Puis elle se souleva légèrement et regarda l'eau couler.
> ... Des pneus, des chaussures, des boîtes rouillées, des bouchons sales...
> Soudain, elle devint très grave, redressa son buste raide, et doucement tourna la tête...

> Le chien était bien là, comme elle l'avait laissé la veille, couché sur le côté, une patte pointée vers le ciel, une autre vers la rivière. (Boyer 43)

Nous remarquons donc que dans *Jeux interdits*, l'eau est une matière qui est l'occasion d'une ambivalence psychologique où peut se trouver son *double poétique* qui permet des transpositions sans fin des oppositions binaires… désir/crainte ; bien/mal ; blanc/noir ; la vie/la mort. C'est surtout les eaux profondes, dormantes, mortes qui dominent. Selon Bachelard l'eau est aussi un *type de destin*—un destin essentiel qui métamorphose sans cesse la substance de l'être. « L'être humain a le destin de l'eau qui coule. L'être voué à l'eau est un être en vertige. Il meurt à chaque minute, sans cesse quelque chose de sa substance s'écoule ». La mort quotidienne est comme la mort de l'eau qui coule toujours, tombe toujours, finit toujours en sa mort horizontale dont la mort de Michel est un bon exemple. C'est une mort songeuse… l'eau qui coule mène la vie ailleurs (Bachelard 13). Paulette est comme une petite Emma Bovary qui vit souvent dans ses rêves. La peine de l'eau est infinie. Dans *Jeux interdits*, l'eau prend souvent la forme des larmes des deux enfants. A la mort de Michel il y a même du liquide qui sort de sa bouche. Dans *Jeux interdits*, l'eau représente la condition chronique, habituelle, la routine, la monotonie qui tue.

Bachelard nous dit que l'eau aide dans la « désobjectivation » (assimilation) des objets. « Elle apporte aussi un type de syntaxe, une liaison continue des images, un doux mouvement des images qui désancre la rêverie attachée aux objets » (20). Elle représente un univers en mouvement singulier « … lent, doux, silencieux comme l'huile… une perte de vitesse qui égale une perte de vie; elle devient une sorte de médiateur plastique entre la vie et la mort » (20). Avec l'eau on a « cette syntaxe d'un devenir et des choses, cette triple syntaxe de la vie, la mort et de l'eau » (20). Bachelard croit que l'eau a aussi une valorisation de la pureté, de la purification qui est la morale de l'eau. Ce n'est pas donc surprenant que François Boyer la trouve la source d'une naissance continuelle pour ses jeunes héros après leurs larmes. (Boyer 25, 146, 150). Enfin, avec la mort de Michel, c'est la suprématie de l'eau douce.

Dans *Jeux interdits* nous trouvons ce que Bachelard appelle le complexe d'Ophélie, la pensée de notre dernier voyage et de notre dissolution finale. « Disparaître dans l'eau profonde » comme Michel ou « disparaître dans un horizon lointain » comme Paulette, c'est de « s'associer à la profondeur ou à l'infinité ». Selon Bachelard, « tel est le destin humain qui prend son image dans le destin des eaux ». L'auteur parle aussi des eaux composées, « une combinaison des éléments matériels, un mariage » ... autre phénomène que l'on trouve chez Boyer. C'est le mélange, la combinaison de l'eau et de la terre, la notion de pâte, la capacité de visualisation d'un travail fini. Dans *Jeux interdits* « la main qui travaille », c'est la main de l'enfant qui fait des trous dans la terre au bord de la rivière. Ces trous sont pour l'enfant des chefs-d'œuvre. « L'ébauche est l'embryon de l'œuvre, l'argile est la mère du bronze ».

Dans l'imaginaire de Paulette au moment où elle invente la destruction de M. Dollé (Boyer 80), on voit « l'eau violente » qui résulte du mariage de l'eau et du feu et qui est, selon G. Bachelard, « l'eau qu'on violente; duel entre l'homme et les flots ». « Elle devient masculine [et nous voyons] une dualité inscrite dans l'élément ».

Bachelard écrit que l'eau a un caractère presque toujours féminin... ce qu'il désigne la maternité des eaux. N'est-ce pas cette eau maternelle et féminine que l'on trouve chez la petite Paulette qui pleure en enterrant d'abord son chien et ensuite Michel, qui cherche des guirlandes de liserons pour en faire des couronnes, qui chante et qui veut les protéger pour qu'ils ne s'embêtent pas tout seuls pour qu'ils ne soient pas mouillés? N'est-ce pas l'eau maternelle, même dans son ambiguïté, que représente le ruisseau pour les enfants? (ou le lait? 30, 81).

La présence de l'eau maternelle se manifeste dans les rites funéraires d'Augustine et de m'man Tine (dont le symbolisme va être analyser au chapitre suivant). Nous observons donc que le parcours initiatique et l'entrée dans le monde adulte sont surtout influencés par la Mort que nous avons déjà désignée comme le grand apprentissage de tous les récits en question. Nos enfants-héros apprennent tous à un jeune âge que la Mort fait partie de la Condition Humaine. La mort de sa mère et de son ami, Michel, laisse Paulette traumatisée. Pour Julien, (et surtout pour Louis Malle) la mort éventuelle de Jean et le trauma de cet épouvantable épisode d'enfance est ce qui le fait entrer si prématurément dans le monde adulte (120-33). Selon Marie-Françoise Leclère, dans son article de critique dans *L'Express* du 5 octobre 1987 sur *Au Revoir les enfants* : « Âge tendre et années sombres », elle explique que :

> ... tout est dit ou plutôt montré : la grâce et la cruauté de l'enfance, ces histoires de collégiens et ces jeux qui sont notre patrimoine commun, et puis l'abominable, la lâcheté de l'époque, la rencontre avec le Mal absolu. Un prodige sans fioritures que portent deux enfants. Admirablement dirigé, ils font du film le plus vital des témoignages, le plus poignant des tombeaux pour un ami disparu.

La mort de sa grand'mère, la seule personne qui l'aimait, est une vraie tristesse pour Antoine Doinel aussi bien que la mort symbolique de sa mère et de son enfance. La mort de son innocence aide Louis à se séparer de sa mère, à maîtriser ses émotions et à devenir plus adulte. Avec la mort de m'man Tine, nous assistons à la mort de l'enfance de José, et pareillement pour Marcel, le décès d'Augustine, est un coup sévère. Quelque part au fond de l'être restent tous les retentissements affectifs, y compris ceux qui sont liés à la Mort et qui évoquent les souvenirs d'enfance les plus difficiles. On note que Pagnol choisit la métaphore du moulin à eau pour représenter « la roue de la vie » et qu'il revient à la terre et à la pierre des ancêtres (« un carré d'immortelles ») en parlant du décès de Lili. Il se sert de la métaphore des « touffes de plantes froides dont il ne savait pas les noms » quand il raconte la mort de son ami (pendant la Première Guerre Mondiale) dans une forêt loin de la sienne, de celle qu'il connaissait si bien. On trouve aussi la métaphore de la pluie qui nous rappelle « cette fine pluie froide » celle sous laquelle l'ami fidèle avait attendu l'arrivée de Marcel (121) :

> Le temps passe, et il fait tourner la roue de la vie comme l'eau celle des moulins.
> Cinq ans plus tard, je marchais derrière une voiture noire dont les roues étaient si hautes que je voyais les sabots des chevaux. J'étais vêtu de noir, et la main du petit Paul serrait la mienne de toutes ses forces. On emportait notre mère pour toujours.
> De cette terrible journée, je n'ai pas d'autre souvenir, comme si mes quinze ans avaient refusé d'admettre la force d'un chagrin qui pouvait me tuer. Pendant des années, jusqu'à l'âge d'homme, nous n'avons jamais eu le courage de parler d'elle.
> Puis, le petit Paul est devenu très grand. (...) ... il fut le dernier chevrier de Virgile. Mais à trente ans, dans une clinique, il mourut. Sur la table de nuit, il y avait son harmonica.

> Mon cher Lili ne l'accompagna pas avec moi au petit cimetière de La Treille, car il l'y attendait depuis des années, sous un carré d'immortelles : en 1917, dans une noire forêt du Nord, une balle en plein front avait tranché sa jeune vie, et il était tombé sous la pluie, sur des touffes de plantes froides dont il ne savait pas les noms...
> Telle est la vie des hommes. Quelques joies, très vite effacées par d'inoubliables chagrins.
> Il n'est pas nécessaire de le dire aux enfants. (214)

Le narrateur de Pagnol nous dit à la fin du *Château de ma mère*, juste après avoir raconté si brièvement les circonstances de la mort d'Augustine, de celle de son petit frère Paul, et de celle de son très cher Lili, que la vie est faite des malheurs et des bonheurs, et que ce sont les bonheurs que nous voulons nous rappeler. Chez Pagnol, comme dans tous les ouvrages de notre étude, nous voyons l'importance du retentissement affectif chez l'enfant - l'ombre et le soleil, le malheur et le bonheur. Il y a une tonalité affective qui est paroxystique... c'est le paroxysme de l'enfant, cette tendance de ressentir si fortement les sensations viscérales et sensorielles. Nous trouvons donc dans les *Souvenirs d'enfance* l'ombre, c'est-à-dire la terreur folle qu'il éprouve au moment où il se croit victime du condor (qu'il décrit comme « une ombre [qui] passa », « le vautour affamé », « cet arracheur de lambeaux sanglants ») :

> Je ... , et criant des menaces d'une voix étranglée... (...) ... Fou de peur, et mes yeux cachés derrière mon bras, je me lançai à plat ventre sous un gros cade, avec un hurlement de désespoir. (...) Je contins à grand-peine quelques sanglots nerveux, que le Cœur Loyal eût blâmés, et quoique le danger fût passé, j'allai me réfugier dans l'abri, pour essayer d'y retrouver mon sang-froid.
> (*La Gloire de mon père* 186-88)

et nous trouvons plus souvent le soleil, son extase dans la Nature : « cette forêt vierge en miniature, je l'avais vue dans tous mes rêves, et suivi de Paul, je m'élançai en criant de bonheur » (*La Gloire de mon père* 93). Chez Pagnol ce sont surtout les retentissements affectifs liés à la Nature qui évoquent les souvenirs d'enfance les plus joyeux.

La Nature, que nous avons déjà désignée comme lieu de consolation pour José, est aussi un lieu du sentimental bonheur. José est un autre enfant pour qui le contact avec la Nature produit l'hyperesthésie. Aux pages 66-67 de *La Rue Cases-Nègres*, dans l'hyperesthésie de l'enfant une sorte de correspondance baudelairienne prend naissance. Il regarde et ressent avec beaucoup de vivacité les petits papillons jaunes, la blancheur du linge au soleil, la courbe de la rivière, le son des cailloux qu'il jetait et « qui tombaient dans l'eau avec un bruit doux, comme s'il pleuvait de grosses gouttes de musique ». En contact avec la Nature, Louis du *Grand Chemin* éprouve l'hyperesthésie et Paulette, comme José qui ne supporte pas les puanteurs des pieds de certains individus de son entourage, est particulièrement sensible aux odeurs.

> Elle [Paulette] dit vivement :
> —Ça pue.
> (...)
> Michel attacha les vaches une à une, piétinant le fumier humide et jaune, puis il sortit lentement et s'arrêta devant la porte. Il pensa à Paulette qui l'attendait, et eut un curieux réflexe : il décrotta ses pieds sur le sol pour ne pas sentir mauvais. (...)
> —Ça pue encore, dit Paulette.
> Michel rougit jusqu'aux oreilles. (...) ... et délaça ses chaussures. Puis, pieds nus, il alla jusqu'à l'escalier et les jeta le plus loin qu'il put. (...)
> __Ça pue encore? demanda-t-il.
> —Non. Ça pue plus, dit Paulette.
> Michel respira, soulagé, et aussitôt entreprit la confection d'une seconde croix. » v(71-75)

En analysant les œuvres de notre étude, nous observons donc qu'elles sont toutes organisées autour des retentissements affectifs des auteurs qui se montrent dans les récits comme les sensations enfantines des héros. Ils sont indispensables à l'auteur en racontant son histoire et lui permettent de montrer la condition humaine de sa société de l'époque.

Dans plusieurs des récits en question, les liens entre l'enfant et la Nature se montrent très forts et extrêmement importants comme source de symbolisme, de riches métaphores. On peut vraiment parler à leur sujet de correspondances baudelairiennes. La poésie qui résulte du processus de la remémoration n'est pas une simple reconstitution de l'enfance faite selon la théorie littéraire, mais représente plutôt le mariage des sensations enfantines évoquées par l'auteur du roman ou du film et de son don de les communiquer au lecteur/spectateur. F. Dugast l'explique :

> L'utilisation des correspondances dont parlait Baudelaire est liée dans les ouvrages évoquant les sensations enfantines aux recherches symbolistes, et crée ce flou qui permet d'assimiler les uns aux autres paysages et états d'âme. Le caractère syncrétique de la perception enfantine, la fusion du moi et du monde extérieur, trouvent dans la poésie symboliste un écho évident : dans la mesure où le symbolisme ne se veut pas seulement théorie littéraire, mais aussi mise à jour d'une réalité plus complexe que celle à laquelle croit le sens commun, il valorise le don qu'a le poète de retrouver ses impressions d'enfance, de les rendre communicables, de les ressusciter chez autrui, de les objectiver en quelque sorte. Nous avons vu combien l'enfance était source de spiritualité. (Dugast 599)

Au chapitre suivant, nous analyserons plus longuement ces « impressions d'enfance » et le don chez les auteurs en question « de les rendre communicables, de les ressusciter » chez le lecteur/spectateur.

CHAPITRE IX
L'ENFANCE COMME SOURCE DE VARIATIONS LITTERAIRES ET CINEMATOGRAPHIQUES

Dans notre introduction, en considérant les attraits qui contribuent au succès des œuvres littéraires et cinématographiques s'inspirant de l'enfance (et surtout de celles choisies pour cette étude), nous en délimitons un qui est particulièrement intéressant pour le lecteur et pour le spectateur... sa qualité affective. Quels sont les éléments composants de ces œuvres qui leur donnent un tel pouvoir d'émouvoir? Nos analyses nous emmènent à découvrir que ce n'est pas seulement la précision dans la pensée consciente de l'auteur pour représenter la réalité de l'enfance (à partir des multiples exemples de la trivialité) qui suffira en elle-même à expliquer cette réussite. Mais aussi la considération donnée aux retentissements affectifs qui restent au niveau inconscient, et qui, au moment où l'artiste les évoque, non-supprimés et non-censurés, fournissent la source de son inspiration créatrice, et qui se révèlent de la manière esthétique dont l'écrivain manipule les mots et dont le cinéaste manie l'image et le son. Dans les œuvres en question, on trouve donc le « petit fait vrai » de Stendhal, cité par Coe (213) qui accorde à chaque œuvre son authenticité, son aspect réel. Mais en même temps, ce qui va leur permettre de se différencier d'autres récits d'enfance plus ou moins banals, c'est précisément le don de l'auteur de maîtriser et d'utiliser de façon poétique toute cette richesse du monde sensoriel. Ces observations sont confirmées par F. Dugast qui explique :

> La plupart des critiques... ont vu dans les récits d'enfance une séduisante entreprise égoïste et un document sur une époque et un groupe social. L'examen des textes que nous avons lus nous incline à y trouver bien autre chose, et surtout un processus d'esthétisation très élaboré. L'utilisation de la réminiscence, le pointillisme de la composition, les recherches de points de vue inédits et de sensations fascinantes—lumière et reflets—, les mélanges de toutes les impressions, un travail systématique effectué sur la plastique des mots, tout cela permet la transmission des émotions individuelles, et constitue ainsi un moyen de faire reculer l'indicible. C'est une source d'inspiration extrêmement féconde,

et les œuvres traitant de l'enfance s'intègrent de façon privilégiée dans l'évolution des recherches littéraires. (Dugast 561)

Dans leurs œuvres, tous nos écrivains et nos cinéastes donnent une nouvelle représentation de l'enfance avec une perception renouvelée. Chacun de leurs enfants-héros représente une image séduisante de l'enfant. La dimension esthétique, l'art, l'humour, l'ironie et surtout la poésie de ces œuvres se trouvent dans une impeccable recherche esthétique, dans la créativité de leur forme et dans la qualité de leur tonalité. Les auteurs en question admettent tous qu'au fur et à mesure du travail, c'était toujours l'enfance qui se révélait « une source d'inspiration extrêmement féconde ».

L'enfance comme source de poésie

Au chapitre précédent, en analysant les liens entre l'enfant et la Nature nous avons découvert que chez Pagnol, ce contact avec l'air, l'eau, le feu, la terre et toutes les créatures qui l'habitent se traduit par une poésie symboliste, des correspondances baudelairiennes, et de très belles métaphores et allégories. Dès l'incipit de *La Gloire de mon père*, on les reconnaît :

> … sous le Garlaban couronné de chèvres… une énorme tour de roches bleues, plantée au bord du Plan de l'Aigle, cet immense plateau rocheux qui domine la verte vallée de l'Huveaune.
> La tour… monte très haute dans le ciel de Provence, et parfois un nuage blanc du mois de juillet vient s'y reposer un moment.
> … c'est Garlaban, où les guetteurs de Marius, quand ils virent, au fond de la nuit, briller un feu sur Sainte-Victoire, allumèrent un bûcher de broussailles : cet oiseau rouge, dans la nuit de juin, vola de colline en colline, et se posant enfin sur la roche du Capitole, apprit à Rome que ses légions des Gaules venaient d'égorger, dans la plaine d'Aix, les cent mille barbares de Teutobochus. (…)
> … ils étaient armuriers de père en fils, et dans les eaux fumantes de l'Ouvèze, ils trempaient des lames d'épées. (11-12)

C'est à travers un travail stylistique, surtout des passages descriptifs du récit, que Pagnol effectue une lumière éblouissante, un type d'éclairage qui baigne l'œuvre et qui lui donne un ton radieux. Son traitement soleil/

ombre commence par une description d'un arrière-grand-oncle qui jaillit : « à travers une fenêtre fermée, dans une apothéose d'étincelles, entouré de soleils tournoyants, sur une gerbe de chandelles romaines » et continue avec la description de la future maman, Augustine, qui juste avant la naissance de Marcel :

> se promenait le long des plages, sous le tendre soleil de janvier, en regardant au loin les voiles des pêcheurs, qui partaient à trois heures vers le soleil couchant. Puis, près du feu où sifflotait la flamme bleue des souches d'olivier, elle tricotait le trousseau de sa bondissante progéniture, tandis que la tante Marie ourlait des langes, en chantant d'une jolie voix claire :
> Sur le brick léger que le flot balance,
> Quand la nuit étend son grand voile noir... (*La Gloire de mon père* 23)

Plus loin, au moment où la famille sort du village pour effectuer la dernière étape du trajet à la Bastide Neuve, Marcel décrit ce qui est pour lui le temple de la Nature, et nous remarquons non seulement la correspondance baudelairienne des formes, des couleurs et de la musique mais aussi une tonalité affective paroxystique :

> alors commença la féerie et je sentis un amour qui devait durer toute ma vie.
> Un immense paysage en demi-cercle montait devant moi jusqu'au ciel : de noires pinèdes, séparées par des vallons, allaient mourir comme des vagues au pied de trois sommets rocheux.
> Autour de nous, des croupes de collines plus basses accompagnaient notre chemin, qui serpentait sur une crête entre deux vallons. Un grand oiseau noir, immobile, marquait le milieu du ciel, et de toutes parts, comme d'une mer de musique, montait la rumeur cuivrée des cigales. Elles étaient pressées de vivre, et savaient que la mort viendrait avec le soir.
> Le paysan nous montra les sommets qui soutenaient le ciel au fond du paysage.
> A gauche dans le soleil couchant, un gros piton blanc étincelait au bout d'un énorme cône rougeâtre. (87)

Dès le début du *Château de ma mère*, avec l'épisode de la chasse, nous voyons un certain nombre d'éléments qui deviennent symboliques dans le paysage. D'abord le choix du moment ; Pagnol choisit le matin, un moment d'ouverture, un moment privilégié : « L'aube était fraîche » (8). Nous remarquons une utilisation très particulière du langage. Cette grande sobriété de l'expression de la sensation, ne sera-t-elle pas le domaine de l'enfant? de son souvenir? Elle est suivie d'un décalage : « Quelques planètes apeurées clignotaient, toutes pâles. » On peut imaginer que ce n'est pas l'enfant mais que c'est plutôt l'adulte qui revoit les planètes, l'adulte qui transfère les impressions de l'enfant dans les planètes de manière très simple, un peu à la manière des poètes symbolistes. Ce n'est pas lui qui a peur. Ce sont les planètes qui sont apeurées. On remarque un transfert de sentiments, un hypallage.

Ensuite, l'auteur insère un petit texte poétique où il se sert de procédés stylistiques telle l'allitération pour créer la vision et le rythme désirés : « Sur les **b**arres du plan de l'Aigle, le **b**ord de la nuit amincie était **b**rodé de **b**rumes **b**lanches ». On trouve aussi la personnification de la nuit, la comparaison avec un vêtement qui renvoie des métaphores très courantes aussi dans la littérature française. Toute la poésie de la Provence du début du vingtième siècle se retrouve dans le récit de cette enfance. On remarque le choix du mot "pinède" qui situe mieux le contexte régional : « dans la pinède du Petit-Œil » (8). Avec ces mots: « le plan de l'Aigle » et « la pinède du Petit-Œil », l'auteur localise avec des termes précis qui évoquent pour lui des lieux de son enfance. Avec « une chouette mélancolique faisait ses adieux aux étoiles » (8), Pagnol nous rappelle que dans la tradition provençale, la chouette est un oiseau maléfique. Pourtant puisque le jour se lève, la chouette n'est pas de mauvais augure ; c'est la fin de la nuit, le jour démarre, et la chouette va se cacher. Mais déjà on annonce "un personnage" (personnification de l'oiseau) qui va avoir un rôle très important dans le récit... le hibou. Et nous nous rappelons le hibou de Daudet (*Lettres de mon moulin*) au moment de l'installation. (Lorsque le nouveau propriétaire achète le moulin, il prend le rez-de-chaussée du moulin et laisse l'étage au vieux hibou qui l'habite.)

Par la magie de l'écriture, l'auteur fait revivre les sensations de son enfance qui, en fait, se manifesteront très souvent dans l'œuvre même comme la présence presque matérielle pour l'écrivain de cette vie d'enfance. Il retrouvera cette vie à partir des sensations réveillées. C'est ce mécanisme de déclenchement des sensations comme la célèbre « madeleine » de Proust qui va lui permettre de se mettre en contact avec son passé. Les deux volumes des *Souvenirs d'enfance* que Pagnol écrira à l'âge mûr (à 60 ans) et qui sont un hommage qu'il rend d'abord à son père (*La Gloire de mon père*), puis à sa mère (*Le Château de ma mère*), sont en fait, l'éveil de sa sensibilité personnelle vécue à l'âge de douze ans.

Dans le deuxième livre, en fin de chapitre le titre s'explique: *Le Château de ma mère*. En retournant sur les lieux qui allaient servir de base à ses studios, l'adulte Marcel reconnaît le château qui avait beaucoup changé d'aspect : « ...je vis au loin, en haut d'un remblai, une haie d'arbustes... Mon souffle s'arrêta et sans savoir la raison, je m'élançai dans une course folle à travers la prairie et le temps » (217). On constate dans la formulation avec le mot "temps" en fin de phrase, comment peu à peu ce mécanisme du souvenir va créer le choc, comme la fameuse "madeleine" de Proust, qui dans sa sensation évoque toute son enfance. Ce mécanisme le transporte : « Oui, c'était là. C'était bien le canal de mon enfance... ». Il est en contact avec ce monde imaginaire qui était resté dans sa mémoire : « je reconnus l'affreux château, celui de la peur, de la peur de ma mère » (218). Mais c'est l'adulte Marcel qui raconte : « Mais trente années avaient dévoré ma vengeance... ». Et puis il parcourt de nouveau ce chemin : « Je suivis la berge : c'était toujours "une passoire", mais le petit Paul n'était plus là pour en rire, avec ses belles dents de lait... ». Est-ce le constat, peut-être, de tout ce qui est définitivement détruit et disparu dans cette enfance merveilleuse?

Tout de suite après dans l'explicit (la fin du livre), nous trouvons une sorte de "flashback" très triste au cours duquel on revient au présent de l'écriture. Le mécanisme de remémoration, « la madeleine », est une bribe de phrase : « ... et de l'autre côté du temps » (*Le Château de ma mère* 218). Pagnol raconte cette prise de conscience d'une façon très mythique pour le lecteur. On y trouve beaucoup d'aspects poétiques—symbolisme, métaphores, allitérations, allégories. Par exemple, le symbolisme de la fameuse porte noire contre laquelle toute la famille avait butée et qui était la porte de l'inquiétude : « Je vis enfin le mur d'enceinte: par-delà les tessons de la crête, le mois de juin dansait sur les collines bleues ; mais au pied du mur, tout près du canal, il y avait l'horrible porte noire, celle qui n'avait pas voulu s'ouvrir sur les vacances, la porte du Père Humilié ». Avec un « P » majuscule et un "H" majuscule pour faire une sorte de critère allégorique.

Dans la description qui suit : « Dans un élan de rage aveugle, je pris à deux mains une très grosse pierre, et la levant d'abord au ciel, je la lançai vers les planches pourries qui s'effondrèrent sur le passé. » nous comprenons qu'avec le symbolisme de l'élévation (« la levant d'abord au ciel »), Pagnol donne une portée symbolique au geste : « je la lançai ». La pierre et la porte noire ont chacune une valeur symbolique. La porte noire dans sa couleur funèbre est la porte qui cache, qui bouche le souvenir. Ce que l'adulte Marcel veut essayer de faire, c'est à nouveau de refranchir cette porte-là. Seulement il est adulte et le monde de l'enfance lui est définitivement fermé à cause du temps passé. La porte est le symbole du regret, mais ce triste souvenir peut être l'inspiration de la création de son œuvre artistique : le symbolisme de la pierre, la force des pierres de ses aïeuls (le mot « pierres » est mentionné quatre fois à la page 13 de *La Gloire de mon père* en relation avec son grand-père du côté de son père qui était « tailleur de pierre » avec « des traits de Jupiter »). Ces dernières pages reprennent le thème des pages du début et permettent la clôture à ses *Souvenirs d'enfance*.

En dépit des quelques souvenirs extrêmement tristes, le ton des *Souvenirs d'enfance* est en général joyeux. Nous attribuons certainement cela au *petit fait vrai*, décrit globalement par Coe comme quelque chose qui illumine tout le paysage *intérieur* de l'écrivain : « There is no rational explanation of this unadulterated, 'miraculous' joy, recalled in all its detail and clarity some forty years later. It is the *petit fait vrai* illuminating the whole of an *inner* landscape » (213). Mais on ne peut guère parler du style ou des techniques littéraires de Pagnol sans mentionner l'humour. C'est un autre aspect de ses œuvres qui leur donne un ton léger, et qui y est présent dès l'avant-propos où, tout en se moquant de lui-même, Pagnol anticipe une réaction possible de la part du lecteur. Il écrit : « Cela ne veut pas dire qu'il aimera ce livre : il va peut-être, à la trentième page, hausser les épaules, il va peut-être dire avec humeur : 'Je me demande pourquoi on imprime de pareilles sottises!' ». Voilà d'autres exemples tirés du texte. A la page 18 de *La Gloire de mon père*, Marcel parle de « M. le Directeur [qui] faisait le tour des salles de classe pour en chasser quelques trop bons élèves, et les condamner à jouer au ballon ». Sa description de la conversation entre Marcel et Lili au sujet de la toilette où Lili parle des « micro**p**es » est très amusante (*Le Château de ma mère* 93). Mais ses pensées au sujet de l'oncle Jules (« le propriétaire du parc Borély ») sont les plus drôles. Ainsi constatons- nous un de ses premiers jugements : « Comme de plus, il lisait un journal sans images, je le classai aussitôt parmi les vieillards (*La Gloire de mon père* 39). Et puis ses contemplations sur le « déboutonnage » de tante Rose et sur la naissance de son nouveau cousin :

> Une grande inquiétude me tourmentait. Nous allions voir un enfant de vieux : Mlle Guimard l'avait dit; mais elle n'avait rien précisé, sauf qu'il aurait soixante-huit ans. J'imaginai qu'il serait tout rabougri, et qu'il aurait sans doute des cheveux blancs, avec une barbe blanche comme celle de mon grand-père - plus petite évidemment, et plus fine - une barbe de bébé. Ça ne serait pas beau. Mais il allait peut-être parler tout de suite, et nous dire d'où il venait! Ça, ce serait intéressant. (*La Gloire de mon père* 51-52)

En analysant le roman de Zobel et les films d'Hubert et de Palcy, nous découvrons que leurs œuvres suscitent une impression de poésie—du symbolisme, de la métaphore, de l'ombre et du soleil pour représenter le malheur et le bonheur, d'une tonalité affective qui est fréquemment paroxystique.

Souvent dans *Le Grand-Chemin* Louis semble éprouver un excès de bonheur ou un excès de malheur. Louis est un être qui ne maîtrise pas ses émotions et qui ressent intensément et les joies et les tristesses. Dans ses esquisses de Pelo, Hubert emploie plusieurs fois la métaphore de l'ombre de sa présence qui fait peur à Louis (exemples aux pages 8 et 39) et la met en opposition au soleil où Louis éprouve le bonheur (par exemple, en décrivant les fraises : « le fruit gorgé de soleil » savouré par Louis, « le sourire retrouvé », 39). Dans *Le Grand-Chemin* on trouve l'« utilisation expressive de descriptions de paysages qui métaphorisent l'état psychique d'un personnage » (Adam et Petitjean 57). Ainsi a-t-on la métaphore de la lune : « immobile et froide, la pleine lune, [qui] brille au-dessus du cimetière qu'elle éclaire de manière étonnamment précise, lui donnant l'aspect irréel et fantastique d'un décor de cinéma… » qui décrit parfaitement un Louis effrayé qui « grelottait dans son lit de plume et se mordait la lèvre pour ne pas pleurer » (48). En pénétrant dans les pensées de Louis, on comprend comment son angoisse est reflétée dans le décor qui l'entoure :

> Comment dormir dans le lit de cette morte qui n'arrête pas de le regarder du haut de son cadre éclairé par la lune. Cette lune blafarde qui trouve un malin plaisir à transformer les guirlandes de

vigne vierge qui pendent à la fenêtre en autant de farandoles démoniaques dont les ombres dansent sur les murs de la chambre. Comment dormir avec cette fenêtre ouverte comme une invitation aux occupants du cimetière à venir le tirer par les pieds. (47-48)

Pareillement, il y a l'orage la nuit du « viol » (82) et le soleil le lendemain du « viol » (92) et la poésie de l'explicit (les derniers plans dans la version filmique) où, de nouveau, on trouve des métaphores qui établissent des parallèles entre la qualité expressive des lieux et l'état psychique sombre de Marcelle et de Pelo après le départ de Louis :

> ... c'est sous la pluie de l'orage que Marcelle revient sur la route et traverse le village désert.
> Arrivée à la patte-d'oie qui marque l'entrée du cimetière, elle hésite, regarde sa maison toute proche rendue plus sombre encore dans son manteau de vigne vierge par la couleur plombée du ciel. Enfin elle se décide et remonte le long du mur du cimetière, vers la menuiserie.
> Quand elle y arrive, elle hésite encore : l'atelier de Pelo est sombre lui aussi et semble désert. La pluie qui tambourine sur les tôles de son toit rend le silence qui l'engourdit plus inhabituel encore. (183)

La pluie trouve son parallèle dans les larmes de Marcelle tout à la fin de l'histoire (185). Comme chez Pagnol, certaines des métaphores d'Hubert sont tristes, d'autres infusées d'humour ; par exemple, celle de Louis dans le bain : « nu et blanc comme une asperge », et comme Pagnol, il se sert, de temps en temps, de vérités générales : Louis « livré à cette angoisse nocturne qui pousse les gosses comme des somnambules vers la chambre des parents » (172). Le symbolisme a un fonctionnement important dans *Le Grand-Chemin* où la charrette en dit long : c'est le don, le symbole du respect que Louis porte à Pelo et par lequel Pelo est touché. C'est le commencement de la solidarité entre les deux et de la métamorphose de Pelo :

> —C'est beau!

> Touché, Pelo doit l'être car son regard sort du vague et se pose sur l'enfant... Mais avant qu'il [n'] ait pu répondre à cette admiration sincère, Marcelle lève le nez de sa couture et averti :
> —Oui, mais Pelo défend qu'on y touche...
> L'air de rien, elle guette l'effet produit par sa perfidie, mais la réaction de Pelo n'est certainement pas celle à laquelle elle s'attendait : d'un geste sec il éteint la radio et, sans hâte, il vient jusqu'au buffet, prend la charrette et la remet dans les mains de Louis incrédule :
> —Tiens!... et tu peux regarder : tout se démonte... les pièces sont chevillées, comme les vraies!
> Ébloui, le sourire jusqu'aux oreilles, Louis hésite encore :
> —Je peux jouer avec?
> Comme si elle retenait sa respiration, Marcelle vient d'arrêter sa machine à coudre, et malgré le change qu'elle donne en vérifiant ses ourlets, Pelo doit très bien sentir l'acuité de son attention et l'importance de la partie qui se joue : il sourit en répondant à Louis avec une gentillesse bourrue :
> —Pourquoi crois-tu que je te la donne? A ta place j'irai même dans le jardin... ça manque d'air ici!... (58-59)

Dans le livre de Zobel, José explique à Carmen ce que c'est que la poésie : « —Mais la poésie, Carmen, continuai-je (José), affectant un ton professoral, ce ne sont pas seulement des mots, des vers, des livres. Ça peut être n'importe quelle autre chose produisant un effet analogue » (276).

Ainsi dans *La Rue Cases-Nègres* l'alternance du singulatif et de l'itératif donne le rythme au roman et lui donne aussi un pouvoir poétique. Zobel ne fait que raconter la vie quotidienne et il la représente avec un minimum d'objets. Mais il y a l'alternance des séquences à l'itératif, les actions habituelles qui se répètent (et qui sont racontées soit à l'imparfait et au conditionnel présent (qui est employé comme l'imparfait et souvent accompagné d'une référence temporelle), soit au présent narratif : « Certains soirs, je n'aimerais pas rester longtemps à attendre le dîner. J'ai faim et je trouve que... » et « Ces soirs-là ce qui m'est le plus pénible à supporter... », 14) avec les séquences au singulatif (qui ne se passent qu'une seule fois), par exemples : casser la cruche, passer le certificat, entrer à l'école de Fort-de-France.

On trouve des fonctions esthétiques et un langage poétique qui fournissent l'évocation de la sécurité des moments privilégiés. Ce sont des moments chargés d'émotions fortes, une rêverie de l'intimité : « Et tout autour de nous, sur la plantation, il y a, dans la nuit, des feux pareils, qui font cuire des canaris, animant la façade des cases et les visages des enfants de tous ces reflets qui rendent si séduisant le feu dans la nuit. » (14-15), un ton clair-obscur :

> Que le soir est lugubre, avec les sentiers que l'ombre absorbe, la tôle des cases qui bleuit, les cocotiers dont les palmes s'alourdissent et bruissent par saccades, et ce grand troupeau d'hommes et de femmes vidés de toute force, qui sortent des champs de canne comme des spectres issus de l'ombre pour on ne sait quel office macabre. (38)

On trouve aussi des moments remplis d'exotisme (80-84), de matière élémentaire bachelardienne (feu, eau, air, terre) et de correspondances baudelairiennes, comme à la page 69 : « pour aller voler le feu au soleil » et au cours de la scène au bord de la rivière de Saint-Esprit avec m'man Tine :

> Je passais le temps à chercher des goyaves dans le petit bois; ou bien je m'initiais à pêcher à la main de petites crevettes dans le courant de la rivière.
> A midi, une vaste étendue de linge survolée de petits papillons jaunes éclatait de blancheur au soleil.
> Après mon déjeuner sur l'herbe, j'allais à un endroit où la rivière était pleine et lente, formant une courbe à la manière d'une route qui tourne, et je m'amusais à y lancer des cailloux qui tombaient dans l'eau avec un bruit doux, comme s'il pleuvait de grosses gouttes de musique.
> Quand le soleil s'était éteint, pour ainsi dire épuisé d'avoir séché tant de linge… (66)

Dans le film, après la visite du professeur venu exprimer ses regrets d'avoir accusé l'enfant de plagiat, José, en apprenant le but de la visite: « se met à gambader de joie, suivi par un panoramique qui finit par le cadrer sur fond de mer lumineuse avec, en arrière-plan, un bateau. [Quelle en est la symbolique? Va-t-il pouvoir quitter pour de bon les cases nègres?] Reconnu dans sa vraie valeur, l'enfant accède maintenant à l'espace » (Micciollo 32). Dans leurs œuvres respectives, Zobel et Palcy présentent plusieurs moments pleins de mystique comme celui devant la case de Médouze où José et son « grand ami » allumaient : « un feu entre trois pierres » fait des brindilles, ramassées par l'enfant, « dont la flamme est friande » (51). Pour José, le vieillard et le moment sont aussi pleins d'énigmes :

> le spectre s'asseyait sur le seuil de la case, au bord de cette terrible gueule rectangulaire [champ de canne] qui buvait la nuit, et je me mettais à côté de lui. Il bourrait sa pipe ; lorsqu'il avait fini, j'allais près du foyer lui prendre une brindille enflammée, et lorsque sa tête se penchait dessus pour allumer sa pipe, la lueur lui appliquait sur le visage un masque hallucinant—le vrai visage de M. Médouze—avec sa tête grenée de cheveux roussâtres, sa barbe à l'aspect de ronces et ses yeux dont on ne voyait jamais qu'un petit filet, parce que ses paupières restaient presque fermées.
> La lueur du foyer éclairait... et le corps de M. Médouze, vêtu seulement d'un pagne... avec, au cou, un minuscule sachet noir de crasse et attaché à une fibre, ressemblait à un beau corps d'homme que la flamme avait longuement grillé et qu'elle se plaisait maintenant à patiner dans toutes les gammes de bruns. (52)

Dans ces moments passés en compagnie de Médouze, qui pour José personnifie le mysticisme : le mystère, une croyance cachée et supérieure dans le domaine religieux ou spirituel, c'est un José au paroxysme de la joie que nous observons : « Ainsi, sur la simple intervention de M. Médouze, le monde se dilate, se multiplie, grouille vertigineusement autour de moi » (54). Chez l'adulte Joseph Zobel, c'est surtout le retentissement de tout ce qui touche aux sens gustatif, olfactif, auditif et visuel (pas toujours au paroxysme de la joie) qui aide à évoquer cette enfance d'il y a si longtemps. Il rappelle l'hyperesthésie de l'enfant :

> Or, même couché, je restais longtemps éveillé; car de toute cette animation, cette rumeur, ces bouquets de feu épanouis dans la nuit, de toute cette mangeaille, de la puanteur des éléphantiasis, de ces haillons exhalant la rancissure de la sueur, de cette mélan-

colie imbibée d'alcool, s'échappaient, diaboliques et irrésistibles, les bondissements sombres du tam-tam. (63)

Nous comprenons la fonction symbolique dans la représentation de la scène nocturne, comme celle que nous venons de citer, entre José et M. Médouze (51-52) ; le spectre de l'initiateur, le père spirituel, hallucinant, masque symbolique : les paupières presque fermées, aveugle pour mieux voir, vision sur la vraie réalité.

L'évocation de la mémoire et de la nuit primordiale est la poésie de l'oralité, celle du conteur. Médouze est le griot, lien universel entre les Antilles, l'Afrique, l'Europe, l'Amérique, la voix, comme le grand poète mythique Homère qui récitait ses épopées devant les auditeurs grecs. Dans l'oralité, même dans les grandes épopées, c'est la nuit qui joue un rôle capital. Dans l'antiquité méditerranéenne, on disait qu'Homère était aveugle. (Son nom signifie « l'aveugle » ou l'« otage ».) Or, peut-être avait-il ses yeux mais qu'il fallait qu'il soit dans cette nuit primordiale. Par sa poésie, le poète va faire sortir l'homme de sa nuit première. Donc lui-même est aveugle. C'est le symbole et il est très bien représenté par tout ce qui s'attache à la littérature de l'esclavage. (Voir le chapitre sur l'enfance et le mythe, le mythe de la nuit africaine.)

Le passage de la littérature au cinéma est une façon efficace de parler au fond de cette oralité retrouvée. En passant d'un moyen d'expression écrite, très classique, comme le texte de *La Rue Cases-Nègres* de Zobel (où ne manquait aucun imparfait du subjonctif) à l'évocation par l'image, on va retrouver l'oralité complète où il n'y a plus d'écrit. Les aspects auditifs et visuels du film d'Euzhan Palcy sont particulièrement frappants. Prenons comme exemple le texte où Médouze parle de la Guinée comme d'une terre-mère. Palcy amplifie la base de cette identité culturelle quand elle parle plutôt de l'Afrique. Dans son montage, le choix de ce refrain est un point d'appui pour la séquence cinématographique. Et ce qui est singulièrement frappant, c'est sa fonction phatique, dans les termes de Malinowski (3), et expliquée par Jakobson dans ses *Essais de linguistique générale* :

Il y a des messages qui servent essentiellement à établir, prolonger ou interrompre la communication, à vérifier si le circuit fonctionne (« Allô, vous m'entendez ? »), à attirer l'attention de

> l'interlocuteur ou à s'assurer qu'elle ne se relâche pas (« Dites, vous m'écoutez? » ou, en style shakespearien, « Prêtez-moi l'oreille! »—et, à l'autre bout du fil, « Hm-Hm! »). Cette accentuation du contact—[est] la fonction phatique. (217)

L'expression à fonction phatique « eh cric! eh crac! » (hé cric! hé crac! ... mots de magie simple), celle qui va remplir le dialogue entre le conteur, le griot, Médouze, et son public, l'enfant José, montre le créole qui est né dans sa créolité et qui sera l'héritage, la richesse de demain. C'est l'art du griot, du conteur, de tenir son auditoire, de le faire participer. Dans le texte (aux pages 64-65 et 53-58) aussi bien que dans le film, ce sont des mots de liaison. Cela fait monter aussi la sensibilité du lecteur et du spectateur. Dans la version cinématographique, Euzhan Palcy fait ressortir de la lecture cette évocation. Elle a dû lire dans sa lecture intérieure ce genre de choses qu'elle utilise dans son adaptation. Le texte n'est pas trop éloigné... elle en a gardé l'essentiel. Une analyse d'abord des deux séquences du roman et ensuite du film montrera que le raccourci va être très fort par l'image, le non-verbal. Dans le roman on a une technique narrative qui est tout à fait différente; on peut aller et revenir entre les deux épisodes; dans le film tout est concentré dans une seule séquence.

Si l'on examine cette séquence cinématographique, qui semble ressembler au texte de Zobel, on trouve qu'elle est en fait bien différente du roman car Euzhan Palcy a changé complètement la vision de l'histoire qui est celle de Médouze, celle qu'il est en train de dire à José. La réalisatrice plonge la scène et les personnages dans la nuit, oui, mais quelle nuit? C'est la nuit de la révolte. C'est la nuit de la libération. Dans cette séquence du film, Palcy, à travers Médouze, évoque l'histoire de cette nuit de libération, mais pas en Martinique. C'est l'histoire de ce qui s'est passé dans un autre pays antillais, à Haïti. Médouze raconte comment, après la libération des esclaves, les gens se sont éparpillés dans les champs et comment ils ont commis des exactions et massacré les colons. Par contre, en Martinique, à l'abolition de l'esclavage en 1848 il ne s'est produit aucune sorte d'exactions contrairement à Saint Domingue, où la liberté s'est exprimée par la violence. C'était cette nuit redoutable que Palcy voulait raconter dans son film, c'étaient tous les Nègres marrons qui descendaient, ce qui n'est pas du tout dans le livre de Zobel.

Il y a une relation à la liberté qui passe d'abord par la traite, par l'esclavage, et aussi par cette libération brutale qui est celle de la révolution haïtienne. Tout cela est mélangé parce que, pour Euzhan Palcy, tout cela doit être la mémoire. Et là, Palcy est très forte dans son évocation. Elle veut représenter l'histoire commune des Antillais; ce n'est pas simplement la Martinique. C'est la créolité, l'aspect antillais plus global, les racines africaines certes, mais aussi c'est à la fois cette traite, cette colonisation. Palcy, sentant la nécessité de faire quelque chose de beaucoup plus concentré, de beaucoup plus fort et de beaucoup plus précis, globalise. En particulier dans cette scène, elle va évoquer toute l'origine de l'esclavage (beaucoup plus que Zobel ne le fait), de la libération, c'est vrai, mais aussi de ce qui s'est passé entre-temps, en particulier elle va donc se servir de la nuit de la révolte, de tout ce qui était la libération de Haïti. Puisqu'au cinéma le temps est très court, Palcy rend cette scène avec force. (En ce qui concerne l'école aussi, parce que pour elle ce sont des scènes également très didactiques et très engagées.) On observe, donc, ici une des différences entre le cinéma et la littérature. On va nous plonger, quand même, dans la mémoire. Mais si la créolité est dans le roman, c'est d'une façon plus nostalgique, plus mélancolique. Dans le film de Palcy ce n'est pas du tout nostalgique. C'est une force de cette mémoire qui sort de l'esclavage qui est tout à fait autre chose... ce qu'il ne faudrait quand même pas oublier, parce qu'au fond, malgré tout ce qui s'est passé, malgré cette libération avec ou sans violence, rien n'a changé. Même si on arrive à la même conclusion, l'Histoire n'est pas vue de la même façon. Elle est globalisante dans le film, et on la fait à l'oral, scandée par le chant du tambour, la danse, et les torches la nuit. Une toute petite séquence mais une séquence capitale qui en dit long.

Le crépuscule est un moment très poétique du film et du roman. Prenons comme exemple le gros plan de l'enfant, qui attend la rentrée des adultes, sur un fond de couleurs (le rouge du coucher du soleil). La tonalité des couleurs chaudes est de la poésie. Le jeu soleil/ombre sur ces rêveries feu/case contribue significativement à la naissance du merveilleux des scènes qui se passent la nuit.

On trouve aussi dans ces œuvres, le jeu de l'opposition entre le noir et le blanc et le rôle principal que joue le sépia. L'auteur et le cinéaste se servent des métaphores et des symboles pour faire de nombreuses allusions à l'opposition des deux mondes de la Martinique des années 30, celui des Blancs et celui des Noirs dont deux exemples sont : la description de l'institutrice « la dame qui parlait d'une voix douce, agréable, et qui faisait de belles choses en blanc sur une large planche noire » (107) et « ... c'étaient les signes blancs, implacablement moulés sur le fond noir du tableau... » (121).

Lors de son entretien avec Euzhan Palcy, Micciollo pose une question importante au sujet du traitement de la couleur dans *La Rue Cases-Nègres* : « Pourriez-vous expliciter le traitement de la couleur dans ce film, qui est tout à fait original? ». La cinéaste explique :

> Je voulais une gamme de couleurs dans les tons sépias. Attention, je ne pense pas être passéiste pour autant. Je me suis intéressée très jeune à cette œuvre, et si elle a une dimension universelle, elle me semble également plus que jamais d'actualité. Le sépia me permet de rendre un certain côté « époque » mais pour moi c'est aussi le meilleur moyen de combattre l'aspect carte postale. Je ne peux pas supporter la carte postale. Mais attention, il y a un moment où le sépia bascule, quand la vieille femme se retrouve sur le trottoir devant le lycée et que, prenant conscience de la méchanceté des hommes, elle décide que José ira de toute façon au lycée. (32)

Les couleurs dominantes du film sont pour la plupart des couleurs chaudes : des sépias, d'autres bruns, avec aussi des verts de la végétation, des rouges et des jaunes des couchers de soleil. Nous trouvons le marron, la couleur des enfants issus des couples noirs et blancs, une couleur très symbolique de l'ambiguïté de l'identité de ces enfants qui basculent entre deux mondes. Ainsi nous observons l'emploi de cette couleur par Zobel à cette intention : « Jojo (Georges Roc) avait marronné... (...) Jojo s'était sauvé de chez son père. Comme un nègre marron, il s'était enfui dans les bois... » (198).

La médiation de plusieurs autres techniques cinématographiques : son, lumière, et prises de vue d'une caméra spéciale pour filmer les enfants, joue un rôle principal pour créer le ton du film. C'est un film qui a une grande justesse de ton. Les scènes qui se déroulent la nuit sont authentiquement éclairées et très bien interprétées avec les sons de la Nature, la musique et la danse. Le film est obligé d'en faire le raccourci. Mais le film nous donne le choc de l'image et le choc des sons aussi. Ces scènes se passent sur fond de cette espèce de rassemblement en pleine nuit. Le film de Palcy a bien restitué l'essentiel du roman de Zobel car la cinéaste fait très attention aux détails les plus fins, par exemple, les photographies qui servent de fond aux titres du générique, les affiches de films (dont celle du *Chanteur de Jazz* et celle du *Cœur d'une mère*). Ne s'agit-il pas, comme dans les films de Louis Malle et de François Truffaut, d'un hommage au cinéma de l'époque?

Elle a réussi également le son de manière très créatrice en utilisant dans les premières minutes de l'ouverture du film une musique dont les airs et les rythmes rappellent les années 30. La chanson « J'ai deux amours », interprétée par Joséphine Baker, souligne surtout le « schisme », le dilemme de l'identité culturelle. Dans son interview avec June Givanni la cinéaste parle de ses efforts pour garder authentique tout aspect du film :

> Givanni : How do the examples of camera movements, lighting and sound indicate Caribbeanness, a Caribbean reality in *Rue Cases-Nègres*?
> Palcy : Well, if you are in a shack the light should be natural when you enter the shack. You must not cheat with the lighting or try to make it Hollywoodian by thinking that because it is a film you have to make everything look glossy and perfect. I tried to use sound to convey the presence of nature in the film; the sound of pigs and other animals screaming and other natural sounds were all left intact because they are all part of life there. As for the camera, I am dealing with children playing, jumping, fighting in Rue Cases-Nègres, so I had to have a camera on their level, and it was a hand-held camera, not a steady camera moving smoothly on a dolly.
> Givanni : So it is really about being sensitive to the reality of the culture you know.
> Palcy : Yes, and you have to find a way to reproduce it visually with respect and truth. (300-301)[1]

F. Sabouraud, en parlant d'*Au Revoir les enfants*, dans son article, *L'Atomisation comme méthode*, désigne la tonalité du film comme : « Couleur mémoire… crépis couleur du temps passé, gris souris des blouses et tableau noir, murs jaunis à la graisse d'une vieille cuisine sur laquelle se détache le rouge vif d'un genou écorché » (36). Dans ce film la tonalité des lieux, le soleil et l'ombre, créent un environnement poétique qui est très typique des histoires d'enfants. D'après ce que nous dit le réalisateur dans un entretien avec Serge Toubiana (22) : « c'est un film qui est très volontairement sous-

L'ENFANCE COMME SOURCE DE VARIATIONS LITTERAIRES ET CINEMATOGRAPHIQUES 219

éclairé », un film « sans soleil (...) de tons très monochromes (...) de lumière de neige ». Il y a toujours dans les récits d'enfance une certaine poésie qui évoque chez le lecteur des lieux mystérieux ou mystiques. Et au cinéma, cette poésie ne va pas forcément se trouver dans les paroles, mais dans les images et dans les prises de vue[2].

Dans *Au Revoir les enfants* les images sont d'une beauté remarquable. Tous les effets de lumière du film lui donnent sa qualité esthétique, mais ils sont impressionnants en même temps parce que, quelque part, se produit une sorte de descente dans la caverne ancestrale. La finesse de touche du cinéaste est particulièrement évidente dans la scène qui se passe dans l'abri de la cave pendant une des alertes. Les recherches de lumière autour des personnages d'enfants sont particulièrement caractéristiques, en particulier la lumière et le noir, parce que les enfants sont censés avoir peur du noir. Descendre dans les caves, donc, c'est comme descendre dans les catacombes, descendre dans les cavernes. Il y a une sorte de démarche régressive. Est-ce que Louis Malle, comme Maupassant, voulait en même temps montrer qu'un des résultats de la guerre a été de faire redescendre les gens à l'âge des cavernes par certains côtés?

Les commentaires faits par le metteur en scène vérifient certaines de nos découvertes dans l'analyse du ton de ce film. En examinant *Au Revoir les enfants*, nous trouvons d'abord que c'est un film dont le ton est triste et sombre. A la proposition suivante faite par Toubiana : « Cahiers : Il y a dans ce film une tristesse évidente de l'enfance... », Malle répond : « Oui, une tristesse, des solitudes et des angoisses—ces histoires de pisser au lit, par exemple, qui sont de vraies angoisses d'enfant, très difficiles à comprendre pour un adulte. L'angoisse et la culpabilité que ça peut créer ... ». C'est un film qui est aussi imprégné de peur : « Cahiers : ... la présence extérieure des Allemands qui relève du monde clos de l'enfance dans ce collège, avec un sentiment de peur, mais d'une peur abstraite. L. Malle : Oui, c'est vraiment quelque chose de l'enfance, une peur fondamentale, de la nuit, de la solitude, de la Nature. » C'est aussi l'histoire d'une amitié : « Cahiers : Qu'illustre bien la séquence d'échappée, de la course au trésor. L. Malle : Evidemment, c'est une métaphore, un contrepoint à l'intérieur du film, mais c'est aussi ce qui rapproche Julien de Bonnet » (21-22). Toubiana remarque qu'« *Au Revoir les enfants* est un film où il (Louis Malle) s'est infiniment plus impliqué, à la fois en tant qu'homme et cinéaste » (21-22). C'est donc un film au ton très personnel.

Selon Claude Beylie, le tournage de ce film « constitue en outre, pour son auteur, un émouvant et nécessaire retour aux sources. » (*L'Avant-Scène Cinéma* n°373 : 3) N'est-ce pas cette version honnête et personnelle de l'Histoire qui nous émeut? Pour reconstituer l'authenticité du climat de l'époque, Malle ne se fie pas aux historiens ; au contraire, il fait confiance à sa mémoire, comme il l'affirme dans un entretien pour *Télérama* avec Joshka Schidlow :

> —Je me suis surtout fié à ma mémoire. Les propos absurdes et irrationnels sur Léon Blum que tient ma mère dans le restaurant, je les ai souvent entendus dans mon entourage… Léon Blum qui était la droiture même, était honni par la bourgeoisie qui ne voulait voir en lui qu'un brigand. J'ai aussi parsemé le film de souvenirs intimes, tel le sentiment d'horreur que j'éprouvais en découvrant à mon réveil mon lit trempé. Ces détails-là ne s'inventent pas!
> Mais j'ai aussi laissé vaguer mon imagination. J'ai surtout imaginé des rapports plus complexes avec Bonnet que ceux que j'ai vraiment eu le temps d'avoir. Dans la première mouture du scénario, lorsque l'officier de la Gestapo entre dans la classe, l'enfant que j'étais ne pouvait s'empêcher de regarder son copain, ce qui attirait sur lui l'attention du gestapiste… Je n'ai jamais pu m'empêcher de me sentir une part de responsabilité dans l'arrestation de Bonnet. (Schidlow 19)[3]

La métaphore, et le contrepoint à l'intérieur du film, mentionnés par Malle, ne sont que d'autres exemples (hors de son utilisation de la couleur et de la lumière) de son esprit créateur et de sa maîtrise de l'intervention de techniques cinématographiques. Mais ce qui est vraiment original, c'est que le cinéaste, pour achever cette perception renouvelée et très personnelle, ne s'appuie pas sur un style moderne pour nous présenter de nouvelles formes. Il choisit plutôt, comme forme, la reconstitution la plus minutieuse possible du climat de l'époque. Toubiana l'explique :

> *Au Revoir les enfants* est un film à la fois très personnel et très daté. Ce n'est pas seulement l'histoire qui est datée (1944, l'Occupation, un collège catholique près de Fontainebleau...), mais la forme même du film, qui le fait ressembler à ce qu'il pouvait y

avoir de meilleur dans le cinéma français des années cinquante : un réalisme du détail, la restitution patiente d'un climat, un récit construit par des juxtapositions de scènes explicatives, une émotion retenue qui lentement gagne du terrain et qui finit par l'emporter. (Toubiana 22)

C'est précisément l'astuce et les talents artistiques du cinéaste qui contribuent au succès du film. A l'époque où il avait écrit le scénario et où il l'avait soumis aux sociétés productrices françaises (après une absence de dix ans), l'auteur lui-même avait ses doutes parce que beaucoup de distributeurs pensaient que l'on avait déjà fait trop de films sur l'Occupation, trop de films de guerre, et l'impression qu'avait Malle c'était que « ça venait comme un cheveu sur la soupe, que c'était complètement en marge de ce qui pouvait intéresser les gens » (Audé 33). Mais Malle évite de faire d'*Au Revoir les enfants* un film comme les autres, et il évite surtout le problème du jeu sur le temps, rencontré par Hubert dans *Le Grand-Chemin*. Puisque le film de Malle est si habilement construit, le spectateur, au lieu d'avoir une impression de déja vu, le regarde comme si c'était la première fois. Comme l'affirme Jean Roy : « Sont donc exclus toute modernité du langage cinématographique, tout effet de style qui, au lieu de servir le propos, viendrait faire écran entre le cerveau et l'image. Cela donne une œuvre curieusement intemporelle... » (*L'Avant-Scène Cinéma* n°373 : 76). D'un côté, le fond du film, de l'opinion de Serge Toubiana, est: « un souvenir autobiographique, une chronique de l'enfance racontée de manière classique ». D'un autre côté, c'est un film qui trouve sa forme au moyen de « l'attention aux choses et aux êtres », et « par touches successives » qui aboutissent à un film éloquent. Le réalisateur réussit non seulement parce qu'il a la sensibilité et les « meilleurs gages pour toucher un public », mais aussi parce que c'est un cinéaste « qui maîtrise la forme ». Toubiana croit que :

> Malle a su trouver une voie tout à fait convaincante. Assez vite, il réussit à "cadrer" son film autour de la relation entre Julien et Bonnet—un jeu de "chat et de la souris"—au milieu des autres enfants du collège et la présence des adultes. (19-20.)[4]

Une esthétique inspirée par l'enfance

Là, nous pourrions certainement parler plus largement de la dimension esthétique du film. Nous observons que la maîtrise de la forme peut être attribuée à plusieurs éléments dont l'un est la construction du réseau de l'intrigue. En conceptualisant l'intrigue du film, Malle se rend compte de son importance à la dimension esthétique du film :

> Ce qui m'a pris du temps, c'est la structure : je tenais beaucoup à ce que ça commence avec des allures de chronique, sachant très bien qu'au fond le spectateur saurait, soit en entrant dans la salle, soit très rapidement qu'il allait se passer quelque chose ; il fallait donc trouver un autre moyen de créer la tension que simplement le suspense ou les artifices dramatiques habituels. (*CNC Dossier* n°23 : 4)

La scène de la forêt, liée au mythe du Graal, est pleine de tension et d'intrigue et elle figure significativement dans la structuration de l'amitié éventuelle des deux personnages principaux. Cette scène et celles des lectures nocturnes, une autre transgression partagée entre amis, donnent au film une tonalité affective inoubliable. Ces séquences sont très appréciées par Jacques Valot qui en dit :

> … cette course éperdue dans la forêt à la faveur d'un jeu de piste, où surgit une angoisse inattendue aux limites du fantastique, ou encore cette veillée nocturne où, dans la pénombre et la froidure du dortoir, l'un des deux amis s'endort en écoutant l'autre lire une page érotique des « Mille et Une Nuits » à la lumière d'une lampe de poche… Jolis moments de cinéma qui s'imposent, dans leur émouvante simplicité, comme des images d'enfance immémoriales. (47)

En structurant l'intrigue de la scène finale, qui va être le coup de tonnerre du film, le cinéaste fait de nouveau appel à sa mémoire, affirmant qu'il n'a rien oublié de ce qu'il avait vécu à onze ans, et que : « cette arrestation est restée à jamais gravée dans ma mémoire » (*CNC Dossier* n°23 : 4). Il est curieux de suivre les pensées du cinéaste en développant cette scène finale :

L'ENFANCE COMME SOURCE DE VARIATIONS LITTERAIRES ET CINEMATOGRAPHIQUES

> Tout cela me conduisait à la scène finale, si implacablement présente à ma mémoire qu'elle était écrite d'avance. Or, en me relisant, je me suis aperçu que j'avais ajouté un détail à la scène. Lorsque l'officier allemand entre dans la classe et demande qui est Jean Kipplestein, Julien ferme les yeux et se crispe sur son banc. Lui sait, et il sait qu'il est le seul à savoir, et il ne veut rien faire qui risque de trahir son ami. Mais, quand l'Allemand va vers le tableau noir en leur tournant le dos, Julien jette un regard de connivence vers son copain, regard que l'officier surprend et comprend. Bien entendu, il ne s'agit pas d'une dénonciation, et Bonnet aurait été repéré de toute façon. Mais je me suis demandé pourquoi j'avais ajouté cela. Je me suis dit que, d'une certaine manière, je devais me sentir coupable. Ou, en tout cas, traduire un certain sentiment de responsabilité. (*CNC Dossier* n°23 : 4)

On observe et on ressent dans cette scène, la plus chargée d'affectivité, l'inquiétude de 44 ans de réflexion sur cet événement d'enfance. Est-ce toujours un sentiment de culpabilité qui le mène à charger son personnage principal? Est-ce que son extrême sensibilité, son don d'observateur, et sa prouesse intellectuelle rendent plus vulnérable un enfant comme Julien (ou comme l'enfant Louis Malle)? L'auteur-réalisateur nous explique :

> J'ai un peu chargé Julien. En particulier il a l'impression que c'est lui qui donne Bonnet, quand il se tourne vers lui dans la classe, ça j'ai probablement rajouté. Mais c'est ma mémoire aussi, parce que dans ma mémoire je suis un peu responsable de la mort de Bonnet... Une fois... j'ai raconté cette histoire dans une réunion d'anciens élèves, et je me suis aperçu que cette histoire m'avait beaucoup plus affecté que les autres. D'autres se la rappelaient comme un événement dramatique, mais ils ne se souvenaient pas bien de Bonnet alors que moi j'en ai un souvenir très précis. Disons que je l'ai pris personnellement, et c'est pourquoi j'ai fait ce film. C'est toujours pareil quand on s'inspire d'un événement réel... et donc je crois que j'ai rajouté toute ma réflexion sur cet événement pendant toutes ces années. (Audé 32)

La remémoration est un processus curieux en lui-même. Les idées de Coe à ce sujet sont particulièrement intéressantes. Il pense que, dès notre enfance, nous accumulons tant de souvenirs que même une œuvre aussi massive qu'*A la Recherche du temps perdu* ne peut les comprendre tous. Parmi eux il faut donc choisir. D'ailleurs, dit-il, même Proust savait que, là où l'expérience vécue est fluide, avec une continuité dans le temps, ce qui est retenu par la mémoire n'est qu'une série de photographies statiques et isolées, l'une de l'autre, souvent dans une juxtaposition irrationnelle qui manque l'essentiel de leur réalité. Une fois que ces souvenirs sont immobilisés dans le mot écrit, ils se trouvent encore plus éloignés de leur vérité originale. Coe cite le célèbre poète russe, Tyutchev en disant que « Toute pensée, une fois exprimée, devient un mensonge » (Coe 81).

L'esthétique de la forme: « réalisme du détail » et aspects socioculturels

L'ingéniosité de Malle se montre dans la façon dont il charge son personnage mais elle se manifeste aussi dans l'utilisation de certains codes socioculturels (élaborés par Umberto Eco dans *Communications* n°15, 1970 et cités par Aziza) dans la structuration de cette dernière scène, spécialement les codes d'*expressivité* :

> à partir de l'étude des postures (codes *kinésique* et *proxémique*), des visages, des regards, on peut déduire les relations entre les personnages, les sentiments qu'ils éprouvent, les valeurs qu'ils défendent, etc. ; on peut réfléchir à la façon dont le spectateur est amené à participer à la représentation (code d'*implication*). (Aziza, *Guide de lecture* 596)

Le regard de Julien (*L'Avant-Scène Cinéma,* p. 71, plan 425) est tellement important dans cette scène, comme ailleurs dans le film où il est toujours présenté dans un plan serré. Le film s'ouvre et se clôt sur ces plans serrés du héros, sur la solitude et la tristesse de l'enfant. (*L'Avant-Scène Cinéma*, p. 12, plan 8 ; pp. 74-75, plans 484 et 486). Nous observons la tension qui s'établit dans les premiers plans du film (Gare de Lyon) aussi bien que dans les derniers (salle de classe, dortoir, cour du collège) entre le rassemblement et la dispersion des personnages dans le champ, des personnages entre eux (surtout après l'annonce de la mauvaise nouvelle), et la tension de l'opposition entre le mouvement de la caméra et des personnages, et l'immobilité du héros. (analyse faite selon les méthodes de Francis Vanoye, 85-86).

La forte connivence entre metteur en scène et comédiens contribue également à la maîtrise de la forme. Pendant le tournage, Frédéric Sabouraud, dans *L'Atomisation comme méthode* observe que Malle exige que tout le monde fasse partie du travail sur la forme : « C'est sur la forme qu'il les fait travailler, réduite à une simple musique des mots, une mélodie avec son rythme, son phrasé, son tempo. Et, lentement, à force de répétitions, de prises, d'indications parfois contradictoires, d'écoute, surgit la prise juste, réinvestie progressivement du sens dont on l'avait vidée ». Malle travaille surtout le dynamisme de la gestuelle. Sabouraud le cite : « Tu as oublié ton regard » ... « Là tu es venu trop tard » (37).

Malle n'était pas moins exigeant avec son équipe de maîtres techniciens. Ses exigences d'un travail méticuleux et génial dominaient le tournage. Il voulait contrôler le hasard : ... « Vous avez oublié le sifflement ». Sabouraud explique la méthode de Malle : « ... Petites touches, extrême précision, parcellisation ultime du tournage jusqu'à l'atome du geste, du mot, du soupir, pour reconstituer un édifice dont on ne sait pas exactement ce qu'il sera. Un tournage est par essence le morcellement temporel et spatial d'une projection de l'esprit » (...). Son chef-opérateur, Renato Berta, parle de son propre travail sur le film : « J'utilise des lumières qui permettent le jeu des acteurs-enfants, j'ai aussi recours au zoom pour ne pas les terroriser avec leurs marques et pouvoir recadrer sans arrêt même si le môme se trouve deux mètres plus loin que prévu ». Pareillement, au son, Jean-Claude Laureux, vieux compagnon de route du réalisateur, explique que : « Louis Malle accorde beaucoup d'importance au son mais il le manipule beaucoup au montage ». Pour le montage et le mixage chez Louis Malle il y a des « inversions, la superposition d'un son sur une autre prise. Il est attentif au grain, au ton, au rythme » (Sabouraud 38). Prenons comme exemple la musique que l'on entend à l'incipit et à l'explicit du film. Cette musique tout au début du film au *plan 7* nous entraîne (Musique de piano Schubert : Moment Musical n°2) et tout à la fin du film au *plan 485* nous entendons le même air triste du début du film (Musique de piano Schubert : Moment Musical n°2) et, comme au début, la caméra est sur le visage de Julien qui pleure. Dans sa manipulation de la bande-son, Malle est très conscient des trois parties constitutives (dialogues, bruits, musiques), dont un bon exemple est la séquence du boogie à quatre mains au piano pendant l'alerte—dialogue et rires entre Julien et Jean, bruits de l'alerte—des coups de sifflets, des appels, un bruit de course qui se rapproche » (*Au Revoir les enfants*, cinéroman 113), et musique du boogie.

En louant le travail de Malle sur la forme d'*Au Revoir les enfants*, Serge Toubiana, que nous citons ci-dessus, parle de ce qui « le fait ressembler à ce qu'il pouvait y avoir de meilleur dans le cinéma français des années cinquante. En faisant son inventaire : « un réalisme du détail, la restitution patiente d'un climat, un récit construit par des juxtapositions de scènes explicatives, une émotion retenue qui lentement gagne du terrain et qui finit par l'emporter », il doit certainement avoir pensé à François Truffaut, estimé de beaucoup de critiques comme un des vrais maîtres de la perception renouvelée et de l'innovation dans le monde de l'esthétique du cinéma des années cinquante.

La Nouvelle Vague et le « réalisme poétique » : l'élan vers l'indépendance de Truffaut/Antoine

Nous voudrions reprendre un fil du chapitre VI, en rappelant au lecteur (d'après le *CNC Dossier* n°32) qu'en 1950 Truffaut est « le plus virulent » d'un groupe de jeunes « amoureux du 7ᵉ Art qui se consacrent » à écrire pour de petites revues et qui vont éventuellement devenir des critiques pour *Les Cahiers du Cinéma*. En 1956, François Truffaut écrit une sorte de « manifeste » : « Une certaine tendance du cinéma français » dans lequel il « s'attaque viole[m]ment à des réalisateurs reconnus en dénonçant leur académisme ». On nous informe que ces critiques de Truffaut « annoncent déjà l'esprit qui animera bientôt le mouvement que l'on appelle la Nouvelle Vague ». Beaucoup de ces jeunes critiques des *Cahiers du Cinéma*, et spécialement Truffaut, ont envie de réaliser leurs propres films, en passant de l'écriture à l'image. On nous dit que : « Pour s'introduire dans le circuit fermé du cinéma, il leur a fallu tout inventer, contourner les systèmes traditionnels et fonder un cinéma nouveau, à l'opposé de celui en place »[5].

Dans leur élan vers l'indépendance, ces jeunes révolutionnaires ne remplacent le cinéma conventionnel (« le cinéma de qualité française ») avec aucune méthode précise, « ils n'appartiennent à aucune école, aucune classe intellectuelle » (*Dossier* n°32 : 2). Au contraire, comme l'affirme J. Collet dans « Une Affaire de morale », « l'éthique de la nouvelle vague n'a pas été comprise parce qu'elle est l'éthique des sans-doctrine, sans-projet, sans-théorie, sans-programme. Rien que l'envie de faire des films ». Il la décrit comme : « Cette vacuité de l'esprit, cette disponibilité à ce qui est » qui permet à l'auteur du film « d'être le révélateur le plus précis de la société française » de son époque (48). John Conomos est du même avis : « *The 400 Blows*... is one of the rare few films that represents childhood and its turbulent knife-edge ambiguous emotions and situations in a searching, intimate and tender way communicating to us collective emotional truths ».

Collet valorise beaucoup la rêverie enfantine et l'éthique comme source de l'esthétique, en nous disant qu'en racontant une histoire, ils ne veulent ni informer le public, ni mettre la valeur du film dans un "message" pour les critiques. Au contraire, ils veulent tout simplement « créer un royaume imaginaire » (52) (comme celui de Jean Renoir, que nous avons cité dans l'introduction de cette étude) où le cinéaste montre au spectateur que « l'escalier de son immeuble peut parfois le mener au château de la Belle au Bois Dormant ». Selon Collet : « Le secret de la nouvelle vague est celui des poètes ». (Ce secret est basé sur l'idée qu'il n'y a « pas d'esthétique sans éthique 42 ».) Ce que Collet et nous aussi trouvons curieux et extrêmement important, c'est que cette poésie prend sa source dans la rêverie enfantine : « C'est un pouvoir enfantin. Ni plus, ni moins que le sésame de toute fiction : "il était une fois..." qui ouvre un monde imaginaire. La seule règle, c'est de ne pas confondre cet imaginaire et le réel. Il suffit de savoir qu'il y a jeu ». Les critiques croient que pour Truffaut : « Dans cette inspiration d'ordre émotionnelle s'entrelacent des souvenirs réels et imaginaires peints avec la même justesse » (*Dossier* n°32 : 15). Collet affirme que les films de ce cinéaste, parmi d'autres, « donnent au cinéma le statut de l'art du film », un moyen de recréer le langage du cinéma, en font un *cinéma de fiction* et non un *cinéma direct*, de *la transmission d'un message* comme celui de la télévision, que ses films exaltent le spectacle et nous disent que le pouvoir du cinéma est magique (Collet 50-51). Dans les mots de Cocteau : « Il faut mentir pour être vrai » (Jacob et Givray 465).

Plusieurs affinités unissent les jeunes réalisateurs de la Nouvelle Vague: « une même conception du cinéma », leur vénération pour les pères spirituels, surtout Renoir et Rosselini, et leur esprit créateur. (*Dossier* n°32 : 2). Quelle est cette conception commune du cinéma des jeunes cinéastes de la Nouvelle Vague, ce que Jean Collet dénomme leur « morale du cinéma »?

(Collet « Une Affaire de morale » 40). Et comment se différencie-t-elle du cinéma conventionnel? En parlant de la « tradition de la qualité », Collet la définit comme la « tradition du mépris » où les personnages du film se méprisent entre eux, où le spectateur est invité, lui aussi, à juger et à mépriser les « êtres ignobles » du récit, tout en se sentant supérieur. « Le cinéma de qualité reposait sur le mépris » nous dit Collet, alors que « La nouvelle vague s'est inventé une éthique. Elle a refusé d'arranger le monde à son image. Aujourd'hui, ce réflexe de respect est un secret perdu. Il a fait place à un cinéma de dénonciation qui flatte le spectateur en lui faisant jouer les justiciers » (Collet « Une affaire de morale » 39). Collet cite Truffaut qui, en défendant l'attitude morale des auteurs de la Nouvelle Vague par rapport à leurs personnages, explique que :

> nous sommes demeurés fidèles à nos idées. Il n'y a pas de hiérarchie à l'intérieur de nos personnages; ça a été la grande coupure d'avec le cinéma des années cinquante. Quand je vois de vieux films, c'est toujours la même chose qui m'irrite. On ne se moque jamais de Jean Gabin, on se moque de sa concierge. Voilà une chose que ne font pas les jeunes cinéastes. (François Truffaut, entretien avec *Cinématographique* n°15 octobre 1975 : 7). (cité dans Collet « Une Affaire de morale » 45)

Selon Collet, ce qui rend unique la Nouvelle Vague, et surtout le cinéma de Truffaut, c'est son éthique, son refus de dénoncer, de régler des comptes. Décrit par Collet comme quelqu'un qui sait situer la frontière entre son éthique et celle de la majorité, le cinéaste s'explique dans *Domicile conjugal* (*Les Aventures d'Antoine Doinel*, ed. Mercure de France, 369) qu' « une œuvre d'art ne peut pas être un règlement de comptes ou alors ce n'est pas une œuvre d'art ». Une lecture des entretiens de Truffaut réunis par Anne Gillain révèle que pour Truffaut *Les Quatre cents coups* a atteint son but qui était de « montrer des parents face aux problèmes de l'éducation, les rapports entre parents et enfants, les rapports entre générations. » Mais ce que nous trouvons très intéressant, c'est une réflexion sur le film, faite par Truffaut trois ans après le tournage. Il admet que s'il refaisait le film à ce moment-là (en 1962), il serait plus objectif, en faisant les parents moins chargés, les enfants plus sournois, l'instituteur moins caricaturé, « débordé par le surmenage, avec une classe en surnombre, des travées de bancs à côté de la chaire... » (Gillain 98). Truffaut reconnaît le rôle de Marcel Moussey, son dialoguiste pour le film, en l'aidant à rendre les gens plus humains, plus près de la norme. Il admet que s'il avait été seul, il aurait eu « tendance à typer les parents d'une manière très caricaturale, à en faire une satire violente mais non objective » (Gillain 90).

Les jeunes cinéastes de la Nouvelle Vague se sentaient proches en esprit et en technique de Renoir et de Rossellini. John Conomos nous rappelle que :

> Renoir's early experiment with direct film sound recording using non-professionals, outside locales, local dialect, music and customs, etc....—that is often regarded as a vital precursive link to Italian Neo-Realism which influenced the *Cahiers* French New Wave group—is also uncannily reminiscent of Astruc's definition of a "camero stylo" cinema (and not overlooking today's digital video developments) as Renoir's following words attest : « My aim was to give the impression that I was carrying a camera and microphone in my pocket and recording whatever came my way, regardless of its comparative importance » .(Conomos 3)

Comme l'affirme Hervé Dalmais, Truffaut reconnaît l'influence de Rossellini à propos des *Quatre cents coups* :

> Dans mon film *les Quatre cents coups*, il y a eu—ce que tout le monde y a vu—l'influence de Jean Vigo [*Zéro de Conduite*], qui est évidente mais il y en a eu une autre, et personne n'y a pensé, c'est celle d'*Allemagne année zéro* qui était le seul film où un enfant était suivi d'une façon documentaire et était montré plus grave que les adultes autour de lui. (...) Rossellini a renforcé quelque chose qui était déjà chez Renoir, à savoir le goût d'être très près de la vie (...). Ce que Truffaut nomme "documentaire" chez Rossellini dont il a été l'assistant, c'est le sens de la rigueur, de la concision. (39)

Truffaut dit très franchement qu'« il n'y aurait peut-être pas eu *Les Quatre cents coups* sans lui [Rossellini] qui était très anti-hollywoodien, très anti-américain. Il était pour une approche presque documentaire des choses, une approche très réaliste... (...) L'influence de Rossellini a été la plus forte ».

Selon Truffaut cela se voit dans son propre film où il professe que : « finalement il se passe très peu de chose » (Gillain 104).

Selon Gillain, pour Truffaut, ce goût d'être très près de la vie se manifeste dans ses films dans le même « réalisme poétique » que celui de Renoir. En racontant son expérience avec une scène importante du film, celle qui se passe juste après la gifle du père (avec la mère derrière la vitre de la salle de classe), le moment où Antoine confie à René qu'« Après cette gifle, je ne peux plus retourner à la maison ; je vais disparaître ; je vais vivre ma vie », Truffaut reconnaît l'influence du maître. Tout en créant cette énonciation, que Truffaut considère comme un « truc excessif » mais nécessaire, il dit que ce n'était qu'en pensant à la scène de *La Bête humaine* « où tôt le matin, Gabin, après avoir tué Simone Simon, vient travailler et se met à côté de la locomotive. Alors il dit à Carette avec un désespoir complet et une simplicité extraordinaire : Eh bien! Voilà, je la reverrai plus. Je l'ai tuée, tu sais… il faudra continuer à travailler… ». Pour le réalisateur, c'est le réalisme poétique de cette scène qu'il trouve merveilleux. Comme il l'affirme : « c'est d'avoir dit si simplement quelque chose qui sort tellement de l'ordinaire ». A ce moment important de son propre film, Truffaut « fait jouer Jean-Pierre comme Gabin pour l'aider à trouver son expression » et il souligne l'importance de rentrer dans la tête du personnage, en disant : « Il faut penser à la mentalité d'un enfant pour comprendre quelque chose comme ça, parce que pour un enfant tout est disproportionné. C'est difficile à jouer ; jouer emphatiquement, ce serait ridicule. Je m'en suis sorti en pensant à Renoir parce que c'est un problème de jeu et non de technique ». Truffaut admet que l'influence de Renoir est là, même si elle n'est pas toujours apparente : « Ces influences sont invisibles, souterraines ; ce sont les choses qui influencent vraiment le travail. Mais personne ne penserait à *La Bête humaine* en voyant cette scène des *Quatre cents coups* » (Gillain 101).

En écrivant au sujet du script de la délinquance, Gillain affirme que *Les 400 coups* sert à illuminer le profond et complexe travail de stylisation auquel le metteur en scène à exposé son expérience personnelle. Elle croit que parmi ses films, c'est certainement le pus autobiographique. Sa beauté sort, néanmoins, du don de Truffaut de créer un système de représentation qui transmute les détails personnels d'un destin individuel en langage universel. « Truffaut's goal was never to reveal anything about his own life but rather to make his life narratable by structuring his personal memories into a construction of mythic significance » (Gillain, "The Script of Delinquency" 153).

Le cinéaste s'inspire des œuvres d'autres maîtres aussi. Comme Antoine avec Balzac, Truffaut avait tant regardé les films des maîtres qu'il en savait certaines parties par cœur. Non seulement il avait « une mémoire prodigieuse des dialogues », comme l'affirme Collet (Collet, « Une affaire de morale » 41), mais aussi des plans, des scènes, des techniques de tournage. Voilà pourquoi on trouve tant d'intertextualité filmique dans les œuvres de Truffaut. Dans *Les Quatre cents coups*, par exemple, on voit l'influence de Vigo et de Rossellini dont nous avons déjà parlé, et aussi celle de Cocteau par « l'insolite du décor » dans la scène tournée dans, ce que Truffaut appelle, « cet appartement "à la Cocteau" » (qui est celui de l'ami, René dans le film). (Gillain, 94) De la même façon que Hitchcock, Truffaut, avec sa brève apparition dans la scène du Rotor, laisse sa signature sur ce film. On voit aussi dans le film l'influence d'Orson Welles pour établir les effets de réel notamment dans : la forme et dans la composition de l'image; le noir et blanc, les effets soleil/ombre pour créer le climat sombre, le ton triste, et dans la mesure où « la fonction du décor... est plus sémantique qu'esthétique. » (Vanoye 62). On remarque surtout l'influence de Renoir pour l'improvisation, pour profiter de la poésie de la réalité[6].

En 1959, Truffaut (comme les autres) est le bénéficiaire d'une nouvelle technologie cinématographique—de nouvelles caméras raffinées et portables qui lui accorderont énormément de liberté en tournant ses films : « liberté par rapport au système économique, liberté par rapport à la technique, liberté par rapport au récit » (*Dossier* n°32 : 3). Tout cela suscite et aide l'esprit créateur. On pense au symbolisme de la séquence finale des *Quatre cents coups*, où Antoine court vers la mer. Truffaut en parle : « dans ce long plan en mouvement, ce qui m'intéressait dans cette longue prise de vues, c'était le paysage qui se modifiait derrière le garçon courant de la campagne normande vers la Seine, son embouchure, la mer ». Pour le tournage de cette séquence, Truffaut est très reconnaissant de pouvoir se servir du cinémascope qu'il ne considère pas comme un luxe mais comme une nécessité du tournage. Il le trouve indispensable au décor de son film qu'il décrit comme « triste et crasseux » et qu'il « craignait de donner un climat désagréable ». C'est grâce au scope, nous dit-il, qu'il obtient « un effet de stylisation, en rendant compte d'une réalité plus large ». Il parle d'une scène précise, celle où son personnage va vider une boîte à ordures, en disant qu'avec le scope « la scène est moins sale qu'elle ne serait apparue par un cadrage normal. Et cependant elle reste aussi réaliste » (Gillain 96). Le scope est également essentiel dans la dernière séquence du film où Truffaut ne veut terminer ni sur une note optimiste ni sur une note pessimiste. Tout en se servant du scope, il évite ce qu'il appelle « la solution qui aurait consisté à dramatiser la situation en utilisant l'écran large et en fixant l'image de mon héros dont le visage s'immobilise sur le fond de la mer » (Gillain 96).

Dans « The Script of Delinquency » (*French Film : texts and contexts*) Anne Gillain commente l'ouverture et la fermeture du film :

> The yearning to fuse with a maternal figure is expressed by images of a mythic nature for the first time in the introduction and then again in the conclusion of the film. The credits unroll on shots evoking an impatient attempt by the camera to be reunited with the Eiffel Tower. Similarly at the end the child will be followed by a long tracking shot until he reaches the exact point where the waves touch the sand… Truffaut freezes this last image, blending the evocation of birth with a threat of death. This brillant synthesis is typical of the ambivalence of his imaginary world. (149)

Elle croit aussi que dans le film de Truffaut la ville de Paris représente un espace maternel où l'enfant peut jouer protégé, un espace qui l'abrite, le cache, le nourrit.

La Nouvelle Vague est un cinéma d'auteurs à l'écriture nouvelle et un esprit innovateur qui permet de créer un cinéma beaucoup plus psychologique où s'exprime une vision personnelle. La poésie de Truffaut se distingue donc comme une poésie du réalisme[7]. Parlant du travail du scénario des *400 coups*, qui est son premier long-métrage, Truffaut dit que c'« était d'esquisser une chronique de la treizième année de la vie, considérée non pas avec nostalgie attendrie mais au contraire comme « un mauvais moment à passer » (*Les Aventures d'Antoine Doinel, "Qui est Antoine Doinel?"* 9). Avec cette chronique, Truffaut se moque de l'image cinématographique de l'enfant et il en invente une nouvelle, la sienne qui :

> va bouleverser la vision que le cinéma porte sur les enfants. Tandis qu'Hollywood offrait depuis longtemps une image éloignée et déformée du monde de l'enfance par l'entremise de vedettes en

herbe comme Shirley Temple, Truffaut refuse toute mièvrerie ou gentillesse sucrée. Ses jeunes héros sont naturels touchants et criants de vérité. (*Dossier* n° 32 :17)

Dans ses nombreux entretiens avec la presse, Truffaut dit à propos des *Quatre cents coups* que c'était son intention d'en faire une histoire anodine : « Antoine met le couvert, remplit le poêle, vide la poubelle—chaque détail correspond exactement à la réalité et c'est ce que je voulais obtenir. Je le vois comme un document et il est monté dans cet esprit » (Gillain, 99) Peu importe que le sujet soit anodin, c'est la subjectivité de l'écriture et de la focalisation de la caméra de Truffaut qui vont émouvoir le spectateur, le rapprocher de l'enfant-héros, et fournir l'escalier qui va « le mener au château de la Belle au Bois Dormant ».

François Truffaut utilise très habilement l'image et le son dans ce film. La musique est en particulier une nouvelle poésie pour le cinéma; la correspondance de l'image et du son, ombre/soleil, l'importance de la musique comme métaphore—les trois mélodies du film qui reviennent à des moments importants, une qualité itérative de la musique qui s'enchaîne à travers toute l'œuvre. La musique, poignante et inoubliable, de Jean Constantin de la fin du film (l'explicit) reprend la musique du début du film, la musique de l'incipit, pour faire la clôture. Les silences du film sont à la fois poétiques et très symboliques, les silences dans la mesure où, par exemple, Antoine ne dit rien après avoir vu sa mère avec son amant. Ni lui ni sa mère n'en parle. Il n'en parle pas avec son père et il n'en parle pas à René, qui pourtant l'a aussi vue. Personne n'épilogue à ce propos. Ces silences font partie de la vie d'Antoine tout comme pour René dont la mère boit ; cela fait partie de sa vie. On observe les silences des enfants qui sont des enfants presque blasés sur tout ce que font les adultes. Sont-ils tellement habitués aux mensonges qu'ils sont indifférents? Il y a le silence des avant-dernières minutes du film, avant que l'on n'entende la musique. Pour le spectateur, il n'y a que le son des pas d'Antoine qui court et qui court et qui court vers la liberté, loin des contraintes du monde adulte. Cette dernière séquence du film est tellement innovatrice. John Conomos en dit : « we are witnessing cinema as if for the first time » (5).

Annette Insdorf compare la poésie de Truffaut à celle du poète romantique John Keats (176). Pour nous certains éléments poétiques du film correspondent à certains aspects de la poésie très simple de Prévert, très fluide avec peu ou pas de ponctuation, assez répétitive, de là, un effet musical. Conomos dit de la caméra d'Henri Decaë qu'elle est lyrique (5). La couleur, c'est-à-dire, l'opposition du noir et du blanc prête au film sa tonalité sombre et est aussi, selon Collet, très symbolique. Parmi ses interprétations, il signale la noirceur de l'encre et la blancheur de la farine, le fait que Mme Doinel qui est blonde au teint clair, demande à « cet enfant qui sort de l'ombre du tableau noir et qui salit les rideaux » d'être « un objet lumineux ». Pour l'opposition entre le noir et le blanc, Collet propose une interprétation anale-génitale (l'ambivalence sadique-oblative). Il considère la possibilité de la demande de la mère comme « un mot de passe, voire de passage : de la souillure à la propreté, du noir au blanc, du désordre à l'ordre, de la rétention au don. Antoine doit offrir la farine à sa mère qui rentre ». Nous pouvons y ajouter que Mme Doinel demande aussi que son fils ne se serve plus de l'encre pour salir les murs de la salle de classe, mais pour écrire des compositions illuminées et inspirées (Collet, « Les 400 coups » 48).

L'esprit créateur de Truffaut comprend des métaphores cinématographiques. Nous nous appuyons sur les théories de Francis Vanoye (*Précis d'analyse filmique*) pour notre interprétation des métaphores ponctuelles et réseaux métaphoriques. Vanoye nous explique qu' :

> au cinéma, ce sont des images qui défilent, non des mots.
> L'effet métaphorique peut être engendré de la succession d'images produisant un sens « débordant » le sens littéral. C'est l'association, plus ou moins étroite, d'images rompant le strict continuum narratif, qui crée une configuration métaphorique (plutôt qu'une métaphore « pure »). (52-53)

Ainsi les séquences du rotor et de l'interrogatoire chez la psychologue peuvent être considérées très métaphoriques[8]. Suivant le fil d'analyse des métaphores et réseaux métaphoriques de Vanoye, on peut repérer au travers de la *répétition*, (comme les petits airs musicaux et les silences des *Quatre cents coups*), des formes d'*insistance* (comme les gros plans et plans de longue durée—ceux du visage, des yeux et des mains d'Antoine), ou d'*amplification* (déformations visuelles, effets sonores, du degré plus ou moins important d'incongruité de telle ou telle image par rapport à la norme narrativo-réaliste (comme celle dans les séquences du rotor et de la session chez la psychologue) (52-53).

La poésie de l'image séduisante ou pathétique de l'enfant

Pour Truffaut, il ne faut pas essayer de faire admettre d'éléments poétiques dans un film d'enfants parce qu'avec la présence de l'enfant, on en a forcément. Il croit que la beauté, le lyrisme et l'imagination émanent des enfants, que la poésie provient comme de sa source naturelle :

> Les enfants amenant avec eux automatiquement la poésie, je crois qu'il faut éviter d'introduire des éléments poétiques dans un film d'enfants, en sorte que la poésie naisse d'elle-même, comme de surcroît... Pour être plus concret, je trouverai davantage de poésie dans une séquence qui montrera un enfant en train d'essuyer la vaisselle que dans telle autre où le même enfant en costume de velours cueillera des fleurs dans un jardin sur une musique de Mozart. (*Dossier* n° 32 : 17)

« Émanation du réel, cette poésie de l'enfance imprègne tous les films "d'apprentissage" de l'auteur » (*Dossier* n° 32 : 17).

L'image de l'enfant tient une grande importance dans les films de ce cinéaste parce qu'il reconnaît que « les enfants s'imposent comme des catalyseurs, porteurs d'un regard premier sur le monde » (*Dossier* n°32 : 18). L'enfant, au lieu de rester à l'ombre de la vedette adulte, est toujours au centre du film (Gillain 93). Les films sur les enfants tournés par Truffaut montrent l'amour et le respect qu'il éprouve pour eux et son désir d'entrer dans leur monde sensoriel et psychologique. La scène de l'interrogatoire d'Antoine par la psychologue en est un parfait exemple. Truffaut comprend que le jeune héros « cherche à s'échapper d'un lieu d'enfermement physique ou psychologique. De l'école, la famille, la maison de correction... » (*Dossier* n°32 : 18). Comme Renoir, Truffaut improvise pendant le tournage du film, et en particulier dans cette séquence de prises de vue. Truffaut n'impose pas de dialogue, il fait plutôt confiance à Jean-Pierre Léaud, le jeune comédien et « lui laisse toute liberté pour répondre » aux questions de la psychologue, car le réalisateur veut « son vocabulaire, ses hésitations, sa spontanéité totale » (Gillain 92). Le cinéaste altère son texte en fonction de son interprète. Selon Collet, Truffaut est un artiste... assez courageux pour se perdre dans sa création (Collet « Une Affaire de morale » 47-48). Truffaut lui-même admet que : « Je ne marche que par sensations. » C'est la qualité réaliste de cette scène qui lui donne sa charge émotive. Et c'est également l'interprétation du jeune comédien. D'après les critiques dans le Dossier sur *Les Quatre cents coups* (qui semblent s'en faire l'écho d'autres) : « La performance d'acteur de Jean-Pierre Léaud a permis au réalisateur de supprimer au tournage les contrechamps de la psychologue afin de centrer toute la scène exclusivement sur lui. Il fait vivre le personnage par une sur-authenticité saisissante » (*Dossier* n°32 : 24). L'enfant est devenu un cher collaborateur du cinéaste dont le but était de : « trouver une ressemblance plus morale que physique avec l'enfant que je croyais avoir été ». Truffaut n'a que des louanges pour son jeune interprète-collaborateur et pour ses contributions à la dimension esthétique du film :

> j'ai eu une chance formidable de tomber sur ce gosse-là. Il était le personnage. Mieux encore : il a amélioré le film. Je voyais Antoine plus fragile, plus farouche, moins agressif, Jean-Pierre lui a donné sa santé, son agressivité, son courage. Il a été un précieux collaborateur. Spontanément il trouvait les gestes vrais, il rectifiait le texte, toujours avec justesse, et il employait les mots qu'il avait envie d'employer. (Gillain 91)[9]

Dès les essais, Jean-Pierre Léaud apporte « une émotion immédiate avec son visage de l'adolescence, ses élans, ses blessures, ses sursauts de bonheur ou de désarroi. Il sait gagner la sympathie du public qui le suivra dans ses aventures jusqu'à l'âge adulte » (*Dossier* n°32 : 26). La flexibilité pour l'improvisation de la part de Truffaut et son appréciation pour la spontanéité du jeune interprète sont les fruits des leçons de Renoir : la présence créatrice la plus forte du film devient *l'auteur* (Braudy 15). Il dit lui-même : « Mon imagination fonctionne avec le réel, pas avec la cervelle. Je crois à l'improvisation » (Gillain 96). Le cinéaste restait toujours l'esprit ouvert, toujours prêt à apprendre ce qu'il faudrait faire dans son prochain film.

Dans le système esthétique des œuvres en question, l'idée de l'innocence s'attache à tous nos enfants-héros pour créer une image séduisante ou pathétique. Dans *Au Revoir les enfants*, en dépit d'être occasionnellement de petits garçons batailleurs comme leurs camarades de classe, les deux héros, Julien et Jean, ont beaucoup de charme. Quelquefois dans la littérature on utilise le charme de l'enfant pour séduire le lecteur, mais cela se fait encore plus au cinéma. Ce charme peut se manifester dans une image séduisante ou dans un effet pathétique. Jean est exemplaire, il est intellectuellement très satisfaisant. Et il a aussi, comme Antoine Doinel, ou comme Louis dans *Le Grand-Chemin*, le charme d'un effet pathétique. Dans un entretien avec Jean-Claude Loiseau, Louis Malle affirme que s'il n'avait pas trouvé les interprètes idéaux, il n'aurait sans doute pas fait le film (90). Danièle Heymann trouve que Louis Malle, comme Truffaut qui avait le goût d'être très près de la vie, « a la capacité à aller au plus près des visages inédits, des regards où tout se lit » (*L'Avant-Scène Cinéma*, n° 373 juillet 1988 : 76). Le charme des deux enfants-héros de Malle est reconnu dans de nombreuses critiques du film dont celle de Sabouraud est très représentative :

> Julien (Gaspard Manesse), visage étrange qu'on n'oublie pas : visage lisse, expression de gravité, voile fragile et pâle qui masque à peine le tumulte intérieur, grands yeux captifs, acuité du regard, tension permanente face aux signes du monde. Julien, celui qui se tient à distance respectable des bandes, celui qu'on écoute sans bien le comprendre, conscience trop précoce et déjà blessée. On détient déjà, dans la touchante familiarité de ces visages ou dans l'étrangeté de ceux de Joseph et Julien, une des clés de la méthode Malle : la justesse de ton ne peut naître que d'un tâtonnement qui laisse sa chance au hasard et s'appuie sur le temps. (36)

Malle éprouve la même reconnaissance pour l'honnêteté et la même appréciation pour la poésie de la réalité que trouve Truffaut chez l'enfant : « Les amateurs apportent une certaine sincérité, et c'est particulièrement vrai des enfants. (...) Je crois à la justesse de ton d'un garçon qui s'est installé dans la peau de son personnage et qui s'y sent bien. Cela crée une qualité particulière de jeu. Les autres sont plus ou moins obligés de se mettre au diapason ». (Loiseau 92).

A vrai dire, cette image séduisante est un phénomène que nous observons chez les jeunes interprètes dans tous les films en question. Même Martine dans *Le Grand-Chemin* n'est pas jolie, mais est une enfant captivante. José, comme l'interlocuteur privilégié de M. Médouze, nous séduit. Euzhan Palcy réussit à cadrer ce vieil homme avec ce jeune enfant devant sa case. Son emploi du gros plan pour montrer ce qui est essentiel dans cette scène, c'est-à-dire, le contact entre ce jeune garçon et Médouze, le conteur, est très engageant, quand on passe du verbal au non-verbal. Cette image montre aussi la différence entre ce que nous dit le texte littéraire de Zobel et ce qu'elle a voulu montrer dans le film. On parle mais c'est loin de la littérature. On est tout à fait dans le visuel. En encadrant le visage de chacun de ses personnages, elle joue beaucoup sur le visuel. Ce petit José anime le film; il est tellement attendrissant et sobre dans son jeu. Les gros plans de cet enfant, utilisés aux moments justes, sont particulièrement attirants et chargés de sens. Nous pensons à la poignante mais triste séquence de la toilette funèbre où les gros plans sont superbes. Dans la scène où José se jette au cou de m'man Tine pour la remercier de son nouveau costume, il est tout à fait irrésistible. (« Je trouve admirable cette séquence où, spontanément, José donne des "becs sonores" à sa grand-mère pour la remercier du beau complet qu'elle vient de lui offrir » Delmas 45). Dans ce film qui représente une époque difficilement vécue pour la Martinique, l'image de l'enfant est toujours attrayante :

> Les jeunes interprètes—objet d'un choix minutieux [comme dans les autres films de notre corpus]—sont pleins de vivacité, de spontanéité. On aime les voir évoluer en liberté, avec leurs caprices, leurs susceptibilités, leur fierté ombrageuse. Ils témoignent par excellence de la vitalité martiniquaise, de son humour même dans la pire situation, de la joie de vivre. (Delmas 45)

Le personnage de l'enfant, celui qui évolue en liberté comme José dans les champs de la Martinique et comme le petit Marcel dans ses chères collines de Provence, celui qui est toujours en situation de découverte et d'apprentissage, fournit une riche source d'inspiration poétique pour les écrivains et les cinéastes. Il peut y avoir séduction par les paysages. Il est évident que chez Pagnol la séduction n'est pas l'enfant lui-même, mais plutôt le paysage de la Provence vu autour de l'enfant et surtout à travers les yeux de l'enfant.

Au contraire, la séduction de l'enfant-héroïne elle-même domine *Jeux interdits*. Dans le livre de Boyer, Paulette tient Michel sous son charme puissant, et la Paulette du film, la petite Brigitte Fossey, exerce le même charme sur Michel (Georges Poujouly), et sur les spectateurs. Même François Truffaut en parle :

> En ce qui concerne les interprètes enfants, je crois qu'il faut absolument éviter les petites filles entre cinq et douze ans. A cet âge-là, les filles font du charme, cherchent à séduire, ne disent pas une phrase sincère, parlent faux exprès et jouent Manon dans la vie. J'avais d'ailleurs été frappé, dans *Jeux interdits*, de voir à quel point Brigitte Fossey faisait penser à Cécile Aubry. (Gillain 93)[10]

Pour le Michel du roman de Boyer, c'est surtout le regard hypnotique de la petite et son état délicat et pathétique qui le font tomber sous son charme. C'est pour lui plaire, qu'il cherche la croix en haut de la chapelle et par conséquent qu'il tombe fatalement. (Nous rappelons les observations sur les yeux et le regard de Paulette faites au chapitre III sur la focalisation et nous prévenons une réflexion sur la chute de Michel au chapitre X sur l'enfant et le mythe.) En décrivant les jeunes acteurs, Pierre Kast nous dit qu'« On retiendra les noms de Brigitte Fossey, vamp et charmeuse pin-up de cinq ans, et de Georges Poujouly, un dur et habile bandit de onze ans ».

L'honnêteté du regard de l'enfant

Au sujet de l'honnêteté du regard de l'enfant Truffaut commente :

> Il faut toujours se souvenir que l'enfant est une matière pathétique a priori, une matière à laquelle le public est très sensibilisé. Aussi faut-il faire très attention à ne jamais être mièvre ou complaisant…Un gros plan de sourire d'enfant, sur l'écran, et la partie est gagnée. Mais ce qui frappe, quand on les connaît, c'est la gravité des enfants par rapport à la frivolité des adultes. (Gillain 93)

Dans le processus de remémoration, c'est le plus souvent à travers le regard de l'enfant que François Boyer construit son roman. Dès la première page, l'Histoire est présentée selon la perspective de la fillette qui ne voit que les jambes et les pieds des êtres humains et des bêtes qui font partie de ce vaste cortège qui est l'exode des populations du Nord et de l'Est. Le texte de Boyer prend en considération ce que Paulette, elle aurait sélectionné à garder parmi ses souvenirs : l'importance des animaux, le chien en particulier, les couleurs associées aux fruits. Aussi le texte est-il saturé d'énumérations et d'un vocabulaire enfantins. Avec cette nouvelle représentation (pour un film de guerre des années 50), les versions littéraire et cinématographique de *Jeux interdits* sont, toutes les deux, frappantes par leur réalisme et par leur sincérité tragique.

  Ce qui est vraiment génial dans les deux ouvrages, c'est qu'ils font une formulation/énonciation puissante sur la guerre avec un minimum de description graphique des activités et manœuvres militaires et avec beaucoup plus d'humour que l'on trouve normalement dans des histoires de guerre. Le metteur en scène aussi bien que le romancier se limite aux quatre premières minutes de film ou aux premières pages du roman pour décrire les mitraillages sur la route de l'exode.

  Dans l'incipit, en décrivant l'exode de Paris, François Boyer nous plonge immédiatement dans la tête de la petite Paulette. Toute cette expérience traumatisante est perçue de son point de vue. Par exemple, nous ne voyons que les pieds des gens : « des pieds, des pieds, des pieds, des jambes, des jambes » (9). Le choix de perspective par Boyer, c'est-à-dire des pieds, c'est la vue d'un enfant. Il y a également des répétitions et des énumérations tout au long du livre, comme celles des premières pages, où François Boyer emploie une saturation des couleurs de fruits et de fleurs, pour décrire les observations de l'enfant : « Paulette examina les pieds saignants : du sang rose, du sang mauve, du sang jaunâtre, du sang sale et bleuté, du sang rouge coquelicot, rouge framboise, rouge cerise, rouge groseille, rouge tomate, rouge fraise » (9). L'auteur s'en sert souvent aussi afin de décrire des animaux : « les chiens de leurs pattes, les bœufs de leurs cornes, les ânes de leurs oreilles, les chevaux de leurs sabots, les porcs de leurs museaux, les éléphants de leurs trompes, les tigres de leurs moustaches, les souris de leurs queues, les girafes de leurs cous, les vipères de leurs langues, la baleine de ses dents » (11).

  Boyer construit une représentation fantasmatique où il mélange les animaux et les bêtes, se servant des métaphores animales pour décrire des personnes : « l'avion qui ... mitraillait la route... piloté par un grand loup casqué » (10) et Georges, le frère blessé, qui reste au lit « la touffe hirsute » (40-41). On trouve le même aspect dans la description faite par son narrateur pour décrire la colonne de personnes faisant l'exode « en marche péniblement, comme un long ver de terre » et « Une rumeur sourde l'animait comme une multitude de cris d'animaux étouffés » (10). Plus loin on a une description de Michel : « A quatre pattes Michel avança » (98). Souvent, en décrivant la communication des personnages qui entourent les enfants, Boyer emploie le nom « hurlement » ou les verbes « hurler » et « crier ». C'est ainsi que, dès les premières pages du roman, nous observons un phénomène expliqué par J.-M. Adam et A. Petitjean (57) : dans les descriptions, les personnages sont zoomorphisés. On trouve, par exemple, les yeux du petit chien auquel Paulette s'attache : « Elle vit deux yeux très gris, très tristes, pitoyables » (Boyer 16) ; ne sont-ils pas une métaphore pour « les grands yeux gris de Paulette » (25)? Le pilote allemand est un autre exemple, représenté comme « le grand loup », il annonce la catastrophe des premières pages.

Cette prévision apparaît très tôt dans l'histoire (aux pages 11 et 13) où d'autres choses annoncent aussi la catastrophe finale (à la page 146). En construisant les dernières pages du récit, Boyer reprend les mêmes images et le même vocabulaire des premières pages du roman : « Leurs grands corps s'étaient heurtés, meurtris, quelques-uns s'étaient affalés lourdement sur le sol, d'autres s'étaient enfuis dans les champs, droit devant eux dans une course éperdue. » (Boyer 11) Le petit jeu auquel ils jouent pendant leur première rencontre pour décider lequel des deux enfants traversera le ruisseau présage la tragédie finale :

> Paulette se leva et ce fut son tour de jouer du doigt.
> —Croix en bois
> Croix en fer
> Çui qui rit
> Va-t'en enfer.
> Michel restait figé sans comprendre.
> —Fer, répéta-t-elle en désignant Michel. C'est toi qui traverses.
> (Boyer 27-28)

Le symbole est toujours la croix en fer : « Michel ... ses mains meurtries par la pierre. De toutes ses forces, il se souleva sur son pied droit, et à pleines mains s'agrippa à la croix en fer. La croix ... tomba lourdement sur le sol, entraînant Michel dans sa chute. Paulette se sauva à toutes jambes, quelques dizaines de mètres, et revint, affolée (...) » (146).

Pareillement, la mort de son père tout au début du récit prévoit celle de Michel à la fin. Tout au long du récit de Boyer, nous trouvons cette prévision des désastres et c'est toujours à travers le regard de Paulette que nous observons le monde et les personnes (les personnages) qui le peuplent. Nous lisons, donc, au début du récit :

> Paulette vit à deux pas de son nez un fruit noir écrasé sur un talon rugueux, une long traînée rouge sang, sur la chemise sale, et puis une tache de cerise sur le front.
> —Papa!
> Papa n'eut pas un geste. Il y avait un chien près de lui, mais Papa ne bougeait pas. (…)
> Sans comprendre, elle essuya une larme. (Boyer 13)

et à la fin:

> En sanglotant, Paulette s'agenouilla près de Michel. Michel n'avait pas une parole, pas un geste, pas un cri, la bouche entrouverte, les yeux clos, inerte. Paulette, le visage ruisselant de larmes, regarda autour d'elle. La croix était là tout près, tachée de sang. (…)
> Ses sanglots redoublèrent, elle se pencha éperdue sur le visage de Michel, le caressant, l'embrassant, l'inondant de ses larmes qui se mêlaient au sang rouge, et de longues minutes le tint serré contre sa joue .146)

Dans les ouvrages étudiés se trouve une poésie qui appartient au regard de l'enfant. Les descriptions dans les œuvres littéraires, comme celles de Boyer, sont faites du point de vue de l'enfant. Ce sont vraiment des descriptions conduites d'une façon qui ne serait pas celle d'une adulte ; c'est, donc, une poésie particulière. Claude Mauriac trouve la même chose dans l'œuvre cinématographique de Clément. Dans sa critique du film, qu'il croit être d'une « qualité poétique », il dit que le réalisateur est : « un créateur inspiré ». En parlant des enfants, il loue Clément de « retrouver les chemins de leur univers intérieur par les moyens de l'art le plus extériorisé qui soit au-delà des apparences, qui s'offraient seules directement aux prises de la caméra ». Il croit que « René Clément a su filmer un monde invisible » (Mauriac, *Le Figaro Littéraire*, *L'Avant-Scène Cinéma* 43)[11].

Évidemment la poésie du film et sa qualité affective avaient beaucoup influencé l'opinion au festival de Venise, parce que nous lisons à l'ouverture du film :

> Ce film, ayant obtenu, entre autres récompenses, le Lion d'Or à Venise en 1952, débute par le texte ci-dessous, visible sur un fond style bas-relief représentant un Lion de Saint-Marc. Suprême récompense à la Biennale de Venise avec la mention suivante : Pour avoir su élever à une singulière pureté lyrique et une exceptionnelle force d'expression, l'innocence de l'enfance au-dessus de la tragédie et de la désolation de la guerre. (*L'Avant-Scène Cinéma* n° 15 mai 1962 : 7)

Cette poésie comprend trois aspects remarquables: le symbolisme, le thème musical et l'aspect photo d'art. Comme toujours, le don a symboliquement une valeur très forte, et nous trouvons beaucoup de symbolisme dans le don des croix offertes à Paulette par Michel : signe d'amitié, d'amour, de compréhension. La croix sert aussi comme une métaphore, objet porteur de sens (19), voir l'ironie du destin). Le chien est très symbolique de la solitude et du réconfort comme l'« objet transitionnel » de Winnicott ; le hibou symbolise la sagesse, la durée (« Garde-le 100 ans! »). Dans le film on reconnaît aussi l'importance du thème musical, toujours le même et toujours lié à la mort. Dès l'ouverture on entend la belle musique plaintive de la guitare de Narciso Yepes, la seule du film, une simple mélodie de quatre notes. On l'entend au moment de la mort de Georges. A la fin du film, cette même mélodie devient plus forte pour communiquer la tristesse profonde de Paulette. L'aspect photo d'art éblouit presque chaque plan du film et chacun d'entre eux aurait pu être considéré une œuvre d'art photographique, surtout les gros plans. René Clément nous invite dès le premier moment à regarder son album de photos avec lui. (Voir Figs. 16 - 20.)

244 ENFANCE...INSPIRATION LITTERAIRE ET CINEMATOGRAPHIQUE

Fig. 16. Paulette et Michel sur la rive d'un îlot boisé (Clément, René. « Jeux interdits » *L'Avant-Scène Cinéma.* Paris : mai 1962 n° 15 : 4).

L'ENFANCE COMME SOURCE DE VARIATIONS
LITTERAIRES ET CINEMATOGRAPHIQUES

245

Fig. 17. Paulette et son chien mort. (Clément, René. « Jeux interdits » *L'Avant-Scène Cinéma*. Paris : mai 1962 n° 15 : 13).

Fig. 18. La ferme des Dollé. (Clément, René. « Jeux interdits » *L'Avant-Scène Cinéma* . Paris : mai 1962 n° 15 : 4).

Fig. 19. Paulette et Michel font des trous. (Clément, René. « Jeux interdits » *L'Avant-Scène Cinéma*. Paris : mai 1962 n° 15 : 13).

Fig. 20. Paulette et le curé. (Clément, René. « Jeux interdits » *L'Avant-Scène Cinéma*. Paris: mai 1962 n° 15 : 13).

Dans son article critique « Le jeu de grâce des petits anges », Pierre Kast fait l'éloge du film de Clément : « La perfection formelle de chaque image, la recherche, le souci de la mise en forme peuvent distraire l'attention de qui analyse ces films ; on ne doit pourtant pas s'y tromper ; une discipline de fer existe sous cette apparente gratuité » (65). C'est surtout dans l'insistance de P. Kast sur l'importance du *style* du film de Clément qu'on trouve la chose la plus frappante de sa discussion au sujet de l'exécution technique. Il signale deux qualités de *Jeux interdits* qui, à son avis, font la différence entre le « film-œuvre » et « l'objet film ». D'abord il parle du « mariage indissoluble de l'audace du contenu et de la perfection formelle » qui lui « paraît un exemple précieux », et ensuite d'« une exécution technique égale à l'audace du sujet, en fait, inséparable ». Kast observe dans le style de travail de Clément ce qu'il voit de plus important dans *Jeux interdits*, « une absolue soumission des moyens techniques aux effets dramatiques, ou mieux, à la nécessité d'une démonstration ». C'est surtout la valeur de choc chez Clément qu'apprécie Kast, ce qui « secoue le spectateur, et l'arrache à son fauteuil, à sa vie, et à son âge, comme l'agon des tragédies grecques ». Il croit que Clément est soucieux d'inscrire une violence interne, une méchanceté, une efficacité, dans chaque image » (66).

Kast n'est pas si enthousiaste à propos du roman de Boyer et à son sujet fait l'observation suivante :

> Le scénario de *Jeux interdits* est tiré d'un roman de François Boyer, dont le thème était passionnant, et le traitement littéraire fort en-dessous du thème. (...) Je ne pense pas desservir Boyer en ne mettant que le thème, ou le contenu en comparaison. C'est de ce contenu que Clément, Aurenche et Bost ont tiré une construction dramatique, dont René Clément a fait un des seuls films d'enfants que je connaisse qui ne soit pas une manifestation d'infantilisme de la part de ses auteurs.

En revanche, dans l'introduction du roman de Boyer, tout en nous rappelant que le film a reçu l'« *Oscar du scénario à Hollywood en 1955, unanimement désigné par la critique comme l'un des "dix meilleurs films" de tous les temps* », on reconnaît la valeur de l'œuvre littéraire et son importance à la réussite du film :

> L'accueil triomphal... le prestigieux succès... [du film] ne doit pas faire oublier l'œuvre littéraire qui l'a inspiré.
> Bien avant la réalisation du film, le roman de François Boyer était traduit en 17 langues, bénéficiait de nombreuses éditions de clubs de livres et se vendait à plus d'un million d'exemplaires aux États-Unis.
> Roger Martin du Gard le signalait en ces termes à André Gide : « ... Vous recommande un petit roman récent (...). Psychologie d'enfant savoureuse. Et l'ouvrage par sa sobriété, sa densité, la finesse de la cruauté de l'observation, est très personnel. Le nom de cet auteur est à retenir. (*Correspondance* Gide-Martin du Gard. Lettre 779, 10 août 1947)

André Bazin écrit très franchement à propos des points forts et faibles des œuvres littéraire et cinématographique. Le critique nous dit que le roman, à peu près inaperçu en France, est devenu un best-seller aux États-Unis et que « ce scénario devenu roman revint par ce détour à l'écran » en France. En louant le travail de Jean Aurenche et de Pierre Bost, chargés de l'adapter, Bazin nous explique que « leur travail porta moins sur le livre que sur le scénario primitif déjà entièrement dialogué »[12]. En fait, il prend soin d'expliquer que :

> Ces dialogues se retrouvent très largement dans le film (et dans le roman) et il est donc juste de préciser à cette occasion que le mérite en revient à François Boyer et non seulement à Aurenche et Bost, comme la plupart des critiques (et moi-même) l'ont d'abord cru et comme, il faut bien le dire, la publicité du film peut le laisser croire. (15)

Mais tout en félicitant Boyer de son scénario, Bazin n'est pas quand même prêt à dire que le livre vaille le film. Il reconnaît « ce qui est valable dans le livre de Boyer », c'est-à-dire « ce qui relève par-delà la technique, d'une authentique expérience personnelle ». Cependant, il croit que le changement de perspective littéraire en perspective cinématographique est essentiel à la réussite du récit parce qu'il identifie sa faiblesse qu'il croit résider :

> dans la volonté sensible et systématique de couler cette expérience vécue dans le moule d'un objectivisme à la Caldwell. Ce ton amoral à l'égard de l'événement, ce parti pris d'extériorité, René Clément l'a, du reste, particulièrement conservé (en sorte que le film doit au livre même un peu plus que le scénario et les dialogues), mais ce qui était la faiblesse du livre devient justement la force du film. Ce renversement des valeurs ne s'explique pas seulement par le sens de la mesure dans le style qui manquait à Boyer et que Clément a rétabli, ou par toute autre habileté du metteur en scène, mais d'abord, et fondamentalement, par le changement d'optique du cinéma.

Selon Bazin, « l'absence de toute analyse psychologique » de ses personnages par Boyer, (au contraire, que des renseignements rudimentaires) « était violemment ressentie comme l'affirmation d'une sorte d'atomisme moral ». Le critique croit que pour un romancier, une scène réduite aux seuls rapports des dialogues, prive le lecteur de ses personnages et qu'il y a frustration. En revanche, il nous dit que ce qui manquait dans le roman est tout à fait présent dans le film:

> Les mêmes dialogues au cinéma étant vécus sous nos yeux par les interprètes, nous avons nécessairement ce dont le romancier nous privait : une référence totale et indéfinie au personnage. (...)
> ... en raison même de son objectivité technique, le cinéma est *a priori* moins objectif que le roman qui se veut objectif ; car nous ne pouvons rien contre l'écrivain qui nous refuse l'âme de ses personnages, quand nous avons encore la ressource de déchiffrer le visage des acteurs. (17)[13]

Tons divers—L'authenticité; l'exotisme du régionalisme ; l'humour, l'ironie, l'humour ironique

Jeux interdits a une qualité authentique qui peut être attribuée à deux choses : le lieu extérieur choisi par René Clément et son équipe pour tourner le film (une pauvre ferme dans les Alpes maritimes), et son choix d'acteurs très peu connus, qui ont joué génialement des types « paysans » dans l'entourage de ses deux jeunes comédiens, Georges Poujouly et Brigitte

Fossey, (qu'il a trouvés après avoir recherché soigneusement). Clément a fait naître des interprétations superbes.

On observe ici, comme en arrière-plan de quelques autres récits de notre ensemble, (de ceux de Pagnol, d'Hubert, de Zobel et de Palcy) et comme dans beaucoup de récits d'enfance, une sorte d'exotisme, un pittoresque, le régionalisme. Dans le roman aussi bien que dans le film on trouve un niveau de langue très familier, celui des Dollé et des Ganard. A part les grossièretés (et il y a vraiment les grossièretés des hommes dont les enfants sont témoins), ce langage rural est quelquefois pittoresque et très riche avec l'aptitude à faire des images. Le dialogue, qui n'est pas un dialogue entre gens raffinés mais celui d'un milieu rural, représente authentiquement la campagne profonde. C'est la verve paysanne que nous avons remarquée dans d'autres œuvres de notre corpus (*Le Grand-Chemin, La Gloire de mon père, Le Château de ma mère*) qui représente le régionalisme. Ces « tons divers » sont possibles grâce au personnage de l'enfant qui permet d'enfiler toutes sortes de tableaux de la société, qui permet d'introduire un certain pittoresque, en particulier le langage rural des adultes. Comme l'enfant (ici Paulette) se trouve à la campagne, un milieu tout à fait nouveau pour elle, on va, donc, peindre autour d'elle le monde de la campagne. A travers l'expérience de l'enfant on voit la région et les mœurs de ses habitants. C'est surtout le contraste entre cette délicate fillette parisienne et les paysans qui l'entourent qui va faire remarquer ce langage un peu étonnant avec des métaphores assez amusantes.

En dépit de la tonalité triste qui imprègne l'œuvre de Boyer, on y trouve de l'humour. Toutes les perceptions enfantines et tous les commentaires ignorants faits par Paulette en ce qui concerne la religion font rire. Par exemple, en regardant un crucifix pour la première fois elle appelle le Christ « oh le petit bonhomme! » La séquence de la première rencontre (au bord du ruisseau) entre Paulette, la petite Parisienne ignorante de la religion, et le curé où celui-ci essaie de lui apprendre à prier, et qu'elle se trompe en le prenant pour un magicien, est saturée de l'humour subtil de Boyer :

> Le curé remua encore les lèvres, très vite, en silence, il regarda la terre, il regarda le ciel, baissa les paupières, respira profondément, rouvrit les yeux, continua de remuer les lèvres, écarta les bras, pencha la tête, joignit les mains, baissa la tête, releva la tête, ferma les yeux, ouvrit les yeux, remua les lèvres.

L'ENFANCE COMME SOURCE DE VARIATIONS LITTERAIRES ET CINEMATOGRAPHIQUES

> Paulette, sans bouger, suivait tous ses mouvements du regard.
> « Il va sortir un petit lapin de sa manche », pensa-t-elle pour rire.
> —Pscch, pschch, psss, psss, psss, psssss, psssss, repschpchpch, firent les lèvres du curé.
> « Le voilà », pensa Paulette.
> Et elle appela doucement, pour voir :
> —Miaou?
> Le curé s'arrêta net, ... (...)
> Paulette renonça au lapin, tout en souhaitant qu'il fût blanc aux yeux rouges et elle se demanda comment tout cela allait finir.
> (*Jeux interdits*, Boyer 48-49)

Les ruses de Michel d'abord pour faire entrer Paulette dans la famille, ensuite pour éviter que son père sache la vérité en ce qui concerne les croix volées, sont très humoristiques. Il joue sur l'antipathie entre les deux familles. Le mélange des prières récitées par Michel est très comique sauf au moment de la mort de Georges où la prière est dite comme il faut. Après que Paulette rappelle au Père Dollé que Michel sait les prières, et que le père lui dit de descendre du grenier, *« Michel, qui a certainement tout suivi, répond »* : « Je suis puni! ». Après que son père crie une deuxième fois pour qu'il descende, Michel marchande : « Alors? Je suis plus puni? ». Et ensuite, privé de son dîner (la punition imposée par son père), pendant qu'il récite ses prières, chaque fois qu'il arrive aux mots « notre pain quotidien » il les répète en *(insistant avec fureur)*. Aussi trouve-t-il un moyen d'y mélanger une chaîne de neuf « merde » et de manger sans que les autres membres de la famille s'en rendent compte.

Le récit de Boyer contient également de l'humour noir, notamment dans les séquences au chevet du fils blessé par le cheval. Toutes les tentatives de cure auprès de Georges, y compris de l'huile de ricin, ont l'air ridicule. (« Jeux interdits », *L'Avant-Scène Cinéma*. Paris : mai 1962 n° 15 : 22). C'est donc à travers les actions de l'enfant et surtout à travers son regard que Boyer arrive à nous faire rire tout en se moquant de la religion, des mœurs, des coutumes des campagnards. Le comportement de Joseph le curé « auquel il se livrait habituellement » en sortant de chez Dollé et en montant à bicyclette « plein d'une dignité presque majestueuse », est présenté d'une manière comique : « C'est Dieu qui m'entraîne », se disait-il. Parfois, inconsciemment ou presque, il rectifiait la volonté du Tout-Puissant, d'un léger coup de frein ou d'un petit coup de pédale. » La conversation entre Joseph et Muriel, le propriétaire du bistro est comique au sujet du choix d'un apéritif : « —Un petit Pernod? pour changer du vin de messe. —Non. Un Mandarin, pour changer du Pernod » (Boyer 65). On trouve aussi de l'humour noir dans le burlesque de la bagarre au cimetière (dans le film) entre les deux chefs de famille (Dollé et Ganard/Gouard) où chacun blâme l'autre pour la disparition des croix. La scène équivalente dans le roman est celle qui se passe dans le bistro. C'est à la fois drôle et effrayant.

Jeux interdits n'est pas non plus une histoire sans ironie. Dans notre analyse de ces films, pour notre définition de l'ironie, nous nous appuyons sur celles de *Webster's Encyclopedic Unabridged Dictionary of the English Language,* 433, 753) et du *Petit Robert 1, Dictionnaire de la langue fraçaise,* (1032)[13]. Nous nous appuyons également sur les théories de David Lodge dans *The Art of Fiction* et de Linda Hutcheon dans *Irony's Edge*. C'est surtout la définition de Lodge, notamment ce qu'il dénomme l'ironie dramatique ("dramatic irony") qui nous intéresse : l'ironie qui est inhérente à l'action narrative, quand le lecteur/spectateur a une connaissance de la disparité entre les faits d'une situation et ce que croient ou comprennent les personnages à ce sujet (179). Ce que Linda Hutcheon dénomme *Irony's Edge* (2) montre la même perspective sur la disparité de compréhension. Ce qui nous intéresse particulièrement dans les analyses de Hutcheon est la dimension affective de l'ironie et aussi sa qualité tendue. Au sujet de la politique de l'ironie, Linda Hutcheon nous informe que l'ironie arrive à provoquer des réponses très fortes sur le plan émotif :

> Unlike metaphor or allegory, which demand similar supplementing of meaning, irony has an evaluative edge and manages to provoke emotional responses in those who "get" it and those who don't as well as in its targets and in what some people call its "victims".(2)

Clément, visuellement, et Boyer avec des mots, juxtaposent certains éléments du récit qui le rendent très ironique (au sens où nous prenons le mot). Dans les premières minutes du film, la découverte de la mort dans des circonstances particulièrement tragiques se passe devant une affiche qui annonce « maîtres du mystère ». On voit l'efficacité de la juxtaposition des deux mondes de Joseph, le monde imaginaire, son monde idéal auquel le lecteur a accès grâce au style indirect libre utilisé par Boyer, et son monde de tous les jours dans le hameau de Saint-Faix et dans le bourg.

> La voix de Joseph se fit plus forte, plus grave, plus persuasive, plus pénétrée... A vrai dire Joseph était dans une grande cathédrale avec d'immenses piliers, des fidèles innombrables. Toute l'élite de la chrétienté s'était donné rendez-vous pour l'entendre, du plus riche au plus humble, extasiée, subjuguée, envoûtée. Joseph aussi était dans l'assistance, ému jusqu'au larmes en s'entendant parler.
> (...)
> Joseph inspecta du regard son auditoire : deux enfants, quelques femmes grotesques, quatre jeunes filles en robe rose, des chaises percées, des bancs sales... Il regarda sa manche, élimée, grisâtre...
> (Boyer 140)

Dans ce récit on trouvera aussi l'ironie du destin[13] si on compare la situation de l'héroïne tout au début du roman sur la grande route (l'incipit, 9-16 et précisément à la page 16) : « Alors elle s'élança, sauta le fossé et suivit à son tour le grand champ brûlé » avec celle de la fin du récit : « puis elle se leva et s'éloigna à travers champs, vers la grand-route. Et comme un lièvre passait en zigzaguant, elle s'élança à sa poursuite » (explicit, 150). On se rend compte qu'essentiellement rien n'a changé. Paulette est toujours une enfant perdue, une victime de la guerre. On trouve également de l'ironie dans le sort de Michel que Boyer présage avec la métaphore de la croix de la chapelle. C'est de mauvais augure. Tout au commencement du roman, à la page 19, en lisant : « Il y avait eu un curieux choc : la porte de l'Église, faiblement, avait secoué sa poussière et la croix de la chapelle s'était inclinée un peu plus encore. », le lecteur ressent que cela augure mal de la suite. Nous trouvons beaucoup d'ironie dans encore une autre métaphore de Boyer : « Ils restèrent un long moment face à face, Paulette, les yeux grands ouverts sans rien voir, le curé les yeux fermés, pleins de visions confuses » (47). Si certains des personnages du film sont caricaturés, le traitement du curé et de la religion est particulièrement « cliché ». En écrivant au sujet de *Jeux interdits*, J. Grenez-Brovender nous rappelle que l'histoire nous donne une image de la France rurale des années quarante :

> On y retrouve le cliché—combien familier pour ceux qui ont connu cette époque—du curé de campagne, portant soutane et béret, et visitant ses ouailles à bicyclette. On y retrouve aussi l'opposition classique entre la ville plus indifférente à la religion, et la campagne restée très attachée à ses rites religieux : prières, catéchisme, rituel des cérémonies, celui des funérailles en particulier. (1)

(Au chapitre suivant, tout en analysant l'enfant et le mythe, nous regarderons de plus près le cliché et l'archétype dans les œuvres en question.)

Le talent de Malle se montre aussi dans l'humour ironique[13] du cinéaste. N'est-il pas apparent dans l'échange entre le Père Jean et Julien, le conseil donné à l'enfant par le religieux de ne pas devenir prêtre? (cinéroman 49). C'est un vrai conseil qu'il lui donne, mais sans certains renseignements dont le spectateur a le privilège. Il a compris que Julien n'est pas fait pour cette profession sérieuse. Mais il y a en même temps pour le spectateur l'ironie de la juxtaposition de l'expression d'un désir si noble et des mensonges de Julien qui ment au bon Père en disant qu'il n'avait rien à confesser. (Il a confisqué et a lu la lettre de Jean ; il a profité au marché noir ; il jure…). Le spectateur, qui vient de voir ce très beau film autobiographique de Louis Malle, ne peut pas s'empêcher de penser à l'ironie du Destin[13].

Dans ce film il y a surtout l'ironie du sort[13]. Le Destin est ironique ; il joue avec les gens et fait des sortes de rapprochements des choses un peu ironiques, soit par leur juxtaposition soit par leur coïncidence. Ainsi, la scène dans le réfectoire où un des élèves lit le morceau choisi de Saint Siméon Stylite : « "Malheur à vous qui riez à présent car le jour viendra où vous pleurerez." La lecture se termine dans les rires et le chahut. Julien [à sa façon typiquement "m'as-tu vu"] monte sur son banc et prend une pose de statue » (*Au Revoir les enfants*, cinéroman 31). Mais c'est prophétique parce que c'est le gros plan du visage de Julien, larmes aux yeux, qui est la dernière image du film. Dans la scène de la projection du film de Charlot, on voit encore un autre exemple de l'ironie du Destin : le Père Jean assis à côté de Joseph qu'il renverra le lendemain. Mais la solidarité du moment est frappante (cinéroman 103-4). Dans cette scène le regard de Julien est plutôt un regard protecteur. Assis à côté de son ami, il regarde le film *avec* lui. (Par opposition au regard dans la salle de classe où il le regarde, un regard de trahison) :

> The distance between intention and outcome is thematized in the difference between looking *at* (betraying) and looking *with* (protecting) ; viewing the Chaplin film together, the two profiles of Jean and Julien are framed side by side in extreme close-up, transfixed by a cinematic image that provides for them, in the words of André Bazin describing Chaplin, « unlimited imagination in the face of danger ». These words can be understood to reflect Malle's optimism about the function of cinema in general and perhaps his hopes for this specific film vis-à-vis a French public still reluctant to confront the dangers of memory. (Higgins 207)

Higgins observe ausssi que, sur le plan politique, même le choix de film, *L'Immigrant*, est contemplé par le metteur en scène et chargé de sens :

> Within a politicized thematic of looking, watching a film can itself constitute a political choice, Malle seems to suggest : because of Chaplin's politics and his Jewish origins, *The Immigrant* would, in 1944, have constituted an obvious contrast with the anti-Semitic propaganda films that might have been screened in other schools. (Higgins 207)

Également chargées de sens sont les phrases prononcées par Julien dans la forêt une semaine avant que la Gestapo n'emmène les enfants juifs et le Père Jean : « Dans quarante ans, la moitié de ces types seront morts et enterrés » (cinéroman 72) et Julien (à Bonnet) : « Y' a que moi qui pense à la mort dans ce collège. C'est quand même incroyable » (cinéroman 73). Le cinéaste a beaucoup recherché les effets de coïncidence qui rendent certains événements prophétiques. Ces aspects du film figurent significativement dans la charge symbolique de l'ensemble. Rien n'est fait par hasard au cinéma. Dans cette scène-là, par exemple, on trouve le symbole de la situation historique.

On remarque également l'ironie du sort dans la métaphore du film *Charlot émigrant* dans le film (une espèce de mise en abyme). En dépit de son humour même le cinéma de Charlot est imprégné de symbolisme et d'une tonalité sombre. Tout le monde regarde en riant, oui, mais tout d'un coup la caméra nous présente le plan serré de Négus, le jeune Israélite, dont le regard est « triste et intense » (*L'Avant-Scène Cinéma*, plan 375, photo 69). Dans le plan suivant, 376, « *L'écran occupe presque toute l'image : comme les voyageurs du bateau, on voit apparaître la Statue de la Liberté* ». C'est chargé de sens ; le fait que les enfants juifs regardent la Statue de la Liberté et Charlot qui est tenu à l'écart au moyen d'un cordon de police, Charlot à qui l'accès à la liberté est interdit. (*L'Avant-Scène Cinéma* 67)

> J'ai choisi *L'Émigrant* (Charlot) car il s'agit d'une histoire d'exilés juifs en route vers les États-Unis. Ce pays représentait pour eux la terre promise… En montrant les visages émus des enfants à la vision de la statue de la Liberté sur laquelle la caméra de Chaplin s'attarde longuement, je tenais à rappeler que nous, les gosses, vivant sous la botte allemande, rêvions tous d'une société plus juste. (Schidlow 20)

Plus tôt dans ce chapitre, en parlant des couleurs, de la musique, et de tout ce qui crée un ton « rétro », nous signalons l'authenticité de l'ouverture du film de Palcy et nous reparlerons de l'authenticité de son film au chapitre X. Dans *Au Revoir les enfants*, comme dans *La Rue Cases-Nègres*, la tonalité du film est très juste. L'authenticité aussi bien que la poésie du récit de Louis Malle ne se trouvent pas dans le rétablissement exact de tous les événements du moment mais plutôt dans le fait qu'ils restent fidèles à l'esprit du souvenir. Pour créer le climat du film, Louis Malle, en s'appuyant sur ses souvenirs de cette époque dure, évite le noir et le blanc ce qu'il considère « une facilité, une stylisation » (Valot 47) et aussi les couleurs chaudes utilisées par Palcy, surtout le rouge et le jaune, et affirme son choix de couleurs froides pour évoquer la froideur et l'hostilité de l'environnement. Dans *Guide de lecture*, Claude Aziza, citant les lois de Chevreul, explique la *harmonie* chromatique des couleurs, et fait la distinction entre *couleurs chaudes* et *couleurs froides*. Les couleurs chaudes, dit-il, sont celles dans lesquelles il entre du rouge ou du jaune ; les couleurs froides sont celles dans lesquelles il entre du bleu ou du noir (594).

Malle a en plus la chance de tourner au cours d'un hiver au temps épouvantable (scènes de la cour par moins 12), où en parlant, les enfants font de la buée. Le réalisateur nous dit : « Quant aux partis pris esthétiques, disons qu'il en est un qui, sur le tournage, saute aux yeux : l'austérité des couleurs, une dominante de bleu marine et de brun dans tous les costumes... (...) Cela fait mieux ressortir les moments de détente des enfants, les rires, les chahuts » (Louis Malle)[14].

L'esprit créateur de Truffaut, comme celui de Malle, comprend également de l'humour ironique[13] inhérent à sa manière de juxtaposer certaines choses et certaines actions, toujours liées au visuel. Pour l'ironie chez Truffaut, nous nous appuyons toujours sur les théories de David Lodge (*The Art of Fiction* 179), sur la définition du Petit Robert 1 (**ironie** : « Manière de se moquer de qqn. ou de qqch. en disant le contraire de ce qu'on veut faire entendre » 1032), et sur celle du dictionnaire Webster (n° 3) : technique d'indiquer au moyen du développement des personnages ou de l'intrigue une intention ou attitude qui est tout le contraire de ce qui est en fait ostensiblement dit ou présenté (753). Chez François Truffaut même quelques petits mots peuvent être chargés de sens. Dans la classe de Bécassine, par exemple, la prononciation et la traduction exigées de la part du maître est : « Where is the father? », qui est probablement une question fondamentale pour Antoine. Suite au traitement abusif du professeur au moment où les enfants sortent de l'école, le spectateur lit sur la façade de l'école la devise de la République : "Liberté, égalité, fraternité" et Antoine et René tournent dans la rue des Martyrs. (Prises de vue d'une caméra ironique) Le beau-père explique que la mère a dû travailler tard et il dit à Antoine « ...elle t'aime, tu sais, elle t'aime » (*Les Quatre cents coups*, scénario définitif, 60-62), mais l'enfant sait la vérité. Petite feuille se réfère à Antoine comme "un nouveau Juvénal" (38). Le commentaire de Petite feuille : « — Ah, elle va être un peu belle la France dans dix ans » (43) crie de l'ironie du sort surtout du point de vue du spectateur de nos jours qui se rappelle les centaines de milliers de personnes qui sont descendues dans les rues en 1968 pour revendiquer, parmi d'autres choses, la libéralisation du système éducatif en France.

****

Les effets de certaines séquences de plans sur le spectateur sont multiples. D'abord, prenons comme exemple la métaphore du film de Charlot dont nous venons de parler. Elle renforce quelque chose qui sous-tend et qui imprègne le film... ce que Bernard Genin nomme l'« abomination invisible » du racisme (Genin 17). Genin nous rappelle la notion d'Eco, c'est-à-dire que le spectateur est amené à participer à la représentation (code d'*implication*). Il nous dit qu' : « Il n'y a pas d'images atroces dans *Au Revoir les enfants* mais ces images sont en nous : nous savons ce qu'il adviendra des victimes de cette histoire et cela suffit à nous bouleverser ». Il applaudit la sensibilité et la subtilité de Malle : « Pas de pathos, donc, pas d'effets faciles. Rien que les regards de ces enfants, qui jouent sous nos yeux, qui s'affrontent, vaguement conscients quand même de vivre une période anormale et dangereuse ». Genin reconnaît ensuite que l'art de cette séquence n'est qu'un autre exemple de la compilation de touches subtiles qui produisent chez le spectateur de très fortes émotions. Cette scène de la projection comme celle du duo au piano selon Genin : « sont de très jolis moments de cinéma. Il est difficile de ne pas sentir son cœur se serrer devant leur poignée de main avortée, ou devant le dernier regard qu'ils échangent, tandis que les nazis les séparent » (Genin 17). Cette séquence, enfin, nous montre la valeur symbolique du titre du film... ce que Valot appelle : l'aberration monstrueuse de la guerre imposée à l'enfance, chez qui le mot "adieu" et la notion de "jamais plus" n'ont pas encore cours. Valot croit que c'est un « Beau titre reposant sur l'idée d'indicible, à l'image du film lui-même qui, adoptant d'un bout à l'autre le point de vue de l'enfant (le narrateur à l'age de onze ans), se tient constamment au bord du gouffre, de l'inconcevable » (Valot 47).

La réaction très enthousiaste de Michel Boujut, exprimée dans son article « Au Diapason de l'histoire » pour *L'événement du jeudi* 8 octobre 1987, ne résume-t-elle pas l'efficacité, le pouvoir d'émouvoir de cette nouvelle représentation de l'Histoire, de cette perception renouvelée de Louis Malle?

> Comment dire ce que le nouveau film de Louis Malle possède de proprement miraculeux? Ce frémissement de la mémoire, cette perception de l'enfance, cette justesse du regard, cette évidence de l'émotion... Commencé comme une chronique de la vie de collège en province (façon *Zéro de conduite* de Jean Vigo, ou Anthracite de Niermans), *Au Revoir les enfants* se hausse, par une tension progressive, jusqu'à nous mettre au diapason de l'Histoire. D'admirables scènes se succèdent, où passe, sans la moindre emphase et comme au fil des jours, toute la douleur d'un temps maudit. (Boujut 1)

La perception renouvelée de Louis Malle, mentionnée par Boujut dans cette citation, n'est qu'une vérification de plus de ce que nous voyons dans ce chapitre—qu'au moyen de la médiation des techniques littéraires et cinématographiques, utilisée par les écrivains et cinéastes de notre groupe,—le lecteur et le spectateur ont accès à cette enfance « de l'autre côté du temps », et surtout à l'esthétique et à la poésie de cette enfance. Dans les œuvres de notre étude nous observons l'utilisation des effets de réel, des référents vérifiables et vraisemblables, les structures de l'imaginaire, l'utilisation du préreprésenté, l'intertextualité et la rencontre littérature/cinéma avec les mythes/archétypes/clichés (que nous continuerons à examiner au chapitre suivant). L'auteur se sert donc non seulement de son esprit créateur mais aussi de ses talents d'écrivain ou de cinéaste pour nous mettre en contact avec ce monde d'enfance... un monde chargé de sens, « vu et décrit » par l'enfant-personnage mais remémoré et ressenti par son créateur au moyen de son système sensoriel, système privilégié de l'enfant (qu'il était), système plus développé que celui de l'adulte et même perdu à l'adulte. Dans la création de son roman ou de son film l'auteur évoque à nouveau tout ce paysage intérieur de son enfance, le champ fertile de la mémoire du poète, champ intérieur, riche en souvenirs—formes, couleurs, musique—qu'il sème de symboles, de métaphores, de métonymies, de tous ses retentissements affectifs; terrain fertile pour le symbolisme qu'évoquent les références à l'imaginaire de la matière, tel que l'analyse Bachelard, et les correspondances baudelairiennes.

CHAPITRE X
LA RENCONTRE DE L'ENFANCE ET DU MYTHE

Le récit archétypal, topos

Selon Gaston Bachelard dans *La Poétique de la rêverie* : « Le poète réveille en nous la cosmicité de l'enfance ». Dans notre interprétation du « poète », va être inclu l'aspect au sens large de ce mot qui va incorporer l'esprit créateur et poétique des auteurs en question. Bachelard écrit qu' « il suffit du mot d'un poète, de l'image neuve mais archétypement vraie, pour que nous retrouvions les univers d'enfance. Sans enfance, pas de vraie cosmicité. Sans chant cosmique, pas de poésie ». Comme l'affirme Bachelard :

> Ainsi, prise dans la perspective de ses valeurs d'archétype, replacée dans le cosmos des grands archétypes qui sont à la base de l'âme humaine, l'enfance méditée est plus que la somme de nos souvenirs. Pour comprendre notre attachement au monde, il faut ajouter à chaque archétype une enfance, notre enfance. (...) Toutes ces beautés du monde, quand nous les aimons maintenant dans le chant des poètes, nous les aimons dans une enfance retrouvée, dans une enfance réanimée à partir de cette enfance qui est latente en chacun de nous. (109)

Le pouvoir d'émouvoir des auteurs en question repose sur le fait que ces « poètes » évoquent en nous cet univers de l'enfance, notre vie intérieure à nous. Nous trouvons dans leurs textes et dans leurs images des vérités générales, des configurations mythologiques, la rencontre de la littérature ou du cinéma avec le mythe, les archétypes. Chez ces auteurs, cette rencontre est accomplie de manière innovatrice. En réalisant leur remémoration, nos auteurs se servent non seulement d'un système esthétique, de la poésie, de l'humour et de l'ironie que nous avons examinés au chapitre précédent, mais aussi du cliché sous plusieurs angles, y compris le cliché renouvelé et la destruction du cliché de l'enfant angélique.

P. Kast reconnaît cette qualité dans le travail de René Clément. Parmi ses critiques de *Jeux interdits*, il parle de : « la nouveauté étonnante du film de René Clément » et de sa suspicion partagée en ce qui concerne « l'attendrissement des adultes devant les berceaux, langes, bouillies, poupées mécaniques, soldats de plomb, ou autres jeux du monde fermé des enfants », nous en trouvons une qui est particulièrement étonnante : « … le monde totalement clos, et insaisissable, de l'enfance, marqué par l'agressivité et la création continue d'armes de défense, échappe presque complètement à la littérature, et naturellement au cinéma, jusqu'à *Jeux Interdits* » (65). Certainement, on peut apprécier l'enthousiasme de Pierre Kast pour ce film de Clément, qui est, de maintes façons innovateur, et notamment en ce qui concerne la coupure d'avec la présentation stéréotypée de l'enfant angélique. Mais pourtant, n'est-il pas difficile d'être d'accord avec lui sur ce point de la lacune presque totale qu'il perçoit dans les domaines de la littérature et du 7e Art? Ne pourrait-on même pas dire "excessif"? Dans la rencontre littérature/mythe ou cinéma/archétype, bien d'autres auteurs avaient déjà montré l'enfant sous cet angle satanique. Dans le domaine du cinéma, rappelons-nous *Zéro de Conduite*, tourné en 1933 par Jean Vigo, le récit de trois pensionnaires qui, en route pour leur collège provincial, fument dans le train et qui, détestant le Principal, organisent une révolte dans le dortoir. Nous ne pouvons guère lire les *Jeux interdits* de François Boyer ni regarder les films de René Clément, de François Truffaut, de Louis Malle, de Jean-Loup Hubert, sans penser à la destruction du mythe de l'enfant angélique dans « Les poètes de sept ans » d'Arthur Rimbaud, et sans songer aux innombrables parallèles entre l'œuvre de Rimbaud et celles de ces auteurs, bien qu'un siècle les sépare (Rimbaud, « Les Poètes de sept ans », 1870-71). On se demande même, si certains parmi eux, comme de nombreux autres auteurs, en construisant leurs ouvrages, n'auraient pas puisé des exemples chez le poète adolescent.

Dans le poème de Rimbaud la métaphore pour l'autoritarisme est la Mère : (« Après vérification, E. Noulet confirme qu'il y a bien une majuscule : le mot prend une valeur symbolique ; La Mère concentre en elle toutes les puissances qui mènent un enfant » Bernard 394).

> Et la Mère, fermant le livre du devoir,
> S'en allait satisfaite et très fière, sans voir,
> Dans les yeux bleus et sous le front plein d'éminences,
> L'âme de son enfant livrée aux répugnances. (Bernard 95-97)

Le film de Truffaut nous fait sentir aussi comment, chez Antoine, l'incompréhension des adultes, et surtout de sa mère, avive la révolte et la répugnance de l'enfant. Nous pensons à sa répugnance au moment de la découverte de sa mère dans les bras de son amant et à tout le drame qui entoure son devoir sur Balzac. La mère est très satisfaite d'avoir encouragé son fils à propos de son devoir, en lui offrant mille francs « si à la prochaine composition [Antoine est] dans les cinq premiers de la classe » (*Les Aventures d'Antoine Doinel*, Scénario définitif 78). Pour l'enfant dans l'œuvre de Rimbaud :

> Tout le jour il suait d'obéissance; très
> Intelligent ; pourtant des tics noirs, quelques traits,
> Semblaient prouver en lui d'âcres hypocrisies. » (Bernard 95),

Et pour Antoine aussi, enfant intelligent, qui suinte d'obéissance chaque jour sous la main de fer de Petite Feuille, et qui éprouve les mêmes sentiments anarchistes du révolté, il y a également le sens de l'hypocrisie, du ridicule : « Antoine bouclé dans la salle pendant la récréation, se venge en écrivant sur le mur une épitaphe » (Collet, *Les 400 coups*, 42) :

> Ici souffrit le pauvre Antoine Doinel
> Puni injustement par Petite Feuille
> Pour une pin-up tombée du ciel...
> Entre nous ce sera, dent pour dent,
> Œil pour œil. (*Les Aventures d'Antoine Doinel*, Scénario 38)

Ainsi que l'enfant chez Rimbaud a « des tics noirs », le héros des *Quatre cents coups*, lui aussi, a « des tics noirs » au sens moral, et il manifeste physiquement des tics nerveux ou des manies qu'il a pris... on rappelle les multiples références aux yeux d'Antoine, au regard baissé, aux mains qui s'agitent d'une manière très nerveuse. Dans sa critique des « Poètes de sept ans », S. Bernard nous dit que:

> Rimbaud va en faire la description dans les vers qui suivent (et il est exact que sous l'effet de la contrainte, un enfant qui ne peut se laisser aller à l'exubérance naturelle à son âge prend des tics nerveux, des manies) : soit enfantines manifestations de révolte (il tire la langue, fait des grimaces), soit tentatives pour s'isoler dans des endroits insolites, sous le toit ou dans les latrines. (394)

D'après Bernard, de l'avis de Rimbaud « les latrines sont l'endroit solitaire par excellence, où l'enfant peut se réfugier et "penser" ». Les adolescentes « manifestations de révolte » d'Antoine sont ses fugues, et les endroits insolites sont : le cinéma, l'appartement de René, l'imprimerie. John Conomos compare les premières expériences au cinéma de Truffaut à : une sexualité fugitive, un déplacement juvénile et à la rébellion. (2)

Les petits héros de Rimbaud et celui de Truffaut songent à la Liberté. Bernard se demande s'il n'est pas normal que l'enfant, privé d'amour et de liberté dans sa famille, rêve d'évasion, cherche des pays lointains, comme Rimbaud, comme Antoine. Pour l'enfant chez Rimbaud c'est : « la vie/Du grand désert, où luit la Liberté ravie,/Forêts, soleils, rives, savanes! » (96). Pour le héros de Truffaut, c'est la Mère que cherche l'enfant qui parle d'« être dans la marine! Je voudrais bien voir la mer, j'y suis jamais allé » (*Les Aventures d'Antoine Doinel,* scénario définitif 88).

Selon Jacques Derrida : « les mythes rentrent de vacances au moment et au nom de l'écriture ». La littérature se joint au mythe dans les œuvres de Rimbaud et de Truffaut et aussi chez Boyer où nous trouvons les eaux maternelles. Rimbaud commence son poème par l'image de la Mère et le termine par l'image d'un enfant qui songe à la mer. Dans l'œuvre de Boyer on trouve les mêmes images-symboles ; Paulette, qui, au début du récit, pleure en caressant la joue de sa mère morte, et enfin pleure à la mort de Michel qui tombe dans une mer symbolique (145). Le portrait de Paulette rappelle un autre poème de Rimbaud, « Ophélie » (et la pièce shakespearienne) où l'on trouve : le même ton (la Mort, la Nature, l'eau), le même vocabulaire, les mêmes images et couleurs que dans *Jeux interdits*.

Un autre parallèle qu'on trouve avec *Les Poètes de sept ans* est l'appréhension de l'Eglise et de la religion éprouvée par l'enfant Rimbaud :

> Il craignait les blafards dimanches de décembre,
> Où, pommadé, sur un guéridon d'acajou,
> Il lisait une Bible à la tranche vert-chou;
> Des rêves l'oppressaient chaque nuit dans l'alcôve.
> Il n'aimait pas Dieu ; (96)

qui a son égal dans l'ennui de Louis (*Le Grand-Chemin*), qui s'endort pendant le sermon (ce qui agace Marcelle), et dans l'anxiété éprouvée par Michel et par Paulette: « Anxieux, les deux enfants attendirent que le regard de Joseph descendît quelque part ». (Boyer 137). Tandis que l'enfant de Rimbaud est plus pris par la reliure verte de la Bible que par son contenu, ceux de Boyer s'amusent pendant la messe à guetter les croix.

C'est surtout en introduisant un aspect de sexualité si honnête dans les « jeux interdits » des enfants de son poème que Rimbaud détruit tout à fait l'image de l'enfant angélique.

> Quand venait, l'œil brun, folle, en robes d'indiennes,
> —Huit ans, —la fille des ouvriers d'à côté,
> La petite brutale, et qu'elle avait sauté,
> Dans un coin, sur son dos, en secouant ses tresses,
> Et qu'il était sous elle, il lui mordait les fesses,
> Car elle ne portait jamais de pantalons;
> —Et, par elle meurtri des poings et des talons,
> Remportait les saveurs de sa peau dans sa chambre. (95)

La manifestation de l'éveil de l'instinct sexuel nous fait aussi penser à Antoine et nous voyons également un rapprochement avec Louis et Martine, la fille de la coiffeuse d'à côté, dans *Le Grand-Chemin*, et avec le petit couple préadolescent dans la version cinématographique du *Château de ma mère*.

En choisissant une héroïne de cinq ans, Clément réussit à garder son image plus innocente, plus angélique que celle de l'héroïne de Boyer qui, à l'âge de neuf ans, manifeste plus ouvertement les manies qu'elle a prises (Boyer 37, 40-41, 103, 107, 115) et ses pensées plus diaboliques (Boyer 80). L'amitié et la sympathie entre Michel et Paulette dans *Jeux interdits* sont beaucoup plus nuancées de sentiments de compréhension, connivence, tendresse, protection. Il y a même des moments, en lisant le roman et en regardant le film, où l'on a le sens de suivre un petit couple qui s'aime : « Paulette s'était soudain mise à trembler de tous ses membres. (...) Il [Michel] eut envie d'embrasser Paulette » (93) et qui se taquine : « et je trouverai peut-être une autre fille que toi » (57) ; « Paulette eut un grand sourire, et doucement elle poussa le coude de Michel. Et soudain, Michel faillit rire aux éclats, saisir Paulette par le cou, l'embrasser, l'étouffer... Paulette lui montrait des fourmis, Paulette lui offrait ses trésors, Paulette souriait devant lui, et lui demandait de sourire avec elle » (120) et qui marche « la main dans la main » (142).

Hors les quelques parallèles que l'on trouve avec les œuvres de Rimbaud où Boyer détruit l'image de l'enfant angélique, le récit de Boyer évoque donc d'autres mythes bien qu'ils soient représentés au moyen d'une perception renouvelée. Ne pourrait-on pas considérer Paulette comme une petite Eve : « Tentée par le serpent, elle mange et fait manger à l'homme le fruit de "l'arbre de la connaissance du bien et du mal" ce qui attire la malédiction de Dieu » (Petit Robert 2 : 618 ; Bible, Genèse 3 : 00-3 : 19)? Michel ne pourrait-il pas représenter un petit Adam : Adam « Dans la Bible (Genèse 1-4) et dans les traditions juive, chrétienne et musulmane, le premier homme, l'Adam ou l'Homme (sens général, l'être humain), créé par Dieu et installé dans le Paradis terrestre, Eden? Dans Genèse, le mot "Adam" n'est pas un nom propre mais plutôt, l'Adam, dérivé du mot hébreu qui veut dire, la terre (Wright, 55). Michel est toujours en train d'enterrer les petits animaux morts.

Michel a tellement envie de plaire à Paulette. Est-ce que son désir de créer un monde qui plaira à Paulette le pousse (sans qu'il s'en rende compte) à être sur un pied d'égalité avec Dieu ? Ainsi la déception de Paulette, après qu'il lui avait offert des croix volées, le déçoit également :

Paulette —Elles sont vilaines.
Michel   —Tu n'es jamais contente.
Paulette —Tu m'avais promis la croix du curé.
Michel   —T'es pas juste.

Selon William Ramsay dans : *The Westminster Guide to the Books of the Bible*, il y a les rapports propres entre l'Homme et la Nature. L'Adam doit cultiver le jardin et le garde (Genèse, 2 :15). Il peut en profiter, mais il doit aussi s'en occuper (Ramsay 27). Est-ce que la chute de Michel est une métaphore pour la Chute de l'Homme ? « In Adam's fall, we sinned all » (Wright, 55).

Il y a des moments où l'on pense même à un Roméo et à une Juliette en miniature. Au moment de la punition des deux enfants, infligée par le père Dollé, tous les deux pensent à la misère de l'autre : « … elle pensa à Michel qui devait subir la même punition et en oublia sa propre colère » (81). Les deux enfants sont très sensibles l'un à l'autre : « elle éprouvait le désir de ne plus jamais peiner Michel… (…) Michel observait, radieux. Le moindre geste de Paulette était devenu pour lui un ravissement, … » (102) —oui , dit Michel. (…) T'es contente? Michel lut « oui » dans les yeux de

Paulette » (103). Au moment de la mort de Michel, Paulette est écrasée de douleur : « Paulette, le visage ruisselant de larmes, regarda autour d'elle. (...) Ses sanglots redoublèrent, elle se pencha éperdue sur le visage de Michel, le caressant, l'embrassant, l'inondant de ses larmes qui se mêlaient au sang rouge, et de longues minutes le tint serré contre sa joue. » (146)

Les petits héros de *Jeux interdits* évoquent également le mythe de *Tristan et Iseult* de Gottfried von Strassburg : « Victimes d'un philtre magique et unis par une passion fatale, Tristan et Iseult, la blonde, deviennent coupables envers Marc, roi de Cornouailles et époux d'Iseult, puis envers la femme de Tristan, Iseult aux blanches mains. La mort seule réunira les amants » (*Petit Robert 2* : 1800). Ne pouvons-nous pas envisager les personnages du roman de Boyer de la manière suivante? : Michel comme Tristan, le héros qui doit faire des parcours précaires pour avoir l'approbation de sa princesse ; Paulette comme Iseult la blonde, et les deux « unis par une passion fatale » (pour les croix) ; Joseph, le curé, comme Marc—chef de la paroisse et en second sens l'époux de la Vierge Marie (Iseult aux blanches mains, femme spirituelle de Michel). Dans le roman de Boyer Michel récite : « Je vous salue Marie pleine de grâce. (...) Sainte-Marie mère de Dieu » (85). Ne pouvons-nous pas trouver l'allégorie de leur petit cimetière, comme la grotte souterraine des héros de von Strassburg, tirée directement du symbolisme de l'Eglise Médiévale? (von Strassburg, traduit par Zeydel, 6).

Il existe une multitude de mythes liés à l'enfance, et la littérature ou les films présentent souvent l'enfant d'une façon très stéréotypée. Dans ses louanges adressées à Clément, André Bazin remarque que le cinéaste est le premier à avoir osé représenter l'enfant à travers une image moins idéalisée, plus réaliste, plus psychologique. En parlant de *Jeux interdits*, il dit :

> René Clément est sans doute le premier metteur en scène à nous proposer de l'enfance une image qui ne se borne pas à se conformer à l'une des mythologies que les hommes devenus grands projettent sur ses mystères. Son propos n'est pas de moraliste et de pédagogue mais de romancier. Il s'agit de faire tenir à deux enfants, dans une histoire où ils sont par hasard les protagonistes, une place essentiellement identique à celle qu'occuperaient les personnages adultes. Leurs actions, leur comportement, ce que nous pouvons saisir de leurs pensées, n'est absolument pas le reflet d'une idée *a priori* de l'enfance. Michel et

Paulette ne sont point de bons ou de méchants enfants, leurs préoccupations, nullement absurdes, ne relèvent que de la psychologie, à aucun degré de la morale. Accessoirement, car ce n'est point par hasard que l'action se déroule dans un milieu paysan : à la fois le plus proche et le plus éloigné qui soit de l'enfance. (20)

Dans son poème, Gottfried von Strassburg présente la même impression de son héros, Tristan : « But if he suffered grievously, ne'er from maliciousness it came, […] : it came not from a wicked heart : » Von Strassburg va plutôt attribuer la chute de Tristan à sa jeunesse sans souci et à son courage : « That in his tender growing days with youthful and courageous ways he helped his happiness to fall—his carefree childhood caused it all ». Le jeune Michel, comme Tristan et comme la plupart des enfants, pensait qu'il vivrait à tout jamais dans le même état de grâce : « did as many a child will do that often caution will eschew : he let his care fly far away and lived and lived and lived his day […] he thought (what never is the case) that he would ever live like this and thus abide in living bliss » (von Strassburg, traduit par Zeydel, 29).

En critiquant le film, Pierre Kast est du même avis qu'André Bazin. Il estime que Clément évite tout à fait le cliché des enfants angéliques, qu'il évite de faire de ses enfants-personnages des « adultes petits ». Kast croit que « les charmants bambins d'*Émile et les Détectives* » où l'on trouve ce qu'il dénomme « cette délicieuse et béatifiante conception optimiste de l'âme enfantine sont l'image que quelques adultes munis d'une bonne conscience à toute épreuve se font de leur propre enfance » (65). De plus, Bazin nous rappelle que *Jeux interdits* ne nous permettent pas de garder notre préconception de l'enfance comme « un miroir qui nous renverrait notre image purifiée de tout péché, lavée de nos souillures d'homme, rajeunie par l'innocence ». Lui aussi affirme que « *Jeux interdits* nous refuse cet apaisement ; sans cruauté, sans pessimisme, mais par une volonté de vérité dont il est en la matière le premier exemple à l'écran » (21).

D'après André Bazin, on ne pourrait jamais accuser *Jeux interdits* d'être le récit archétypal de l'enfance. En réfléchissant sur le récit archétypal, le topos, le mythe de l'innocence dans la transgression, il propose deux catégories en disant que : « la comparaison de la quasi-totalité des films d'enfants fait apparaître entre eux d'évidentes analogies en dépit de la variété des origines et des styles. Les deux archétypes de cette production sont, à l'aube du cinéma parlant : *Le Chemin de la vie* et *Émile et les détectives* ». (17). Bazin croit que du premier procèdent les films qui ont « pour thème l'enfance malheureuse ou coupable et sa rééducation » et du second, « les aventures policières dont les héros sont des enfants ». Il associe « cette singulière unité thématique à une « unité dans la signification morale de tous les films ... une mythologie éthique traditionnelle » qu'il désigne « une certaine croyance à la pureté « originelle » conservée par l'enfance. Il procède à une mise en évidence de l'originalité et de l'aspect innovateur du film de Clément quand il nous dit que « Le mal chez l'enfant ... moral ou physique ... est le suprême scandale moral ». Bazin applaudit Clément d'avoir évité de faire de *Jeux interdits* un de ces "films d'enfants" qui l'ont précédé, qui : « En dépit de leur réalisme et de l'actualité à laquelle ils se réfèrent, ... sont beaucoup plus proches du conte de fée ou de la parabole sacrée que du roman contemporain : de *La Belle et la Bête* et de la Parabole évangélique du Bon Pasteur que du *Diable au corps*, ou précisément, de *Les Jeux inconnus* [titre original] de François Boyer. » Bazin loue Clément « d'avoir voulu et su garder à son film la structure intime d'un récit romanesque » (17-19).

C'est avec beaucoup d'imagination, de finesse et d'ironie que Louis Malle crée son histoire de l'innocence et le mal, une histoire qui aurait pu être très clichée s'il n'avait pas représenté si subtilement la complexité de la situation et l'ambiguïté du climat de l'époque. Dans ce film, si la représentation de l'école en général, et en particulier du chahut du pensionnat, rappelle de nombreux films d'enfance, tout au contraire, la représentation du corps professoral, de la direction de l'école et de la salle de classe est très favorable. Malle évite l'hyperbole, qui apparaît notamment dans les caricatures que l'on voit chez Vigo ou chez Truffaut (tous les deux innovateurs à leurs époques respectives). En revanche, celle de la cour de récréation est exceptionnellement violente. Et si nos deux héros se présentent souvent comme les archétypes de l'enfant arrogant et gâté (Julien) et l'enfant exemplaire (Jean), c'est surtout dans leurs moments d'égarement, où ils quittent leur posture normale, que nous les trouvons les plus touchants.

Les personnages de Louis Malle sont très nuancés. Valot remarque que : « La caractérisation, loin de céder à un manichéisme sécurisant, rend compte de l'engrenage social et idéologique complexe dans lequel s'inscrivent les comportements individuels et collectifs » (Valot 47). Il cite comme un exemple entre autres, « la scène où le père Jean, pourtant résistant, refuse l'hostie à Bonnet, l'écolier juif, au risque de le désigner au regard des paroissiens » (*L'Avant-Scène Cinéma*, plans 290, 291, 292).

On perçoit donc une représentation très nuancée de l'entourage des deux enfants et de l'ambiance dans l'établissement et dans les lieux extérieurs. Le cinéaste lui-même dit que : « Ce serait un cliché de dire que tous les Allemands sont des salauds. La plupart de ceux qui occupaient la France étaient des types qu'on avait envoyés là sans leur demander leur avis... (...) Dans le film, il y a des Allemands presque sympathiques (On se rappelle que ce sont des Allemands qui ramènent les deux enfants au collège après leur aventure dans la forêt.), les catholiques bavarois, ou les officiers qui interviennent dans le restaurant, même si c'est pour se donner le beau rôle devant la mère » (Audé 33). En parlant de la séquence au Grand Cerf, Malle explique son emploi de l'ironie pour montrer la politique de l'époque :

> Dans le restaurant ce sont des aviateurs, décorés. Le personnage qui fout à la porte les miliciens est un officier de carrière, visiblement, un aristo, qui en plus est saoul, et qui trouve emmerdants ces Français qui font de la politique. Ils le disent entre eux, en allemand. C'est très ironique. (Audé 33)

En étudiant les relations entre Julien et Jean, certains critiques tentent d'établir un parallèle entre les enfants-héros d'*Au Revoir les enfants* et Judas et le Christ, mais vice versa : Julien : Judas et Jean Kipplestein : le Christ, parce que ce sont des enfants aux tendances contraires—le bien et le mal. Ils se battent et ils sont agressifs l'un avec l'autre. Mais ils sont aussi amis, ce qui fait que d'autres critiques voient dans ces « hypothèses, parfois ingénieuses, ou le plus souvent chimériques, la manifestation d'une incompréhension fondamentale à l'égard du génie dont la singularité est d'ignorer les préjugés de caste et les interdits qui en découlent » (Petit Robert 2 : 1659). Il faut donc vraiment que l'on marque la différence entre l'histoire biblique et celle des enfants-héros de Louis Malle. Dans les faits, oui, c'est parce que Julien a regardé son ami Bonnet que l'ami Bonnet est dénoncé. Mais, quand il l'a regardé, était-ce vraiment pour le dénoncer? Cela faisait-il partie de la jalousie et des instincts compétitifs de Julien? Ce regard n'était-il pas plus fort que lui? L'a-t-il regardé pour lui dire « Tu peux compter sur moi » et cela a pourtant abouti au contraire? Il est douteux que Julien veuille consciemment trahir Jean tandis que Judas, dès le début, veut trahir le

Christ et le vend. Il y a donc une différence d'intention. Mais le résultat, c'est vrai, est finalement comme l'histoire de Judas, également dramatique et tragique. C'était une trahison, mais intentionnelle? Ce qui est intéressant, c'est que sur ce point, les opinions des spectateurs, comme celles des critiques, sont très partagées : certains y voient un geste intentionnel, tandis que d'autres se refusent tout à fait à le croire coupable. A vrai dire le système de personnages de ce film fait tout le fond de l'histoire puisque Louis Malle a raconté qu'il avait fait ce film parce qu'il avait des remords. Il avait l'impression d'être coupable de la mort de cet enfant juif. Finalement, Louis Malle estime qu'il a dénoncé cet enfant, en le regardant. Et quelque part lui, qui était son ami, est devenu paradoxalement son ennemi à la fin, son dénonciateur. Toute l'histoire, donc, repose sur ce passage. D'abord de l'ennemi à l'ami (après leur moment partagé dans la forêt, puisque c'est le moment critique où a commencé leur amitié) et puis, paradoxalement à la fin tout se retourne et de "ami" qu'il était, il redevient ennemi. C'est avec beaucoup de subtilité que Louis Malle construit l'histoire de ces deux enfants et surtout cette scène de dénonciation. Était-ce vraiment la rivalité et la jalousie latente de Julien qui l'ont poussé inconsciemment à trahir Jean? Ou voulait-il plutôt lui manifester sa solidarité et cela s'est retourné contre lui? A-t-il eu un regard qui lui a vraiment échappé? C'est très nuancé et l'ambiguïté de la situation laisse au spectateur la responsabilité d'une interprétation personnelle.

Hors des personnages, le décor archétypal joue un rôle capital dans une scène d'*Au Revoir les enfants*, celle où la forêt devient un lieu mythique pour les deux enfants-héros. Dans la forêt, Julien et Jean sont comme des chevaliers du Moyen Age. A partir de la partie de cette nuit passée ensemble dans la forêt ils sont amis. Julien porte le trésor (qui n'est qu'une boîte de biscuits) un petit peu comme le Graal. Le Graal nous renvoie à une structure de roman initiatique, le mythe.

Au cours des chapitres antérieurs nous avons montré comment les perceptions renouvelées de Joseph Zobel et d'Euhzan Palcy aident à éviter le mythe des îles exotiques avec enchantement et pacotille, et à montrer au lecteur et au spectateur une nouvelle représentation réaliste de la Martinique. Mais il y a d'autres mythes que Palcy voulait évoquer. La cinéaste voulait que l'évocation de la naissance de l'homme (et donc cette scène symbolique de son film) se fasse la nuit. Cela rappelle le mythe de la nuit africaine qui est lointaine, et de la Terre-mère qui est le berceau de l'homme. Nous y trouvons aussi les mythes du racisme. Il est vrai que la vision de l'école dans l'œuvre de Zobel est montrée d'un œil très favorable, et est très représentative de l'éducation laïque de l'époque. Cette école de la Troisième République enseigne que c'est ce qui va donner la deuxième liberté. (C'est la deuxième porte de la liberté, la première étant dans l'abolition de l'esclavage par la République.) Joseph Zobel s'est beaucoup intéressé à la dignité de l'éducation et il a reconnu l'importance de l'éducation pour accéder à un mouvement ascensionnel dans la société, pour quitter les champs de canne à sucre. C'est au moyen de l'école républicaine, croit-il, que la République va imposer sa liberté, son égalité et sa fraternité. La liberté, oui, mais, sans éducation, pas de moyen de gagner sa vie et la liberté ne reste qu'un mythe! On va donc trouver chez Zobel et chez Euzhan Palcy une représentation très nuancée.

L'enfant porteur des valeurs et des traditions

En montrant au lecteur le « processus d'intériorisation » effectué par José et par les autres personnages de son histoire, Joseph Zobel quitte le domaine du mythe littéraire pour entrer dans celui de l'axiologie et pour nous présenter les mythes du racisme face auxquels se trouvent ses personnages. Nous observons leur lutte de garder un système de valeurs qui leur est précieux, et ce sont les enfants comme José qui deviennent les porteurs de ces valeurs. Il nous montre « toute évidence d'une conscience noire sensible aux mythes et à la dérision » (Micciollo 32). Joseph Zobel n'hésite pas à nous révéler ce problème idéologique du vingtième siècle. Nous prenons comme exemple l'incident à propos de la rédaction de José (Zobel 270) que Micciollo interprète de cette façon : « une composition française du héros est d'abord jugée par son professeur trop bonne pour être de lui. Le petit garçon redevient en un instant le petit noir voleur tel que le mythifie le racisme blanc » (31). On ne doit pas chercher loin pour reconnaître l'auteur adulte, caché derrière son enfant héros, qui critique sa société raciste :

>—Pourtant, Carmen, je n'y vois pas autre chose qu'une manifestation du même mépris que traduisent tous les gestes du Blanc créole à l'égard des nègres. Ne crois-tu pas que, tout compte fait, mieux vaut pour une négresse être domestique chez un béké et

faire l'amour avec un nègre, plutôt que d'être mise en garenne pour les besoins d'un maître qui vient faire ses saillies lorsque, la veille, sa dame a boudé au lit ou parce que celle-ci est trop vieille; et que, même dans l'intimité, on n'ose pas appeler autrement que « Monsieur »?

Quand on pense que ces petits bâtards de mulâtres nés dans ces conjonctures et qui n'ont même pas le droit d'appeler "papa" en public ou d'aborder dans la rue leur béké de père grandissent avec la morgue de n'avoir pas la peau noire, et ne ratent jamais une occasion d'invoquer le côté blanc de leurs origines!

D'ailleurs, leur mère les y aidera largement : chacun sait que lorsque de telles liaisons naissent des enfants à peau « sauvée », la mère n'est que trop fière d'avoir—elle, noire comme le tableau noir de la conscience du béké—contribué à ce qui, dans leurs complexe d'infériorité, tient à cœur beaucoup de nègres antillais : « Éclaircir la race ».

Car, à mon grand désespoir, je surprenais dans l'esprit de Carmen les attitudes qui trahissaient de ces complexes antillais, tellement contraires à toute dignité. (277-78)

Le Carmen décrit dans ce dernier paragraphe de Joseph Zobel nous rappelle une autre Carmen, celle du bref roman de Prosper Mérimée (1845). La bohémienne de Mérimée est, elle aussi, sensuelle et capricieuse, à l'esprit manipulateur. Mais le petit José de Zobel et de Palcy ne ressemble pas du tout au brigadier don José de Mérimée qui, subjugué par le charme de sa maîtresse et son désir, devient contrebandier, brigand et même assassin (Mérimée).

En dépit des événements et des observations répugnantes du genre indiqué dans la citation précédente, José manifeste ouvertement l'intériorisation d'une identité où il valorise sa négritude et ses dons naturels. José représente aussi l'individu qui en dépit de sa pauvreté maintient sa dignité et son intégrité[1]. Nous citons comme exemple son refus de la nourriture somptueuse offerte par son camarade de classe Christian Bussi : « ... avec un calme sourire, je m'accroche à mon refus ... (...) ... nous nous précipitons... aux fontaines. Bussi pour se laver les doigts, laissant dans le bassin le reste de son gâteau ; moi, pour me remplir d'eau une dernière fois » (229-30). Dans un entretien avec Henri Micciollo au sujet de son film *La Rue Cases-Nègres*, en réponse à l'énonciation suivante de Micciollo : « Ce qu'on sent au cœur de votre film, c'est le fondement d'une crise d'identité sans doute spécifiquement antillaise », Euzhan Palcy commente :

> *Rue Cases-Nègres* montre la vérité des Antilles en 1930, des gens exploités dans le travail de la canne, c'est-à-dire en fait la perpétuation d'une forme d'esclavage. La vieille femme, m'man Tine, est consciente. Elle comprend qu'il y a un moyen d'échapper à cette exploitation, qui est l'instruction. Il est donc nécessaire de passer par un autre système. Mais cette instruction appartient complètement au monde blanc et ne correspond pas à la réalité du monde de l'enfant noir. Pour éviter de se perdre, l'enfant met au point des procédés de survie pour maintenir ce qu'il est vraiment, son être intrinsèque.
>
> Quand l'instituteur demande quelle différence il y a entre chanter et caqueter, l'enfant répond en utilisant des détails vrais, des éléments appartenant à son univers. Il dira par exemple : « *ma grand-mère, avec une bonne pipe, aime bien chanter* ». Plus tard, au lycée, il fera une dissertation en utilisant ses souvenirs du vieux Médouze. Pour préserver son identité, il revient tout le temps à ses racines. A la fin du film, quand il repart pour Fort-de-France, il dit qu'il emmène avec lui la rue Cases-Nègres. Il trouvera à Fort-de-France une autre culture, mais il ne veut pas rompre avec ses origines. Cela est dans l'œuvre originale qui, ne l'oublions pas, est une œuvre autobiographique. (33)

Ce sont les valeurs transmises par M. Médouze que nous remarquons dans le roman et dans le film : le respect pour la vie (Il ne faut pas tuer, même un tout petit insecte), l'importance de la liberté et de sa tradition guinéenne et les valeurs de m'man Tine en ce qui concerne l'éducation et la dignité. L'enfant devient porteur des traditions de son peuple. La société de plantation sortie de l'esclavage est l'héritière de deux religions : l'animisme (société animiste, païenne, hédoniste qui croit aux esprits) venu d'Afrique, mais aussi, le christianisme imposé par le maître. Il y a beaucoup de superstitions religieuses.

Joseph Zobel fait allusion aux coutumes locales, aux traditions et aux superstitions qui sont devenues presque des mythes. Prenons comme exemples toutes celles qui sont mentionnées aux pages 58-59 :

> Nous connaissions encore une foule de choses importantes que nous avaient inculquées nos parents. De grands principes.
> —Ne jamais dire bonsoir à une personne que l'on rencontre en chemin lorsqu'il commence à faire nuit. Parce que si c'est un zombi, il porterait ta voix au diable qui pourra venir t'enlever à n'importe quel moment.
> —Toujours fermer la porte quand on est à l'intérieur de la case, le soir. Parce que des mauvais esprits pourraient lancer après toi des cailloux qui te laissent une douleur pour toute la vie.
> —Et quand, la nuit, tu sens une odeur quelconque, ne pas en parler, car ton nez pourrirait comme une vieille banane...etc.

Souvent au courant du récit nous observons ces traditions ou superstitions : « Or, je savais déjà par intuition que le diable, la misère et la mort étaient à peu près le même individu malfaisant, et qui s'acharnait après les nègres surtout. Et je me demandais en vain ce que les nègres avaient pu faire au diable et au béké pour être ainsi opprimés par l'un et l'autre » (65). Il y a également la croix sur la langue pour signifier un secret bien gardé... le lavement des pieds et des mains, quand la grand-mère décède. Cette société est donc un croisement, un métissage de maintes choses : langue, religion, traditions. José excelle dans les deux mondes ; c'est un enfant porteur de valeurs antillaises et françaises. Nous remarquons aussi que José est très typique des enfants, comme le petit Marcel de Pagnol, qui prennent leurs parents pour des dieux, des surdoués, dotés de pouvoirs surhumains :

> Tout s'accomplit comme si m'man Tine eût été une de ces vieilles femmes dont me parlait M. Médouze dans ses récits et qui, chaque fois qu'un personnage sympathique se trouvait malheureux, apparaissaient pour le délivrer et exécuter ses désirs. M'man Tine n'avait-elle pas été vraiment la fée qui avait réalisé mon rêve? (137)

En parlant du parcours de José, Micciollo dit qu'en dépit de son déplacement vertical à l'intérieur de la société martiniquaise José ne devient pas un déraciné :

> La trajectoire du jeune héros est mouvement (j'en veux au moins pour preuve le dernier plan du film, un long panoramique sur la plantation de cannes). C'est un parcours plantation/Fort-de-France, à quoi s'ajoute un processus d'intériorisation de la rue Cases-Nègres, lieu des origines (que le jeune garçon déclare vouloir emmener avec lui). (31)

A travers le roman, le style de l'auteur change et reflète son processus de remémoration. La pure joie ressentie par l'enfant en contact avec la Nature va se modifier au fur et à mesure qu'il prend contact avec le monde extérieur, le monde de l'école et de la ville. On remarque la présence d'une conscience plus réflexive, plus psychologique. Ainsi remarque-t-on l'anxiété éprouvée et exprimée aux moments des examens. Une fois de plus, comme plus tôt dans le livre, chez Médouze, Joseph Zobel choisit de nous présenter une scène nocturne comme fond de ce rite de passage. Le passage ne se fait pas immédiatement. Et il nous décrit tout le mythe, toute l'histoire de ce passage, aussi bien les aspects physiques que les aspects psychologiques :

> C'était le soir, et dans l'obscurité de la cour d'école de Saint-Esprit nous attendions la proclamation des résultats.
> Nous restions littéralement liés ensemble dans la foule d'élèves et de parents qui emplissait la cour. (...)
> Nous n'éprouvions guère de fatigue à rester debout à piétiner depuis si longtemps, mais certains, comme moi, en avaient mal aux pieds. Aussi, profitant de l'obscurité, je fus des premiers à me soulager de mes bottines..... (201-204).

A travers l'œuvre, la prise de conscience de José et surtout les pensées exprimées au sujet des observations faites sur la société martiniquaise montrent une focalisation de plus en plus adulte (210-11, 242-43, 262). La cinéaste évoque aussi des souvenirs d'enfance et des opinions très fortes sur l'identité culturelle. A l'âge de quatorze ans Euzhan Palcy découvre le roman de Joseph Zobel qui sera plus tard le sujet de son premier long-métrage « car elle y voit—suivant sa propre expression—la mémoire vivante d'un pays » (Delmas 46) [2].

Ces séquences ont trois fonctions : une fonction référentielle, une fonction psychologique (qui montre la sécurité éprouvée par l'enfant) et une fonction symbolique surtout dans la représentation de la scène nocturne, comme celle que nous venons de citer, et celle entre José et M. Médouze (51-52) que nous avons évoquée au chapitre IX : le spectre de l'initiateur, le père spirituel, hallucinant, masque symbolique : les paupières presque fermées, aveugle pour mieux voir, vision sur la vraie réalité.

José a intériorisé la « culture collective, africaine, que lui a transmise oralement (les contes) et matériellement (la statuette) » Monsieur Médouze. « On voit pourquoi ces deux personnages (m'man Tine et M. Médouze) doivent mourir, puisqu'aussi bien le héros doit emporter leur héritage spirituel » (31). Ni José ni le spectateur n'oublieront le visage de Médouze, ce visage qui a une valeur mythique. Médouze lui-même a une valeur de symbole ; on dirait que Médouze représentait la Guinée hiératique. Il est la représentation, l'illustration, de toutes les valeurs fortes de son peuple. Lui-même est comme la statuette... Médouze est la statue vivante, le fétiche, le don symbolique (qui nous rappelle le don, la charrette, du *Grand-Chemin*). Cette petite statuette que M. Médouze sculpte pour José représente l'héritage transmis. Avec la statuette noire au cœur blanc, il va lui transmettre la mémoire de façon très tangible. C'est quelque chose qu'il fait pour l'enfant qui représente son héritage africain. Il va représenter toute l'Afrique, mais il va aussi représenter toute l'histoire d'un peuple.

Nous trouvons également d'autres symboles idéologisés. Les deux mondes, blanc et noir, entre lesquels José bascule sont représentés symboliquement par certains objets dans le récit. Le bol de m'man Tine en est un. M'man Tine mange avec ses doigts, tenant son bol entre ses genoux. Mais elle ne permet pas à José de manger de la même manière, croyant que cela montre un enfant mal élevé. Elle a d'autres ambitions pour José ; il doit se servir d'une fourchette : « elle exige que je dépose mon plat d'aluminium sur la table et que je me serve d'une fourchette "comme un enfant bien élevé" » (15). Le bol cassé a une valeur symbolique. Ne peut-il pas représenter les deux forces opposantes dans cette question de l'ambiguïté d'identité? José n'est-il pas un enfant qui essaie de coller les deux parties de son monde? Nous constatons le contraste entre le costume blanc qu'il porte à l'école et les chaussures noires que José cire chez Mme Léonce. Ce costume blanc que l'enfant noir doit porter pour aller à l'école républicaine coloniale, le nouveau costume qu'offre m'man Tine à José, est le don de l'éducation qu'elle lui offre mais il représente aussi sa confiance en lui. Ce sont les mains noires de m'man Tine qui lavent et qui frottent le linge blanc des Blancs pour payer l'éducation de son petit-fils. En écrivant à propos de la scène funèbre, Micciollo explique qu'elle est chargée de sens, de piété, de symbolisme et de mythe :

> Le héros accomplit un rite final très chargé de sens : le lavement des mains et des pieds de la vieille femme, filmé en gros plans d'autant plus porteurs d'émotion qu'ils ne s'écartent en rien du réalisme le plus direct (une main, un pied, une cuvette d'eau, la main de l'enfant, les bruits de l'eau). Cette toilette funèbre a évidemment valeur de piété (l'eau s'opposent au feu utilisé lors de l'autre mort, mais le vieil homme avait précisé que *l'eau et le feu ne sont pas ennemis*), mais aussi valeur sociologique (les pieds terreux de la femme, image d'un monde que le héros va quitter pour toujours), symbolique et esthétique (l'épiderme plus clair apparaît quand l'eau enlève progressivement la terre), et même mythique (retour à l'authentique, à l'origine). (31)

Pour nous faire entrer dans les sentiments de José au moment de la mort de m'man Tine, Joseph Zobel choisit le souvenir de ses mains. En se servant des mains de sa grand-mère comme métonymie, il consacre toute une page de texte à résumer la vie de celle-ci, à nous rappeler le rôle important qu'elle avait joué dans sa propre vie à lui et à lui rendre hommage. C'est une séquence très chargée d'affectivité où d'abord il les met en relief par l'adjectif possessif « Ses mains. » et ensuite (trois fois) par l'adjectif démonstratif « ... Ces mains, que », « Ces mains, aussi », « Une de ces mains avait étreint un jour ma petite main pour me conduire à l'école : j'en gardais encore la sensation » (310-311).

Pour la plupart, les Blancs, qui ne sont nombreux ni dans le livre de Zobel ni dans le film de Palcy, sont caricaturaux. Les sentiments forts de Zobel (même s'ils sont cachés derrière le regard de son enfant-héros, par exemple : « Enfin tous les miasmes qui s'identifient aux nègres ou à la misère », 235) sont très nuancés dans le film de Palcy ou « les Blancs ne sont pas tous des méchants et les Noirs ne sont pas tous des anges » (Martineau 33). Le thème de l'opposition entre Blanc et Noir existe déjà depuis longtemps et il sait non seulement prendre de nombreuses formes mais aussi tomber rapidement dans les clichés. Les « options esthétiques » d'Euzhan Palcy « manifestent à quel point cette œuvre est maîtrisée dans sa construction ». Son procédé d'utilisation de couleurs (pour éviter « le blanc pur et le noir profond » et pour achever « un bain monochrome ») et les nuances abondantes « apportent au film une certaine douceur qui l'éloigne d'autant de tout aspect polémique revanchard ou tapageur (même le béké est tué par un cheval, c'est-à-dire par la Nature) » (Micciollo 32). Selon Henri Micciollo : « C'est ainsi que le film traduit dans son système esthétique ce qui est un thème fondamental de la négritude : seul le fait d'intérioriser le noir (donc d'en faire une force) permet de se rapprocher du blanc » (Micciollo 32). Avec le choix du titre, *La Rue Cases-Nègres*, Joseph Zobel révèle la source dans laquelle il puise son inspiration, la case de m'man Tine, lieu des souvenirs de son enfance, lieu des angoisses et des joies, lieu de sécurité. Avec ce titre, il établit le ton ombre/soleil et il annonce au monde l'intériorisation et la force de sa négritude ; il devient le porteur des traditions de son peuple.

La recherche esthétique de Palcy la mène à une attention méticuleuse aux détails qui évoquent la Martinique des années 30, et aide Palcy à doter le film d'authenticité et de réalisme. Le film condense tout en restant fidèle au livre. Les détails sont vrais. Il n'y a rien qui sonne faux. On est pleinement dans la peau de José, dans la case de m'man Tine, dans l'histoire de M. Médouze, enfin tout le monde est très près de nous et le décor est très réaliste. L'aspect authentique du film est fort impressionnant avec des décors et des costumes scrupuleusement reconstitués pour achever un effet rétro. L'atmosphère est remarquablement bien rendue parce que le film a été tourné sur place, sur les lieux mêmes, et même si ceci est un peu maquillé, on reconnaît bien les rues. Cela dénote une volonté à la fois dans les décors et dans les personnages, surtout dans les personnages secondaires, de bien respecter ce que devait être l'atmosphère et ce qu'elle est restée à bien des égards. Palcy parle de la nécessité de l'authenticité pour achever les résultats voulus, c'est-à-dire de faire de son film la mémoire vivante d'un peuple :

> Le film veut constituer la mémoire vivante d'un pays. Il y avait donc nécessité d'une grande authenticité, dans la recherche des décors utilisés par Zobel et des gens qui ont vécu dans les Rues Cases Nègres ou qui vivent encore dans des lieux comparables et

qui sont des coupeurs de cannes. (...) ... pendant le tournage... ce qui m'a surtout aidée, c'est que ces gens n'avaient qu'à refaire les gestes mêmes de leur vie. Je n'ai rien inventé à ce propos et il y a même dans mon film un côté cinéma-vérité. (Micciollo 34)

Dans leurs œuvres, Zobel et Palcy nous fournissent donc une perception renouvelée des Antilles françaises. Ce roman et ce film, au lieu d'être le cliché de l'exotisme plaqué de l'extérieur, sont tous les deux authentiquement antillais et sont racontés de l'intérieur du pays et de l'intérieur d'un esprit artistique martiniquais, un esprit créole. Ce sont des œuvres originales, dégagées de toute prévention « exotique ». Le récit de chaque œuvre s'inspire de la réalité antillaise : les conséquences de l'esclavage, le désaccord entre les békés et les Noirs, la vie dans les plantations et dans les quartiers pauvres, les superstitions, les rituels, les travaux et les divertissements des Martiniquais, bref, de tout ce qui touche à la tradition d'un peuple[3].

Si Pagnol ou Zobel nous présentent un enfant porteur de traditions positives, nous remarquons le contraire chez Boyer et Clément. Les valeurs modelées par les adultes sont plutôt négatives. Kast, en parlant des jeux de Paulette et de Michel dit qu'il ne s'agit que de « la loi d'exemplarité, de ce qu'un monde fait de ses enfants ». Il nous dit qu'« au-delà du monde de l'enfance, le film vaut encore par la lumière brutale qu'il jette sur le monde des adultes. Les gens qui ont trouvé morbide le jeu de Michel et de Paulette avec la mort, ont du même coup prouvé qu'ils ne trouvaient pas morbide leur propre jeu avec la guerre, et la mort » (66). Kast ne fait référence qu'au film, mais certainement tout ce qu'il y remarque peut être également appliqué au roman. Ainsi, la menace d'une taupinière : « Michel piqua une rage soudaine. Une taupinière vola en éclats sous la violence de son coup de pied, puis fut piétinée avec frénésie » (24), et le jeu des enfants avec les poussins morts, commencé tout de suite après avoir observé la bagarre des adultes qui se fait dans la chambre du fils mort, ne confirment-ils pas tout à fait son observation sur « la loi d'exemplarité »? En observant le Michel de Boyer qui torture et qui tue les animaux, on trouve un « topos ». C'est l'archétype, ou le topos au sens de lieu commun. Puisqu'il apparaît si fréquemment dans les récits d'enfance, c'est le récit presque cliché, celui de la torture infligée à l'animal. Effectivement, c'est le récit traditionnel de la bêtise, celui qui se voit dans la plupart des récits d'enfance. Nous le rencontrons (et nous l'avons montré dans cette étude) chez Pagnol, chez Zobel, chez Malle, chez Jean-Loup Hubert ; cependant le cliché est renouvelé à chaque fois, parce qu'à chaque fois il est régénéré, ravivé comme, par exemple, dans le texte de Boyer. Mais ne pouvons-nous pas attribuer en partie la révolte de l'enfant, avec ses transgressions de la norme, à la frustration et à la colère qui dérivent du manque d'amour et de liberté qu'il ressent, et au mauvais exemple des adultes de son entourage? Comme le confirme cette scène au chevet de Georges qui est en train de mourir, les adultes de l'histoire ne semblent jamais prêts à modifier leur colère effrénée, leurs actions belligérantes, ni conscients du fait qu'elles peuvent avoir un effet néfaste sur les enfants :

> Ganard menaça Dollé du poing et Dollé menaça Ganard du pied. Alors Dollé dit à Ganard que le plus feignant c'était encore son fils, et Ganard dit à Dollé que le plus feignant c'était encore son fils. Et ils rentrèrent leurs poings et leurs pieds. (...) ses filles, qui étaient putains en plus. (...) déserteur (...) qu'est-ce qu'il foutait là à son âge? (...) Tous des crevés! Déserteur! Crevé! Connard! Fils de pute! Père de pute! Pute toi-même! et tout le bordel! (Boyer 101)

Mais pour le lecteur/spectateur, voilà un exemple de plus d'un phénomène que nous découvrons partout dans les œuvres de notre étude... le regard de l'enfant, le regard caché, qui lui présente un *modèle de comportement adulte*. A part l'importance que chaque famille place sur l'éducation, la table de valeurs des adultes qui entourent le petit Marcel est bien différente de celle de l'entourage d'Antoine, où on se dispute continuellement, où de celle de Louis qui est le témoin de plusieurs bagarres y compris la scène du viol pendant sa visite chez Marcelle et Pelo. Paulette et Michel se trouvent dans un milieu plein de superstition : « Tu fais des croix dans la maison d'un malade, tu veux le faire mourir? » (Boyer 79) et plein d'agressivité. Les deux enfants surprennent continuellement la réalité non-masquée des disputes des adultes ce qui se traduit dans un comportement agressif comme le bombardement en piqué d'un scarabée ou la destruction des poussins :

> Michel attentif avait porté le doigt à sa bouche pour imposer silence à Paulette, comme si Paulette risquait de parler.

> Les échos de la dispute leur parvenaient assourdis, Michel guettant son nom, et Paulette « morpion » ou « trou de cul ». [qui rappellent ses expériences avec les adultes belliqueux sur la route] Puis ils se lassèrent de l'uniformité des éclats de voix, et Michel regarda Paulette avec malice :
> —Qu'est-ce que j'ai dans mon sac?
> (...)
> —Des petits poulets jaunes qui font cui-cui.
> —Non, triompha Michel, ils sont morts.
> —Des poulets qui faisaient cui-cui, rectifia Paulette très vite.
> (...)
> —Oh! oh! fit Paulette transportée de joie.
> (...) ... et Paulette se mit à rire. Une seconde Michel demeura stupéfait, et il se mit à rire, lui aussi, battant des mains, secouant la tête en tous sens, tambourinant des pieds sur le plancher.
> (101-2)

Nos analyses des œuvres de Boyer et de Clément nous montrent qu'à travers leurs représentations réalistes de l'enfance, ils refusent de porter un jugement moral. Il refusent également de tomber dans le mythe de l'enfant angélique.

Le Grand-Chemin est un récit où se trouvent des topoï qui parfois glissent vers le stéréotype : de la vie rurale, du curé de campagne et de l'archétype de l'enfant pharmakos. En fait, le charme de l'histoire d'Hubert repose sur la façon dont il renouvelle le stéréotype qui est presque cliché. La séquence du cimetière est un bon exemple d'une idée ou d'une image de la vie rurale qui devient cliché. On la retrouve dans *Jeux interdits* où on l'avait vue pour la première fois. Quand le film *Jeux interdits* est sorti en 1946, c'était tout nouveau parce qu'on voyait pour la première fois l'infraction au tabou de la mort, le fait que les deux enfants jouaient au cimetière. En 1946, montrer des enfants qui jouent avec des tombes et avec des croix était scandaleux. La caricature que l'on fait du curé remonte à la tradition littéraire médiévale, époque à laquelle les personnages de prêtres et de moines étaient souvent ridiculisés. Chez Paillard, par exemple, il est complètement contradictoire par rapport à ce qu'il devrait être. Il n'est pas, donc, surprenant de trouver dans *Jeux interdits* aussi bien que dans *Le Grand-Chemin* un curé qui est un peu cliché.

A propos de l'archétype de l'enfant pharmakos, ce film présente Louis comme le sauveur du couple. Il a une fonction merveilleuse. Il reconstitue le couple. La métamorphose de Pelo, sa gentillesse, sa main douce, influencent les sentiments et l'attitude de Marcelle envers lui et le rend attirant à ses yeux. Au fond Louis donne à Marcelle la maternité, et petit à petit à Pelo la paternité, qu'ils n'ont pas connue. Et à la fin le lecteur/spectateur a l'impression qu'ils peuvent, eux, s'ils veulent, faire un *enfant*. Louis fonctionne comme catalyseur : rédempteur, il leur a racheté leur faute. Il faut admettre que, dans la mesure où tout a déjà été dit quelque part, c'est un peu stéréotypé. Mais ce sont des stéréotypes présentés de manière charmante et poétique.

Dans *Le Grand-Chemin*, on trouve aussi la rencontre de la littérature (ou du cinéma) et du mythe. Louis est l'enfant sauveur, pharmakos. L'enfant a un rôle important dans le monde de Marcelle et de Pelo parce que, finalement, il se montre un peu un héros *pharmakos*. (Le mot pharmakos est dérivé du grec, a donné pharmacien, celui qui soigne.) Louis est le héros qui, en remédiant au mal, aux mauvaises situations, et aux abus, sauve le couple. Nous avons déjà parlé de la présence du mythe dans le travail de Truffaut, le complexe de Prométhée chez Antoine Doinel, qui voulait voler le feu de ses pères (y compris son père spirituel, Balzac) et de ses maîtres, pour qu'il devienne adulte, pour qu'il sache plus qu'eux. Et nous observons que dans *Au Revoir les enfants*, Julien et Jean sont tous les deux porteurs des traditions de leurs familles. Ce sont des enfants qui symbolisent les valeurs de leurs sociétés respectives. Le spectateur peut observer dans le personnage de Julien un enfant très bien élevé, famille catholique, traditions de droite et dans celui de Jean, un enfant juif qui, même au risque d'être découvert, observe le sabbat de son peuple en allumant ses bougies et en faisant ses prières.

Ces deux enfants sont porteurs de traditions certes mais surtout, ils sont porteurs d'une solidarité trans-ethnique, trans-raciale, trans-religieuse. Il y a des messages frappants que l'œuvre veut transmettre. D'abord le remords de Julien, la profondeur de son sentiment qui paraît très caractéristique de sa croissance émotionnelle et ensuite l'amitié qui transcende les frontières de religion, de race, de statut social. Dans certains entretiens Louis Malle a dit lui-même qu'il a fait ce film, d'une part parce que cela l'a soulagé de raconter cette histoire et d'autre part parce qu'il croyait que dans ce problème de méfiance, de manque de tolérance, de haine qui demeure quand même une question, ce sont les enfants qui sont privés de leur enfance normale. Dans « Qu'avez-vous fait de mon enfance? » Louis Malle affirme : « Je voudrais régler des comptes avec mes racines ». Et en parlant de son film, il mentionne « tout ce qu'il suggère sur les dangers de l'intolérance, du racisme ». Dans *CNC Dossier* n°23 il déclare : « J'ai connu trop de gens qui ne voulaient pas savoir, qui devant toutes les erreurs, tous les crimes, ne savent que dire : "Ce n'est pas ma faute". Je ne peux pas m'imaginer en Ponce-Pilate. Je ne peux pas me laver les mains de l'horreur du monde ». N'avait-il pas envie peut-être de faire ce film qui est un film vraiment au-delà de tous les clivages, un film de grande solidarité?

Ainsi, dans les œuvres en question, nous découvrons la richesse de l'innovation sur le plan littéraire ou cinématographique. Les auteurs des récits en question évitent pour la plupart le cliché et le stéréotype, excepté aux moments où ils veulent vraiment s'en servir. Et même si nous retrouvons l'archétype ou le mythe, nous les voyons « habillés de neuf », révélateurs d'une vérité qu'il faut évoquer. Grâce à son don de créateur, chacun des auteurs de notre étude se tourne vers son paysage intérieur et profite de l'inspiration poétique de son enfance. Nous nous rendons compte de la façon dont le personnage est porteur d'archétypes hérités et modifiés, mais aussi de valeurs prônées par la société (ou dont on déplore qu'elle ne soient pas respectées).

CHAPITRE XI
CONCLUSION

A travers cette étude, au moyen de nos analyses, nous avons essayé de réfléchir et de répondre aux questions posées tout au début de ce travail. Nous voulions notamment découvrir pourquoi les sept œuvres en question qui traitent toutes de l'enfance, avaient tellement plu au public et aux lecteurs français et étrangers. Dans une analyse des différents aspects du récit des sept œuvres en question : temps, narration et focalisation, personnages, lieux, intrigue, société, condition humaine, archétype et mythe, nous avons tenté de dégager la ligne d'ensemble de chaque récit, les lignes directrices et certains aspects transversaux entre eux et leur qualité intertextuelle. Dans toutes les œuvres nous avons découvert l'importance de l'enfance dans le récit et l'influence qu'elle exerce sur le lecteur/spectateur.

L'étude du schéma temporel révèle, par exemple, que chacun de nos enfants-héros vit un moment à la fois historiquement très précis et symboliquement très significatif dans sa vie personnelle. L'examen de la narration et de la focalisation montre l'importance de la subjectivité du point de vue de l'enfant et surtout du narrateur et de l'auteur cachés derrière lui, et de l'influence de cette subjectivité sur le lecteur ou le spectateur. Nous avons remarqué les aspects autobiographiques qui sont importants à ce genre de récit et l'influence de la focalisation du héros et par le héros en ce qui concerne sa fonction de personnage. En considérant le personnage comme un signe du texte, comme une communication dans les œuvres en question, nous voyons l'enfant se différencier de son entourage comme le héros ou l'antihéros, comme le personnage principal du récit. Dans certains de nos récits, chez Pagnol, par exemple, nous observons que le personnage le plus important est le lieu, ce qui nous aide à éclairer le rôle essentiel de l'espace dans le récit d'enfance. Le cadre est très valorisé par nos écrivains et réalisateurs pour toutes les possibilités qu'il offre dans le domaine esthétique. La tonalité du lieu a une valeur symbolique; les lieux sont imprégnés de sens. Le lecteur ou le spectateur peut se renseigner sur toutes les associations sociales, économiques et morales liées aux cadres qui entourent ces enfants, et il découvre que le décor joue un rôle déterminant sur l'action de l'histoire en influençant la mobilité spatiale des personnages et leur monde sensoriel.

Les récits d'enfance en question tombent nettement dans la catégorie du *bildungsroman*, le roman d'apprentissage, et nous sommes donc témoins des rites de passage de nos enfants-héros. Nous les suivons pendant leur parcours initiatique au monde adulte, notamment leur initiation à la sexualité, et nous surprenons leurs transgressions, leurs bêtises, leurs infractions à la règle. Nos analyses nous ont montré l'intérêt des types d'événements, itératifs et surtout singulatifs, et l'effet de l'intrigue sur le ton de l'issue de l'enfance. Dans la diversité des milieux sociaux des œuvres choisies, nous voyons surtout l'auteur qui, caché derrière son petit personnage, porte un jugement sur la société de son enfance, et nous découvrons les facteurs qui influencent son opinion : les relations de l'enfant avec son entourage, la présence ou absence des parents ou des protecteurs naturels, son appartenance à un certain groupe socio-économique. La présence de l'enfant dans l'histoire donne également au lecteur et au spectateur l'occasion de se renseigner sur la condition humaine : la vie, l'amour, la mort. Souvent nous remarquons que le goût du mal chez l'homme se traduit dans le goût de la transgression chez l'enfant.

La mort se révèle comme le grand apprentissage de tous ces récits d'enfance, et beaucoup de ce que le héros ou l'héroïne apprend là-dessus repose sur son contact avec la Nature. L'enfant dans la Nature permet aux auteurs de montrer le plaisir des sens au sens large : toucher, voir, sentir et d'utiliser le monde sensoriel de l'enfant, son hyperesthésie, dans la création d'une esthétique. En donnant naissance à son œuvre poétique, chacun des écrivains et des cinéastes de notre étude se tourne vers le paysage intérieur de son enfance, et l'enfant qu'il était devient indispensable à sa poésie.

François Truffaut s'est rendu compte du pouvoir d'émouvoir de l'enfant : « Même quand j'ai le sentiment que tout va à la dérive, il y a toujours quelque chose de sauvé, et en tout cas, c'est toujours l'enfant qui est ce qu'il y a de meilleur sur l'écran » (Gillain 91). Truffaut dit que la réaction du public, c'est-à-dire l'immense sympathie éprouvée envers Antoine, lui a montré comment certaines choses sont incomparables, notamment « le comportement d'un enfant et celui des adultes parce qu'à l'idée d'enfance, il y a une idée d'innocence qui est liée, qu'on le veuille ou non » (Gillain 93). Truffaut explique que « La sympathie vient de ce qu'il y a toujours une sympathie pour un enfant. J'ai mis très longtemps à comprendre cela. On pourrait en vouloir à Antoine de mettre le charbon et de s'essuyer les mains au rideau. J'ai l'impression qu'il y a une idée d'innocence qui est attachée à tout cela » (Gillain 103).

Pendant le tournage, Jacqueline Decae, qui était scripte du film, avait cautionné Truffaut contre un portrait trop sévère d'Antoine en déclarant : « La seule chose qui me gêne dans tout ça, c'est que le gosse va être odieux! » Et Claire Maurier (Mme Doinel) était contrariée par l'interdiction de la part du cinéaste qu'elle appelle l'enfant par son nom. Truffaut dit que : « C'étaient des choses sur lesquelles j'étais très têtu et qui faisaient un peu peur à tout le monde. La surprise a évidemment été, le film fini, cette espèce d'immense élan de sympathie pour Jean-Pierre Léaud. C'était Doinel contre les parents! » (Gillain 105). Voilà quelques réflexions écrites par Truffaut dans le scénario :

> C'est justement Jean Renoir qui m'a appris que l'acteur jouant un personnage est plus important que ce personnage ou, si l'on préfère, qu'il faut toujours sacrifier l'abstrait au concret. Rien d'étonnant donc si Antoine Doinel s'est, dès le premier jour de tournage des *Quatre Cents Coups*, éloigné de moi (Truffaut) pour se rapprocher de Jean Pierre (Léaud). Sur l'écran, Antoine Doinel est devenu plus vaillant que prévu et d'une bonne foi apparente si grande que le public lui a tout pardonné au point même que les parents et les autres personnages d'adultes dont nous avions voulu Marcel Moussy et moi nuancer le comportement, sont apparus finalement presque odieux sur l'écran.
>
> Dans les autres films du cycle Doinel, j'ai rectifié le tir en tenant compte de l'extraordinaire phénomène de sympathie que provoque toujours dans le public Jean-Pierre Léaud. (F. Truffaut août 1970) (Selon Truffaut Jean Pierre Léaud est le "meilleur acteur de sa génération"). (*Les Aventures d'Antoine Doinel* 10)

Truffaut déclare que le même phénomène se produit chez le lecteur de l'autobiographie de Sartre : « Même à travers un livre comme *Les Mots* de Sartre où il s'attache à démontrer minutieusement, sans attendrissements et sans complaisance, l'enfant qu'il a été. Malgré tout, on est pour lui et contre la famille, contre l'oncle Schweitzer! Je crois que c'est obligatoire » (Gillain 105).

Pour plusieurs des œuvres en question, nous avons noté comment l'adaptation cinématographique a popularisé le roman sur lequel elle est basée : celles de Boyer, de Pagnol, de Palcy. En adaptant le roman de Zobel à l'écran, par exemple, Palcy le popularise. La réalisatrice met en œuvre sa compréhension du texte et elle y met aussi beaucoup de sa propre imagination. Il y a cette reprise de la sensibilité de l'identité culturelle. L'histoire de José que Zobel écrit en 1950 est le livre d'enfance des années 30, le livre d'apprentissage de Joseph Zobel. Mais ce n'est pas le livre qui va décider la conscience de cette identité culturelle, nouvelle chez les Antillais, c'est le film. Le cinéma va beaucoup plus populariser le roman parce que le roman n'est connu que des initiés. Le film permettra de toucher un plus vaste public que n'avait fait le roman. Palcy sait doter le film du pouvoir d'émouvoir sans tomber dans le cliché. Richard Martineau croit que la réussite du film est due à la maîtrise du sujet et de la caméra par Palcy :

> Tout le film prouve la belle maîtrise d'un sujet et de la caméra par Euzhan Palcy. Ce film aurait pu facilement glisser vers le mélodrame. Or, la réalisatrice a déposé sur tout cela un regard de tendresse qui remue le cœur sans solliciter d'une façon artificielle des larmes de crocodiles. Elle sait où et quand s'arrêter. Comme exemple, je prends à témoin cette séquence où le jeune Léopold est arrêté. Il suffit de quelques plans plus ou moins rapprochés sur José et Léopold pour nous faire saisir la cruauté de la situation qui invite à une juste indignation. C'est d'une économie remarquable et d'une efficacité troublante (Martineau 35).

Ainsi, en examinant la structure intérieure de chaque ouvrage pour découvrir sa qualité unique, son individualité, tout en examinant sa qualité intertextuelle et la manière dont les sept se ressemblent, nous revenons à ce qui reste l'argument le plus convaincant pour le pouvoir d'émouvoir de ce genre ; c'est sa qualité affective. De la multitude d'attraits, nous en trouvons un qui se distingue : c'est la façon poétique dont les écrivains et les cinéastes se servent du thème de l'enfance pour réaliser leur œuvre, surtout l'aspect esthétique de l'œuvre.

L'enfance offre à l'auteur littéraire ou cinématographique le moyen d'exprimer une partie essentielle de son être, de retrouver tout un paysage intérieur plein de souvenirs d'expériences vécues, et surtout de retentissements affectifs. En écrivant son roman ou en réalisant son film, ce qui est important pour chacun de nos auteurs, ce n'est pas seulement sa création esthétique mais aussi la découverte de lui-même, du « futur-écrivain/futur-cinéaste » qu'il était. Et dans la création de son œuvre novatrice et poétique, chacun de nos auteurs, tout en se servant du paysage intérieur de son enfance et du mythe quand il lui faut le faire, ou en détruisant le stéréotype quand il le juge nécessaire, arrive à évoquer chez son public le *souvenir d'état* de sa propre enfance. John Conomos écrit que Truffaut, en faisant le point sur sa propre enfance, nous rappelle la nôtre :

> Truffaut focusing on his own childhood experiences—forging a "cinema in the first person singular"—is also speaking to us about our own childhood. This double emotional quality of the individual and the collective in the film is one of its more appealing simple qualities. As Rivette informs us in his *Cahiers* review of the film (Insdorf, 145) : "in speaking of himself, he seems to be speaking of us".(5)

Conomos croit que *Les 400 coups* réaffirme pour nous, en langage cinématographique tout simple et compatissant, une vérité morale collective que nous connaissons dans nos os mais sur laquelle nous tirons le rideau de la conformité adulte… c'est à dire qu'un enfant entrant dans l'âge adulte est équivalente à une deuxième naissance douloureuse. Nous sommes touchés par Antoine parce que nous avons, presque tous, vécu la lumière et l'ombre de son enfance (6). Pour reprendre les propos de Bachelard, ainsi en reconnaissant des « *états* que nous avons connus » nous nous rendons compte que « Ces heures sans horloge sont encore en nous. (...) En nous, encore en nous, toujours en nous, l'enfance est un état d'âme » (*La Poétique de la rêverie* 112-13).

NOTES

Notes sur le Chapitre I

[1] Cette note est tirée du livre : *The Theory and Practice of the Cine-Roman*, William F. Van Wert. NY: Arno Press, 1978. Page 9, note de bas de page n°3 en référence à Jean-Paul Sartre, "Qu'est-ce que la littérature?", *Situations II*, Paris: Gallimard, 1948, p. 292.

Notes sur le Chapitre II

[1] Les distinctions faites par François Jost entre le récit dont une des fonctions « est de monnayer un temps dans un autre temps », la description « qui monnaie un espace dans un temps » et l'image «qui monnaye un espace dans un autre espace » sont renforcées par les mêmes observations désignées par Metz au sujet du « récit cinématographique » pour illustrer ces trois possibilités :

> Le « plan » isolé et immobile d'une étendue désertique est une image (signifié-espace → signifiant-espace) ; plusieurs « plans » partiels et successifs de cette étendue désertique constituent une description (signifié-espace → signifiant-temps) ; plusieurs « plans » successifs d'une caravane en marche dans cette étendue désertique forment une narration (signifié-temps → signifiant-temps). (Gaudreault et Jost, *Le Récit cinématographique*, 19)

[2] Selon le travail de Francine Dugast :

> ... cette évocation d'un passé lointain par les récits faits à l'enfant se retrouvent dans de très nombreux textes. [Dans les ouvrages de notre étude nous la voyons dans *La Rue Cases-Nègres*, Monsieur Médouze, dans *Les Quatre cent coups*, Madame Doinel ; dans *Le Grand-Chemin*, Marcelle et Pelo ; chez Pagnol, les adultes, son père, son oncle Jules.] ...Le temps et l'espace éloignés finissent par se recouper dans la mesure où ils jouent le rôle d'un "ailleurs", d'une sorte d'utopie pour le lecteur [spectateur] ... contemporain de l'œuvre. (Dugast 263-64)

[3] [Ma traduction :

> Quand j'ai reçu la bourse (pour tourner *Rue Cases-Nègres*), la chaîne n°3 en France, qui avait le monopole de la télévision aux Antilles françaises, (devait) produire le film, mais... ils (les producteurs) ne voulaient pas réaliser le projet à cause des raisons politiques. Ils avaient peur qu'il ne soit le genre de film qui réaffirmerait l'identité culturelle de la Martinique, et n'oubliez

pas qu'à ce moment-là il y avait beaucoup d'agitation populaire en Guadeloupe et en Martinique.]

Les commentaires suivants se trouvent dans (Cham, Mbye. « Introduction : Shape and Shaping of Caribbean Cinema », *Ex-Iles, Essays on Caribbean Cinema*) :

> Politically, we note, for example, ... in Guadeloupe and Martinique ... budding militant mouvements advocating independence from France. These moments, and many others, in Caribbean politics in the 1970s and 1980s were instrumental in creating a climate for the emergence of new currents of political awareness among different strata of society... (...)
>
> Culturally, new articulations of a distinct Caribbean identity began to emerge on the foundations of thought and practice of literary/political/intellectual figures such as Frantz Fanon, Aimé Césaire, Joseph Zobel, and Edouard Glissant of Martinique ; ... as well as the Caribbean heritage of oral traditions. Particularly noteworthy in these new articulations is the project of a group from Martinique, Jean Bernabé, Patrick Chamoiseau, and Raphaël Confiant, whose « manifesto », *Éloge à la Créolité* ... , as well as their more general cultural agenda take as their point of reference the seminal thought and practice of their mentor and compatriot, Edouard Glissant, one of the most articulate advocates of a Caribbean identity based on the idea of Créolité.
>
> ... a strategy to rediscover and to construct a new, more authentic sense of identity. (...) (Cham, 3-4)
>
> [Ma traduction :
>
> Politiquement, nous notons, par exemple, ... en Guadeloupe et en Martinique des mouvements militants qui ont comme but l'indépendance (de France). Ces moments, parmi d'autres pendant les années 70 et 80, ont contribué à créer un climat politique où naîtraient une nouvelle conscience politique et de nouveaux courants politiques à tous les niveaux de la société. On voyait également de nouveaux courants culturels, avec une articulation d'une identité culturelle, qui se sont inspirés des œuvres littéraires des auteurs martiniquais mentionnés ci-dessus et des traditions orales des Antilles. Le « manifesto », *Éloge à la Créolité*, écrit par Jean Bernabé, Patrick Chamoiseau et Raphaël Confiant, réfléchit les pensées et pratiques de leur mentor et compatriote, Edouard Glissant, une des plus fortes voix d'une identité antillaise basée sur l'idée de la Créolité.
>
> On était à la recherche d'une nouvelle identité.]

et :

Les écrivains Frantz Fanon, Aimé Césaire, Joseph Zobel et Edouard Glissant de Martinique ont proposé le terme de « Diversalité » au lieu d'« Universalité » et ils en ont articulé d'autres tels que le « marronisme moderne », mot apparenté à la Créolité. [Ces deux termes sont de nouvelles articulations d'une identité distinctement antillaise.]

« Créolité constitutes a continuation of as well as a shift away from a history of intellectual, cultural, and political practice in the Caribbean ranging from Negrismo in Cuba, Indigénisme in Haiti, Negritude in Martinique and Guadeloupe. (...)

These political, economic, and cultural currents of the 1970s and 1980s mark the context within which the fledgling practice of film production in the Caribbean emerged and is struggling to prosper... (...)

Prior to the appearance of Rue Cases-Nègres by Euzhan Palcy of Martinique in 1983, awareness of indigenous film practice by the people who inhabit the various islands of the Caribbean tended to be limited to one film,... (Cham 4-6)

[Ma traduction :

La Créolité représente une continuation aussi bien qu'un éloignement des pratiques intellectuels, politiques, économiques, déjà établies du Négrismo à Cuba, de l'Indigénisme en Haïti, de la Négritude en Martinique et en Guadeloupe. Ces courants politique, économique et culturel des années 70 et 80 formaient le contexte dans lequel la nouvelle production de cinéma antillais est née et continue à essayer de survivre... (...)

Avant l'avènement, en 1983, du film de Palcy, *La Rue Cases-Nègres*, les cinéastes antillais étaient pratiquement inconnus au public qui ne connaissait qu'un film.]

[4] Cham nous dit que : « The phenomenal local and international success of Palcy's *Sugarcane Alley* (*Rue Cases-Nègres*) has created a new awarenes of the importance and potential of indigenous film practice in Caribbean society and culture... » (Cham 4-6). [Ma traduction : L'énorme succès local et global de *La Rue Cases-Nègres* de Palcy est d'une importance capitale dans l'industrie de film aux Antilles.]

[5] Dans son entretien avec June Givanni, Euzhan Palcy reconnaît surtout la contribution faite par Aimé Césaire, celle d'avoir établi l'institution culturelle qui s'appelle SERMAC [Service Municipal d'Action Culturelle]. Cette institution a inculqué aux Martiniquais une affirmation d'un nouveau sens d'identité de culture et de race : « ... it is thanks to this kind of cultural work that Césaire was able to

instill in Martinique an affirmation of a new sense of culture and race identity. I believe this prepared the way for people in Martinique to receive my film, Rue Cases-Nègres, with the enthusiasm and pride they did » (Givanni 294-95).

[6] Le temps référentiel de l'enfance de FrançoisTruffaut est L'Occupation. En 1942 il a dix ans :

> Si je me suis jeté dans le cinéma, c'est probablement parce que ma vie n'était pas satisfaisante pour moi dans mes années de première jeunesse, à savoir les années de l'Occupation puisqu'en 42, j'avais dix ans. 1942 est une date importante pour moi : c'est le moment où j'ai commencé à aller voir beaucoup de films. De 10 à 19 ans je me suis jeté sur les films (...). (*Truffaut*, Hervé Dalmais, 17) (note de *Cinématographe* n° 105)

Le temps référentiel de l'enfance d'Antoine Doinel est l'année 1958 où Antoine a 13 ans. Le lecteur se renseigne à partir de certaines indications dans le texte : «une quarantaine de garçons âgés de 12 à 13 ans"» (Truffaut, *Les Aventures d'Antoine Doinel,* scénario définitif *des Quatre cents coups* 35); et puisque c'est en 1958 que le film de Jacques Rivette est sorti et a gagné un prix au festival de Cannes :

> Madame Doinel —Alors, tu nous emmènes au Gaumont-Palace?
>
> Doinel (détendu) —Hein... qu'est-ce qu'on y joue?
>
> Madame Doinel —« Paris nous appartient. »
>
> (*Les Aventures d'Antoine Doinel,* scénario définitif des *Quatre cents coups*, 83)

[7] Dans son article sur le système agricole français pendant la guerre Stanley Hamilton nous dit : « ... wartime French agriculture may have regressed into nineteenth-century self-sufficiency. The rapid agrarian reform vital to post-World War II French recovery encountered, therefore, social and economic problems stemming from custom-bound peasant values relating to the land and to the farmstead.» (Stanley Hamilton. « The French Peasantry : Tradition and Perspective », *The French Review* Vol. XLVIII. n° 4 March 1975 : 729-731).

[Ma traduction : A l'époque de la guerre, en France on trouvait une société rurale régressive, avec un système agricole, une façon de vivre, des mœurs qui ressemblaient à ceux du XIXème siècle. Après la guerre cela a posé bien des problèmes.]

Notes sur le Chapitre III

[1] Cette remarque de Dugast peut certainement être appliquée aux œuvres de Pagnol :

> [Pagnol] évoque sans cesse avec humour les circonstances les plus tragiques ou les plus rocambolesques. La distance qu'il prend ainsi par rapport au déroulement du récit correspond parfaitement au regard enfantin, pour lequel les proportions sont

tout à fait différentes de ce qu'elles sont pour l'adulte. Vues sous ce jour, les aventures dramatiques deviennent équivalentes à des événements anodins. (Dugast 104)

[2] Pour les détails sur cette scène, voir Gillain, p. 100.

[3] Tout repose sur les interprétations des expressions de visage. Voilà quelques exemples précis :

(p. 39) Tête basse...Antoine lève les yeux

(p. 46) Antoine lève les yeux ; les yeux baissés

(p. 58) Antoine écarquille les yeux ; Antoine cesse de fixer et baisse la tête.

(p. 65) Antoine tient les yeux baissés... Soudain Antoine regarde le professeur droit dans les yeux... Antoine fait un signe de tête, les yeux baissés.

(p. 69) Antoine (baissant la tête, découragé)

(p. 77) Mme Doinel "... il faut toujours obéir à sa mère." (*Antoine regarde ailleurs*). (mentionné deux fois)

(p. 101) ... ses yeux se promènent sur le plafond

(p. 119) Antoine baisse les yeux

Notes sur le Chapitre IV

[1] A propos de la Terre-mère, il est intéressant de savoir que depuis 1957 Joseph Zobel habite en Afrique, travaillant pendant la plus grande partie de cette période comme conseiller culturel pour Radio Sénégal (*Black Shack Alley*, couverture).

[2] D'après J. Crowther il n'y a aucun groupe national de cinéastes comparables aux Français en ce qui concerne l'évocation et la transmission des subtilités de l'enfance et la distillation et représentation de la vie rurale. Il pense que *Jeux interdits* continue dans ces deux traditions en nous présentant des prototypes irrésistiblement authentiques. En fait, il nous dit que les personnages de Clément sont peut-être trop authentiques. Il cite leur impuissant analphabétisme, leur tendance naturelle aux superstitions, leur obéissance bornée aux rituels de l'Église, leur humour paillard et leur intelligence limitée—tous les traits qu'il considère reconnaissables comme « paysans » mais dont la conséquence, dans ce drame, les rend difficiles à tolérer (On en parlera au chapitre VII—une critique sur la société, milieu rural.) (Crowther, J. *The Great Films*. Putnam, NY, 1962 : *Jeux interdits*, 207).

[3] « The brief characterization of the traditional peasant exploitation (voir les lieux symboliques au chapitre V) will suggest the nature of the farmstead as both "foyer" and "atelier" ». The prominence of the "chef" involved both his position as physical provider and cultural arbiter, which in turn established a kind of role-confusion* ... to crystallize the family's function as the chief socializing agent in

traditional peasant society. » (Hamilton, Stanley. "The French Peasantry : Tradition and Perspective." *The French Review*, Vol. XLVIII. n° 4, March, 1975 : 731). *(Note de bas de page) Henri Mendras,"Sociologie Rurale," in *Traité de Sociologie*, ed. Georges Gurvitch, 3ᵉ éd., t. I (Paris: PUF, 1967), 322.

[Ma traduction : La ferme était à la fois "foyer" et "atelier". Le chef de famille, comme responsable de tout, avait l'unique autorité.]

⁴ En parlant des enfants favorisés et non-favorisés Dugast explique :

> Les spectacles affreux que transcrivent les écrivains dans leurs souvenirs, ou qu'ils placent sous les yeux de leurs petits héros, constituent une infraction à une sorte de loi, fondamentale dans notre civilisation pendant plusieurs siècles—une règle essentielle de bienséance, fondée sur le souci très vif de ne "scandaliser" en rien les enfants, et de leur cacher toutes sortes d'aspects de la réalité plus ou moins frappés de tabous, selon des critères variables. Cette loi du silence, du masque, est particulièrement respectée dans certains des ouvrages de notre corpus ... les enfants privilégiés ne sont confrontés que par accident à une réalité douloureuse, qu'ils surprennent en général clandestinement. Quant aux autres, leur malheur vient précisément de ce qu'on ne leur a rien caché... des enfants défavorisés... "ceux qui apprirent la vie trop tôt". (Dugast 302)

Notes sur le Chapitre V

¹ Il est intéressant de constater que Pagnol et le cinéma sont nés la même année, pratiquement au même moment, tous les deux en Provence. Pagnol est né à Aubagne, pas loin de la Ciotat où les Frères Lumières ont filmé *L'arrivée du train en gare de la Ciotat*. Il y a, donc, quelquefois des coïncidences qui sont assez étonnantes quand on regarde l'Histoire.

² En parlant de la vie rurale dans: "The French Peasantry : Tradition and Perspective." *The French Review*, Vol. XLVIII. n° 4, March, 1975 : 729-34), Hamilton dit:

> ... land remains the *sine qua non* of agricultural production, and land claims the material and spiritual devotion of traditional peasant values.
>
> The multi-generational peasant family provided the working force,... (...) Thus the peasant household intended to provide for most of its needs in both production and consumption.
>
> Informal farm education hinged on the multi-generational household, where the eminence of the family patriarch weighed heavily in both social attitudes and in tillage practices. Since the

farmstead was the convergence of social and economic reality, peasant children matured in a setting characterizable as both "foyer" and "atelier". Practical instruction in the farm-lot and field shaped peasant social and moral attitudes and field techniques. While it woud be exaggerated to claim that the weight of the patriarchal tradition rendered tillage practices immutable, the multi-dimensional social organization of the family farm tended to rigidify tradition. It is in this pervasive close atmosphere that the young absorbed habits and attitudes... (730-31)

[Ma traduction : Dans le système de valeurs de la vie rurale, l'importance de la terre est capitale et exige la dévotion matérielle et spirituelle de la famille. La famille était isolée, responsable de la production et de la consommation de tous ses produits agricoles. Le père jouait le rôle principal en prenant toute décision en ce qui concerne l'éducation, en dirigeant le travail de la famille (qui fournissait la main-d'œuvre), en déterminant la vie de chaque membre de la famille. L'enfant se trouvait dans une situation « foyer/atelier ». Les adultes inculquaient aux enfants leur système de valeurs, leurs mœurs. Dans ce lieu clos les enfants « absorbaient » les attitudes et les habitudes de leurs parents.]

[3] Les lieux de tous les ouvrages de notre étude sont imprégnés de la mort : la mort d'une personne bien aimée, la mort d'une amitié, la mort de l'enfance. (Nous examinerons plus longuement ce concept au chapitre VIII.)

[4] Un livre intéressant à lire à ce sujet est celui de Claude Pujade-Renaud *L'École dans la littérature*, Éditions ESF.

Notes sur le Chapitre VI

[1] Nous suivons la définition d'intertextualité offerte par Henri Bénac et Brigitte Réauté dans *Vocabulaire des études littéraires* (122-23) :

> Principe selon lequel tout texte litt. ne se définit qu'à travers le jeu des relations qui l'unissent à son contexte, à d'autres textes qui le traversent de façon consciente ou inconsciente, complètement occulté ou au contraire facilement repérable. L'intertextualité recouvre l'étude des sources, les citations (passages d'un ouvrage que l'on rapporte exactement), les renvois ou les allusions, discrètes ou manifestes, d'un texte à l'autre.

[2] En sachant que Louis Malle était issu d'une famille de la grande bourgeoisie, et que sa mère était propriétaire des sucres Béghin, nous trouvons cette remarque intéressante : « Pourtant j'aimerais bien que ce soit vrai, que ce soit l'entrée de Bonnet dans ma vie qui m'ait changé. Sinon, peut-être que j'aurais fabriqué du

sucre. » (Entretien avec Louis Malle sur *Au Revoir les enfants* Francoise Audé, Jean-Pierre Jeancolas, *POSITIF* n° 320 october 1987 : 34).

[3] « L'œuvre de Joseph Zobel, écrite en 1950, est considérée comme un classique de la littérature antillaise et relève de ce qu'on peut appeler le "roman d'apprentissage". A ce titre, la réalisatrice retrouve un peu les accents d'un Marc Donskoï lorsqu'il conçoit, dans les années trente, son adaptation des textes auto-biographiques de Gorki ou, par moments, ceux d'un Satyajit Ray se penchant, pour sa "trilogie d'Apu", sur les écrits de Bibhutibhusan Bannerjee » (*Revue du Cinéma* n° 387 octobre 1983 : 47).

[4] (Ma traduction : A l'exception des trois pays mentionnés, la réalisation de films aux Antilles par les Antillais est plutôt un phénomène des années 80 et après. On considère donc que c'est « un cinéma au rez-de-chaussée des nègres »). Il y a une similitude entre le premier film de Palcy, *La Rue Cases-Nègres*, et *A Dry White Season* qui est sorti en 1989 et dans lequel il s'agit d'un autre enfant noir et de sa lutte dans la société apartheid de l'Afrique du Sud.

[5] Nous appuyons sur le travail de Charles Brenner (118) pour une définition du *complex d'Œdipe* :

> "a twofold attitude toward both parents : on the one hand a wish to eliminate the jealously hated father and take his place in a sensual relationship with the mother, and on the other hand a wish to eliminate the jealously hated mother and take her place with the father".

Pour des amplifications au sujet de la *phase œdipe* voir Brenner (117–24).

Notes sur le Chapitre VII

1 Dans *L'Argent de poche*, Truffaut reprend le thème de l'enfant malheureux en disant « qu'à l'intérieur de lui-même il ne peut même pas remettre en question les parents ou les adultes qui le font souffrir ». Truffaut nous y montre l'enfant désaffecté de sa société, et dans le discours de l'instituteur, qui est le porte-parole du cinéaste, il parle du manque de droits des enfants : « Parmi toutes les injustices qui existent dans le monde, celles qui frappent les enfants sont les plus injustes, les plus ignobles, les plus odieuses » (129).

[2] Pour une critique et une bibliographie approfondies au sujet du stéréotypé, voir *Declining the Stereotype* par Mireille Rosello.

Notes sur le Chapitre VIII

[1] [Ma traduction : La portée de ce film est la grosse contradiction entre ce que doit être cette société paysanne : terrain solide, servant comme source d'énergie et de force pour tout un pays, et ce qu'elle est réellement : faible, incapable de

comprendre les faiblesses de l'homme et les vérités générales, manquant toute la sagesse et le charme de Raimu. Cette société ne comprend ni comment s'affronter aux problèmes complexes d'un monde en désordre ni comment aider un enfant victime de la guerre. Elle n'est pas mauvaise, cette société, elle est tout simplement, ignorante. C'est cette faiblesse qui est la tragédie. Ce que le film montre, c'est que cette société joue toujours, et que ce sont des jeux de guerre, de mort et de trahison... jeux interdits sur le plan moral, dont les victimes sont les enfants. Mais quand même, cette société continue à y participer.]

[2] [Ma traduction : Les séquences documentaires, comme celle de l'école ou de la rivière—tombent dans les catégories *cinéma vérité* et film ethnographique. En ce qui concerne la révélation des iniquités politiques, il faut que tout soit nuancé selon la règle du jeu du cinéma français (de l'hexagone), *a fortiori* puisque son cinéma est si fort. *La Rue Cases-Nègres* est ainsi un très bon mélange de fiction et de documentaire, de ce qui est contemporain et de la nostalgie, ...]

[3] Mahler ajoute une observation de plus : la façon de calmer ou de stimuler l'enfant établie par la mère pendant l'enfance, est adoptée par l'enfant et cela peut servir comme schéma transitionnel (a transitional pattern) dont les exemples sont : caresser la figure ou des mouvements répétitifs. Greenacre (1960) croit que la vision et le toucher sont très importants pour le rôle que joue « le patron transitionnel » St. Clair 55).

[4] Voilà le commentaire de St. Clair au sujet du « holding environment » :
> Holding fosters integration, which makes the infant a unit or unit self, a whole person living in the body. Integration, bringing together the psychological pieces of the infant, is the opposite of psychological fragmentation and disintegration. The holding environment's main function is to reduce to a minimum impingements that the infant cannot manage or which cause the child to shut down or feel annihilated. (St. Clair 54-55)

[Ma traduction : le « holding » permet l'établissement d'un environnement psychologique d'intégration pour l'enfant, où l'enfant se sent bien dans sa peau, et évite une situation qui mène à la fragmentation ou à la désintégration psychologique de l'enfant. La fonction du « holding environment » est de protéger l'enfant contre et de réduire au minimum tout ce qui menace cet environnement de sécurité.]

Notes sur le Chapitre IX

[1] [Ma traduction : Givanni : Quelles méthodes de tournage (mouvements de caméra, éclairage, son) avez-vous employées pour créer une authenticité antillaise dans *La Rue Cases-Nègres*? Palcy : Il faut une authenticité d'éclairage dans une case,

ce qui n'est pas du tout hollywoodien, spectaculaire et parfait. A propos du son, pour montrer la présence de la Nature dans le film, j'ai essayé de saisir l'imprévu, les cris des animaux, comme des cochons, et d'autres sons de l'environnement. Quant à la caméra, puisque les enfants jouent, sautent, se battent dans la Rue Cases-Nègres, il fallait que la caméra fût à leur niveau, on a donc utilisé une caméra portable. Givanni : C'est une question donc de capter dans l'instant l'authenticité de la culture. Palcy : Oui, et on doit aussi trouver le moyen de la représenter visuellement tout en respectant la vérité.]

[2] Selon Aziza dans son *Guide de Lecture* :

> La notion de signe, telle que Saussure la définit pour la langue—à savoir l'association d'un signifiant et d'un signifié, aussi indissociable que les deux faces d'une feuille de papier—, convient également à l'image fixe. Les signes, constitutifs de toute image, possèdent un degré variable d'*iconicité*, c'est-à-dire de ressemblance avec un référent. La réflexion sur le degré d'iconicité nous renvoie aux liens étroits qui unissent *l'image* et *l'écriture*. L'image remonte en effet au plus lointain passé de l'humanité comme moyen de communication écrit entre les hommes... (588)

[3] Les commentaires suivants sont tirés d'un entretien avec *CNC Dossier* n°23 :

> Aux origines du film il y avait ce moment décisif, ce souvenir obsédant : janvier 1944, j'avais 11 ans, le collège des Carmes à Avon, un matin, l'apparition en classe de Feldgendarmes, on emmène trois de nos camarades, dont nous apprenons que ce sont des enfants juifs qui se cachaient là. Le collège est fermé. Ce souvenir, j'ai toujours pensé, plus ou moins vaguement, que j'en ferais un film. Mais pendant longtemps, cela m'aurait paru inconvenant, sacrilège. Il fallait que le temps passe, que je mûrisse pour que j'ose m'approcher de quelque chose que j'éprouvais comme si essentiel. Pendant les dix années que j'ai vécues aux Etats-Unis, mon passé est revenu me hanter et j'ai ressenti cette fois le besoin de faire *Au Revoir les enfants* comme une urgence par rapport à moi-même, car il n'y avait à l'époque ni grand débat sur le racisme ni procès Barbie, et mon histoire pouvait paraître complètement dépassée. Mais cela importait peu : j'en ressentais la nécessité.
>
> L'écriture du scénario de mon projet de film, mon souvenir me fournissait la scène finale. Etais-je capable de nourrir le reste de l'histoire? Je me suis lancé dans l'écriture, en commençant par

cette scène de gare (retour au collège des pensionnaires après les vacances de Noël), complètement inventée, qui fixe le climat de l'époque, les relations de Julien (c'est-à-dire moi enfant) avec sa mère et sa famille, l'ambiance scolaire, etc. Mes souvenirs, ma réflexion sur cette époque et toutes les histoires que mes amis m'ont racontées sur la vie sous l'Occupation m'ont permis de nourrir un script. (4)

[4] Louis Malle explique :

Quand j'ai écrit mon scénario, j'ai donc rempli tous les blancs qui menaient à la fin. Il m'a semblé qu'il fallait que Julien découvre assez tôt que Bonnet était juif (alors que moi, je l'ai ignoré jusqu'à son arrestation). Cela nourrissait la structure dramatique du film. Cela enrichissait les rapports Julien-Bonnet. J'ai compris rétrospectivement que je m'en étais toujours voulu de ne pas avoir développé avec Bonnet une relation plus intense, de ne pas avoir davantage profité d'un personnage si attachant, et qu'instinctivement j'avais compensé cette réalité en développant nos rapports dans la fiction du film. (*CNC Dossier* n° 23 : 4)

[5] Ce mouvement se faisait sentir un peu partout dans les arts dans la France de l'époque : le Nouveau roman dans la littérature, le cubisme dans l'art.

[6] Ici l'ironie du Destin va jouer son rôle. Tout en consacrant ses efforts à ne faire des *Quatre cents coups* qu'une œuvre d'art, et ne pensant pas du tout d'en faire une critique sur la société, ce film en est devenu une quand même. Truffaut parle de son étonnement en entendant une remarque sur le film faite par Renoir :

Je ne savais pas moi-même très bien où allait le film. Je faisais des expériences. On m'a demandé si j'avais voulu faire une critique sociale. Le film a pris malgré moi un sens général. Quand Jean Renoir l'a vu, il rentrait d'Amérique, il a dit : « Au fond c'est un portrait de la France d'en ce moment », alors que je n'avais jamais eu une idée pareille. (Gillain 102)

[7] Truffaut explique :

On comprendra que l'œuvre d'Alfred Hitchcock entièrement consacrée à la peur m'ait séduit dès le début, puis celle de Jean Renoir tournée vers la compréhension : Ce qui est terrible sur cette terre, c'est que tout le monde a ses raisons. (*La Règle du jeu*). La porte était ouverte, j'étais prêt à recevoir les idées et les images de Jean Vigo, Jean Cocteau, Sacha Guitry, Orson Wells... (Dalmais 39)

[8] Pour une lecture de l'analyse de Jean Collet au sujet du rotor comme métaphore du cinéma, voir son chapitre sur « Les 400 coups (1959) » dans *Le Cinéma de François Truffaut*. Paris: Lherminier, Collection Cinéma Permanent, 1977, pp. 47-48. L'analyse de la séquence chez la psychologue présentée dans le Dossier n° 32 est également excellente (23-24).

[9] En 1959 Truffaut avoue qu'il a « plus de plaisir à diriger un enfant qu'un adulte » et que « la vérité d'un enfant est une chose que je crois sentir absolument. » Truffaut reconnaissait le besoin de collaborer avec les enfants et n'avait jamais de problème avec eux pendant le tournage d'un film. Il nous dit que : « Les enfants sont fantastiques. Ils ont un sens extraordinaire de la réalité. Mais si vous leur demandez des choses symboliques, ça les ennuie, et ils les font mal. Il faut vraiment collaborer avec les enfants. Il faut changer le rythme » (Gillain 103).

[10] Il est intéressant de lire le commentaire de Truffaut, qui est de l'opinion contraire : « On a dit que les résultats obtenus par Clément avec ses jeunes interprètes étaient formidables, mais je trouve que le mérite n'est pas tellement immense, car il a fait jouer des enfants de sept ou huit ans comme des adultes, ce qui est certes très difficile, mais ne constitue pas une victoire » (Gillain 93).

[11] « Primitivement *Jeux interdits* ne devait être qu'une "nouvelle" cinématographique, un moyen métrage, … . Mais à l'usage, la matière se révéla assez riche pour supporter d'être étendue aux dimensions d'un long-métrage. Le film est tiré précisément d'un "roman", qui pourrait se qualifier "nouvelle", de François Boyer : *Les Jeux inconnus*. Ce—livre—a—une—histoire. Son auteur l'avait primitivement conçu sous forme de scénario [1946]. Puis, faute de producteur, [on ne voulait plus d'histoire de guerre] il en poussa la rédaction pour en faire un roman ». (Bazin 15)

[12] La critique aujourd'hui serait-elle moins sévère pour le livre de Boyer, très comportementaliste?

[13] Définitions du mot ironie trouvées dans le dictionnaire Webster :

irony-*1. a figure of speech in which the literal meaning of a locution is the opposite of that intended, esp., as in the Greek sense, when the locution understates the effect intended.***2.** an utterance or the use of words to express a meaning which is different from and often the direct opposite of, the literal meaning.

***3.** *Lit.* **a.** a technique of indicating, as through character or plot development, an intention or attitude opposite to that which is actually or ostensibly stated.

b. (esp. in contemporary writing) a manner of organizing a work so as to give full expression to contradictory or complementary impulses, attitudes, etc., esp. as a means of indicating detachment from a subject, theme, or emotion.

5. dramatic irony *Theat.*. irony that is inherent in speeches or a situation, understood by the audience but not grasped by the characters of the play. « …action in narrative. When the reader is made aware of a disparity between the facts of a situation and the characters' understanding of it, an effect called "dramatic irony" is generated. » (Webster's Dictionary, p. 433, p.752-53). **6.** an outcome of events contrary to what was, or might have been, expected [l'ironie du destin/sort] (Webster's Dictionary p. 753).)

[14] Dans *Guide de lecture*, en parlant des données physiologiques de la perception visuelle, l'auteur nous informe que :

>—les différentes couleurs impressionnent la rétine sur des plans différents, provoquant l'*accommodation* du cristallin et une impression d'avancée (le rouge) ou de recul (le bleu) ;
>
>—le *temps de latence* (entre l'excitation de la rétine et la sensation) diffère selon les couleurs : plus faible pour le rouge, plus long pour le bleu ;
>
>—la perception des couleurs varie suivant leur place par rapport à l'*axe de vision* : le vert est la première couleur à ne plus être perçue, le bleu la dernière ; (Aziza 586-87)

Notes sur le Chapitre X

[1] La citation suivante est tirée de *Séquences* :

> Les touristes qui vont dans le «t iers monde » se demandent comment ces gens en arrivent à sourire au milieu de toute cette détresse. Ce film nous donne quelques éléments de réponse. Derrière ces regards apparemment résignés, se cache une dignité humaine qui cherche à apprivoiser des valeurs spirituelles que notre matérialisme étouffe dans l'œil du dieu-confort. Le plus original dans toute entreprise, c'est ce regard presque serein posé sur des situations explosives. Le regard d'un être humain qui, loin de se résigner, cherche plutôt à comprendre avec intelligence du cœur. (*Séquences* n° 117 juillet 1984 : 33.)

[2] Palcy dit qu'en tant que cinéaste elle valorise beaucoup la littérature. Elle préfère adapter un roman à l'écran plutôt que d'écrire son propre scénario. Le roman existe déjà et si, en le lisant, le cinéaste éprouve des sentiments forts, des liens s'établissent entre l'œuvre et le réalisateur :

> « ... as a filmmaker, I believe literature is extremely important. I prefer to adapt a novel rather than to write a story from scratch. The novel is already there, and, if any filmmaker decides to adapt a novel to film, it is because there is a meeting between the book and the filmmaker ». (June Givanni, «Interview with Euzhan Palcy» *Ex-Iles, Essays on Caribbean Cinema* 298)

[3] Dans ces trois citations Palcy explique l'importance de cette authenticité antillaise, de cette perception de l'intérieur du pays et de l'intérieur d'un esprit artistique martiniquais, un esprit créole :

> ... They can't feel it like us, they can't make it like us. I am sure if a white person were to do *Rue Cases-Nègres*, it would never be the same; it would never reach the people the same way because there are certain aspects of the culture, the nonverbal aspects, that only people from the culture can understand... (...) ... film-makers who will speak from the inside about their history, their present, and their future hopes and aspirations. (June Givanni, Chapitre 14 Interview with Euzhan Palcy, *Essays on Carribean Cinema* 298)

[Ma traduction : Elle nous dit que si un Blanc essayait de faire La Rue Cases-Nègres, le film ne serait jamais le même, n'aurait jamais le pouvoir d'émouvoir le public antillais parce qu'il y a certains aspects de la culture, ceux qui sont nonverbaux qui sont compréhensibles seulement aux Créoles. The Caribbean had a long acquaintance with cinema, but only as a resource for foreign productions which exploit(ed) the natural/physical endowment of the tropical islands and invented other endowments to manufacture an image of the Caribbean radically at odds with the reality of the people of the Caribbean. (Cham, Mbye. « Introduction: Shape and Shaping of Caribbean Cinema », *Ex-Iles, Essays on Caribbean Cinema* 2)

[Ma traduction : Depuis des années les Antilles ont été exploitées par des producteurs de film, et on ne voyait que le cliché de l'exotisme plaqué de l'extérieur, ce qui ne les présentait pas du tout d'une manière authentique.] ... a desire to engage the full range of Caribbean experiences from Caribbean perspectives as well as a determination to rescue the Caribbean from its usual misuse as exotic background to Euro-American romantic narratives and spectacles. Placing the Caribbean differently in the foreground, these films construct a film image of it different from the reigning limited stereotypic "islands of enchantment", or, as Alain Ménil puts it in "*Rue Cases-Nègres or the Antilles from the Inside*", "a journalistic synthesis of the three 'S's' (*sea, sex* and *sun*)". (Cham, Mbye. « Introduction : Shape and Shaping of Caribbean Cinema », *Ex-Iles, Essays on Caribbean Cinema* 6-7)

[Ma traduction : un désir de représenter pleinement et authentiquement les Antilles, de les mettre en « premier plan » pour les délivrer de leur image stéréotypée comme « îles enchanteresses » se servant toujours comme fond de films Euro-américains du genre *mer, sexe* et *soleil*.

Au contraire, *La Rue Cases-Nègres*, selon Alain Ménil, représente les Antilles de l'intérieur.]

FILMOGRAPHIE

1. *Jeux interdits* 90 minutes
   René Clément, France, 1952

2. *Les Quatre cents coups* 97 minutes
   François Truffaut, France, 1959

3. *Rue Cases-Nègres* 107 minutes
   Euzhan Palcy, Martinique, 1983

4. *Le Grand-Chemin* 104 minutes
   Jean-Loup Hubert, France, 1987

5. *Au Revoir les enfants* 101 minutes
   Louis Malle, France, 1987

6. *La Gloire de mon père* 110 minutes
   Yves Robert, France, 1991

7. *Le Château de ma mère* 98 minutes
   Yves Robert, France, 1991

BIBLIOGRAPHIE

Sources primaires—livres, cinéromans et scénarios
Boyer, François. *Jeux interdits*. Paris : Éditions Denoël, 1968.
Clément, René. « Jeux interdits ». *L'Avant-Scène Cinéma*. Paris : mai 1962 n° 15.
Hubert, Jean-Loup. *Le Grand-Chemin*. Paris : Denoël, 1987.
Malle, Louis. *Au Revoir les enfants*. Paris : Editions Gallimard, 1987.
Malle, Louis. « Au Revoir les enfants ». *L'Avant-Scène Cinéma*. Paris : juillet 1988 n°373.
Pagnol, Marcel. « La Gloire de mon père ». *Souvenirs d'enfance*. Paris : Éditions de Fallois, 1988.
Pagnol, Marcel. « Le Château de ma mère ». *Souvenirs d'enfance*. Paris : Éditions de Fallois, 1988.
Truffaut, François. « Les Quatre cents coups ». *Les Aventures d'Antoine Doinel*. Paris : Mercure de France, 1972.
Zobel, Joseph. *La Rue Cases-Nègres*. Paris/Dakar : Présence africaine, 1974.

Sources secondaires—critique , ouvrages et articles généraux concernant le thème
•**ouvrages généraux**
Aziza, Claude. *Guy de Maupassant, Boule de Suif et autres récits de guerre*. Paris : Presses Pocket, 1991.
Beidler, Peter G., ed. *The Turn of the Screw, Henry James*. Boston : Bedford Books of St. Martin's Press, c. 1995.
Bernard, Suzanne. « Les Poètes de sept ans ». *Œuvres de Rimbaud*. Paris : Éditions Garnier Frères, 1960.
Bourget, Jean-Loup. *L'histoire au cinéma, le passé retrouvé*. Paris : Découvertes Gallimard Cinéma, 1992.
Brenner, Charles. *An Elementary Textbook of Psychoanalysis*. Garden City, New York : Doubleday Anchor Books, 1957.
Braudy, Leo. *Jean Renoir, The World of His Films*. New York : Columbia University Press, 1989.
Carroll, Lewis. *Alice's Adventures in Wonderland, by Lewis Carroll [pseud.] illustrated by Gertrude A. Kay and with the original drawings by John Tenniel*. Philadelphia & London : J. B. Lippincott, 1923.
Coe, Richard N. *When the Grass Was Taller : Autobiography and the Experience of Childhood*, New Haven and London : Yale University Press, 1984.
Coveney, Peter. *The Image of Childhood. The Individual and Society : a Study of the Theme in English Literature*. Baltimore : Penguin Books, 1967.

Derrida, Jacques. *La dissémination*. Paris : Editions du Seuil, 1972.

Douin, Jean-Luc. *La Nouvelle vague 25 ans après*. Paris : Les Editions du cerf, 1983.

Dugast, Francine. *L'Image de l'enfance dans la prose littéraire de 1918 à 1930, Tomes I & II*. Lille : Presses universitaires de Lille, 1981.

Ford, Charles. *Histoire du cinéma contemporain (1945-1977)*. Paris : France-Empire, 1978.

Fuzellier, Etienne. *Cinéma et Littérature*. Paris : Les Editions du cerf, « 7ᵉ Art », 1964.

Golding, William. *Lord of the Flies*. New York : Capricorn Books, G. P. Putnam's Sons, 1959.

Hillier, Jim, ed. *Cahiers du Cinéma, The 1950s Neo-Realism, Hollywood, New Wave*. Cambridge, Massachusetts : Harvard University Press, 1985.

Jeancolas, Jean-Pierre. *15 ans d'années trente, Le Cinéma des Français 1929-1944*. Paris: Editions Stock, 1983.

Lecarme, Jacques. « La Légitimation du genre ». *Le Récit d'enfance en question*. Ed. Philippe Lejeune. Cahiers de sémiotique textuelle 12. Revue des Sciences humaines. Paris : Université Paris X, 1988 : 21-37.

Mahler, Margaret, Fred Pine, and Anni Bergman. *The Psychological Birth of the Human Infant*. New York : Basic Books/Harper Collins 1975 : 54-55.

Mérimée, Prosper. *Contes et Nouvelles*. Ed. J. E. Michell. London : Oxford University Press, 1951.

Metzger, Bruce M. and Michael D. Coogan, ed. *The Oxford Guide to People & Places of the Bible*. New York : Oxford University Press, 2001.

Miller, Alice. *The Drama of the Gifted Child*. Trans. Ruth Ward. New York : Basic Books, Inc., 1981.

———. *Thou Shalt Not Be Aware, Society's Betrayal of the Child*. Trans. Hildegarde and Hunter Hannum. New York : Penguin Books-Meridian, 1986.

Pasco, Allan H. *Allusion : a literary graft*. Toronto, Buffalo, London : University of Toronto Press, 1994.

Prévert, Jacques. *Paroles*. Paris : Editions Gallimard, 1949. (Gallimard, collection fol benj 2, 1999.)

Ramsay, William M. *The Westminster Guide to the Books of the Bible*. Louisville, Kentucky : Westminster John Knox Press, 1994.

Renoir, Jean. *Ma vie et mes films*. Paris : Flammarion, 1974.

Rimbaud, Arthur. *Œuvres*. Paris : Editions Garnier Frères, 1960.

Ropars-Wuilleumier, Marie-Claire. *De la littérature au cinéma*. Paris : Librairie Armand Colin, 1970.

Rosello, Mireille. *Declining the Stereotype. Ethnicity and Representation in French Cultures*. Dartmouth College, Hanover and London : University Press of New England, 1998.

Rousso, Henri. *Le Syndrome de Vichy : de 1944 à nos jours.* Paris : Seuil, 1990. *The Vichy Syndrome, History and Memory in France since 1944.* Trans. Arthur Goldhammer. Harvard University Press, Cambridge, Massachusetts and London : 1991.

Sartre, Jean-Paul. « Qu'est-ce que la littérature? » *Situations II.* Paris : Gallimard, 1948.

Sesonske, Alexander. *Jean Renoir—The French Films, 1924-39.* Cambridge : Harvard University Press, 1980.

St. Clair, Michael. « D. W. Winnicott: Pediatrician with a Unique Perspective ». *Object Relations and Self Psychology : An Introduction.* Monterey : Brooks/Cole, 1986.

Thiher, Allen. *The Cinematic Muse, Critical Studies in the History of French Cinema.* Columbia and London : University of Missouri Press, 1979.

Truffaut, François. *L'Argent de poche* (cinéroman). Paris : Flammarion, 1976.

Wright, G. Ernest and Fuller, Reginald H. *The Book of the Acts of God. Contemporary Scholarship Interprets the Bible.* Garden City, New York : Doubleday & Company, 1960.

Van Wert, William F. *The Theory and Practice of the Cine-Roman.* New York : Arno Press, 1978.

Volk, Carol, ed. *Renoir on Renoir.* Cambridge : Cambridge University Press, 1989.

Von Strassburg, Gottfried, traduit par Edwin H Zeydel. *The « Tristan and Isolde » of Gottfried von Strassburg.* Princeton : Princeton University Press, for University of Cincinnati, 1948.

Zobel, Joseph. *Black Shack Alley.* Washington, District of Columbia : Three Continents Press, 1979.

•articles généraux

Cham, Mbye. « Introduction: Shape and Shaping of Caribbean Cinema ». *Ex-Iles, Essays on Caribbean Cinema.* Trenton : Africa World Press, 1990 : 1-19.

Dabla, Sewanou. « de l'enfance à l'âge adulte, l'initiation ». *Notre Librairie* Paris : C.L.E.F. n°68 (janvier-avril) 1983 : 43-47.

Hall, Stuart. « Identity and Representation ». *Ex-Iles, Essays on Caribbean Cinema* Trenton : Africa World Press, 1990 : 222.

Hamilton, Stanley. « The French Peasantry: Tradition and Perspective ». USA : *The French Review,* March 1975, vol. XLVIII, n°4 : 729-34.

Littérature—ouvrages généraux concernant le récit : analyse du récit, analyse de l'imaginaire

Adam, Jean-Michel et André Petitjean. *Le Texte descriptif.* Paris : Éditions Nathan, 1989.

Bachelard, Gaston. *L'Air et les Songes, Essai sur l'imagination du mouvement*. Librairie José Corti, 1943.

———. *L'Eau et les rêves, Essai sur l'imagination de la matière*. Librairie José Corti, 1942.

———. *La poétique de l'espace*. Paris : Presses Universitaires de France, 1957.

———. *La poétique de la rêverie*. Paris : Presses Universitaires de France, 1960.

———. *La psychanalyse du feu*. Paris : Éditions Gallimard, 1949.

Barthes, Roland. « L'effet de réel ». *Communications, n°11*. Paris : Le Seuil, 1968.

———. « Introduction à l'analyse structurale du récit ». *Poétique du récit*. Paris : Seuil, 1977.

Benveniste, Émile. *Problèmes de linguistique générale, Tome I*, Paris: Gallimard, 1966.

Berton, Jean-Claude. *50 Romans clés de la littérature française*. Paris : Hatier, 1983.

Booth, Wayne C. « Distance et point de vue ». *Poétique du récit*. Paris : Editions du Seuil, 1977 (paru originellement dans *Essays in Criticism*, XI (1961) ; version française parue dans *Poétique*, 4, 1970.

Genette, Gérard. *Figures III*. Paris : Seuil, 1972.

Greenacre, P. « Considerations Regarding the Parent-Infant Relationship ». *Emotional Growth*, vol. 1. New York : International Universities Press, 1960 : 199-224.

Hamon, Philippe. « Du savoir dans le texte ». *Revue des Sciences Humaines* octobre-décembre 1975 tome XL n°160 « Naturalisme » : 489-99.

———. « Pour un statut sémiologique du personnage ». *Poétique du récit*. Paris : Editions du Seuil, 1977 (paru originellement dans *Littérature*, 6, 1972, Larousse).

Hutcheon, Linda. *Irony's Edge ; The Theory and Politics of Irony*. London & New York : Routledge, 1994.

Jakobson, Roman. *Essais de linguistique générale*. Traduit de l'anglais et préfacé par Nicolas Ruwet. Paris : Les Éditions de Minuit, 1963 : 209-22.

Klein, Melanie. *Essais de psychanalyse*. Paris : Payot, 1980.

Lacan, Jacques. « Le Stade du miroir comme formateur de la fonction du Je ». *Ecrits I*. Paris : Editions du Seuil, 1966 : 89-97.

Lejeune, Philippe. *Le pacte autobiographique*. Paris : Editions du Seuil, 1975.

Mitterand, Henri. « Le lieu et le sens: l'espace parisien dans *Ferragus*, de Balzac ». *Le Discours du roman*. Presses Universitaires de France, 1980.

Winnicott, D. W. *L'Enfant et le monde extérieur*. Paris : Pyot, 1957.

———. *La Consultation thérapeutique et l'enfant*. Paris : Gallimard, 1971.

———. *Jeu et réalité*. Paris : Gallimard, 1975.

Cinéma—ouvrages généraux concernant le récit, analyse du récit

Aumont, Jacques et Michel Marie. *L'Analyse des films*. Paris : Nathan-Université, 1988.

Aziza, Claude. « Suggestions pour une lecture de l'image » et « Voir un texte, lire un film ». *Guide de lecture*. Paris : Presses Pocket, 1993.

Burch, Noël. *Une Praxis du cinéma*. Paris : Editions Gallimard, 1986.

Chion, Michel. *La Voix au cinéma*. Paris : Éditions de l'Étoile/Cahiers du cinéma. Réédition, 1993.

Clerc, Jeanne-Marie. *Littérature et cinéma*. Paris : Nathan-Université, 1993.

Deleuze, Gilles. *Cinéma 1 L'Image-mouvement*. Paris : Editions de minuit, 1983.

———. *Cinéma 2 L'Image-temps*. Paris : Éditions de minuit, 1983.

Garrity, Henry A. *Film in the French Classroom*. Cambridge : Polyglot Productions, 1987.

Gaudreault, A. *Du littéraire au filmique. Système du récit*. Paris : Méridiens Klincksieck, 1988.

Gaudreault, André, et Jost, François. *Le Récit cinématographique*. Paris : Nathan-Université, 1990.

Jost, François. *L'Œil-Caméra. Entre film et roman*. Lyon : Presses Universitaire de Lyon, 1987.

Metz, Christian. *Essais sur la signification au cinéma, Tome 1*. Paris : Editions Klincksieck, 1983.

Vanoye, Francis et Goliot-Lété. *Précis d'analyse filmique*. Paris : Nathan-Université, 1992.

Ouvrages et articles sur œuvres particulières
• Au Revoir les enfants

Audé, Françoise et Jean-Pierre Jeancolas,. « Entretien avec Louis Malle sur *Au revoir les enfants* » *Positif* octobre 1987 n°320 : 32-39.

Beylie, Claude. « Retour à Louis Malle ». *L'Avant Scène Cinéma* n°373 juillet 1988 : 3).

Boujut, Michel. « Au diapason de l'histoire ». *L'événement du jeudi* 8 octobre 1987.

Genin, Bernard. « Bonjour la haine » . *Télérama* 7 octobre 1987 n°1969 : 16-18.

Heymann, Danièle. « Une poignante cantate contre l'oubli ». *Le Monde* 2 septembre 1987 dans *L'Avant Scène Cinéma* n° 373 juillet 1988.

Higgins, Lynn A. « If Looks Could Kill : Louis Malle's Portraits of Collaboration ». *Fascism, Aesthetics, and Culture*. Ed. Richard J. Golsan. Hanover and London : University Press of New England, 1992 : 198-211.

Leclère, Marie-Françoise. « Age tendre, années sombres ». *L'Express* 5 octobre 1987.

Loiseau, Jean-Claude *Première* n° 121 avril 1987 : 90.

Malle, Louis. « Qu'avez-vous fait de mon enfance? » *Télérama* 4-10 avril 1987 n°1942 : 24-25.

Pons, Maurice. « Un Premier film signé Louis Malle ». *L'Avant-Scène Ciinéma* n°373 juillet 1988 :. 5.

Régis-Barbry, François. « Une menace qui pèse sur toutes les enfances ». *Cinéma 87*, 7 octobre 1987.

Roy, Jean. *L'Humanité*, 1er septembre 1987. *L'Avant-Scène Cinéma* n°373 juillet 1988 : 76.

Sabouraud, Frédéric. « L'Atomatisation comme méthode ». *Cahiers du cinéma* juillet-août 1987 n°398: 36-38.

Schidlow, Joshka. « L'Ami retrouvé ». *Télérama* 7 octobre 1987 n°1969 : 18-20.

Servat, Henry-Jean. « Au revoir, Louis Malle ». *Paris Match* 7 décembre 1995 n°2428 : 78 -91.

Suchet, Simone. « Au revoir les enfants ». *24 Images—la revue québécoise* 1987 n°36 : 59.

Toubiana, Serge. « Souvenirs d'en France : entretien avec Louis Malle ». *Cahiers du Cinéma* n°400 octobre 1987 : 16-22.

Valot, Jacques. « Au Revoir les enfants, Plus qu'un au revoir... ». *La Revue du cinéma* october 1987 n°431 : 46-47.

- **Le Grand-Chemin**

Barbry, François-Régis. « Le Grand chemin ». *Cinéma Quatre-vingt-sept* du 25 au 31 mars 1987 n°393 : 4.

Cohen, Georges. « Le Grand chemin ». *Actua-Ciné* mars 1987 n°64 : 17.

Colpart, Gilles. « Le Grand chemin ». *La Revue du Cinéma* mai 1987 n°427 : 39.

C.,T. « Le Grand chemin ». *Cahiers* avril 1987 n°394 : 62-63.

G, J.-P. « Le Grand chemin ». « Bohringer un cœur gros comme ça ». *Première* mars 1987 n°120 : 15, 58-63, 138.

Schupp, Patrick. « Le Grand chemin ». *Séquences* october 1987 n°131 : 78-79.

24 Images— la revue québécoise 1987 n°36 « Le Grand chemin ».

- **Jeux interdits**

ouvrages

Bazin, André. « Qu'est-ce que le cinéma? » 7e *Art Cinéma et Sociologie*. Paris : Les Éditions du Cerf, 1961 (L'Enfance sans mythes T III : 15-21).

Crowther, J. « Jeux interdits ». *The Great Films*. Putnam, New York : 1962.

articles

Arlaud, R.M. « "Jeux interdits" et le sujet au cinéma ». *Revue Internationale du Cinéma* 1952 n°14 : 67-69.

Buisine, Paul. « Jeux interdits ». *La Cinématographie Française* octobre 1951 n°1436 : 57.

Clément, René. « Jeux interdits ». *L'Avant-Scène Cinéma*. Paris : mai 1962 n°15.

Dorfmann, Robert. « Jeux interdits ». *L'Avant Scène Cinéma*. Paris: Éditions d'Aujourd'hui, mai 1962 n°15 : 3-46.

Egly, Max. « Jeux interdits ». *Image et Son* juillet 1958 n°114 : 20-21.

Fumet, Stanislas. « "Jeux interdits" et le sujet au cinéma ». *Revue Internationale du Cinéma* 1952 n°14 : 65-67.

Grenez-Brovender, Jacqueline. « Les Jeux interdits ». *Polylglot Productions* 1997 : 1.

Kast, Pierre. « Le Jeu de grâce des petits anges ». *Cahiers du Cinéma* juin 1952 n°13 : 64-67.

Mauriac, Claude. « Jeux interdits ... et la presse ». Le Figaro Littéraire. *L'Avant-Scène Cinéma* Paris : Éditions d'Aujourd'hui, mai 1962 n°15 : 43.

Respaut, Michèle. « Jacques Doillon's Ponette : The Perennial Mourning Child ». *Literature and Medicine* 2002 Spring 21 (1) : 45-55.

•Les Quatre cents coups
ouvrages

Collet, Jean. « Les 400 coups (1959) ». *Le Cinéma de François Truffaut*. Paris : Lherminier, Collection Cinéma Permanent, 1977.

———. « Une Affaire de morale ». dossier réuni par Douin, Jean-Luc. *La Nouvelle vague 25 ans après*. Paris : Les Editions du cerf, 1983 : 39-53.

Dalmais, Hervé. *Truffaut,* collection dirigée par Francis Bordat. Paris : Rivages, 1987.

Denby, David, ed. *The 400 Blows by François Truffaut*. New York : Grove Press, 1969.

Gillain, Anne. *Le Cinéma selon François Truffaut*. Paris : Flammarion, 1988.

Insdorf, Annette, *François Truffaut*. Cambridge and New York : Cambridge University Press, 1994 (1978).

Jacob, Gilles, et Claude de Givray. (Lettres recueillies). *François Truffaut, Correspondance 1945-1984*. Paris : Librairie A. Hatier, 1988.

Merrick, Hélène. *François Truffaut, les grands réalisateurs*. Éditions J'ai lu. Paris : Flammarion, 1988.

Rabourdin, Dominique, ed. *Truffaut par Truffaut*. Paris : Editions du chêne, 1985.

Truffaut, François. *The Films in My Life*. New York : Simon and Schuster, 1975 (trans. Leonard Mayhew, 1978).

articles

Billard, Pierre. « Les 400 coups de François Truffaut ». *France Observateur* 23 avril 1959 n°468 : 24.

Choublier, Claude. « Un Univers Truffaut ». *France Observateur* 7 mai 1959 n°470 : 24.

Cinémonde 29 avril 1959 n°1290 : 8-9. « Les 400 coups ».

Colville, Georgiana M. « Pères perdus, pères retrouvés dans l'œuvre de François Truffaut ». *The French Review*, vol. 68, n°2, December, 1994.

Conomos, John. "Truffaut's The 400 Blows, or the Sea, Antoine, the Sea". *Senses of Cinema* 2000 May : 6. Electronic publication.

Dussoy, Daniel. « Les Quatre cents coups—une incursion vraie dans le monde de l'enfance, cette inconnue ». *CinéRevue* 1er mai 1959 n°18 : 14-15.

Film Français spécial printemps 1959 n°779-80 : 7. « Les 400 coups ».

Gillain, Anne. « The script of delinquency : François Truffaut's "Les 400 coups" (1959) ». *French Film : texts and contexts*. Ed. Susan Hayward and Ginette Vincendeau. London & New York : Routledge, 2000 : 142-157.

Truffaut, François. « Le Plaisir des yeux ». *Cahier du Cinéma*. Paris : 1987.

•**La Rue Cases-Nègres**

Aubenas, Jacqueline. « Rue Cases Nègres, Canne à sucre et sucrerie ». *Visions* janvier 1984 n°15 : 14.

Bassan, Raphaël. « Rue Cases Nègres ». *Revue du Cinéma* octobre 1983 n°387 : 47.

Cham, Mbye B., ed. *Ex-Iles, Essays on Caribbean Cinema* Trenton : Africa Worlds Press, 1990 : 1-19.

Delmas, Ginette.« Rue Cases Nègres ». *Jeune Cinéma (La Fédération Jean Vigo)* octobre 1983 n°153 : 45-46.

De Souza, Pascale. « When I Means We : A Reading of School in French Caribbean Apprenticeship Novels ». *Studies in Twentieth Century Literature* 2002 Summer ; 26 (2) : 261-84.

Films and Filming June 1984 « Rue Cases Nègres ».

Forbes, Jill. « Rue Cases Nègres » (Black Shack Alley). *Monthly Film Bulletin* July 1984 : 210.

Givanni, June. « Interview with Euzhan Palcy ». *Ex-Iles, Essays on Carribean Cinema*. Trenton : Africa Worlds Press, 1990 : 286-98.

Hall, Stuart. « Identity and Representation ». *Ex-Iles, Essays on Caribbean Cinema* Trenton : Africa Worlds Press, 1990 : 222.

Haseenah, Ebrahim. « Sugar Cane Alley : Re-Reading Race, Class and Identity in Zobel's "La rue cases nègres"». *Literature Film Quarterly* 2002 ; 30 (2) : 146-52.

Herndon, Gerise. « Auto-Ethnographic Impulse in "Rue Cases-Nègres" ». *Literature Film Quarterly* 1996 ; 24 (3) : 261-66.

Maillet, Dominique. « Rue Cases Nègres ». *Première* septembre 1983 n°78 : 94-95.

Martineau, Richard. « Rue Cases Nègres ». *Séquences* juillet 1984 n°117 : 33-35.

Micciollo, Henri. « Rue Cases Nègres, itinéraire d'un apprentissage ». *Écrans de cinéma* n°298 octobre 1983 : 31-34.

Revue du Cinéma n° 387 octobre 1983 : 47.

Szeps, Christiane. « Rue Cases-Nègres : Literary Exile and Cinematic Kingdom ». *Philological Papers* (West Virginia University) 41 (1995-96) : 71-76.

Livres de références

Bénac, Henri et Brigitte Réauté,. *Faire le point, Vocabulaire des études littéraires*. Paris : Hachette, 1993.

Le Petit Robert vol. 1 *Dictionnaire de la langue française*. Paris : Dictionnaires LE ROBERT, 1991.

Le Petit Robert vol. 2 *Dictionnaire universel des noms propres*. Paris : Dictionnaires LE ROBERT, 1991.

Larousse, ed. *Dictionnaire du cinéma français*. Paris : Références Larousse, 1987.

Leguèbe, Eric. *Cinéguide, 16.000 films de A à Z*. Paris : Presses de la Cité, 1992.

Webster's Encyclopedic Unabridged Dictionary of the English Language. New York/Avenel : Gramercy Books, 1994.

Notes de cours et entretiens

Boissel, Jean-Luc . *A l'écoute du film*. Cours de Middlebury College, Vermont : juillet—août 1993.

——— *Lire le film*. Cours de Middlebury College, Vermont : juillet—août 1993.

Gueldry, Michel. « Les Quatre cents coups » et « Au Revoir les enfants ». *Cinéma et Société*. Cours de Middlebury College, Vermont : juillet—août 1996.

——— « Jeux interdits ». « La Rue Cases-Nègres ». Entretien le 31 juillet 1996.

Lauverjat, Roger. « La Rue Cases-Nègres .». *Approche du roman haïtien et antillais contemporain*. Cours de Middlebury College, Vermont : les 17 et 18 juillet 1991.

Redonnet, Jean-Claude. « La Rue Cases-Nègres ». *Enseigner les cultures francophones*. Cours de Middlebury College, Vermont : 6 août 1996. Entretiens les 31 juillet et 4 août 1996.

Scotto, Louis. « Le Château de ma mère ». *La Provence*. Cours de Middlebury College, Vermont : le 24 juillet 1996.

INDEX

Adam (dans Genèse), 266.
Adam et Pettijean, 34, 101, 209.
Antisémite et l'antisémitisme, 21, 167-68, 170, 173-74.
Au Revoir les enfants, 2, 4, 5, 7, 11-12, 16, 20, 22, 25, 40-52, 64, 67, 69-71, 73, 83, 85, 96, 98, 101-05, 112, 117, 132, 135, 137, 141, 143-44, 158, 163, 167, 172, 175, 180, 197, 218-221, 226, 236, 254, 257-58, 270-71.
Avant-Scène Cinéma, L', 5, 19, 38-41, 43-47, 51, 80, 149, 221, 224, 237, 242-246, 251, 256, 270.
Bachelard, Gaston, 8-9, 98, 123, 126, 185, 195-97, 212, 259, 261, 289.
Balzac, Honoré de, 24, 61, 75, 122-23, 156, 174, 186-87, 231, 263, 283.
Barthes, Roland, 3, 96-97, 134-35.
Bazin, André, 62, 80, 82, 142, 248-49, 255, 267-69.
Bible, La, 264-266.
Bildungsroman, 9, 111, 114, 127, 145, 286.
Bonnet/Kipplestein, Jean d'*Au Revoir les enfants*, 5, 22, 40-41, 45-47, 49, 70-71, 73, 79, 84-85, 97, 102-03, 105, 111-113, 117-18, 132, 135-37, 141-42, 163-64, 166-67, 169, 173, 178, 180-81, 194, 197.
Booth, Wayne C., 27, 30, 36-37, 64.
Boyer, François, 7, 11, 18-19, 22-23, 27-29, 32-34, 66, 70-71, 79-82, 97-98, 109, 135, 139-40, 142, 147-48, 175, 181-82, 189-197, 238-242, 247-48, 250-253, 262, 264-66, 268-70, 280-82, 288.
Cancre, Le, (poème de Jacques Prévert), 144.
Caraïbe, La, et Les Caraïbes, 14, 16, 115
Charlot (Charlie Chaplin), 1, 41-42, 47, 135, 141, 254-257.
Château de ma mère, Le, 2, 3, 7, 13, 27, 31-32, 71, 74, 91, 93-94, 118, 130-32, 151, 207-08, 250.
Cinéma d'auteurs, Le, 6, 232, 236.
Clément, René, 1, 5, 11, 18, 22, 24, 33, 35, 38-39, 60, 66, 70-71, 80, 109, 135, 139-42, 147, 181, 190, 194, 242-47, 249-50, 252, 261-62, 265, 267-70, 280, 282.
Cocteau, Jean, 227, 231.
Coe, Richard, 6, 132, 203, 208, 223-224.
Coefficient de déformation, Le, 37, 54.
Collet, Jean, (« Les 400 coups 1959 »), 120, 123-26, 186-87, 226-28, 231, 234-35, 263.
Complexe d'Œdipe, Le, 56, 125-26, 132.
Créole et la créolité, 13-15, 89, 107, 114-15, 158, 160, 162, 215-16, 272, 280.

Derrida, Jacques, 67, 95, 122, 156, 264.
Deuxième Guerre Mondiale, La, 18-19, 22, 25, 40, 84, 147-48, 158, 163.
Doinel, Antoine des *Quatre cents coups*, 17, 48, 53-63, 66-67, 69-73, 76-79, 82, 91,94, 96, 100-01, 111, 120-126, 139-142, 144-45, 147, 154-158, 186-87, 198, 230-31, 233-37, 257, 263-65, 283, 286-87, 289.
Dollé, Michel, 11, 23, 27-30, 34-35, 66-67, 69, 75, 79-83, 92, 97-100, 135, 137, 139, 143, 148, 181, 188, 190-94, 196-97, 200, 238-39, 241-44, 246, 249, 251, 253, 264-68, 280-82.
Dugast, Francine, 3, 8, 11-12, 18, 24, 30, 32-33, 39, 65, 73-76, 95, 97, 123, 125, 128, 137, 139, 147, 154, 158, 173, 175, 177, 194, 201, 203-04.
Education, L', (importance dans la vie de l'enfant), 14, 77, 83, 86, 103, 107-08, 111, 115, 126, 134, 159-60, 228, 269, 272, 274, 278, 281.
Eglise, L', 67, 82, 97-99, 109, 127, 129, 133, 142, 150-51, 171, 188, 253.
Enfance, L', 1-6, 8-9, 11-14, 16-17, 20-21, 24, 29-30, 33, 49, 51, 59-60, 63, 65-67, 70-71, 73, 75, 77, 85, 90-91, 93-95, 97-98, 100, 102-03, 107, 109, 112, 114-116, 118, 122-25, 129, 132, 137-42, 145, 152, 154, 157, 159, 162, 166, 175-78, 182, 185, 194, 197-99, 201, 203-04, 206-08, 213-14, 221-22, 232, 235, 243, 259, 261, 267-69, 276, 284-86, 288-89.
Focalisation, La, 9, 27-28, 31, 33-35, 39-42, 66, 92, 94, 147, 168, 233, 239, 276, 285.
Fossey, Brigitte (des *Jeux interdits*), 5, 238-39, 249-50.
Gaudreault et Jost, 12, 36-37, 53-54, 291.
Gestapo, La, 20, 84, 136, 144, 166, 170, 220, 255.
Gillain, Anne, 23, 54, 60-61, 63, 77, 94, 100-01, 125, 228-36, 239, 286-87.
Gloire de mon père, La, 2, 7, 13, 27, 29, 31-32, 63, 74, 92-93, 95-96, 118, 129, 131, 140, 142, 151-54, 186, 199, 204-05, 207-09, 250.
Golding, William, 178-80.
Grand-Chemin, Le, 2, 7, 11, 16, 48, 55, 67, 69-70, 82-84, 92, 97-99, 127-29, 142, 149, 151-52, 209-10, 221, 237, 250, 265, 282-83.
Gros plan, Le, 37-41, 53-54, 56, 58-59, 136, 216, 234, 237-39, 243, 254, 278.
Hamon, Philippe, 8, 65-67, 70, 72, 75, 88, 94.
Hassam, José, 11-12, 14, 24, 29-30, 52, 66-73, 75, 86, 88, 90, 92, 94, 105-108, 111-12, 114-116, 118, 133-34, 140-41, 158-62,166, 175, 182-87, 194, 198, 200, 211-15, 218, 237-38, 272-73, 275-79, 288.
Higgins, Lynn, ("If Looks Could Kill"), 164-65, 255.
Hitchcock, Alfred, 55, 144, 231.
Hubert Jean-Loup, 2, 16, 24, 48-49, 82, 97, 109, 149-52, 210, 221, 250, 262, 281-82.
Hutcheon, Linda, 48, 252.
Identité culturelle, L', 16, 67, 91, 109, 114-15, 214, 218, 276, 288.
Insdorf, Annette, 233, 289.
Intertextualité, L', 7, 22, 111, 141, 143, 231, 259.

Ironie, L', 9, 48, 204, 243, 249, 252-55, 257, 261, 269-70.
Jakobson, Roman (la fonction phatique), 214.
Jeux interdits, 1, 6, 7, 9, 11, 13, 19, 22, 24, 27, 33, 34, 38-40, 60, 65-67, 79, 81-84, 97-98, 100, 135, 137-39, 142, 147-49, 152, 181, 188, 196-97, 238-47, 252-53, 261-62, 264-65, 267-69, 282.
Juif, 22, 41, 45, 84-85, 103, 105, 135-36, 139, 144, 163, 166-67, 169-73, 255-56, 270-71, 283.
Klein, Mélanie, 8, 60.
Lacan, Jacques, *Le stade du miroir*, 56.
Lachenay, Robert, 61, 122.
Léaud, Jean-Pierre, 94, 154, 235-36, 287.
Lecarme, Jacques, 2-4, 50-51, 59.
Lodge, David, 27, 63, 252, 257.
Louis (du *Grand-Chemin*), 12, 17, 48-49, 65, 67, 69-70, 75, 79, 82-84, 87, 92, 96-100, 102-03, 105, 127-29, 142, 149-52, 175, 188, 198, 200, 209-211, 238, 264-65, 281, 283-84.
Mahler, Margaret, 189.
Malle, Louis, 2, 4-5, 16, 20-22, 41, 48-50, 63, 66, 72-73, 83, 92, 103-05, 109, 114, 136, 138-40, 143-45, 164-67, 171, 173-75, 177-180, 185, 197, 218-226, 237, 254-59, 262, 269-71, 281, 283-84.
Marcel (enfant/personnage de Pagnol), 5, 12, 31-33, 49, 66-67, 69-70, 72-76, 91-94, 98, 111, 118-19, 129-131, 133, 139-40, 143, 147, 152-54, 167, 175, 185, 194, 198, 205, 207-08, 238, 275, 281.
Martinique, La, 1, 13-14, 16-17, 72, 105, 109, 115, 158, 160. 183-85, 215-16, 238, 279.
Mérimée, Prosper, (*Carmen*), 273.
Micciollo, Henri (Rue Cases-Nègres), 15, 24, 51, 89, 105-06, 109, 213, 217.
Milice, La, 20.
Miller, Alice, (*Du sollst nicht merken [Thou Shalt Not Be Aware, Society's Betrayal of the Child*), 166.
Monstration, La, 35-36, 40, 52, 77.
Moussy, Marcel, 62, 139, 287.
Nature, La, 24, 67, 75, 87, 98, 106-07, 129, 134, 152, 177, 180, 185-88, 193-94, 199-200, 204-05, 217, 219, 264, 266, 275, 279, 286.
Négritude, La, 114, 279.
Nouvelle Vague, La, 6, 17, 122, 226-229, 232.
Occularisation, L', 34, 54, 59.
Occupation, L', 17, 20, 164-65, 170, 173-74, 220-221.
Ophuls, Marcel, *Le Chagrin et la pitié*. 164.
Palcy, Euzhan, 1, 11, 13-16, 51-52, 86, 89, 109, 115, 141, 162, 185, 209, 213-19, 237, 250, 256, 271, 273-74, 276, 278-80, 288.

Pagnol, Marcel, 3, 5-7, 13, 24, 27, 29-33, 66-67, 70, 72-76, 91-92, 95-96, 98, 109, 118-19, 129-32, 140-42, 147, 152-54, 175, 185-86, 198-99, 204-10, 238, 250, 275, 280-81, 285, 288.

Paris, 2, 15, 18, 34, 38, 40, 47, 53, 57-58, 67-70, 80, 82, 95-98, 101-02, 109, 127, 135, 148-49, 154, 156, 180, 187, 232, 245-46, 250.

Pasco, Allan H., (*Allusion : a literary graft.*), 7.

Paulette (des *Jeux interdits*), 11, 18-19, 23, 27-29, 34-35, 37-39, 65-67, 69-71, 75, 79-83, 92, 97-99, 102, 111, 135, 137, 142, 147-48, 157, 166, 175, 181, 188-97, 201, 238-43, 264-68, 280-82.

Pharmakos, pharmakon (Derrida) 67, 283.

Poujouly, Georges (des *Jeux interdits*), 238-39, 249.

Prévert, Jacques, 144, 233.

Provence, La, 31, 95-96, 152, 204, 206, 238.

Quatre cents coups, Les, 1, 4, 6-7, 12, 17-18, 48, 52-53, 56, 59, 61, 63, 66-67, 70, 72, 76, 78, 96, 100-01, 120, 122, 125, 137-39, 142-43, 145, 186, 228-32, 236, 258, 263.

Quentin, Julien d'*Au Revoir les enfants*, 5, 20-22, 40-41, 43-50, 67-75, 79, 83-87, 92, 96-97, 101-05, 111-114, 117-18, 132-33, 135-38, 141-42, 144-45, 158, 163-65, 167-70, 173, 178-80, 194, 197, 219, 221, 223, 226, 236-37, 254-55, 269-70, 283.

Renoir, Jean, 4, 6, 60, 122, 141, 144, 227, 229, 230-232, 235-35, 287.

Résistance, La, 40, 143, 172.

Rimbaud, Arthur, 262-65.

Robert, Yves, 2, 6, 13, 31, 93, 132, 142.

Ropars Wuilleumier, Marie-Claire, 6-8.

Rosello, Mireille. (*Declining the Stereotype. Ethnicity and Representation in French Cultures.*), 169.

Rossellini, Roberto, 122, 229.

Rousso, Henri, (*Le Syndrome de Vichy : de 1944 à nos jours*), 163-64.

Rue Cases-Nègres, La, 1, 7, 11-16, 24, 27, 29, 51-52, 63, 66, 68, 70, 87-90, 105-09, 114-18, 123, 133-34, 142-43, 158-62, 182-85, 200, 211, 214-17, 256, 274, 279.

Sa Majesté-des-Mouches (Golding), 178-80.

Sartre, Jean-Paul, 3, 6, 287.

Sexualité, La, 87, 99, 103, 112, 117, 124-26, 128, 132-34, 264-65, 286.

Théâtre, Le, 31, 102, 168.

Transgressions, Les, 126, 145, 148, 153, 160, 167, 177-78, 281, 286.

Traumas d'enfance, Les, 70, 81, 91, 113, 138, 148, 166, 194, 197, 240.

Tristan et Iseult, 267-68.

Troisième République, La, 72, 108, 158-59, 272.

Truffaut, François, 1, 4-6, 8, 12, 17, 23-24, 48, 53-63, 74, 76-77, 79, 94, 100-01, 109, 120, 122-25, 139-45, 154-56, 158, 170, 175, 186-87, 218, 226-27, 229-35, 237-39, 257, 262, 265, 269, 283, 286-87, 289.
Vichy, 163-64, 167, 169-70, 172, 174.
Welles, Orson, 231.
Winnicott, D. W., l'objet transitionnel, 9, 60, 125, 188-89, 191, 193, 245.
Zobel, Joseph, 7, 11, 13-16, 24, 27, 29-30, 51, 63, 73-74, 86-89, 105-109, 114-116, 133, 141, 159, 161-63, 182, 209, 211, 213-217, 238, 250, 271-73, 275-76, 278-281, 288.